周一贯八旬文丛

中国古代语文教育言论读解

周一贯 鲍国潮 ◎ 著

宁波出版社
NINGBO PUBLISHING HOUSE

图书在版编目(CIP)数据

中国古代语文教育言论读解/周一贯,鲍国潮著.—宁波:宁波出版社,2015.3(2019.1重印)
(周一贯八旬文丛/周一贯主编)
ISBN 978-7-5526-2040-5

Ⅰ.①中… Ⅱ.①周…②鲍… Ⅲ.①小学语文课—教学研究 Ⅳ.①G623.202

中国版本图书馆 CIP 数据核字(2015)第 055398 号

中国古代语文教育言论读解

作　　者	周一贯　鲍国潮
责任编辑	张雅光　陆红亚
装帧设计	吉祥文化
出版发行	宁波出版社(宁波市甬江大道1号宁波书城8号楼6楼　315040)
网　　址	http://www.nbcbs.com
联系电话	0574-87287264(编辑部)　87242865、87279895(发行部)
印　　刷	浙江开源印务有限公司
开　　本	787毫米×1092毫米　1/16
印　　张	27.25印张
字　　数	490千
版次印次	2015年3月第1版　2019年1月第2次印刷
标准书号	ISBN 978-7-5526-2040-5
定　　价	40.00元

版权所有　侵权必究

在千年视野内寻找语文教学的经典传统
（代序）

语文是一门最具有民族性的学科，它不仅受一个民族语言文字特点的制约，而且还受这个民族文化传统，包括民族心理特点的影响。因此，我们很有必要去读思我国语文教学优秀的传统经验，在新课改语境下，因"乱花渐欲迷人眼"而遭致的实际困境中，作一番"寻'根'之旅"。

语文教学改革忧思录

始于世纪之交的我国第8次基础教育课程改革，是一次全面的整体性改革。《语文课程标准》的制订和实施，无疑会较多地面对21世纪信息化、全球化、个性化时代的挑战，作出积极的应答。这不仅有效地提高了语文教育的全面质量，而且从根本上强化了语文课程的时代建设，确实是功不可没。但是，课程标准的制订也会有选择地吸纳西方的"后现代课程论"、"多元智力理论"等现代思想。所有这些显然是必要的，可以体现多元文化的优势。然而从另一方面看，当新理念在充分展示其魅力而完成创生的使命之后，就不可避免地要进入最为关键的"实施"阶段。总是在这个重要时刻，我们才会发现"创新"并不是可以完全抛弃传统而构筑的一个全新的文化形态，它无法推倒重来，而必须有一个融入民族、扎根本土的被转化吸纳的过程。如果只是"披荆斩棘"一往无前，就不可避免地会以偏纠偏而矫枉过正，或因"水土不服"而难以存活。

中国语文教学若从有文字算起，已有约5000年历史；若从孔子设坛授业为始，也有约2500年的传统。但在近百年前，语文都不独立设科。在如此漫长的年代里，形成了古代语文教学的传统经验。传统是无法改变的历史，是川流不息的时光之河，可以生生不息地一直流下去。因此，无论今天的语文教学有了多少现代化的发

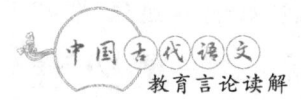

展,都无法抛开古代语文教学的传统经验,另辟一个全新的文化生存空间。如果我们不重视在批判中继承,在继承中发展,中国语文教学许多宝贵的传统经验,也会在时代新潮的冲刷下,由淡化而至消亡。这绝非危言耸听。

从教师队伍的构成现状看,今天,青年教师正在成为教师队伍的主体。他们有限的工作经历,对纵向的、民族的语文教学发展历史和传统经验,往往知之不多;而对当代的、横向的新理念、新信息,则比较会产生兴趣,接受较快。这两者信息的不对称,容易导致母语教学固有的本色本真的淡出。当然,改革开放为东西方多元文化的交流和碰撞创造了十分有利的条件,在语文课程深化改革的今天,我们借鉴国外的一些当代学说和先进理念,引入了西方国家母语教学的某些经验,这不仅可行而且十分必要。然而当这些"舶来品"一齐涌来时,我们是需要时间将它与中国国情相融合,与汉语文教学的特点和规律相适应,有一个民族化的消化吸纳过程,这就要求语文教师既具开阔的国际视野,又要以清醒的民族意识去认真读思中国语文教学的传统经验,使两方面的信息对称。如果只是一窝蜂地"拿来",或者半懂不懂地照搬,被当作一种"时尚"而风行一时。这种被追慕"浮华"的情绪所捆绑,很容易会使我们忽视了曾经被证明是行之有效,并且足以朴实地反映出母语教学本色本真的那些传统的教学行为。甚至视这些本来是应该传承的宝贵经验为"陈旧落后"而自觉不自觉地予以抛弃。也许这正是当今人们特别呼唤"本色语文"回归的原因所在。

王森然先生在上世纪20年代末曾经说过:"其他各科的教材教法、内容工具,似乎还有可借鉴于他国先例的地方,特有国文,非由我们自己来探索不可。"(《中学作文教学概要》)确实,作为母语的汉字、汉语在漫长的历史中虽也有这样那样的一些变化发展,但毕竟总体没有变、血脉没有变,学习汉字、汉语的基本规律当然也不会变。所以,还是中国人最懂得教中国语文,还是中国母语教学的传统经验最值得我们阅读和研究。这应当是不争的事实。

语文教学的传统的"心"在哪里

几千年来中国人教学中国语文,并世世代代被证明是行之有效的那些做法,虽然不可避免地也蒙上了一些旧时代的尘埃,但肯定有它许多与汉字、汉语的学习规律相谐相融的地方。这是中国语文的"中国心"。总观我国古代语文教学传统经验的"传统",正是"传"于斯,"统"于斯。而在堪称"传统经验"的这笔巨大财富中,最应当引起我们阅读兴趣和思索的便是深刻地体现了汉字、汉语特征,反映了汉字、汉语基本学习规律的经验。择其要者而言，如：

——注重识字。学习汉语要以识字为基础，必须掌握足够的识字量。这就关系到我国语文教学最基本的传统经验，就是"注重识字"。汉字从每一个字的创造到整个体系的形成和发展，深层地承载了华夏5000年的灿烂文化，体现着中华民族的大智慧。读读清朝王筠的《教童子法》，便有"蒙养之时，识字为先，不必遽读书"之论，确实有其道理。中国语文教学传统经验之所以如此重视识字教学，原因在于汉语是以汉字为载体的，汉字又是不同于拼音文字的表意文字，"以形示意"的"三码"（形、音、义）一体。所以，学生在识字的过程中，得到的是全方位的形象思维和抽象思维同步获得和谐的发展，这不仅是智育的开窍，也是德育的熏染和美育的陶冶，是全面提高学生素质的一个重要途径。所以，汉字的文化品格决定了它具有丰富的教育价值和育人功能。

——本于诵读。在中国古代语文教学的传统经验之中，就方法而言，"读"是第一大法，可谓"读"占鳌头。《栾城遗言》中有"读书百遍，经义自见"之说；东坡送安惇诗云"故书不厌百回读，熟读深思子自知"。这种读，不仅仅是默读，更注重于朗读。中国语文教学方法以诵读为本是由汉字、汉语的特点决定的，汉语是以汉字为基础，汉字一字一音、一形一义，独立性很强，其具体含义，得从上下文中体味。这种文字又具有声韵之美，只有读之于口，方能"声与心通，声可求气，亦可传情"，从而形成强烈的语感："言皆若出于吾之口"，"意皆若出于吾之心"。因此，"眼观其文，口诵其声，心惟其意"的"诵读法"对汉语学习何等重要，自不待言。

——体察涵泳。王力先生曾说过："西洋语言是法治的，中国语言是人治的。"所谓"法治"，讲究的是规律和逻辑；所谓"人治"，讲究的就是直觉感悟，追求韵味和精神。这是因为以汉字以基础的汉语，同样具有极大的意合性而富于意蕴之美，涵泳也就成了与此相关的语文教学重要的传统经验。朱熹所说的"学者读书，须要敛身正坐，缓视微吟，虚心涵泳，切己省察"，就把"涵泳"作为语文教学的一种重要方法提出。曾国藩在给儿子的家书中更是把这一传统教学经验解释得十分透彻："涵泳者如春雨之润花，如清渠之溉稻……泳者，如鱼之游水，如人之濯足……善读书者，须视书如水，而视此心如花、如稻、如鱼、如濯足，庶可得之于意之表。"这番话，也就是强调读诗文必须全身心地沉浸在诗文的语言环境中去口诵心惟，方能知其意、得其趣、悟其神。正是在这样的涵泳中诵读者的注意力高度集中于诗文的言语意境之中，思维特别敏锐而灵动，而且往往具有直觉性和意会力。这种注重整体把握，有时甚至光可以对个别字"不求甚解"，从根本上体现了汉民族重感悟与意合的思维方式。因此，强调"涵泳"这种学习方法，也是完全符合汉语文教学的本质特征

和传统经验的。这对于当下克服语文教学盛行讲解分析,而忽略学生自主涵泳体悟的痼疾,是很具针对性的。

——重视习练。重视习练是中国语文教学的传统经验之一。清代的颜元在《颜李遗书》中说得好,"讲之功有限,习之功无已"。教学要"垂意于'习'之一字,使为学为教,用力于讲读者一二,加工于习行者八九,则生民幸甚,吾道幸甚!"从《论语》中的"学而时习之",到朱熹的"读书百遍,其义自见";从堪称古谚的"熟读唐诗三百首,不会作诗也会吟",到杜甫的"读书破万卷,下笔如有神"等等,都传递着"多读多写"这一重在习练的朴实的语文传统教学经验。孤立地看,"多读多写"似乎已不合"追求效率"的时代精神,其实却非常符合中国语文的学习规律,即不强调从学习语法修辞等这些相关语言规律的知识入手,而从多多接触直接的言语作品去熏陶感悟。尤其是中小学的语文教学,更不是要教孩子关于语言的知识,让他们去谈论和研究语言,而是要帮助他们形成实际运用言语的能力。能力不可能只从听讲中获得,必须通过亲历的习练和实践。教学实践表明:培养学生的语文能力,全面提高语文素养,也只有在多读多写的语文实践中方能实现,舍此别无他途。

语文教学传统经验搜读

我国有文字记载的汉民族语文教学,虽然历史悠久,但语文单独设科却是1903年以后的事,迄今只是百年。在3000年漫长的岁月里,语文教学和经学、史学、哲学不分,这就造成了古代语文教学传统经验并不独立存在的特殊情况,而是散落于许多论教说学、讲经辩道乃至诗词歌赋、散骈文章之中,恰如无数星斗散落于苍穹。

首先,当然是在中国古代教育家的著述之中。这些论述虽然在语文没有单独设科的情况下,不会专指语文教学,但是母语教学作为所有教学的基础和载体,自然处于核心地位。如我们从孔子、孟子、荀子、颜之推、董仲舒、韩愈、朱熹、王阳明等等先贤大家的经典之作中都不难发现许多真知灼见,即使对于今天的语文教学也依然有着振聋发聩的强大作用。孔子在《论语》中的主张"学"要与"思"结合,提出"学而不思则罔,思而不学则殆"的原则;又主张"学"必须与"习"相结合,"学"必须与"行"相结合,提出"学而时习之"和身体力行的原则……至今又何尝不是语文教学的金科玉律?孟子主张学习贵在主动自得,提出如"君子引而不发,跃如也"(《孟子·尽心上》);"君子深造之以道,学其自得之也"(《孟子·离娄下》)的观点,似乎也在为当下语文教学还是在满堂讲问之中无法摆脱的困境痛下针砭。《学记》对我国先秦时期的教育和教学,首次从理论上进行了比较全面系统的总结,堪称我国第一部比较系统完备的教育专著,其中当然也包涵了语文教学方面的宝贵经验。如:"是故学然后知不足,教然后知困。知不足,然后能自反也。知困,然后能自强也。故曰:教学相长也。"对于语文教学来说,这又何尝不是至理名言?

第二,在蒙学教材和教法的研究著述中,许多学者有着更多、更集中的对语文教学传统经验的梳理和开拓。这是因为蒙学所具有的基础性,必然会涉及对母语的识字和基本读写经验的关注。尽管传统的蒙学之教有许多腐朽的内容和落后僵化的教法,但仍有着"披沙见金"的价值。蒙馆能在比较短的时间里教儿童认识相当多的字;一本《千字文》能从南北朝流行一千四五百年至清末,成为世界上现存最早、使用时间最久、影响最大的识字课本,这里就不能说没有可以借鉴的经验。读读清代王筠的《文字蒙求》,你会感受到汉字文化的芬芳,对今天的识字教学大有裨益。翻阅崔学古的《幼训》,你会觉得对于儿童识、读、写的指导不无高见。

另外,在我国古代不少诗词作品中,也蕴藏了语文教学传统经验的信息。其中如陆游写于庆元五年(1199)的《冬夜读书示子聿》:"古人学问无遗力,少壮功夫老始成。纸上得来终觉浅,绝知此事要躬行。"他训示其子要以古人为榜样,不仅勤于读书,重视"纸上得来"的书本知识,更要努力"躬行"实践的学习经验,即使在今天亦不失为至理名言。南宋朱熹的《观书有感》:"半亩方塘一鉴开,天光云影共徘徊。问渠那得清如许,为有源头活水来。"更是一直为人们所传诵。以"源头活水"来比喻读书、做学问要"通而不塞",不断补充新知,使见识通达,头脑清新,简直是诗化的"朱子读书法"。宋人陆象山的"读书切戒在慌忙,涵泳工夫兴味长;未晓不妨权放过,切身急要细思量"(《陆象山语录》),更是直言"涵泳"的语文教学方法,提倡在细读微吟、潜心会文中品味意会。

最后,我们还不可忽视了散见于古代"文论"、"诗话"中的一些语文教学见地。这方面的论述虽然说的是作文写诗,但同样是语文教学宝贵的传统经验。如清人刘大櫆在《论文偶记》中有一段话:"凡文笔老则简,意真则简,辞切则简,理当则简,味淡则简,气蕴则简,品贵则简,神远而含藏不尽则简,故简为文章尽境。"这不仅指的是作文之理,同时也把简约作为一项普遍的艺术法则来论说。由此我们会联想到教师对语文教材的解读,如何去品赏简约之美;在当下,更会联想到对课堂教学艺术的追求,如何摒弃太多的浮华形式和作秀的无效套路,"以少少许胜多多许",达到"冗繁削尽留清瘦"的课堂艺术至境。

1995年3月由赵朴初、冰心、夏衍、启功、叶至善、陈荒煤、吴冷西、张志公、曹禺等9位德高望重的全国政协常委,在全国政协会上提出了"016号"提案,沉重地指

出:"我国文化之悠久及其在世界文化教育史上罕有其匹的连续性形成了一条从未枯竭、从未中断的长河,但时至今日,这条长河却在某些方面,面临中断的危险。如果不及时采取措施,任文化遗产在下一代消失,我们将成为历史的罪人。"应当说,在我国十分丰富、珍贵的文化遗产中,汉语文教学的传统经验,无疑是一个极其重要的基本的部分。因为它关系到作为民族文化载体的母语教学的传承和发展。

国学大师南怀瑾先生在接受一次访谈时曾说到:现在一般的人们,"太过年青现代化了,根本不知道过去传统的教育方法是有多么的轻松愉快,使儿童们在歌唱舞蹈的气氛中,达到文化教育的水平。古人所说'弦歌不绝',就是这种境界"。这说明传统的教学经验并非都是腐朽落后的。对此,著名语文教育专家李伯棠先生在其所著的《小学语文教材简史》中也一针见血地指出:"我们进行语文教学,教学生识字、读书、作文,必须掌握两条原则:一是要符合本国语言文字的特点,二是要符合学生学习本国语言文字的规律。……我们的前人,在长期的语文教学实践中,在这两方面,已经摸索出一些门径,积累了不少经验。这是我们语文教学中的一份宝贵的遗产,必须有分析、有批判地加以继承。"我们应当清醒地认识,尽管时序更新,岁月不同,但汉字、汉语的"根"没有变。对于我国语文教学的传统经验,我们也应当思于斯、行于斯。

周一贯

原载于《中国教育报》2008年1月17日

目 录

一、学理概述

(一) 童　本 …………………………………………… 002
(二) 师　教 …………………………………………… 019
(三) 论　学 …………………………………………… 039
(四) 文　道 …………………………………………… 058
(五) 情　理 …………………………………………… 073
(六) 启　发 …………………………………………… 088
(七) 笃　行 …………………………………………… 103
(八) 习　练 …………………………………………… 117

二、识字教学

(一) 识字教材 ………………………………………… 132
(二) 集中识字 ………………………………………… 151
(三) 分散识字 ………………………………………… 161
(四) 习　字 …………………………………………… 170

三、阅读教学

（一）勤　读 …………………………………………………… 186

（二）博　读 …………………………………………………… 198

（三）精　读 …………………………………………………… 213

（四）熟　读 …………………………………………………… 228

（五）摘　抄 …………………………………………………… 243

（六）深　思 …………………………………………………… 252

四、写作教学

（一）立　意 …………………………………………………… 272

（二）谋　篇 …………………………………………………… 297

（三）炼　句 …………………………………………………… 319

（四）勤　写 …………………………………………………… 340

（五）善　改 …………………………………………………… 358

（六）文　风 …………………………………………………… 384

（七）吐　纳 …………………………………………………… 408

一 学理概述

(一)童　本

1

孟子曰："大人①者,不失其赤子②之心者也。"

【战国】《孟子》

【注释】

①大人:有德行的人。

②赤子:初生的婴儿。形容人的心地善良、纯洁。

【读解】

《孟子》一书记录了孟子及其学生的言行,是儒家的经典著作之一。孟子(约前372—前289),战国时期鲁国人。中国古代著名的思想家、教育家,是儒家最主要的代表人物之一。孟子继承并发扬了孔子的思想,成为仅次于孔子的一代儒家宗师,有"亚圣"之称,仅在"至圣"孔子之后,人们一般将他与孔子合称为"孔孟"。《孟子》一书在宋神宗熙宁四年(1071)首次被列入科举考试科目之中。元丰六年(1083),孟子首次被官方追封为"邹国公",翌年被批准配享孔庙。以后《孟子》一书升格为儒家经典,南宗时朱熹又把《孟子》与《论语》、《大学》、《中庸》合称为"四书"。

孟子说:能成就大事、有德行的人物,总会有像初生婴儿那种善良、纯朴、率真的人格品质。这句话从另一方面看孩童是最具有善良、纯洁、率真的人性之美的人。正因为他们是"初生",未经社会的污染,未识成人的世故,才会在他们身上保留着属于人性的许多可贵的品质。《爱弥儿》开篇就说:"出自造物主之手的东西,都是好的,而一到了人的手里,就会变坏了。"(卢梭著,李平沤译:《爱弥儿——论教育》,商务印书馆,1996年版)所谓"造物主之手",也就是"自然之手","初生"的赤子,无疑会更接近于自然。童心纯真不伪,本色自然,总会以一种新奇和纯真面对这个世界,面对这个社会,这正是孩子的最伟大、最可爱之处。难怪英国大诗人弥尔顿会有这样的认识:"儿童引导成人,如同晨光引导白昼。"于此我们也就不难理解真正伟大的人物总会拥有一颗纯正的童心,与儿童有着许多相通之处。

2

知其雄①,守其雌②,为天下溪。为天下溪,常德③不离,复归于婴儿④。

【春秋】李耳《老子·第二十八章》

【注释】

①雄:比喻刚强。

②雌:比喻柔弱。

③常德:普遍的基本的德。

④婴儿:道家认为婴儿无知无欲,是一种纯真状态。

【读解】

水知己刚强,却安守柔弱,甘作天下的溪流。甘作天下的溪流,水有百利而无一害,永恒的德行就不会离去,就会回复到婴儿那样纯真的状态。老子在这里用辩证的观点,论证了"知雄"却能"守雌"的关系,强调了尚柔、不争、谦退、处下的思想原则,认为这样才能不离常德,达到如婴儿一样无欲而纯真。这从另一方面体现了童真之可贵。所以,婴儿、孩童是人生中不可重复的、有独特价值的一个时代。教育必须尊重他们的情感、意愿和他们对生活的各种体验。以为婴儿、孩童只是幼稚、无知、不开窍,所以必须一切听从大人的意愿和安排,是十分错误的。自然时序的一之性决定了生命的季节各有其价值,既不能缺失,又无法回转。记录下童年的体验,是任何别的年龄段都无法代替的。这对于个体来说,是一丛极可宝贵的"朝花",是能让人一辈子去体味、品赏,从中汲取精神的力量。为什么?因为童稚年代保留着许多人性的美丽,这也就不难理解老子的体悟——"常德不离,复归于婴儿"的哲理。

3

百姓皆属①耳目②焉。圣人皆孩之③。

【春秋】李耳《老子·第四十九章》

【注释】

①属:专注的意思。

②耳目:这里的"耳"指倾听,"目"指注目。

③孩之:孩,这里为动词,使动用法,意思是使他们都保持像婴孩一样的真朴状态。

【读解】

这段话的意思是老百姓都会对有道的圣人注目倾听,圣人则会使百姓们都像

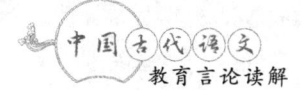

婴孩一样,真纯质朴。这是讲圣人对百姓的爱护,与百姓心连心,爱民如子。而这种爱的表现,就是要让百姓能像婴孩一样的真朴纯粹。这里说明在老子的心目中,孩子是最淳朴美好的。因为婴孩可以享受的一切,正是我们成年人已丢失殆尽、十分珍视的东西。婴孩尽管幼稚,却更接近自然,更直接地接受造化的赐予;婴孩尽管不如我们成熟圆滑,能够灵活应变,可他们单纯、简朴,能够安于当下,从所拥有的、不太丰富的生活中,发现生的乐趣;婴孩尽管没有成人那么多喧嚣的节目,那么多时尚的享受,那么多复杂的人际交往,可他们在自己简单的生活中安顿,听到自己内心的声音,触摸到自己真实的心灵。

如果圣人要使百姓像婴孩一样真纯质朴,那么我们更要让孩子像孩子。一位童话作家说得好:一个民族如果小孩说大人话、办大人事,那么大人必然会说小孩话、办小孩事。

切莫让孩子成为"小大人"。

4

含德之厚①者,比于赤子②。

【春秋】李耳《老子·第五十五章》

【注释】

①厚:深厚。

②赤子:初生的婴儿。

【读解】

老子用"赤子"来比喻具有深厚修养的人,认为有深厚德行的人能回到婴儿般的纯真柔和。在下文他还把赤子的纯真状态,解释为是"精之至"(形容精神充实饱满的状态)、"和之至"(形容心灵凝聚和谐的状态)。

婴孩或儿童时期的价值取向,首先是自然取向、生活取向。这不仅因为儿童特别是婴幼儿身体成长的需要,也是人生初期精神胚胎健康成长的需要。"赤子"的"含德之厚",从某种角度说,也正是这种自然取向、生活取向的天然合理性。

所以南师大教科院刘晓东博士认为:儿童的生活实际上是一部最为丰富的天书,这是人之书,上帝之书,造化之书,自然之书。儿童的生活充满天机、天趣。儿童的生活中有着足以滋养儿童生命一辈子的"养料"。当然,儿童的生活也需要我们成人帮助创造,不断丰富并不断变得更优效,更符合儿童的天性。

然而,可悲的是今天的儿童无论在外表上还是心理上,都普遍出现了早熟现象。在现实生活中或是儿童写作中,他们都在以成人化的面貌出现,而大人们则在为这种少年老成的表现啧啧称赞。孩子身上的那份与他们年龄完全不相称的成熟、精明、世故,乃至"老气横秋"的状态,极度排斥了童稚应有的那种简朴、率真,以至于过早地告别了具有赤子之心的童真面目。这不能不说是现世的悲哀。

5

孟子幼时,其舍①近墓,常嬉为墓间之事②,其母曰:"此非吾所以③处吾子④也。"遂迁居市旁。孟子又嬉为贾人⑤衔卖⑥之事,母曰:"此又非所以处吾子也。"复徙居学宫⑦旁,孟子乃嬉为设俎豆⑧揖让进退⑨之事,其母曰:"此可以处吾子矣。"遂居焉。

【西汉】刘向《列女传》

【注释】

①舍:家。
②墓间之事:指埋葬、祭祀之类的事情。
③所以:用来。
④处吾子:安顿我儿子。
⑤贾人:商人。
⑥衔卖:沿街叫卖。
⑦学宫:学堂。
⑧设俎豆:指祭祀仪式。俎豆,古代祭祀用的两种盛器。
⑨揖让进退:打躬作揖,在朝堂进退相见等礼节。

【读解】

孟子小时候的家离墓地很近,孟子就常常学来墓地的那些人玩办理丧事的游戏。他母亲意识到这对孩子的成长不利,便说:"这里不是我可以用来安顿儿子的地方。"于是搬迁到了一处集市的旁边,不料孟子又做学商人卖东西的游戏。他母亲又说:"这也不是我可以用来安顿儿子的地方。"又搬家到了学堂旁边。于是,孟子就做些祭祀礼节的游戏,学些读书人的礼仪。他母亲这才说:"这里可以用来安顿我的儿子了。"他们就在那里住了下来。

这段话记述的故事又叫"孟母择邻"、"孟母三迁",强调了环境与教育的相关性、环境与孩子成长的内在联系。习以性成,环境的耳濡目染所产生的潜移默化的作用,可以完全关系到一个儿童的个性养成和人格铸造。这对语文教育同样有很深的启迪:儿童的学习和发展,不能依赖于灌输说教,全盘授予;而应当重在熏陶感染,让孩子在纯洁、审美的言语环境里,于潜移默化中学会语言文字的运用,并实现精神家园的建设。这不也正是语文课程教学的基本特点所在?

6

白发被两鬓,肌肤不复实①。虽有五男儿,总不好纸笔②。阿舒已二八,懒惰固③无匹。阿宣行④志学⑤,而不爱文术。雍端⑥年十三,不识六与七。通子垂⑦九龄,但觅梨与栗。天运苟如此,且进杯中物。

【晋】陶渊明《责子》

【注释】

①肌肤不复实:指因年老体衰,皮肤肌肉都很松弛了。

②不好纸笔:不喜欢学习。

③固:鄙劣。

④行:将要。

⑤志学:代指15岁。

⑥雍端:两兄弟,系双胞胎。

⑦垂:快要。

【读解】

周作人认为:这首诗"似乎是很严肃的东西,其实内容是很诙谐的,其第五联最明了,如果十三岁的小孩真的连六与七还不懂,那么他是地道的白痴,岂止不肖而已。(黄)山谷说他戏谑,极了解这诗的意味,又说慈祥,则又将作者的神气都说出来了"。当代学着邹恒甫也认为,《责子》诗是少有的慈父诗之一,凡做父母的实在都应好好读它几十遍。孩子总是可爱的,在父亲眼里,五个孩子即使不爱学习,其天性也讨人喜欢,所以名为"责子",其实语意平和宽容,没有强烈的气愤或对老天不公的咒怨,而是认为子女不学文、不做官也无所谓,顺其自然吧。天生我材必有用,还是喝我的酒吧。在封建社会,这倒不失为一种难得的儿童观。

7

小娃撑小艇①,偷采白莲回。不解②藏踪迹,浮萍一道开③。

【唐】白居易《池上》

【注释】

①艇:轻便的小船。

②解:懂得。

③一道开:这里指水面的浮萍被小船荡开,留下了一条分明的痕迹。

【读解】

这首诗写了一个爱玩、淘气的小孩,撑着小船去偷摘白莲花。他只是出于好玩,但对自己偷摘的行为又不懂得该怎么掩藏自己的踪迹。其实,水面上的浮萍经他的小船划过已荡开了一道分明的痕迹。这虽然只是发生在莲花池上的一段生活场景,但在诗人的笔下,孩子天真活泼而又纯朴无瑕的形象,如同白莲花一般,给我们留下了深刻的印象。

卡洛琳·胡珀认为:"孩子们的工作就是游戏。孩子们从他们所做的每一件事情中获得学习。"这话说得很对,孩子来到这个陌生的世间,他们迫切希望观察它、感知它,从而了解它、认识它、适应或改造它。怎么办?从哪里入手?作为孩子,就只能从游戏入手。于是,游戏便成了孩子的工作、孩子的学习。所以鲁迅在《野草·风筝》中说:"游戏是儿童最正当的行为,玩具是儿童的天使。"诗中的小娃采摘白莲,只是因为他喜欢,他想观赏它,拿它玩玩而已。他的单纯,以致"不解"如何为自己的"偷采"而"藏踪迹"。他爱玩,在成人眼里便成了"淘气"。其实,这样的"淘气"原是孩子的游戏。席勒说过的话"只有当人是完全意义上的人,他才游戏;只有当人游戏时,他才完全是人",在这里倍觉意味深长。

8

黄金赎①得免刀痕②,闻道③禽鱼亦感恩④。好去长江千万里,不须辛苦上龙门⑤。

【唐】窦巩《放鱼》

【注释】

①赎:换,买。

②免刀痕:指鱼儿免得挨刀被剖杀。

③闻道:听说。

④禽鱼亦感恩:鸟和鱼也知道感恩报答。

⑤上龙门:传说鱼儿跳过龙门,便可以变成龙。这里暗指应试求官。

【读解】

这是窦巩在童年时写的一首诗,在一定程度上表达了童年渴望自由、快乐的心向。他有四个哥哥窦常、窦牟、窦群、窦庠都相继做了官,只有他还年幼,留在家里读书。出于一个孩子的真情,他很感慨,就借买了一条鱼放生这样的事,表达了孩子向往自由,而不慕功名、不受拘束的心态。

这是儿童的真心挚情,但封建社会的制度容得下这样的童心吗?那时的成人世界能理解这样的童心吗?从另一方面,这首诗也让我们想到了即使是如封建社会那样对天然的童心作严密的、残酷的扼杀,童心依然未泯,而且在人们心灵深处扎根,顽强而艰难地谋求一方精神空间。这首诗无疑是一个实证。

对照当下的教育,我们仍然不难感受到诸多成人意志对童年的侵袭:过重的课业负担,过度的道德说教,过量的考试竞赛,过分的师道尊严……使儿童失去了思想的自由和个性的志趣,语文教育当然也不例外。

9

人皆养子望聪明,我被聪明误一生。惟愿孩儿愚且鲁①,无灾无难到公卿②。

【宋】苏轼《洗儿戏作》

【注释】

①鲁:钝拙,笨。

②公卿:泛指朝廷中的高级官员。

【读解】

天下大概没有一个父母不希望子女绝顶聪明的,可苏东坡为什么希望子女还是愚鲁一些好,说不定还能成为朝廷的公卿?这当然是他的牢骚。苏东坡是千古奇才,但也免不了被小人算计,差点被判了死刑,于是有感而发:做人难得糊涂。由此足以反衬当时官场的险恶。但我们也不妨从中去获得另一种思考:孩子是独立的生命,每个孩子都各不相同,互有长短,难分优劣。因为生命之间不存在可比性。作为生命,本来就具有三大特征:一是唯一性,即每个生命都是唯一的,不会相同,也不会重复。二是一次性,即每个生命都只有一次,生命没有"回程票",无法重新来过,所以是弥足珍贵的。三是两重性,即每个生命都有肉体生命和精神生命,肉体生命是物质的、生理的,而精神生命是超物质的、心理的,它可以超越时间和空间而存在。生命的复杂性就在于此。成绩不太好,未必就不聪明,更未必就一生没有作为。所以,苏东坡至少并不在乎孩子是否聪明,而更期盼他们"无灾无难"。这种对儿童生命的尊重和关爱,正是我们每一个成年人的责任。

10

夫童心者,真心也。若以童心为不可,是以真心为不可也。夫童心者,绝假①纯真,最初一念之本心也。若失却童心,便失却真心,失却真心,便失却真人。人而非真,全不复②有初矣!

【明】李贽《焚书·童心说》

【注释】

①绝假:杜绝虚假。

②复:返,回。

【读解】

　　李贽(1527—1602),明思想家、文学家。原姓林,名载贽,后改姓名。号卓吾,又号宏甫,别号温陵居士。福建泉州晋江人。曾任国子监博士等职。他认定《六经》《论语》《孟子》等儒家经典只是当时弟子的随笔记录,并非"万世之至论",终被统治者逮捕,后自杀。他继承并修正王守仁的"良知"说,提出"童心"说,主张保持"童心"(最初一念之真心)。

　　"童心"是原始而精致的人间事物。作为生命个体,"童心"有着春水般善良的本性,清风般纯净朴实的情怀和朝霞般从容恣意的状态,无论如何,"童心"对于社会人生都是永恒的启示和引导,也是教育生成的源头和诱因。别以为童心是幼稚的、无知的,其实,孩子的聪明与智慧常在成人之上。"皇帝的新装"为什么能让那么多大臣、谋士都盛赞这"新装"太美了,而只有一个孩子说出"皇帝什么也没穿"的真相?应当说,这就是"童心"源于自然的真觉和纯朴的本能的缘故。所以,我们应当毫不迟疑地认为:一切的艺术和创造都源于"童心",一切的成熟、高尚和伟大,其内核也就是"童心"。

11

　　童子者,人之初也;童心者,心之初也。夫心之初曷①可失也!

　　　　　　　　　　　　　　　　　　　　【明】李贽《焚书·童心说》

【注释】

　　①曷:何。

【读解】

　　"人之初,性本善",李贽认为童子乃人之初,童心乃心之初,怎么可以失去呢!

　　"单纯"是童心的品质和特点。儿童的"单纯"是因为他们未经物欲的侵蚀,没有心机的曲折,当然更不会有世故的历练。所以,单纯不是愚钝,也并非幼稚,更不是无知,而是一种本于善良的朴实和近乎彻底的清明。这也就是心智优秀的人们为什么敬爱儿童、喜亲儿童,就缘于他们之间存在着的那种互慰和共振。英国大诗人华兹华斯振聋发聩地提出"儿童乃是成人的父亲",绝非虚妄之言。

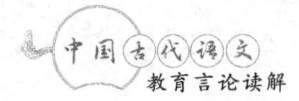

12

天下之至文①,未有不出于童心焉者也。

【明】李贽《焚书·童心说》

【注释】

①至文:至善的文章,或最好的文章。

【读解】

天下至善至美的好文章,没有不出于童心的。李贽的这句话,表达了最佳的文章其源均出自童心。童心就像水晶一样澄澈透明,不会有丝毫的矫揉造作和虚伪掩饰,是最具有诗意的精神境界。这种诗意的天籁之音,无疑是至文的精粹内核。记得美术大师毕加索曾发出过这样的感慨:"我在十几岁的时候就能画得像达·芬奇一样好,而我花了几十年的时间,才能画得像孩子一样。"由此可见,出于童心的文,可以成为"至文";出于"童心"的画也只有如达·芬奇这样的画坛圣手,花几十年时间的修习,才能达到的艺术境界。

由此联想到我们对于儿童习作的评价,往往容易缺失了对"童心"的理解,对"稚美"的珍惜,对"天真"的体悟。为什么画家达·芬奇花了几十年的修习,才能画得和儿童一样,正是因为"童心"才是成人精神世界的出发地和归宿点。艺术的最后境界是"婴儿的境界",那种天真烂漫的境界。真实的儿童习作发自儿童肺腑,也往往可以抵达人类情感的深处。因为发自儿童赤子之心的才是天籁之音。

13

(一)

治畦①当种竹,种蕉为近之;虚中②同一致,密叶胜疏枝。

(二)

脆绿怜弱干③,勿为霜雪侵④;春风动雷雨,须长一千寻⑤。

【明】王夫之《敞筑土室授童子读题曰蕉畦口占示之》(一)、(二)

【注释】

①治畦:这里指开垦管理宅边的空地。
②虚中:指竹和蕉的茎中部都是空的。
③弱干:长势瘦弱的枝干。
④侵:侵害。
⑤寻:古长度单位,八尺为一寻。

【读解】

　　王夫子(1619—1692),字而农,号姜斋,衡阳人。明崇祯举人,是明清之际杰出的启蒙思想家和唯物主义者。他七十岁时为次子王敔教书馆"蕉畦堂"赋诗四首,这是其中的一、二首。邱椿先生认为其中一、二首颇有教育涵义。如第一首中的"虚中同一致,密叶胜疏枝","竹"与"芭蕉"都是茎中虚空的,暗示王敔在教童子时,应"虚心"观察其学习情况,做到以学设教,因材施教。第二首中"脆绿怜弱干,勿为霜雪侵;春风动雷雨,须长一千寻",暗示教师应保护好幼弱儿童,勿使未成年人为恶势力所侵害,而应从积极方面发挥如时雨春风般的培养作用,使儿童得到最大的发展(参见《古代教育思想论丛·下册》,北京师范大学出版社,1985年版)。在封建社会的教育中有如此关爱儿童、尊重儿童、保护儿童的意识和情感,实为难得。

14

　　今人往往以歌诗习礼为不切时务,此皆末俗庸鄙之见①,乌足以知古人立教之意哉!大抵童子之情,乐嬉游而惮②拘检③,如草木之始萌芽,舒畅之则条达④,摧挠之则衰痿⑤。今教童子必使其趋向鼓舞,中心喜悦,则其进自不能已。譬之时雨春风,沾⑥被卉木,莫不萌动发越,自然日长月化;若冰霜剥落,则生意萧索,日就枯槁矣。

　　　　　　【明】王守仁《王文成公全书》卷二《训蒙大意示教读刘伯颂等》

【注释】

　　①末俗庸鄙之见:庸俗卑劣的见识。
　　②惮:害怕。
　　③拘检:拘束。
　　④达:发达,这里指枝条茂盛。
　　⑤衰痿:衰败萎缩。
　　⑥沾:浸湿。

【读解】

　　王守仁(1472—1528),字伯安,号阳明,明余姚人。弘治时成进士,官至南京兵部尚书。他是主观唯心主义者,继承并发展了陆九渊"心学"。正德十三年(1518),王守仁为南赣巡抚,镇压当地农民起义后,令各县立社学,加强伦理教化,以维护封建统治,特颁教条给各学教读。《训蒙大意示教读刘伯颂等》即是其一。

　　王守仁要求教育活动适应儿童身心发展的特点,是很难能可贵的教育观和儿童观。他能认识到儿童的特点是喜欢嬉游而害怕拘束,所以对儿童的教育一定要使他们得到鼓舞,能以快乐的心态,有兴致地投身于学习。这样,自然就会有很大的进步。

他还打了一个浅近的比喻:儿童就如草木一样,长得舒畅,自然枝条茂盛;如果去摧残它,就必然会衰败萎缩。教育就要像时雨春风一样,能沾被其卉木,就会萌动发越,日长月化。如果施以冰霜,草木就会萧索而枯死了。提倡要从儿童的身心发展特点着眼组织教育,而反对"鞭挞绳缚,若待拘囚",这在当时是非常可贵的教育主张。

15

凡授书不在徒多①,但贵精熟②,量其资禀③,能二百字者,止可授以一百字,常使精神力量有余,则无厌苦之患,而有自得之美④。

【明】王守仁《王文成公全书》卷三《传习录·中》

【注释】

①凡授书不在徒多:指所授的量不可太多。

②精熟:贵在讲解得精透。

③资禀:资质,禀赋。

④"则无……而有……":句子的意思是不会有厌烦、苦恼的情绪,而能得到有所收益的乐趣。

【读解】

这也是王守仁要从儿童的心理特征施教的进步观点。这里讲的是教师授书不可一味贪多,务必从儿童实际出发,并且留有余地,使他们学有余力。在这段短短的言论中,讲清了三层意思:一是学习内容不在多,而在有得,即教学的内容必须达到目标,能让学生精熟地掌握。二是教学多少内容,要根据每一个儿童的天赋资质和能力来决定,并且要留有余地。"能二百字者,止可授以一百字,常使精神力量有余。"三是提出了教学适量的标准,应该是学生"无厌苦之患,而有自得之美",使学生能真正享受到学习的乐趣,激发出更强的求知欲望。这是因材施教、量体裁衣的教学策略,至今也一样具有启发意义和借鉴的价值。

16

故凡诱①之歌诗者,非但发其志意而已,亦所以泄其跳号呼啸于咏歌,宣②其幽抑结滞于音节③。

【明】王守仁《王文成公全书》卷二《训蒙大意示教读刘伯颂等》

【注释】

①诱:启发、诱导。

②宣:宣泄,发泄。

③音节:指铿锵悦耳地朗诵诗歌。

【读解】

在古代的语文教学中,歌诗诵读是一个十分重要的内容。为什么如此看重歌诗的诵读?王守仁认为,这不仅是为了以歌诗的丰富情感,熏陶感染学生,奋发他们的意志,提升他们的精神修养,还有不可小觑的另一层功能是"泄其跳号呼啸于咏歌,宣其幽抑",而能"结滞于音节"。意思是歌诗能让孩子们既唱又跳,手之舞之,足之蹈之,从而令宣泄幽闭的心思,发泄躁动的情感,全在铿锵悦耳的诗歌朗诵中表达出来。诵读歌诗不仅有认知功能、冶情功能,而且还有音乐功能、健身功能……于此不只是阐释全面,而简直是淋漓尽致了。

17

天下教术之端①必自读书始,人才之成必自童稚始。《易》②曰:"蒙③以养正,圣功④也。"

【清】吴煦《杭州辅仁义塾序》

【注释】

①端:事情的开头。
②易:《易经》。
③蒙:蒙昧隐默状态。这里指未启蒙的童稚。
④圣功:成为至圣之功。

【读解】

吴煦(1809—1872),清末浙江钱塘(杭州)人,字晓帆、晓舫,号春池。初以捐纳任知县,后署松江知府。曾先后参与镇压小刀会起义、对抗太平军等活动,后被劾革职,为李鸿章奏复,旋引疾归里。中间也曾关注或参与义塾、书馆之教务。这段言论便是吴煦为杭州辅仁义塾写的。意思是天下教育都是从读书开头的,人的成才则一定要从童稚时开始培养。《易经》中有句话叫:"蒙以养正,圣之功也。"孔颖达曾经对这句话作过这样的疏注:"能以蒙昧隐默,自养正道,乃成至圣之功。"说明只有从儿童开始,就致力于养成孝悌忠信礼义廉耻的封建道德,才能成至圣之功。今天,若不论具体的教学内容,在儿童启蒙始,就能养以正气道义,如此立人育人,又何尝不是"圣功"呢!

18

为父师者,不量子弟之资禀①,不顾学问之生熟,而惟欲速以求成,不知工夫有序,何可一旦助长?故惜谓教子弟不必躐等②,当知循序③,不必性急

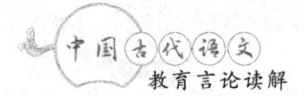

于一时,而在操功于悠久。日复一日,月复一月,年复一年,毫不放空,亦不逼迫,优而游之,使自得之,自然慧性④日开,生机日活。

【清】崔学古《学海津梁》卷四

【注释】

①资禀:资质和先天的禀赋。
②躐等:超越等级,不按次序。
③循序:依照顺序。
④慧性:聪悟之性。

【读解】

崔学古认为,作为父亲或老师,在教育儿子、弟子时,不能不去衡量一下他们的资质和禀赋;也不能不估计他们掌握学问的生熟程度,不可一味地只求速成。其实学业的"工夫"是有顺序的,怎么可以一朝一夕去助长呢?所以教育子弟不必急于去超越学业的等级,而应当循序渐进才好;更不可性急于一时,而贵在持久的训练和积累。这样,日复一日,月复一月,年复一年,只要毫不放松,也不一味急逼,只是从容不迫地去做,务必使学生自得,自然聪悟之性得到开启,也会学得越来越灵活,越来越有兴趣。这段话强调了学习要遵照儿童的心理特点和学习规律,循序渐进地求得自悟自得,不可只求速成,任意超越,否则只会"欲速则不达"。

教育是"慢"的专业,只能因势利导,循序渐进。一个"循"字强调了必须遵照知识的"序"和儿童认知发展的"序",不可乱来;一个"渐"字又显示了其进只能是逐渐的,而不是急进的。此理古今皆然。

19

童孺①知识初开,甫②学为文,必有天籁③自然之妙,非雕琢④以后所能及也。

【清】章学诚《文史通义·论课蒙学文法》

【注释】

①孺:孩童。
②甫:才。
③天籁:自然界的声音,如风声、鸟声、流水声等。泛指美妙的声音。
④雕琢:雕刻。这里指人工的刻意而为。

【读解】

章学诚(1738—1801),字实斋,清浙江会稽(今绍兴)人,博览群书,是著名的文史方志专家,著有《实斋文集》、《文史通义》等,也开馆执教。

这段言论主张教育要顺应人的天性,在知识初开之后才识字学文,这就会有近似天籁的自然之妙,它可不是靠人工的刻意经营雕琢所能达到的。

儿童的天籁自然之妙,即使在今天也并非为所有教育工作者所认识。这集中表现在教育总是"以教为主"的意念和方向上。这是缺少了对生命自身的成长基因、本性和潜能的认识,自觉或不自觉地把儿童只是看作一个接受教师(家长)传授的非生命的容器。把儿童这种鲜活的、能够自我成长的生命体,歪曲地视为去生命的、物理性的、工业制造式的、可以在流水线上批量生产的物体,同时还兼有了教育者那种科学征服主义的信念。而对这种在流水线上批量生产的学生,检验其是否合格的唯一手段和标准,则是"考试",以一张试卷来分级。

教育要充分挖掘儿童的天籁自然之妙,在于充分认识儿童成长的自在、自为的天然潜能。儿童是天生的学习者,这正如一颗小小的树子,只要没有人为或灾害的伤害,都有能力长成一棵参天大树一样。婴幼儿学说话应该是一个最好的例证:他们没有进学校,没有老师教,没有教材,没有课堂,也没有校外补习班,不做作业,不考试,但每个孩子在三周岁之前就都会在生活中学会说话,能够作初步的思想交流。当然,这不是儿童成长的全部,但不也能从一个侧面让我们领略到"天籁自然之妙"的魅力吗?

20

萌芽初茁①之时,先受多方摧折,然后取其晦②蚀③不尽之余,演为浮薄时文④。

【清】章学诚《文史通义·论课蒙学文法》

【注释】

①茁:植物的生长。

②晦:昏暗,不明白。

③蚀:侵害,亏损。

④时文:科举时代称应试的文章。特指八股文。

【读解】

这是章学诚批判封建社会旧教育流弊的一段话,意思是在儿童启智阶段,如花木萌发之时,先在领受教育的过程中已受到了多方面的摧残,那些教育内容有的会让人觉得晦暗不明,有的只能给人以侵害和亏损,就在这样的过程里,逐渐演化为学生笔下那些极其浮薄的科举应试文章。

这段言论与上段"童孺知识初开,甫学为文,必有天籁自然之妙,非雕琢以后

所能及也",有从正反两个方面互为照应的机理。正因为封建旧教育中有这样的流弊,所以我们更应当充分张扬童孺身上本来就有的那些"天籁自然之妙"。这正如著名教育专家郭思乐教授所认为:学生厌学的基本原因简单得令人吃惊——他需要学和可以学,而教者却不让他有这样的机会,而且剥夺了他学习的方式,恰好是教育者自己的教取代了学生自己的学,教育对生命活动细致的剖析和相应的行动,竟又是造成教者过度施教的直接原因。

"大象无形","真教"也应该是无形的,即充分尊重儿童生命自主成长的规律,充分发挥儿童"天籁自然之妙",作"随风潜入夜,润物细无声"式的无痕之教,而绝不是"多方摧折",由教者作主观指令的全盘灌输。

21

世俗蒙师①,期许②幼学子弟,则有所谓读性③、作性④、悟性⑤诸名目。不知所谓读性,即他日积之而成其学焉者也;所谓作性,即他日积之而成其才焉者也;所谓悟性,即他日积之而成其识焉者也。

【清】章学诚《清漳书院留别条训》

【注释】

①蒙师:启蒙(执教蒙学)的老师。

②期许:期望。

③读性:指诵读之功,可以成为学问的基础。

④作性:指习用的功夫,可以表现为才能。

⑤悟性:指探究和意会的水平,可以沉淀为识见。

【读解】

在这段言论中,体现了章学诚对治学之人必须具备学、才、识三个基本条件的主张。作者认为读性的积淀,可以成为学问的基础,熟知许多的词章;作性的功夫,可以使人在习练中增长才能;而悟性的获得,则是形成独立见识的前提。这样,学、才、识分别与读性、作性和悟性有着内在的联系。这一对治学方法和治学目标的分类相求之主张,在今天看来也是值得借鉴的。

多读、多作、多悟是过程,善读、善作、善悟是要求,由此达到"学"、"才"、"识"的综合提升,正是今天可以借鉴的教学策略。

22

　　凡人有记性①,有悟性②。自十五以前,物欲未染,知识未开,则多记性,少悟性。十五以后,知识既开,物欲渐染,则多悟性,少记性。故人凡有所当读之书③,皆当自十五以前使之熟读。

【清】陆世仪《论小学》

【注释】

　　①记性:记忆力。

　　②悟性:理解力。

　　③当读之书:应该读的书。

【读解】

　　陆世仪(1611—1672),明清之际的学者,字道威,号刚斋,又号桴亭。太仓(江苏)人。明亡后便隐居讲学,历主东林、毗陵、太仓等地书院,与陆陇其并称"二陆"。曾从刘宗周问学,以"居敬穷理"为主,着重内心的修养。他认为除攻学"六艺"外,天文、地理、河渠、兵法之类,皆切实用。在这段言论里,他主张教学要从儿童身心发展的规律着眼,十五岁以前,孩子的记忆力好,但因为年龄小,见识少,所谓"物欲未染,知识未开",还缺少悟性,所以该读熟的书,都要在这个年龄段里,尽量熟读成诵。十五岁以后,"知识既开,物欲渐染",理解能力强了,但记忆力相对减弱,所以就可以多读应该读的书了。不但是"四书""五经",而且如天文、地理、史学、算学之类,也都可以读读(最后一句是原文所有的)。

23

　　读书的课程,贵乎简约,使易遵守①。功课已完,虽为时尚早,更不再加。童子乐于嬉游,少适其性,益知鼓舞②,劳苦拘束,则厌弃之心生矣。初入塾者,尤宜加意③,倘遇难读之处,寔④系终日勤劳,而功课不及完者,宜令次日再读,不必务尽马力。

【清】李新庵《重订训学良规》

【注释】

　　①遵守:这里有完成、达到的意思。

　　②少适其性,益知鼓舞:意思是指稍稍满足他们的喜好,就会使他们倍加鼓舞,更有劲头。

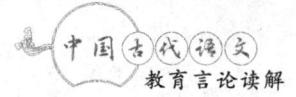

③加意:加倍小心。

④寔:同"实"。

【读解】

  能认识到课程宜简,使儿童学有余力,更好地实现自我发展,即使在今天,也依然是一个有益的话题。在这段言论中有四层意思:第一层是就整体课程安排而言,贵乎简约,让学生易于完成,能达到目标;第二层是一天的课程调控,即使完成之后还有时间,也不要再加,要留有让儿童可以自由支配的空间;第三层意思是为什么要按一、二层的要求去做,那是由儿童的特点决定的,即"乐于嬉游",顺着他们的特性来,儿童会倍受鼓舞,更爱学习,如果以劳苦拘束,则他们的厌学情绪就会潜滋暗长,如此得不偿失,实在不可取;最后一层是特别提醒要善待初入学者,即使一天的学习任务没完成,只要已付出了努力,就不可逼迫,应当第二天再继续做,要保护好他们的学习兴趣。对照前人的这种教学理念,反思今日儿童过重的课业负担,还不足以令人愧疚吗?

(二)师 教

24

君子既知教之所由兴①,又知教之所由废②,然后可以为人师也。

【汉】戴圣《礼记·学记》

【注释】

①兴:成功。

②废:失败。

【读解】

《礼记》又称《小戴记》或《小戴礼记》,为儒家的重要经典之一。小戴是指西汉戴德的侄子戴圣。《汉书·儒林传》载:"传礼者十三家,唯高堂生及五传弟子戴德、戴圣名在也。"戴德所编85篇,称《大戴礼记》;戴圣定编49篇,称《小戴礼记》,即《礼记》。《礼记》详细记录了先秦儒家的重要思想,对古代教育制度、教育理论、教育思想乃至妇幼教育等,均作了全面总结,对我国古代教育产生了巨大而深远的影响。

《学记》据考证为战国后期思孟学派的作品,其中也包含荀子的思想影响。《学记》对我国先秦时期的教育和教学,第一次从理论上进行了比较全面系统的总结,是我国第一部比较系统完备的教育专著。

这里的"君子",应指在位的统治者,他必须知道怎样的教育才是成功的,怎样的教育会遭致失败的道理。也只有这样的君子,才称得上是"人师"。这句话在文中具体所指的是大学之法"豫"、"时"、"孙"、"摩",这四项基本原则,遵之,则"教之所由兴";逆之,则"教之所由废"。然而,今天我们也可以由此扩展开来理解:作为教师应当时时刻刻善于反思自己的教育行为,成功了要总结成功的原因所在;失败了更要记取失败的教训。在不断地反思与梳理之中,自我修炼成为一个优秀教师。

25

默而识之①,学而不厌②,诲人不倦③,何有于我哉④!

【春秋】《论语·述而》

【注释】

①默而识(zhì)之:默默地记住所学的知识。识:记住。

②学而不厌:学习不知满足。

③诲人不倦:教人而不怕疲劳,不厌倦。诲:教导。

④何有于我哉:意思是"我做到了什么呢!"这是孔子的自勉之词。

【读解】

"学而不厌,诲人不倦",孔子从学与教两方面提出了学生和教师应有的态度。作为学生应当勤奋学习而永远不知满足;作为教师,则应当对学生循循善诱,做到不怕疲劳,不会厌倦。这是孔子毕生追求的一种教学境界。并且认为要达到这样的教学境界并非易事,因此自勉"我做到了什么呢!""何有于我哉"是"于我有何哉"的倒装,孔子在这里自问自勉:我又做到了什么呢?确实,这样的教学观点和教学境界对后世的启发很大,乃至到现在,我们仍把"学而不厌,诲人不倦"作为座右铭以自勉。

26

孟子曰:"羿之教人射①,必志于彀②;学者亦必志于彀③。大匠诲人,必以规矩④;学者亦必以规矩⑤。"

【战国】《孟子·告子上》

【注释】

①羿(yì)之教人射:羿教人射箭。羿:尧时的射官。

②志于彀:志:期求,要求。彀:拉满弓,比喻学习的最高要求。

③学者亦必志于彀:求学的人也就一定力争达到最高的要求。学者:这里是求学的人。

④大匠诲人,必以规矩:手艺高超的木匠教人,必定拿一定的标准去要求学艺的人。

⑤学者亦必以规矩:求学的人也必定按照一定的标准去学习。

【读解】

学习必须以一定的标准严格要求学生。这是孟子这段言论的主旨。他先以羿教人射箭作比喻,前提是射箭的人必须能把弓拉满。以此比喻求学的人必先有志于能

一、学理概述

尽力去达到最高的标准,取得尽可能好的学习成果。接着又以手艺高超的木匠教人必先示规矩设喻,学徒也要严格地按规矩去操作,以此说明求学的人也一定要按照规矩去学习。

教学之道,所谓严师出高徒,也就是教师必须向学生提出明确的严格的教学要求,并严格地让学生按照学习要求去做,努力地达到这个要求。否则,就难免会出现"师不严"、"徒不高"的结局。

27

教者必以正①。以正不行,继之以怒②。继之以怒,则反夷矣③。

【战国】《孟子·离娄上》

【注释】

①教者必以正:教师必定拿正理教导学生。正:正理,正道。
②以正不行,继之以怒:用正当的道理不被接受,接着是发怒。行:执行。
③则反夷矣:那就反而伤了感情了。夷:伤。

【读解】

这是孟子回答公孙丑"君子为什么不亲自教育儿子"说的话,意思在于说明教育是必须要有耐心的,如果缺失了耐心,就容易发怒,这样不仅于教育无益,反而会伤了感情。

这句话道出了教育的矛盾所在。"教者必以正",因为教育是"立人"、"育人"的事业,是关于民族兴旺、国家强盛的大业,教育者(包括家长)必定要拿正理去教导学生,以标准言行去要求学生。然而学生是正处在成长发展过程之中的生命,各有其不同的个性,不成熟、不完善是其本质特征。这就形成了一种必然的矛盾关系。如果教师(家长)因"恨铁不成钢"而操之过急地去对待学生,就难免会因"正不行"而"继之以怒",这就违背了学生的自身成长发展规律,不仅于"教"无补,反而欲速不达。所以,教者既应当"必以正",还应当懂得所教能顺应学生的成长规律,循循善诱,润物无声。

28

卅辐同一毂①,当其无有②,车之用也。然埴而为器③,当其无有,埴器之用也。凿户牖④,当其无有,室之用也。故有之以有利,无之以为用。

【春秋】李耳《老子·第十一章》

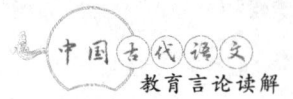

【注释】

①卅：三十。辐：车轮中连接轴心和轮圈的若干直木条，古代车轮的辐条。"同"通"拱"，环绕。毂：车轮中心有圆孔的圆木，内贯车轴，外承车辐。

②当：一说"处在"，另一说"配合"。无有：没有。

③然：即燃，烧。这里具体指制陶器时在窑内烧烤土坯。埴：粘土。器：指器皿。

④凿户牖：凿：打孔凿洞。户：门。牖：窗。这里以"户牖"代替屋室的结构部件。

【读解】

我们用三十根辐条绕着一个轮毂，在那空虚处，使车子得以运转，成就了车的功能。我们做容器和房子，利用的也正是居中的空间，这个空间的"无"给我们带来了很多好处。所以"有"是为了"无"，也就是说，"有"是为了产生"无"，即形成空间，例如杯子和瓶子的边壁必须很薄，这样才有更大的可以使用的容积，从而可以装更多的东西。建造居室也是一样的道理，筑墙壁、加屋顶、设门开窗的这些"有"，正是为了所构成的空间可以住人。这个空间的"无"才真正是可用的"有"。同样的道理，这种"有"与"无"的辩证关系，具有普遍意义。就拿语文教学来说吧，我们也要紧缩教师"施教"之"体"，不要讲析过度，授予过度，才能扩张学生的自主学习之"用"的空间。

29

……大方①无隅，大器②晚成，大音③希④声，大象⑤无形，道隐⑥无名。

【春秋】李耳《老子·第四十章》

【注释】

①大方：最方正的东西。

②大器：最贵重的器物。

③大音：最丰富的乐章。

④希：通"稀"，即稀少的意思。

⑤大象：最大的形象。

⑥隐：幽隐。

【读解】

这段言论是引用了一组古语格言来说明"道"的高深莫测，从引成语到打比喻，说明有形与无形、存在与意识，从自然与社会诸领域的多种事物的本质与现象中，论证了矛盾的普遍性，充满了辩证法。……最方正的反而没有棱角，贵重的器物迟迟才能完成，最丰富的乐章反而听不到声音，最大的形象反而看不分明。"道"就是这样盛大而无形……这一切说明"道"隐微深奥的特征不易为一般人所领会。它的特性异常,本质未现,价值不同凡响。

所有的事物都有其内含的"道",语文教育当然也不例外。即使在今天,人们还在争论"语文"是什么,"语文味"又是什么……这些问题都很根本,似乎都是常识,但要准确地认知和把握这些根本,却并不容易。这是不是也可以以"大音希声""大象无形"来解释?

30

故曰:欲观千岁①,则数②今日;欲知亿万,则审③一二;欲知上世④,则审周道;欲审周道⑤,则审其人所贵君子⑥。故曰:以近知远,以一知万,以微知明,此之谓也。

【战国】荀况《荀子·非相》

【注释】

①千岁:千年,泛指久远。
②数:查点。
③审:考察。
④上世:古代。
⑤周道:周朝的情况。另一说指周密完备的道理。
⑥"则审其人"句:考察当时人们所器重的君子。

【读解】

荀子(约前313—前238),名况,时人尊而号为"卿",又称孙卿,战国末赵国人。他是一位唯物主义思想家,其学术思想批判和吸收了道家、墨家、名家的学说,而成为儒家和法家的枢纽。晚年居楚兰陵授徒讲学,著书数万言。

本句尽述了解事物,必须从近处、少处、细微处着手的道理,所谓由近及远,因小见大,见微知著,无疑也是教育中普遍使用的法则。文中所述的"欲观千岁,则数今日",讲的是"以近知远"的道理;"欲知亿万,则审一二",讲的是"以少知多"的道理;而"欲知上世,则审周道""欲审周道,则审其人所贵君子"讲的是"以微知明"的道理。

31

大学之法①:禁于未发之谓豫②;当其可之谓时③;不陵节而施之谓孙④,相观而善之谓摩⑤。此四者教之所由兴也⑥。

【汉】戴圣《礼记·学记》

【注释】

①大学之法:大学里的教学方法。大学:西周设在王城和诸侯国都的学校。

②禁于未发之谓豫:在学生的问题还没有发生时就加以防范,这叫作预防。之谓:也作"是谓",这叫作。豫:同"预"。

③当其可之谓时:教学恰到好处,这叫作适时(抓住了时机)。可:恰到好处。

④不陵节而施之谓孙(shùn):不超过学生的接受能力而进行教学,这叫作合乎顺序。凌:超越。节:限度。孙:顺。

⑤相观而善之谓摩:观察学生,发现好的地方就表扬他,这叫作慢慢培养。善:表扬。摩:慢慢培养。

⑥此四者教之所由兴也:这四点就是教学成功的原因。

【读解】

《学记》是我国第一部比较系统完备的教育专著。是战国后期思孟学派的作品,其中也包含荀子的思想影响。《学记》对我国先秦时期的教育和教学,第一次从理论上进行了比较全面系统的总结。

《学记》主要论述的是大学之道,大学之教,大学之法与大学之礼。所谓"大学"是西周设在王城和诸侯国都的学校。本节主要阐述的是"大学之法",认为使教学成功的主要原因有四个:一是在学生的问题还没有发生时就加以防范,这就是预防("禁于未发之谓豫");二是教学要抓住时机("当其可之谓时");三是教学不要超过学生的接受能力("不凌节而施之谓孙");四是要观察学生,发现好的地方就要表扬,这叫作慢慢培养("相观而善之谓摩")。以上的这些观念很接近现在提出的某些教学原则,如可接受性原则、激励原则、主动性原则、积极性原则等等。

32

虽有嘉肴①,弗食不知其旨②也;虽有至道③,弗学不知其善④也。是故学然后知不足⑤,教然后知困⑥。知不足,然后能自返⑦也;知困,然后能自强也。故曰:教学相长⑧也。

【汉】戴圣《礼记·学记》

【注释】

①嘉肴(yáo):美味的鱼、肉。肴:同"餚",菜肴。

②旨:味美。

③至道:最好的道理。

④善:好。

⑤知不足:知道自己有不够的地方。
⑥知困:知道自己有困惑不解的地方。
⑦自返:反过来严格要求自己。
⑧教学相长:教和学是相互促进的。也就是说,教育别人,也能促使自己深入学习,增长知识和才干。

【读解】

这段话有两层意思:一层是以比喻切入,美味的菜肴,你不品尝就不知道它的味美;最好的道理,你不学习,就不会知道它的可贵。第二层由此进入正面提出:只有学习了,才会知道自己的不足;只有施教了,才会知道自己还有困惑不解的地方。从而推演出:知道不足,便会反过来严格要求自己;遇到了困惑,才会不倦地再研究,力求更上一层楼。于是,水到渠成,最后归结出结论:"教学相长",即教与学是相互促进的,教育别人,会更好地促使自己再学习,再进步。如此论证"教学相长"是很具说服力的。它颠覆了传统的教育理念:师道尊严,以教师单边的"教"主宰教学过程的一切。另一方面,这也为确立教与学的辩证观念、教学的朴素的民主意识,开了先河。

33

学者有四失,教者必知之①。人之学也,或失则多②,或失则寡③,或失则易④,或失则止⑤。此四者,心之莫同也⑥。知其心,然后能救其失也⑦。教也者,长善而救其失者也⑧。

【汉】戴圣《礼记·学记》

【注释】

①"学者有四失"两句:求学的人有四个缺点,教师必须知道这些。
②或失则多:有的缺点在于学得太多、太杂。则:之(于)。
③或失则寡:有的缺点在于学得太少、太窄。
④或失则易:有的缺点在于把学习看得太容易,不肯深入钻研。
⑤或失则止:有的缺点在于学习遇到困难而停止不前。止:停止,半途而废。
⑥此四者心之莫同也:产生这四种情况的心情是不相同的。
⑦"知其心"两句:教者了解受教者的心理,然后才能纠正他们的缺点。
⑧"教也者"句:所谓教育,就是使学习的人的优点不断增加,并使他们的缺点不断得到纠正。长:使……增加。善:优点。

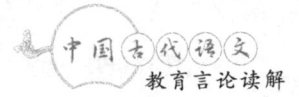

【读解】

《学记》不仅关注教师如何教,更关注学生如何学,这是十分难得的。它提出"学者有四失,教者必知之",朴素地表现了"教"要为"学"服务的观念,"教"应该是"教学生如何学"。所谓的"四失",一是学得太多、太杂,结果会"贪多嚼不烂";二是学得太少、太窄,知识视野不开阔,不免孤陋而寡闻;三是把学习看得太容易,不肯深入钻研,不免浅尝辄止;四是学习止于中途,不免半路而废、前功尽弃。同时指出这四种情况的产生背后,学生的心情是不相同的,只有好好去了解学生的心理情况,才能有的放矢地帮助他们纠正缺点。确实,教学的本质是什么,就是长善而救失。所以,教师必须明白"知己知彼,百战不殆"的道理。教育者只有了解受教育者,才能对症下药,使受教育者扬长避短,不断进步。

34

博学之①,审问之②,慎思之③,明辨之④,笃行之⑤。有弗学,学之弗能,弗措也⑥。有弗问,问之弗知,弗措也。有弗思,思之弗得,弗措也。有弗辨,辨之弗明,弗措也。有弗行,行之弗笃,弗措也。人一能之,己百之;人十能之,己千之。果能此道矣,虽愚必明,虽柔必强⑦。

【汉】戴圣《礼记·中庸》

【注释】

①博学之:意为要广泛地学习。
②审问之:意为要详细地请教。
③慎思之:意为要慎重地思考。
④明辨之:意为要明确地辨别。
⑤笃行之:意为要踏实地实行。
⑥有弗学,学之弗能,弗措也:意思是说,没有学过的,或是学了不能掌握,就不停止学习。弗:不。措:放弃,荒废。
⑦果能此道矣,虽愚必明,虽柔必强:果真能这样下功夫去学习,即使愚昧,也能变聪明;即使柔弱,也能变刚强。

【读解】

这一则短文有两层意思:一是古人也重视知和行的统一。知,包括学、问、思、辨;知,归根结底是为了行。二是学习要下苦功,要坚持不懈,持之以恒。

这段话,把学习过程分为由知到行的五个步骤:博学之,审问之,慎思之,明辨之,笃行之。前四者为"达知",第五者为"践行"。这是按由"知"到"行"的按客观顺序安排的。首先,人要通过广博地猎取知识,从中发现问题,认真思考,辨明事理,才能算达到了认知。但学习的过程并不就此终止。由知到行,这是《礼记·中庸》关于学习过程的基本思想。当然,这里的"行",在那个时代只不过是修身养性,并非今天我们所说的实践。另一方面还要求,学了就要学会,不学会就不停止。"措"即停止的意思。"问"、"思"、"辨"、"行"也一样,不达目标则不止。有了这样的劲头,自然就会"人一能之,己百之;人十能之,己千之",最后达到"虽愚必明,虽柔必强"的境界。这段话,对后世教育的影响极大。

35

善为师者,既美其道①,有②慎③其行。

【汉】董仲舒《春秋繁露》

【注释】

①道:这里泛指理论一类。

②有:通"又"。

③慎:谨慎的意思。

【读解】

善于当教师的,既要使他的理论完美,又要使他的行为谨慎,符合其理论的要求。即要做到言行一致。

董仲舒是西汉时的著名学者,他生活在公元前179年至公元前104年,今河北景县人。他是研究《春秋公羊传》的大家,西汉正宗经学的代表人物,汉武帝时曾为太学的博士,著作很多,但流传下来的很少,其中以《春秋繁露》和保存在《汉书·董仲舒传》中的《对贤良策》影响最大。

做一个好的教师,不仅要有完美的理论,更要将教育的理论落实在自己的行动上,谨慎自己的行为,身体力行自己提出的教育理念。这种理论与实践相联系的教育品格,无疑更应当是今天"善为师者"的从教之道。

36

其言寡而足①,约而喻②,简而达③,省而具④;少而不可益⑤,多而不可损⑥;其动中伦⑦,其言当务⑧。

【汉】董仲舒《春秋繁露》

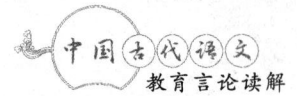

【注释】

①其言寡而足:他的话少而意实。

②约而喻:简约而明白。

③简而达:简练而畅达。

④省而具:布繁而全面。

⑤少而不可益:少却不能增添。益:增。

⑥多而不可损:多却不能消减。多:为了表达得充分准确而语辞丰富。损:减。

⑦其动中(zhòng)伦:他的行动合乎道理。中:合。伦:道理。

⑧其言当务:他的话符合事实。当:得当,适当。务:事务,事实。

【读解】

中国教育的传统是以老师的讲解分析之"教"为主,学生主要是"听"老师的分析讲解。这种教育模式显然并不符合教育规律。教育活动的成效,主要取决于学习者的主观能动作用,而不是教师的讲解可以决定一切。联合国教科文组织国际教育发展委员会《学会生存——教育世界的今天和明天》明确指出:"未来的学校必须把教育的对象变成自己教育自己的主体。受教育的人必须成为教育他自己的人;别人的教育必须成为这个人自己的教育。这种个人同他自己的关系的根本转变,是今后几十年内科学与技术革命中教育所面临的最困难的一个问题。"当然,这不等于说,未来的教育就不需要教师的引领了(包括教师必要的讲解),但可以肯定的一点是教师的讲解只能是一种启发和引导,而不是全盘的授予。即使在古代,贤者也认识到教师的教育语言必须精练、畅达。其中"少而不可益,多而不可损",都是从"精练畅达"的要求说的。"少"与"多"都必须做到恰到好处。这个恰到好处的标准就是"足"、"喻"、"达"、"具"。文章和说话,都不能笼统地讨论"长短"、"多少"的优劣问题,关键在于传情达意是否充分和恰当。

37

两刃①相割②,利钝乃知;两论相订③,是非乃见。是故韩非之四《难》④,桓宽之《盐铁》⑤,君山《新论》⑥之类也⑦。

[汉]王充《论衡·案书》

【注释】

①刃:指刀子。

②割:割肉。

③订:评议。

④韩非之四《难》:韩非著有《说难》四篇。
⑤桓宽之《盐铁》:西汉政治家桓宽著有《盐铁论》。
⑥君山《新论》:东汉的桓谭,字君山,著有《新论》,早亡佚。
⑦之类也:意即《新论》与前两书,都属论辩之作一类的。

【读解】

王充(27—约97),字仲任,会稽上虞(今属浙江绍兴)人。东汉时代的唯物主义哲学家、教育家。他流传至今的只有《论衡》一书。

两把刀子割肉,哪把刀子利,哪把刀子钝就会十分分明;两种理论对照评议,谁是谁非也就会非常清楚。用这样的设喻,生动地道出了比较是一种重要的认识方法,当然也是一种有效的教学方法。

所谓"比较教学法",是指选用相似或相反的材料,通过其异同的对照比较使学生获得深刻理解的一种教学方法。比较教学法可以更加突出事物的本质特性,使学生获得鲜明印象,产生良好的教学效果。同时,在比较的过程中,还可以提高学生观察、分析和理解的能力。当然,用作比较的材料必须精选,应具有针对性和典型性,才能突出本质,产生鲜明的教学效果。

38

古之学者必有师。师者,所以传道①受业②解惑③也。

【唐】韩愈《师说》

【注释】

①传道:传授道理。
②受业:教授学业。受,同"授"。
③解惑:解除疑难。

【读解】

这是韩愈《师说》中开宗明义的第一句话。是原文的开篇。

韩愈(768—824),字退之,郡望昌黎,人称昌黎先生,唐代河南河阳(今河南孟州市)人。因官至吏部侍郎,又称韩吏部。因谥号"文",又称韩文公。他是唐代著名的文学家、教育家。

《师说》一文是韩愈为四门博士时所作。阐明了从师学道的必要,批评了当时耻于相师的风气。对于教师任务、择师标准、师生关系等方面的问题,在《师说》中均提出了合理的见解。

这句话集中说明了教师的作用。他认为,自古以来任何一个人的知识学问,都

是从老师那里学来的。人没有"生而知之"的先知先觉者,所以不可能没有疑难问题,这就需要有老师的指点帮助。那么,教师的具体责任是什么呢?不外乎三条:一是传道,即传授道理,韩愈的所谓"道",当然不外乎儒家修身、齐家、治国、平天下之道;二是授业,韩愈所认为的学业,即讲授《诗》、《书》、《易》、《春秋》等经典;三是解惑,即解答学生在学习"道"和"业"的过程中所提出的疑难问题。

时代在进步,人们读解这句话,必然会在读解本意的基础上,赋予"传道授业解惑"以新的意蕴,特别是对"道"和"业"的内涵会有扩展了的新解,这是必然的,也是必须的。

39

是故①弟子不必不如师,师不必贤于弟子。闻道有先后,术业有专攻,如是②而已③。

【唐】韩愈《师说》

【注释】

①是故:因为这个原因。

②如是:就是这样。

③而已:助词,用于句尾,相当于"罢了"。

【读解】

韩愈在这里阐述了师生关系并非绝对、固定不变的道理。所以,作为弟子并非每一个一定都比老师差;作为教师也未必事事都比学生好。这是因为对于不同的老师和学生,闻道会有先有后,对各门术业的研究和掌握也会达到不同的程度。师生关系应该是在"道"和"业"的面前呈平等关系,在一定条件下可以互相转化。有的老师可能在某一方面会不如学生好;反过来说,只要学生努力学习钻研,不断提高,在某一方面超过了老师,也不是奇怪的事。韩愈的这种师生观显然是有进步意义的,这对于只维护教师绝对权威的封建师道,是一种批判和否定。

40

滞①者导之使达,蒙②者开之使明。

【宋】欧阳修《夫子罕言利命仁论》

【注释】

①滞:阻塞困顿。

②蒙:迷茫模糊。

【读解】

欧阳修(1007—1072),北宋文学家、史学家。字永叔,号醉翁、六一居士,吉州吉水(今属江西)人,官至翰林学士等职位。

这是他在《夫子罕言利命仁论》中的一句话。这句话虽然并非专论教学,但对语文教学中的解读也同样具有启示作用:在学生理解发生阻塞困顿的地方,教师应给予引导,使学生自悟明达;在读解课文迷茫模糊时,教师应给予开导,使学生的思绪得到明朗。特别要关注的是即使学生处于"滞"和"蒙"的状态,教师也不应以全盘授予,为学生代劳,而只是作要处的"导"和暗处的"开",还是要让学生自己来解决问题。

41

昔有以诗投①东坡②者,朗诵之,而请曰:"此诗有分数否?"坡曰:"十分。"其人大喜。坡徐③曰:"三分诗,七分读④耳。"

【宋】周密《齐东野语》

【注释】

①投:送呈。

②东坡:宋代著名诗人苏轼之字。

③徐:慢慢地。

④三分诗,七分读:意思是诗写得不怎么样,但读得很好。

【读解】

这段文字的原意是苏东坡风趣地评议诗作不佳,主要靠朗诵得好取胜。但从中也投射出诗文朗诵得好很重要这一道理。在阅读教学中"朗读"与"朗诵"是有区别的。"朗读"是用明朗清晰的有声语言转换书面的文字语言。作为一种阅读方法,朗读的过程实际上是探寻文字语言的"意蕴"的过程。而"朗诵"是在朗读的基础上,用富有感情色彩的有声语言转换作品的文字语言。朗读重在解义,而朗诵是以声传情,即在已经理解课文思想感情的基础上,将作品静态的文字语言所蕴含的思想感情以有声语言的形式使之形象化、动态化。朗诵一般应用于感情色彩比较强烈的诗歌、散文。

在阅读教学中更多、更基础的要求是朗读。它作为有声读法的一种,对每一篇课文不仅要求能朗读好,并且要将朗读作为阅读的基本途径、学习课文的基本方式。这是因为运用朗读,可以巩固识字,感受准确的词语概念、生动的句式表述、巧妙的文章构思布局、感人的人物形象和故事情节,并从中逐渐养成语感。朗读的这

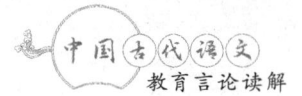

种潜移默化作用是视读(默读)所不能替代的。

42

当知有法而无法,无法而有法。有法者,篇篇皆有法也;无法者,篇篇法不同也。所以然者①,如化工赋物②,皆自然而然,非区区模拟所致。有意于为文已落第二义③,在我经史熟析,理精,有学有识有才,又能集义以养义,是皆有以为文章之根本矣。

【元】程端礼《程氏家塾读书分年日程》

【注释】

①所以然者:所以是这样。

②化工赋物:指天地造化各类物体。

③有意于为文已落第二义:意思是文章刻意而成,已不是化工赋物之天然。

【读解】

程端礼(1271—1345),字敬叔,号畏斋。元庆元(今浙江鄞县)人,学从朱熹,所著《程氏家塾读书分年日程》对后世教学很有影响。这是其中的一个语段,意思是指人们审读文章,有时会看似有法而又无法,有时又会看似无法却又有法。要说有法,可以认为是篇篇都有法;若要说无法也可以认为篇篇都无法,因为每篇的法并不相同。所以会是这样,好的文章犹如天地造化各类物体,都是自然而然的,并非只是局限于模仿。至于那些刻意为文的,当然也就失去了化工赋物之天然。写成一篇好文章的根本在于对经史的熟析、对理义的精通,在于作者的有学、有识、有才,又能汇集多种精辟的义理。于此我们可以推及教师之为教,当知有法而无法、无法而有法的辩证关系,也就是"法无定法"的道理。这同样是十分重要的。

43

与初学讲书,教弟子先将该讲之书理会一遍,方与讲解,只用俗浅,如闾阎市井①说话一般。……至于深文奥理,天下国家,童子理会不来,强聒反滋其惑②。师道岂易言哉!今之教者学者,只是虚套相欺,可哀也已!

【明】吕坤《四礼翼·养蒙》

【注释】

①闾阎市井:民间街市。

②强聒反滋其惑:多啰嗦反而使他们产生疑惑。聒:声音嘈杂。滋:生长。

一、学理概述

【读解】

吕坤(1536—1678),字叔简,号心吾(一作新吾),明宁陵(今河南宁陵县)人。幼时愚钝,但勤奋好学,历官巡抚,重视教化,著有《去伪斋文集》等。这段言论说的是教师如何为学生讲书。其要点是:第一,在教师讲书前要先让学生自己理会一遍,这相当于今天仍在提倡的"学生预习"或"先学后教"。第二,讲说要通俗,如同街头巷尾民间言说一般,目的是为了让孩子乐于接受。这与今天我们所强调的"以生为本"或"以童为本",自有其相通之处。第三,教师不要讲得太多,"强聒反滋其惑"确实很有道理。最后一针见血地指出"今之教者学者,只是虚套相欺,可哀也已",更是触目惊心。教师讲析过度,追求形式,热衷于个人作秀,都是课堂上的"教学虚套",不也仍是今天的教学流弊!

44

耳聒义方之灌①,若罔②闻知,睹③一行之善而中心惕然④者,身教亲于⑤言教也。

【清】魏源《默觚·学篇》

【注释】

①"耳聒"句:意指聆听关于"义"的规矩和法度。聒:喧扰,意思就是听了很多。
②罔:无。
③睹:眼见。
④中心惕然:内心敬仰。惕然:敬仰的样子。
⑤亲于:关系更近,更好。现多说"身教重于言教"。

【读解】

魏源(1794—1857),字默深,清湖南邵阳人,与龚自珍齐名,娴于掌故,尤精地理。这段论说摘于自《默觚·学篇》,意思是听了许多关于"义"的规矩和法度的教育,就好像没有听到一样;但见到一个好的行为,却可以使内心产生敬仰。以此说明,用实际行动示范会比抽象的说教有效得多。确实,教育不能只停留在言语上,更重要的是要以自己的模范行为去影响人、教育人。"榜样的力量是无穷的",实乃教育之真谛。

45

小儿无长精神,必须使有空闲,空闲即告以典故①。但典故有死有活,死典故日日告之,如《十三经》何名,某经作注者谁,作疏者谁;《二十四史》何

名,作之者姓名。日告一事,一年即有三百六十事;师虽枵腹②,能使弟子作博学矣。如闻一典即逢人宣扬,此即有才者;然间三四日必须告以活典故③,如问之曰:两邻争一鸡,尔能知确是某家物否?能知者即大才矣;不能知,而后告以南史(忘出何人传中),先问两家饲鸡各用何物,而后剖嗉④验之,弟子大喜者,亦有用人也,自心思长进矣。

【清】王筠《教童子法》

【注释】

①典故:诗文里引用的古书中的故事或词句。这里侧重的是故事。

②枵腹:指腹中空虚,没有学问。枵:空虚。

③活典故:这里的意思是有疑问可供学生思索的典故。

④嗉:鸟类消化器官的一部分。这里指鸡的食囊。

【读解】

王筠就典故的教学方法,作了具体的操作探究,提出了典故有"死"、"活"之分。他说的"死典故",是指实的文史出典,诸如《十三经》是什么,是谁注的,又是谁疏的等等,偏重于知识性。这类典故应日日告之。"活典故"是可以引发质疑,供学生思考探求的典故。如文中的举例:有两家邻居争一只鸡,都说是自家的,应怎样判断。这是可供学生思考解答的问题,在一番思索争论之后,原来方法很简单:先可分别问两家喂鸡的是什么料,然后剖开鸡的食囊予以检验。这类典故,可以大大提高学生的兴趣,促进学生的思维能力。

46

学生复讲书①时,全要先生驳问②,层层辩驳,如剥物相似,去尽皮方见肉,去尽肉方见骨,去尽骨方见髓,书理③始见透彻,不可略见大意。

【清】唐彪《父师善诱法》

【注释】

①复讲书:旧书塾的一种教学方法,学生在听了教师的讲解之后,自行领悟,并复讲给教师(学生)听。

②驳问:反驳式的追问。

③书理:这里指的也是文理,即课文的理义。

【读解】

学生复讲是一种很值得借鉴的教学方法。唐彪对此提出了具体的操作要领,即老师要对学生的复讲适时提出驳问。这种层层辩驳,也要由浅入深,由表及里。他以剥物作比喻,先去"皮",求见"肉";再去"肉",能见"骨";还得去"骨"见"骨髓"。只有这样,课文的理义才能解析透彻。学生复讲,千万不可略见大意就罢。

教学的关键在于学生的学得,也就是要让学习过程真实地发生在学生身上,让学生在亲身践行中去体验。现在我们常见的课文解读,更多地只是让学生听取教师在备课中预设好的解读思路和过程,虽然教师也有一些浅近的提问要学生回答,那多半是为了摆脱教师一讲到底的尴尬。这比之旧时学生复讲课文的要求,似乎相去甚远。文言文尚且可以由学生复讲,教师还要辅以驳问,今天的白话文教学为何不能让学生自主解读,再由教师提出驳问呢?

这里的"复讲",接近于现代语文教学中的"复述",但看来"复讲"的要求比"复述"更高,关键便在于学生"复讲"之后,教师还要"驳问",而且是"层层辩驳"。当然,可能文言文的教学比之白话文可以驳问的地方会多些,但白话文一样也可以驳问。与当下的语言教学相对照,让学生"复述"课文不但不该淡出,而应加强。因为这不仅可以感知言意的相生,促进对文章的理解,而且可以大大提高学生的表达能力,强化对语文文字的运用。

47

先生所讲未彻①处,弟子不妨以己见证之②;或弟子所问先生不能答,先生即宜细思,思之不得,当取书考究,学问之相长③正在此也。

【清】唐彪《父师善诱法》

【注释】
①彻:指透彻、彻底。
②己见证之:让学生提出自己的意见来补充证实。
③相长:互相学长补短。

【读解】
唐彪在这里具体地提出了在师生间如何实行教学相长。一是先生讲得不清晰或不彻底的地方,学生可以提出自己的见解来补充证实;另一方面是学生质疑,教师不能回答的,也不要紧,不妨去细细思考,如果思考不出,还可以到相关的书中去查找研究。教学就应当这样互相取长补短才好。

然而,对照当下的语文课堂,却严重缺失了这种"教学相长"的精神。学生只习惯于回答教师提出的问题,而少有对课文质疑、对教师的讲析质疑的精神。而教师也很少会遭遇学生的质疑,更罕见教师对学生的质疑会去"细思","思之不得,当取书考究"这样的教学生态。课堂上的教学过程,已很少有不确定的因素出现。教师习

惯于展示自己在备课中确定的程序、步骤、内容、方法,上课只是"走"一遍确定了的教案而已。这确实值得我们反思。

48

师切勿掩饰己短,支离①其说,并恶②学生辩难③。盖天下事理无穷,圣贤尚有不知,何况后学!

【清】唐彪《父师善诱法》

【注释】

①支离:散乱残缺。
②恶:这里是讨厌的意思。
③辩难:"辩"通"辨"。辨析疑难。

【读解】

在教学中教师要正确认识自己,善待学生。唐彪在这里说得颇为在理。做教师的因为受师道尊严的不当影响,往往会自视过高,掩饰自己的短处,便是常见的毛病之一。对并不很清楚的相关知识,当教师的会找些散乱而且残缺不全的理由试图自圆其说,以维护教师面上的光彩,同时又会很讨厌学生提出疑难问题来辨析。唐彪认为,其实这样做完全没有必要,天下事理千万,无穷无尽,称为圣贤的先师尚有不知的事,何况我们这些后学的人。

"弟子不必不如师,师不必贤于弟子。"师生在教学中应处于一种平等关系。知之为知之,不知为不知,教师以诚信执教,以教学相长为求……教坛古人能有这样的主张,确实应当令我们感佩不已。

49

生徒①良知②方长,智识初开,宜取古人善言美行以涵养③之。如《迪吉录》、《善过格》诸书,皆辑史书典实,果极昭然,闲来与之讲说,足以悚动心目④,感发天良,又有为之广训者。

【清】崔学古《学海津梁》

【注释】

①生徒:这里指学生、弟子。
②良知:先天具有的判断是非善恶的本能。这是我国古代唯心主义哲学家的一种观点。

③涵养：能控制情绪的修养功夫。
④悚动心目：悚：害怕。这里作惊动心目解。

【读解】

在我国古代的语文教学中史书典故是重要的教学内容之一。这是因为汉民族五千年的灿烂文化，拥有了大量的史书文籍，其中的典故佚事，可谓浩如烟海。这些故事性极强的史实片段，不仅其本身就是重要的文史资料，而且对涵养发展学生具有整体性的教育价值。崔学古的这段言论，说的就是这方面的教学操作。就教学时机而言，应在学生智识初开之时，不宜过早或过晚。就教学内容而言，宜精选古人的善言美行，现成的诸如《迪吉录》、《善过格》等，也可以采用。就教学方式而言，可以随机的"闲来与之解说"。就教学效果而言，因为这些史书典故生动感人，所以必然能"悚动心目，感发天良"。

因此，在我国古代多种多样的蒙学教材中，都有着这类史实典故的汇集。即使是集中识字的教材，如《急就篇》、《三字经》、《千字文》、《弟子规》等类，也编入了不少。

50

又如看一匾①，读一对②，训③以字出何书，所取何义。……或因一物而旁通他物，或因一事而援引数事，随机利导，可令闻见拓充④。

【清】崔学古《学海津梁》

【注释】

①匾：旧时的匾额。
②对：指对联。
③训：词义解释。
④闻见拓充：意思是开拓扩充了所见所闻。

【读解】

这是崔学古在教学中应随机导学的主张：看到一方匾额，读到一副对联，教师都可以随机解释其词语的含义，指出其出处。……这样就地取材的教学，或可以由一物事而旁通了另外的物事；或可以因一件事而援引相关的数件事。随机利导，自然能够使学生的所见所闻得以拓展而充实。

在生活中处处有语文，也处处可开导。教师如何充分开发教学资源作随机利导的点拨引领，确实是不错的教学理念。这样的学习，不仅所得皆来自周边生活，特别亲切有趣，而且也有助于学生掌握联系实际、触类旁通的学习方法，培养学生"每事问"的良好学习态度。

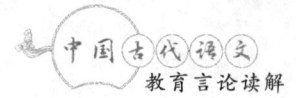

51

　　大约以看读写作①四字为提纲;读熟书(经类及《文选》《古文词类纂》)以沃其义理之根②,看生书(史类)以扩其通变之趣③,写字以观其用心之静躁,作文以验其养气之浅深:四者具而学生之基业始立,鲜慝志④亦鲜遁情⑤矣(初上学者,先作读写两字功课为要)。

【清】龙启瑞《家塾课程》

【注释】

　　①看读写作:看:这里指浏览翻阅课外的书;读:这里指读家塾课程规定的书;写写字;作:作文。

　　②沃其义理之根:沃:肥。这里有充实、丰富的意思。就是丰实学生的义理认知。

　　③扩其通变之趣:扩:扩充。通变:沟通变化。即通过看生书(史传记闻一类)扩充学生的视野,增强通变能力,从而提高读书的兴趣。

　　④鲜慝志:"鲜":甚少。少见邪恶的思想。

　　⑤鲜遁情:少见故意逃避的情况。

【读解】

　　龙启瑞在这里提出家塾课程应以看、读、写、作四字为提纲,并强调了"读"可以"沃其义理之根",读的应是熟书(家塾课程规定的课本);"看"可以"扩其通变之趣",看的可以是课外的史传记闻一类的书,那叫"生书",也就是家塾规定之外的书;"写",即"写字",可以观察学生"用心之静躁",培养认真细心的良好学习习惯;"作",就是作文,可以检验其"养气之深浅"、思维的活和滞、观念的敏与钝。强调只有这四个方面都到位,学生的基业才能树立起来。但同时他又强调初上学的孩子宜先作"读""写"两字,尔后才可逐渐进入"看""作"。在当时,能提出这样的课程内容,不仅全面而且有序,在"语文"尚未单独设科的情况下,已是相当不错了。

一、学理概述

（三）论　学

52

是故无冥冥①之志者,无昭昭②之明;无惛惛③之事者,无赫赫之功④。

【战国】荀况《荀子·劝学》

【注释】

①冥冥:专心致志的样子。
②昭昭:深明事理。
③惛惛:专心致志的样子。
④赫赫之功:显赫的成绩之谓。

【读解】

《劝学》是《荀子》中的第一篇。全文以劝导人们努力求学为主,运用了大量生动的比喻,反复说明学习的重要以及学习应有的目的、态度和方法。其中许多论点,直到今天还有其重要意义。

这一言论说的就是学习态度的重要。一个人哪怕天资差一点,问题并不大,关键在于要专心致志地学,就一定会深明事理;要认真努力地做,才会有显赫的成就。文句中的"冥冥"和"惛惛"表示精诚专一或埋头苦干的意思,又以"昭昭"和"赫赫"表示明白、显赫的意思。学习的成果大小取决于学习的态度,而绝非完全有赖于先天的禀赋。

53

骐骥①一跃,不能十步;驽马②十驾③,功④在不舍⑤。锲⑥而舍之,朽木不折;锲而不舍,金石可镂⑦。

【战国】荀况《荀子·劝学》

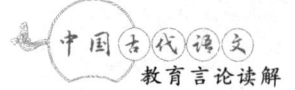

【注释】

①骐骥:千里马。

②驽马:劣马。

③十驾:十天的路程。驾:一天的行程。

④功:成绩。指达到远方。

⑤舍:停止。

⑥锲:用刀刻。

⑦镂:雕刻。

【读解】

荀子的《劝学》是专论教育问题的。《劝学》,即《荀子》首篇,比较系统地阐述了荀子的教育思想。这段语录,重点说治学态度必须刻苦持之以恒,锲而不舍。作者以比喻说理:千里马跑得虽快,但"一跃"就是"跃",不可能有十步之远;而驽马虽然劣等,但只要坚持跑,也能完成十天的路程,这就是因为它的不放弃。接着,作者再用比拟喻理:用刀子雕刻,如果中途舍弃了,哪怕是块朽木,你也无法折断它;但如果锲而不舍,即使是坚硬的金石,也是完全可以雕刻的。荀子以这样的比喻劝学,指出贵在坚持而不中断,有恒而不放弃,就必定会学有大成。

54

物固①莫不有长,莫不有短。人亦然②。故善学者假人之长,以补其短。故假③人者遂有天下,无醜不能,无恶不知④。

【战国】《吕氏春秋》

【注释】

①固:本来的意思。

②然:这样。

③假:假借。

④"无醜"两句:不以无能的人为可耻,不以无知的人为可恶。意思是都要取他们之长。无:通"毋"。醜、恶:在这里都作动词用。

【读解】

《吕氏春秋》又名《吕览》、《吕子》,为吕不韦的门客集体写成,有二十余万字。这部书兼及儒家、墨家的学说,又合名家、法家的观点,可以说是综合了九流百家,是战国末期杂家的代表作。

这段话论说了长短相补的辩证观点。首先,提出万事万物都会有长有短,论人也是同样的道理。所以,善于学习的人就在于能够取别人的长处,补自己的不足。所以能假借别人之长的人,才会拥有天下的成功之道。他们不以为"不能"的人是可耻的,因为他有长处;他们也不以为"不知"的人是可恶的,因为他也有长处。这些长处都是值得学习的。

学习的本质是什么?从某一角度说,就是学习人家的长处,弥补自己的不足,以长善救失。可以认为这正是学习的真谛所在。

55

善学者,师逸①而功倍,又从②而庸之③。不善学者,师勤而功半,又从而怨之④。

【汉】戴圣《礼记·学记》

【注释】

①逸:这里指轻松的意思。
②从:随即。
③庸:功效。庸之,意为归功于师。
④怨:怨恨。怨之,意为怨恨于师。

【读解】

善于学习的人,老师教得轻松,而事半功倍,并且感谢老师对自己的培育之功。不善于学习的人,老师教得勤苦,而收效却很差,并且还会埋怨老师教得不好。这说明学习是由学习者来完成的事,学习的成功与否,不是处决于老师的"教",而是学生自己的学。老师的重要作用就是启发学生的学习内动力,使学习真实地发生在学生身上。

这是西汉戴圣定编的《礼记·学记》中的一段言论。唐朝时,《礼记》列入五经,后又列为十三经之一。它是对我国古代教育思想产生过巨大影响的一部经典之作。

56

是以①目不能二视,耳不能二听,手不能二事②,一手画方,一手画圆,莫③能成。

【汉】董仲舒《春秋繁露》

【注释】

①是以:意思是"因为这样……所以……"。
②"目不能……手不能……"句:意即眼睛不能同时看两地的物象,耳朵也无

法听到两地的声音,手不能做两方面的事情。

③莫:不。

【读解】

凡事要集中精力,专心致志,否则,难有成就。董仲舒以眼睛不能同时看两地的物象,耳朵也无法听到两地的声音,手不能做两方面的事情来说"心无二用"的道理。所以,不言而喻,学习也就必须专心致志,不可三心二意,想同时用两只手一手画圆,一手画方,是根本不可能的。

57

夫可知之事,推①精思之,虽大无难;不可知之事,厉心学问②,虽小无易③。故智能之士,不学不成,不问不知。

【汉】王充《论衡·实知》

【注释】

①推:推论,推想。
②厉心学问:苦心地勤学好问。
③易:轻视的意思。

【读解】

王充在写这段言论中表达的完整意思是:天地之间,只要是含有血气的生物,没有天生就知道一切的,实际上圣贤也不能天生就知道一切。不学就能自己知道,不问就能自己通晓的事例,从古至今都没有见到过。凡是可以知晓的事,不过是通过考察事情的征兆和迹象,根据同类事物进行推论精思的结果,所以,一切知能之士,不学就无以有成就,不问就无以得知晓。

确实,"不学不成,不问不知"之所以能成为传世名言,正是因为这一生活常理有着朴素的唯物主义思想的光芒。

58

道成于学①而藏于书,学进于振②而废于穷③。

【汉】王符《潜夫论·赞学》

【注释】

①道成于学:大道由勤学而完成。
②振:奋发自励。
③废于穷:因懈怠而荒疏。

一、学理概述

【读解】

王符(约85—162),是东汉的哲学家,字节信,安定临泾(今甘肃镇原)人。一生隐居著书,讥评时政得失,揭露豪强地主的贪婪和残暴。认识上反对"虚论"、"华饰",主张"名理者必效于实",反对圣人的"生知"说。这段话就认为大道是要靠人的勤劳来完成的,因为它藏之于书;而学业求进需要奋发自励,它往往会因人的懈怠而荒疏。极言学习的价值所在和树立正确的学习态度之重要。

59

夫君子之行,静以修身,俭以养德,非澹泊①无以明志,非宁静无以致远②。夫学须静也,才须学也,非学无以广才,非志无以成学。淫漫③则不能励精,险躁则不能冶性④。

【三国】诸葛亮《诫子书》

【注释】

①澹泊:同"淡泊",意为不慕名利。
②致远:有远大的发展。
③淫漫:放荡、飘忽的意思。
④冶性:陶冶性情。

【读解】

这是诸葛亮告诫教育子女的一段话,指出君子的行为修养,要以"静"来修身养性,以"俭"来育德立人。也就是说,必须不慕名利,才能保持志向坚定明朗;必须不躁不妄,才能有远大的发展前程。人的学养需要"静"的心态,而人的才能需要"学"的滋养。不学不能广开人的才华,而无志则难以坚持学习。诸葛亮在这里反复论证了"静"、"学"、"才"、"志"的辩证关系,而核心还在一个"静"字。这里的"宁静"、"澹泊"之所以如此重要,因为所指不是别的,而是心不慕名利,不情急功名,不"淫漫",不"险躁",只是踏踏实实地专情学习,潜心修炼。这才是最重要的。

60

夫学者所以求益耳。见人读数十卷书,便自高大①,凌忽②长者,轻慢同列③;人疾之如仇敌,恶之如鸱枭④。如此以学自损,不如无学⑤也。

【南北朝】颜之推《颜氏家训·勉学》

【注释】

①便自高大:就骄傲自满起来。

②凌忽:怠慢轻视的意思。
③同列:指同辈。
④鸱枭:俗谓不祥之鸟。
⑤不如无学:还不如没有学问的好。

【读解】

颜之推(531—约595),字介,琅邪临沂(今属山东)人。他的《颜氏家训》一书,记录了他生平的学问与见解,评论时政、文教、风俗之得失,是他对自己一生有关立身、处世、为学的经验总结,目的是为子孙后代提供立身处世之方,被后人誉为家教规范,影响很大。

语段节选自颜之推的《颜氏家训·勉学》,《勉学》是作者劝勉子孙关于治学的目的、态度和方法的文章,反映了作者的学习观。

这段言论说的是颜氏关于学习的态度,认为治学必须严谨,主张虚心务实,不可自高自大,目空一切,怠慢轻视长者,无视甚至鄙薄了同辈。这样的结果必然会让人痛恶,不但学了无益,反而有害,是"以学自损",还不如不学的好。其告诫之切溢于言表。

61

世人不问①愚智,皆欲识人之多,见事之广②,而不肯读书,是犹求饱而懒营馔③,欲暖而惰裁衣④也。

【南北朝】颜之推《颜氏家训·勉学》

【注释】

①不问:"不论"的意思。
②识人之多,见事之广:意为见多识广。
③懒营馔:意为懒得去做饭。
④惰裁衣:懒得做衣服穿。

【读解】

语段从世人常态落笔,不论是聪明的还是愚蠢的人,都希望自己是见多识广、很有学问的人。然而学问、见识从哪里来?还不是要多读书吗?接着以两个浅近的比喻说明希望见多识广又不肯读书的人,就好比想吃饱肚子却懒得做饭,想穿暖身体却懒得去做衣服一样荒唐。在浅俗中颇见深意,很有说服力。

62

读书患不多,思义患不明。患足已不学,既学患不行。子①今四美②具,实大华③亦荣。王官④不可阙,未宜后诸生。嗟我摈⑤南海,无由⑥助飞鸣。

【唐】韩愈《赠别元十八协律六首》(之一)

【注释】

①子:对元十八的尊称。元十八,未详其名,作者的好友
②四美:作者将"多读、深思、虚心、躬行"称之为"治学四美"。
③华:即花。
④王官:指朝廷官吏。
⑤摈:排斥。
⑥无由:无从。言我被贬谪到潮州(今广东省潮州),不能帮助你成就一番事业。

【读解】

这是韩愈赠别好友元十八的六首律诗之一,论及读书学习中的诸多问题。开头即晓以读书之四患:一患是读书不多,读书不多自然就难免孤陋寡闻;二患是读书之后,对书中的含义思考不深不明,读书还是收效不大;三患虽然补足了自己的不学,也还不一定能解决问题;四患学而不付诸实行,还是等于没有学。接着,诗人称颂他的好友,读书确实达到了"四美"的境界,即"多读、深思、虚心、躬行",可谓"实大华荣",但若要有成,还缺不了朝廷官吏的赏识和扶掖,可惜我已被贬谪到潮州,再也无法帮助你成就一番事业。

学习语文贵在多读、深思、虚心和躬行这"四美"境界,即使在今天仍然值得借鉴;而对学习之"四患",也依然有警示价值。

63

何事居穷道不穷①,乱时还与静时同。家山虽在干戈②地,弟侄常修礼乐风。窗竹影摇书案上,野泉声入砚池中。少年辛苦终身事③,莫向光阴惰寸功。

【唐】杜荀鹤《题弟侄书堂》

【注释】

①道不穷:这里的意思是奉行的志向、坚守的品格还是不变。
②干戈:武器名。干是盾;戈,横刃,带平底金属套,装柄。这里以干戈代称战争。
③终身事:指事关终身的发展。

【读解】

杜荀鹤(846—约904),字彦之,号九华山人,池州石埭(今安徽石台)人。他是晚唐诗人,诗作中多有关心民间疾苦之作,如《蚕妇》《山中寡妇》等。这是杜荀鹤写给弟侄的一首励志诗。第一联写的是虽然生活穷迫,但奉行的志向、坚守的品格还是不变,所以能"乱时还与静时同"。第二联写虽然身处战乱之地,但弟侄常修的还是礼乐之风。后两联则道出青少年要刻苦学习,为一生事业打下基础,不应有一丝一毫的懒惰,浪费分秒光阴。这是全诗的主旨所在,并以"少年辛苦终身事,莫向光阴惰寸功"点睛。

64

量力所至①,约②其程课而谨守之。字求其训③,句索其旨④,未得乎前,则不敢求其后;未通乎此,不敢志⑤乎彼。如是则循序渐进焉,则意定理明而无疏易⑥、凌躐⑦之患矣。

【宋】朱熹《读书之要》

【注释】

①至:"恰当"的意思。
②约:规定。
③训:字义的解释。
④句索其旨:句子要弄懂它的意思。
⑤志:着意,思考。
⑥疏易:疏忽,改变。
⑦凌躐:超过程度叫凌节,逾越等级叫躐等。

【读解】

这是朱熹在《读书之要》一文中的一段话,意思是学习要恰当地估计自己的接受程度,规定学习的课程进度,并且严格地遵守它。"字"要弄清它的解释,"句"要理解它的意思。前面的还没有弄懂,就不敢要求懂得后面的;这里还没有弄明白的,就不敢想那里。像这样就能按着顺序逐步前进了,就能意志坚定、事理明白而没有随便改变学习程序,不按顺序进行学习的缺点了。

这段话阐述了读书之要的一点在于量力而行。要字字落实、句句到位,循序渐进。后人归纳朱熹所主张的"为学之道"有六条,而第一条即是"循序渐进",就是要遵循从易到难、由浅入深的规律,犹如登山一般由低处往高处登攀,"学不可躐等",不可疏易草率。

65

　　读书之法无他,惟①是笃志②虚心,反复详玩,为有功③耳。近见学者,多是卒然④穿凿,便为定论;或即信所传闻,不复稽考⑤。所以日诵圣贤之书,而不识圣贤之意,其所诵说,只是据自家见识,杜撰⑥成耳,如此岂复有长进?

【宋】朱熹(见《学规类编》)

【注释】

①惟:通"唯"。

②笃志:志向坚定。

③功:意指读书的收获。

④卒(cù)然:同"猝然",突然。

⑤稽考:稽查考证的意思。

⑥杜撰:瞎编,虚构。

【读解】

　　读书只有意志专一,多方探究,深刻体会,才能收到好的效果。这是朱熹这段话要说明的主要意思。

　　起句"读书之法无他",说明读书之法说简单也很简单,只要志向坚定,反复揣摩玩味,自然就会有收获。这确实很简单,但要做到却不容易。接着朱熹又顺势推进,反衬对照,以近来所看到的某些"学者"的读书状态,来引发思考:如或以突然地穿凿曲解作为确定的认识,或对传闻妄说不作稽查考证。这样的结果必然会出现每日诵读的是圣贤之书,但并不理解圣贤之意,只是瞎编自家的见识,以为就是圣贤之意了。这样的读书又会有什么长进呢?

66

　　德义①风流②夙③所钦④,别离三载⑤更关心。偶扶⑥藜杖⑦出寒谷⑧,又枉⑨篮舆⑩度远岑⑪。旧学商量加邃密⑫,新知培养转⑬深沉⑭。却愁说到无言处⑮,不信人间有古今⑯。

【宋】朱熹《鹅湖寺和陆子寿》

【注释】

①德义:泛指道德修养。

②风流:这里指风度。

③夙:平素,向来。

④钦:敬佩。

⑤别离三载:作者与陆九龄(字子寿)、陆九渊兄弟于宋孝宗淳熙二年(1175)到鹅湖寺(今山西铅山县鹅湖山上)讨论哲学问题,虽然意见不一(作者是客观唯心主义哲学家,陆氏兄弟是主观唯心主义哲学家),但能自由讨论,反复研究。此事已隔三年。

⑥"偶扶"两句:指三年后,作者从福建崇安到江西南康军(治所在今江西星子县、都昌县等地)去做官,路过鹅湖,陆子寿又从抚州(今江西抚州市)赶来会晤一事。

⑦藜杖:藜木制的手杖。

⑧寒谷:冷落的山谷。指作者在崇安县武夷山的住处。

⑨枉:意为枉驾、屈尊的意思。

⑩篮舆:竹桥。

⑪度远岑:指陆从抚州远道而来。岑:小而高的山。

⑫邃密:深远精密。

⑬转:更加。

⑭深沉:深刻,充实。

⑮无言处:难以说出的非常精深的地方。

⑯"不信"句:意为我们的精神与古代学者相通,今人、古人没有区别了。

【读解】

这是朱熹和陆九龄(子寿)重逢,回忆三年前与陆氏兄弟两人(陆九龄、陆九渊)讨论哲学问题的情景,而今朱熹从福建前来江西做官,陆九龄又从抚州赶来会晤,一起探究学问。旧学、新知在相互碰撞中,即使还有说得不透的地方,也已经可见我们的精神与古代学者的识见大有相通之处,今人、古人似乎没有什么区别了。这一段话充分体现了古代学者对治学之严谨,对探究的执着,对不同见解的尊重,这种好学勤研的精神,堪称楷模。

67

读书少,则无由考校①得义精②。盖书以维持此心,一时放下,则一时德性有懈。读书则此心常在,不读书则终看义理不见。书须成诵,精思多在夜中或静坐得之。不记则思不起,但通贯得大原③后,书亦易记。所以观书者,释己之疑,明己之未达。每见每知所益,则学进④矣。于不疑处有疑,方是进矣。

【宋】张载《经学理窟》

【注释】

①考校:互校考证。

②义精:深刻的旨意。

③大原:原本的主旨。即纵贯全书的精义。

④进:进步。

【读解】

张载(1020—1077),字子厚,是北宋唯物主义思想家、教育家。今陕西眉县人,世称横渠先生。著作较多,《经学理窟》是张载的语录集,言有详略,为多人记录而成,分为《诗书》、《礼乐》、《气质》、《义理》、《学大原》、《自道》等篇,内容广泛,其中关于人性、读书、思考、质疑等教育问题的论述,颇有借鉴价值。

这段言论说的是读书,一是要多读书、常读书。多读,可以互相考证比较,便可获得书中的精义所在;常读书可以不使人的德行松懈。二是书要熟读成诵,如此方可引发精思,不记诵无以反复思考,而多有精思则得解书中要旨,自然也会容易熟记。三是观书贵在求疑、释疑之中,能解答自己在读书过程中产生的疑问,明白自己还没有把握、明晰的地方,便是学问的长进。所以,读书要能够从不疑处有疑,才是进步。于此足见读书存疑之重要,可疑而不疑等于没有学,不仅要在可疑处知疑,还要在看似无疑处求疑。由此反观今天的阅读教学,严重缺失了学生在读书过程中的生疑、质疑、辨疑和解疑的活动,确实令人感慨。

68

蹉跎①莫遣②韶光③老,人生唯有读书好。

【宋】翁森《四时读书乐·春》

【注释】

①蹉跎:浪费时间,耽误。

②遣:消磨,消除。

③韶光:美好的光阴。

【读解】

这是翁森《四时读书乐》第一首中的两句,描绘对春天读书生活的愉悦之感。全首为:"山光照槛水绕廊,舞雩归咏春风香。好鸟枝头亦朋友,落花水面皆文章。蹉跎莫遣韶光老,人生唯有读书好。读书之乐乐何如?绿满窗前草不除。"显然,诗中表达的读书之乐,既非名,亦非利,而是因提高了精神修养,获得了审美兴趣,达到了身心与宇宙万物融洽和合的境界而乐不可支。这时就觉得活跃在林间枝头的鸣鸟

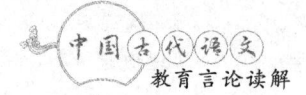

也满怀欣欣生意,恍若声息相通的好友;那绿波上荡漾的红红白白的花瓣色彩绚丽,也可助人文思。这正如唐朝大诗人李白在《春夜宴从弟桃花园序》中所言:"况阳春召我以烟景,大块假我以文章。"这种读书乐得可贵,令诗人由衷地劝慰大家切莫浪费了时间让生命老去,人生不可耽误了读书这件好事啊!"兴趣是最好的老师",要让阅读真正成为一种生活状态,培养健康的读书兴趣无疑是最为重要的。所以,真正的阅读应当是生命的需要、人生行旅的足迹,而少有功利的追求。高尔基说得好:"要热爱书,它会使你的生活轻松;它会友爱地来帮助你了解纷繁复杂的思想、情感和事件;它会教导你尊重别人和你自己;它以热爱世界、热爱人类的情感来鼓舞智慧和心灵。"(《高尔基论青年》)这段话也许可以从一个视角来诠释翁森的"人生唯有读书好"吧。

69

知不足者好学,耻下问者①自满。一为君子,一为小人,自取如何耳②?

【宋】林逋《省心录》

【注释】

①耻下问者:以向学问比自己差、职位比自己低的人请教为可耻的人。

②"自取"句:自己应该采取哪种态度呢?

【读解】

林逋列举了学习中的两种状态:一是知道自己不足的人,另一种是以"下问"为耻的人。两种状态带来两种结果:知不足的人好学,以"下问"为耻的人自满;进而成为了两种人,一种是君子,一种是小人。由此可见,林逋把"知不足"和"善请教"视为两种极可贵的学习品格。知道自己的不足,是正确认识自我的重要基础,学习进取的动力便由此产生。好学而又奋发不已,自然能不断登攀,永无止境。善问,好向别人请教,则为自己创造了随时随地学习进步的机会。著名教育家陶行知先生《问到底》的那首诗说得好:"天地是个闷葫芦,闷葫芦里有妙理。你不问它你怕它,它一被你问它怕你。你若愿意问问看,一问直须问到底。"

70

学而不化①,非学也。故曰:"虽愚必明,虽柔必强②。岂惟③愚明柔强哉?虽明必愚,虽强必柔。"

【宋】杨万里《庸言》

【注释】

①化:融会贯通之意。

②"虽愚必明"数句:意为学而能化,则愚蠢的可以变为聪明的,柔弱的可以变为坚强的;学而不化,则聪明的可变为愚蠢的,坚强的可变为柔弱的。

③惟:通"唯"。

【读解】

学习贵在内化,"化"即是融会贯通、得其精髓。如若学而能化,则愚蠢的可以变为聪明的,柔弱的可以变为坚强的;如果学而不化就不会是这样了,而是聪明的会变成愚蠢的,坚强的可以变为柔弱的。

学习的关键在于一个"化"字,就是对外部世界的知识,必须经过学习者消化、解释、提炼和吸收,才能变为他自己的血肉。因此,在今天的语文教学中教师必须确保学生具有学习内化的动力和空间。要把学生推到前面去,让他们去发现沿途的风景,这便是"化"的过程。教师千万不要心存好意,把知识打了包交给学生,而剥夺了学生"化"的权利和机会,也就剥夺了他们自我发现的快乐。

教师设计的教学流程,应当就是学生"化"的活动的充分展开过程,而不是教师全盘授予的自我呈现的过程。

教师教学的艺术是促进学生内化的艺术。

71

余幼遵大父①教,不读朱注②。凡看经书,未尝敢以各家疏注横据胸中。正襟危坐,朗读白文③数十过④,其意义忽然有省。间有不能强解者,贮之胸中。或一年、二年,或读他书,或听人议论,或见山川云物、鸟兽虫鱼,触目惊心,忽于此书⑤有悟。

【明】张岱《四书遇·自序》

【注释】

①大父:即祖父。

②朱注:指朱熹所注。

③白文:指未加注释解读的文本。

④过:遍。

⑤此书:指前所存在疑问的书。

【读解】

张岱(1597—1679),明末清初文学家。字宗子、石公,号陶庵,浙江山阴(今绍

兴)人。张岱文笔清新,时杂诙谐,作品多写山水景物,日常琐事。这段言论记的是他自己的读书经验,别具一格。一是他读经书不读有注释的,只读未加注释的文本。二是通过多读数遍来自省其含义。三是凡不能理解的,就先存心中,一年、两年,或读其他书时有悟,或听别人议论时有悟,或见到山川云物、鸟兽虫鱼,忽对存疑的书突然有悟。

这是一种基于独立思考的读书方法。不先将各家解释横据胸中,而只是自己去独立地读,独立地思,独立地有悟,哪怕存疑一两年也无所谓,唯求由自己悟得。

从心智活动的角度看,阅读过程最主要的心理因素是思维,不仅在阅读感知中渗透着思维,阅读理解本身就是一种思维的操作,即使在记忆存储编码中,在鉴赏评价中,也都不能离开思考的活动。古人提出"学而不思则罔,思而不学则殆","好学精思,心知其意","熟读静思"等主张,都足以佐证张岱读书法可嘉的一面。

72

学者功夫,贵于铢积寸累①,涓涓②不息,终成江河。

【清】章学诚《清漳书院留别条训》

【注释】

①铢积寸累:一点一滴地积累。铢:古代重量单位,一两的二十四分之一。
②涓涓:细水慢流的样子。

【读解】

章学诚以比喻说明学者治学的功夫贵在一点一滴地积累,就如那慢流的细水,终于可以汇入江河而成为江河。

治学贵在积累是朴素的真理。人们阅读的重要价值之一应该是积累。中国古代所谓苦读、勤读,所谓蓄词、蓄句、蓄篇,一般都是读书的积累功能。读书积累的基本特征还是熟读和背诵。因为熟读和背诵,既进行了字词句篇等语言材料和语言表达形式的积累,又进行了文章所包含的思想内容、知识方面的积累。熟读不仅仅是强化刺激以求"记得"的手段,还是使学者已有认知结构中的认知内容(知识)与文章中所包含的新知识多次碰撞接触,从而达到认知同化的手段。学者由熟读而至背诵不仅加深了理解,而且背诵后的不断反刍性领悟,必然会促进融会贯通。于是"铢积寸累",而使涓涓细流终成江河。

73

读书贵神解①,无事②守③章句④。

【清】徐洪钧《书怀》

【注释】

①神解:领会精神实质。

②无事:不做。

③守:拘泥,死抠。

④章句:章节和句子。

【读解】

徐洪钧的诗句,虽仅仅十个字,但却道出了读书的关键所在,即当贵于对文本精神实质的整体领会,而不可仅仅拘泥于对个别章句的深度开掘,从而造成以辞害意的结果。

在语文教学中,对课文的读解是在阅读实践中生成的。阅读实践是读者的实践。文本的创作不是作者的个人行为,读者参与阅读也是一种创作。课文不是固定不变的静态系统,其意义不仅是文本自身所独立具有的。以读者参与为动力,文本就成了一个流动的、变异的动态系统,意义在阅读过程中生成。所以,"读书贵神解"指的主要是读者对文本的精神实质的领会、把握之重要,会远胜于对文本中片言只字的深度考证、挖掘。因为整体的"神解"会关乎思维能力的提升、认识水平的优化,也就反过来能促进对章句含意有新的建构。如只拘泥于片言只字,就难免会因小失大,"捡了芝麻而丢了西瓜",这是不可取的。所以,"无事守章句"并不是说在阅读过程中完全丢弃章句,而是要章句而不"守"章句,贵在整体的把握与感悟;"守"者是拘泥僵化之谓也,自然是不可取的。

74

有当读之书,有当熟读之书,有当看之书,有当再三细看之书,有必当备以资查考之书。书既有正有闲,而正经之中,有精粗高下,有急需不急需之异,故有五等分别也。学者苟①不分别当读者何书,当熟读者何书,当看者何书,当熟看者何书,则工夫缓急先后俱误矣②。至于当备考究③之书,苟不备之,则无以查考,学问知识,何从而长哉!

【清】唐彪《家塾教学法》

【注释】

①苟:如果。

②俱误矣：意思是都耽误了。
③考究：查考探究。

【读解】

　　唐彪在这里提出了如何分类读书的道理。如有的书应当读一读；有的书光读一读是不够的，要熟读才成；有的书不仅要读，还要再三细看；还有的书是备查考的。所以书若烟海，当中有正经的也有闲读的。正经的书中又有精的、粗的，高深的、通俗的区别，有急需读和不急需读的不同。读书人如果分不清应该读什么书，应该熟读的是什么书，可以看看的是什么书，应当经常翻看的又是什么书，则把读书工夫的缓急先后都耽误了。至于那些备考查的书，如果不备齐全，读书时的疑问就没有办法查考，那样学问知识又怎么能获得呢！

　　细究这段话，包涵了三层意思：首先是要学会选书，书有正有闲，有精粗高下之别，不能拿来就读。同时，提出在读书时要区别对待，有读的书，也有备查考的书。三是读书方法也因书不同而有别，有的只是翻看，有的需要读，有的还需要熟读……显然，不同的读法可以极大地提高读书效益。

75

　　自修自修，益处自家求。一刻千金①，勿把韶光②丢。

　　　　　　　　　　　【清】胡祖德《沪谚·小学唱歌诗》（之八）

【注释】

　　①一刻千金：比喻时光的宝贵。
　　②韶光：美好时光，年华。

【读解】

　　《小学唱歌诗》近于民俗谚语，也似童谣。这一句含意浅近，强调了童稚读书贵在自己修炼，要珍惜时间，千万不可浪费了美好时光。

　　但是在这首浅近通俗的"唱歌诗"中，却有着难能可贵的学习理念。即教学不应重在教师的授予，而贵在"自修"。所谓"自修"，可以泛指修饰己身品行，如《三国志·魏志·王昶传》中就有"且谓人毁己而怨者，恶丑声之加人也；人报者滋甚，不如默而自修己也。谚曰：'救寒莫如重裘，止谤莫如自修。'斯言信矣。"但"自修"一词也可以包括自习学业或自学之称。这里以反复"自修"一词，以强调"自修"之重要，并且特别指出"益处自家求"，就是学习的收益不是人家给予的，而是要靠自己去求得的。当代著名心理学家罗杰斯就认为：没有任何人能教会任何人任何东西。"教会"从根本上说都是学生通过自己的内化学会的。所以，从这个意义上说，人的获得最终不是依靠教,而是依靠学习者自己主动地学。"自修自修,益处自家求",确是穿越了历史的至理名言。

76

学古①之道②,犹食笋而去其箨③也。

【清】魏源《默觚·治篇》

【注释】

①古:指古代。
②道:这里指文化遗产。
③箨:草木脱落的枝、叶。这里指笋壳。

【读解】

原文为"读黄、农之书,用以杀人,谓之庸医,读周、孔之书,用以误天下,得不谓之庸儒乎?靡独无益一时也,又使天下之人不信圣人之道。《诗》曰:'爰有树檀,其下维箨。'君子学古之道,犹食笋而去其箨也。"意思是说读《黄帝内经》《神农本草经》等医家著作治病,读得不得法,却把人治死了;读周公孔子的书来统治天下,若不得要领,会耽误了天下之治。像这样的庸医、庸儒,不仅无益一时,还使天下人从此不信圣人之道了。《诗经》里说,园子里有香檀树,是那么美好,但地下尽是无用的落叶。君子学习古人的文化遗产,就像吃笋一样,吃的只是美味的笋肉,而必须把笋壳扔掉。这里告诫我们,读书也要分清精华与糟粕,去粗取精,有批判地吸收;既不可死搬硬套,不加思索,也不能全盘接受,不辨是非。"人是活的,书是死的。活人读死书,可以把书读活。死书读活人,可以把人读死。"这是郭沫若在一次游太湖蠡园时为游人的题词。"读书忌死读,死读钻牛角,砣砣复孜孜,书我不相属。活读运心智,不为书奴仆,泥沙悉淘汰,所取唯珠玉。"(叶圣陶《读书二首》)因此反观《语文课程标准》中的谆谆告诫"要珍视学生独特的感受、体验和理解",这恰恰是今天语文课堂最欠缺的,我们也就不难理解其重要的价值意义了。

77

倚马①休夸速藻②佳,相如③终竟压邹枚④。物须见少方为贵,诗到能迟转是才。清角⑤声高非易奏,优昙花⑥好不轻开。须知极乐神仙境,修炼多从苦处来。

【清】袁枚《箴作诗者》

【注释】

①倚马:下笔千言,倚马可待,形容才思敏捷。

②速藻:文笔迅疾。

③相如:司马相如,西汉文学家。

④邹枚:邹阳、枚乘,西汉文学家。

⑤清角:古代的一种乐曲。

⑥优昙花:美好的昙花。

【读解】

这是袁枚为劝诫作诗者所写的一首诗,诗意主旨在于说明:要想达到神妙的艺术境界,必须经过艰苦的锤炼。首先,袁枚认为"下笔千言,倚马可待"的典故并不值得夸奖。典故说的是桓宣武北征时有一名叫袁虎的随从,因被责免官,桓宣武需布发文告,便叫袁虎在马前起草,袁虎手不辍笔,一下就写了七页纸。以后人们多以此事比喻文思敏捷。接着,袁枚又说西汉文学家司马相如因学养丰厚而远远胜过了邹阳、枚乘。物以稀少为贵,诗也是以推敲成熟的方见才华。清角这种乐器声音嘹亮但不容易吹奏,昙花十分美丽但开得不多。由此论作诗之理,要真想达到极妙的至境,还得多多刻苦修炼才好。

袁枚说的是写诗,但治学也是如此。速成、轻取不可能有很高的造诣,而勤奋刻苦的修炼,长年积累、点水穿石才是治学的成功之道。

78

春读书,兴味长,磨其砚,笔花香。读书求学不宜懒,天地日月比人忙。燕语莺歌希领悟,桃红李白写文章。寸阳分阴须爱惜,休负春色与时光。

夏读书,日正长,打开书,喜洋洋。田野勤耕桑麻秀,灯下苦读声朗朗。荷花池畔风光好,芭蕉树下气候凉。农村四月闲人少,勤学苦攻把名扬。

秋读书,玉露①凉,钻新学,习文章。晨钟暮鼓催人急,雁去雁来促我忙。菊灿疏篱情寂寞,枫红曲岸事彷徨。千金一刻莫空度,老大无成空自伤。

冬读书,年去忙,翻古典,细思量。挂角负薪称李密②,囊萤映雪③有孙康。围炉向火好勤读,踏雪寻梅莫乱逛。丈夫欲遂平生志, 一载寒窗一举汤。

【清末民初】熊伯伊《四季读书歌》

【注释】

①玉露:指秋天晶莹的露水。

②挂角负薪:传说汉代的朱买臣,一边背着柴火,一边读书,此为"负薪"之说。隋朝的李密家贫,没钱上学,只好从小替人放牛。他常常把《汉书》挂在牛角上,一边放牛,一边读书。此为"挂角"之说。

③囊萤映雪:传说车胤从小学而不倦,家贫,晚上点不起灯油,就捉数十只萤火虫,盛入半透明的囊里代灯夜读,故称"囊萤"。"映雪"说的是孙康,也因为家里贫而以雪的反光读书。

【读解】

这首歌的作者熊伯伊是位医生,湖北崇阳人,博学多才,酷爱读书。所作读书歌,只是作为自己的座右铭,但深得人们喜爱而传诵一时。

全首歌分四季来写,每一季节读书之乐,与节令风光、读书心情、读书方式、读书目的紧密地联系在一起。如写四季风光的"燕语莺歌"、"桃红李白"(春),"田野勤耕"、"荷花池畔"、"芭蕉树下"(夏),"菊灿疏篱"、"枫红曲岸"(秋),"踏雪寻梅"(冬)等等。如表达学习目的、学习态度、学习方式的,有"寸阳分阴须爱惜","夏读书,日正长","勤学苦攻把名扬","千金一刻莫空度,老大无成空自伤","围炉向火好勤读,踏雪寻梅莫乱逛"等等。当然,因为时代的局限性,作者对于学习目的的阐述,难免有失之偏颇之处。

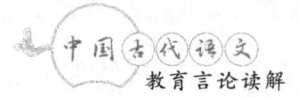

(四)文　道

79

志有之①:言以足志②,文以足言③;不言,谁知其志! 言之无文,行而不远④。

【春秋】左丘明《左传·襄公二十五年》

【注释】

①志有之:意思是说,古书中有这样的记载。志:记事的书。之:指示代词,这样。

②言以足志:思想感情(志)必须凭借语言才能成立。足:使……成立。以:用来。

③文以足言:语言表达(言)必须凭借文采才能成立。文:文采。

④言之无文,行而不远:语言没有文采,则传播不远。行:传播。

【读解】

《左传》的作者,相传是春秋时期的左丘明。他根据春秋时期各国史料编纂了这部编年史书,记载了春秋时期的重大事件和有关重要人物的言行。这里引用孔子的话,强调语言文字的交际职能。

孔子的文道观,确实说得很透彻。这里分讲了三层意思:一是"志",记事的书,也指思想感情。二是"言",即语言。思想、情感都是要语言来表述的;没有了语言这样的载体,思想、情感就无法成形表达出来。三是"文",即文采,语言还要有文采,要生动,才能感人。如果有言无文,必然就会传播不远。孔子把志、言、文的相依相存,缺一不可,说得十分到位。

所以,在语文教学中我们必须既授文,又传道,还赏美。道就在语文之中,美也在语文之中。

80

辨说①也者,心之象道②也。心也者,道之工宰③也。道也者,治之经理④

也。心合于道,说⑤合于心,辞合于说。

【战国】荀况《荀子·正名》

【注释】

①辨说:指推理。

②象道:对道的认识与表达。象:表现,反映。道:含义很多,这里是指事物的规律。整句意思是:推理是人们对道的认识与表达。

③工宰:主管者。工:官。

④治之经理:即治理国家的原则。经:常。经理:常理,原则。

⑤说:即辨说,推理。

【读解】

《荀子》为战国时著名思想家荀况所著。它批判和总结了当时各家的学术思想,在我国学术思想史上产生过很大的影响。《正名》是对当时公孙龙、惠施等人名实相乱之辞的批评。所谓"名",是中国古代的逻辑名词,指事物的名称,即概念。节录的文字,虽然是对认识过程的描述,但与文章的用词命意有密切的关系。概括地说,就是一种"文以明道"的主张。

选段认为推理的过程,从本质上看是"心"对"道"的认识与表达,即对"规律"的认识和表达。而"心"是"道"的主管者,"道"则是治理国家的原则。所以,我们的思想(心)要符合客观规律(道),推理(说)要符合思维过程(心),言辞要符合推理(说)。这里"心"、"道"、"说"的关系,从本质上说也就是"道"与"文"的关系,"道以明文"、"文以载道"实为一体,不可割裂。

81

读书以为学,缵言以为文①,非以夸多而斗靡②也,盖学所以为道,文所以为理耳③。

【唐】韩愈《韩昌黎全集》卷二十《送陈秀才彤序》

【注释】

①缵(zuǎn)言以为文:继承前人语言用来做文章。缵:继承。

②非以夸多而斗靡:不是以此(指读书以学,缵言以文)来夸耀书读得多,文章写得华丽。

③盖学所以为道,文所以为理耳:因为读书是用来学道,作文是用来明理罢了。盖:推论原因的发语词,含有"大概"、"因为"等意思。耳:语助词,罢了,而已。

【读解】

韩愈的这段话,提出了"我们的学习、著文是为了什么"这一根本问题。并要言不烦地做了明确解答,即"读书以为学,缵言以为文"不是为了夸耀书读得多,文章写得华丽,而是通过读书来学道,作文来明理。也就是说读书、写作是为学道、明理而为。学道、明理是目的、是内容,读书、写作是过程、是形式。这从另一视角点明了"文"与"道"的关系。

82

愈①之为古文,岂独取其句读不类于今者耶②?思古人而不得见,学古道则欲兼通其辞;通其辞者,本志乎古道者也。

【唐】韩愈《韩昌黎全集》卷二十二《题欧阳生哀辞后》

【注释】

①愈:韩愈自称。
②岂……耶:难道……吗?

【读解】

古代"文道"的"道",所指含义是封建的"道学",朱熹曾作过明确的阐释,认为"欲通乎道,则舍儒者之学不可","道"的精蕴"已具于圣贤之书",圣人教以"格物、致知、正心、修身、齐家、治国、平天下"。也就是说,封建教育的"道"即是封建圣人的思想言论,儒家的思想文化。对"文"与"道"的关系,还是偏重于"文以载道",使传文授学成为"道学"的载体。

六朝以来,文章风行骈体,追求语言的工整,行文多为四六对句,而内容空泛。所以,韩愈倡导古文运动,加以反对。他认为写文章首先要求"慎其实",强调作者的自身修养;又指出文章"非以夸多而斗靡",而是为了明道理;在语言方面主张采用比较接近于口语的古文,但要"陈言务去","词必己出"。他自己的散文,气势雄健,就是在继承先秦两汉古文的基础上加以创新的。这对后来散文发展有很大的影响,苏轼称他"文起八代之衰"。

83

义深则意远,意远则理辨①,理辨则气直②,气直则辞盛③,辞盛则文工④。

【唐】李翱《答朱载言书》

【注释】

①理辨:道理明白。

②气直:理直气壮。
③辞盛:语势充沛。
④文工:文章工巧。

【读解】

李翱从"义"、"意"、"理"、"气"、"辞"、"文"六个方面的逻辑联系,说明了"文以明道"、"文道统一"的道理。文章的意义深立意自然就远;而立意远自然能道理明白;道理明白了,自然显得理直气壮;而理直气壮的具体表现便是行文的语势充沛;语势充沛了从遣词造句到谋篇布局必定会十分工巧。

从这个意义上说,"文"与"道"不仅是结合的问题,而应当是"文道一体"。从"结合"的角度看,"文"与"道"还是两张皮,只是可以"结合";从"一体"的角度看,则"文"与"道"本来就是一件事,把它分开来说只是为了研究的"细化",而不是文道的原生状态。

84

古今所谓文①者,辞必高然后为奇②,意必深然后为工③,焕然④如日月之经⑤天也,炳然如虎豹之异犬羊⑥也。

【唐】孙樵《孙樵集》卷二《与友人论文书》

【注释】

①文:文章。
②辞必高然后为奇:言辞高超才算奇绝。
③意必深然后为工:思想深刻才算精湛。
④焕然:光亮的样子。
⑤经:运行。
⑥炳然如虎豹之异犬羊:文采华美,像虎豹的皮毛不同于犬羊的一样。炳然:光明。这里形容文采华美。

【读解】

孙樵是唐朝散文家,主张文章刻意求奇,要求"焕然如日月"、"炳然如虎豹"。认为文辞要达到这样高超的境界,立意一定要深。

对这段话粗略读来,似乎作者在"文"、"道"的关系中,是偏重于"文"的。其实不然,他正是把"文"与"道"视为一体:文章要达到"焕然如日月之经天","炳然如虎豹之异犬羊",只是"辞高"不够,还必须"意深"。如果我们把"辞高"理解为"文",那么,"意深"所指就是"道"了。而"辞必高然后为奇",与"意必深然后为工"无疑是一种互为表里的高度统一。

85

凡为文以意为主①,气为辅②,以辞采章句为之兵卫③。未有主强盛而辅不飘逸④者,兵卫不华赫⑤而庄整⑥者。……是以意全胜⑦者,辞愈朴而文愈高;意不胜者,辞愈华⑧而文愈鄙⑨,是意能遣辞,辞不能成意。

【唐】杜牧《樊川文集》卷十三《答庄充书》

【注释】

①主:这里指君主。

②辅:这里指佐臣。

③兵卫:守卫的兵士。

④飘逸:轻快。

⑤华赫:显耀盛大。

⑥庄整:端庄严整。

⑦胜:优胜。

⑧华:华丽。

⑨鄙:庸俗,鄙陋。

【读解】

杜牧是唐朝文学家,诗文多为指陈时政之作。这段言论以比喻说明思想内容、文章气势和章句辞采之间的主从关系。他认为"意能遣辞,辞不能成意",如果"意不先立,止以文采辞句绕前捧后,则言愈多而理愈乱"(见《答庄充书》)这样的说法,可以印证内容与形式的关系,即内容可以决定形式,但并不等于在文道关系中应以道为主,以文为辅。从文道是无法割裂的视角看,文道互为一体,相依相生,同样,内容与形式也是如此,虽然内容可以决定形式,但反过来如形式不存在,内容也就无法显现,也就是说内容要依靠一定的形式方能存在。所以"意能遣辞,辞不能成意"只是一面,我们还要看到不容忽视的另一面是辞若不成,意何以立。

86

夫君子之儒①,必有其道②;有其道必有其文。道不及文则德胜③,文不如道则气④衰,文多道寡,斯为艺⑤矣。《语》⑥曰:"文质彬彬⑦,然后君子。"兼之者斯为美矣。

【唐】柳冕《答荆南裴尚书论文书》

一、学理概述

【注释】

①君子之儒:有道德、有学问的读书人。儒:可统称读书人。
②道:这里指政治主张和思想体系。
③道不及文则德胜:思想内容不及文字形式,就使表现形式占优势。德:在这里指道的表现形式,如《管子》"德者道之舍"。
④气:指文章的气势。
⑤斯为艺:这就成为一种技艺。
⑥《语》:这里指《论语》。
⑦文质彬彬:形式与内容配合恰当。文:文采。指辞章风格等形式。质:实质。指思想感情等内容。彬彬:配合恰当的样子。

【读解】

柳冕是唐朝的文学家,卫道崇文是他的理论基础,为韩愈文化的先驱。引文强调文质兼备。

以"文质兼备"的要求来体现"文""道"一体的理念,是柳冕这段话的要旨。"文质兼备"的"文"当指文采,即辞章风格等表现形式;而"质"即是实质,无疑是其思想内容。"文质彬彬,然后君子"语出《论语·雍也》:"质胜文则野,文胜质则史,文质彬彬,然后君子。"意思是朴实(实在的)多于文采,就未免粗野;文采多于朴实,又未免虚浮。文采和朴实配合恰当,这才是个君子。从为文到为人,均宜以文质兼备为主。

87

每读书史,多求理道①。始知文章合②为时③而著,歌诗合为事④而作。

【唐】白居易《白氏长庆集》卷二十八《与元九书》

【注释】

①理道:治理国家的方法。唐代为避高宗李治的讳,以理代治。
②合:应当。
③时:时世。
④事:有关国计民生的大事。

【读解】

白居易是唐朝大诗人,新乐府的倡导者,反对"嘲风雪,弄花草"而别无寄托的作品。他在这里提出了为现实、为政治而写作的进步主张。所以,"文章合为时而著,歌诗合为事而作"成为千古名句,强调了写作应面对社会、面对生活,不可蹈虚凌空,"无病呻吟"。白居易的这番论述,为文道结合的主张,拓展了新的认识领域。

88

不知务道德①而第②以文辞为能者,艺焉而已③。

【宋】周敦颐《通书·文辞》

【注释】

①务道德:勉力于道德修养。务:勉力从事。

②第:只。

③艺焉而已:(不过是一种)技艺罢了。焉:这里作助词用,表示停顿。

【读解】

周敦颐是宋代著名理学家。以重道著称,比之唐代韩愈、柳宗元更有进一步发展。他第一个提出"文以载道",但与古文家所提"文以明道"的实质是不同的。古文家所说的"明道",只强调文章要有思想性。文是指辞章之学,他们重道而不轻辞章。理学家所说的道,是专指封建纲常道德,并把它绝对化,作为宇宙万物的本源;文是指文章。在他们看来,载道之文,如同"天文"、"人文"的文一样,是"道"表现出来的一种自然现象,所以他们重道而轻辞章。周敦颐把"不知务道德而第以文辞为能者"说成是"艺焉而已",表示出重道轻文之意。因为这里所说的"艺"当然包括一切文学技巧和辞章之学。不过他也说过"美则爱,爱则传"这样的话,说明还不曾完全否认文辞的修饰作用。

89

文所以载道也。轮辕①饰而人弗庸②,徒饰③也;况虚车乎?文辞,艺也④;道德,实也⑤。笃其实而艺者书之;美则爱,爱则传焉。贤者得以学而至之,是为教⑥。故曰⑦:"言之无文,行之不远。"

【宋】周敦颐《通书·文辞》

【注释】

①轮辕:车轮和车架的木材,这里指车子。

②弗庸:不用。

③徒饰:白白地装饰。

④文辞,艺也:意为文辞是写作上的技巧。

⑤道德,实也:道德是实实在在的内容。

⑥是为教:这是教育的结果。

⑦故曰:所以说。

【读解】

　　这是周敦颐在《通书·文辞》中论说文与道之关系的一段言论,指出"文能载道"之理。他以把车子装饰起来但不使用,装饰是徒劳的比喻来说明文辞是写作的技巧,而道德是要表达的实实在在的内容。德行很充实,并用优美的文辞表述出来,人们就会喜爱,并且使文章流传开来,让贤者可以经过学习而达到道德的要求,这就是教育的过程和结果。所以说,文章宣讲道德就必须凭借美好的表现形式,否则又怎么可能流传开去达到教育的效果呢?

　　以装饰美丽的车为载人之用来比喻德行的表达效果离不开文辞的艺术和技巧,从而将文以载道、文道结合的理念表达得相当贴切。

90

　　道者,文之根本;文者,道之枝叶。唯其根本乎道,所以发之于文皆道① 也。三代②圣贤之文皆从此心写出,文便是道。

【宋】朱熹(见《朱子语类辑略》)

【注释】

　　①发之于文皆道:表现在文中的都是道。皆:都。
　　②三代:指夏、商、周。

【读解】

　　朱熹将"道"与"文"的关系,比喻为植株的"根本"和"枝叶"的关系。"道"是"文"的根和主干,而"文"是"道"的枝和叶。它们本来就是一体的。从"道"这个根本上生出来的枝叶,其实也都是"道"。夏、商、周三代的圣贤们都从道德根本写出,这样的文是什么?文就是道。

　　把朱熹的观点总括起来说,是"文本于道"、"文以明道"到"文便是道"。在中国语文教育史上屡屡发生的,硬要搞什么"文道之争",看起来似乎有点"本是同根生,相煎何太急"!

91

　　夫道之大归①非他②,欲其得诸心,充③诸身,扩而被之④国家天下而已,非汲汲乎辞也⑤。其所以不已乎辞者⑥,非得已也⑦。

【宋】曾巩《南丰先生元丰类稿》卷十六《答李书》

【注释】

　　①大归:归宿。

②非他：不是别的。

③充：充实。

④被之：普及。被：同"披"。

⑤非汲汲乎辞也：不急于求得词句的工巧华丽。汲汲：心情急切的样子。

⑥其所以不已乎辞者：之所以不仅仅停留在词句上的原因。

⑦非得已也：是不得已啊。非：不，这里用孟子《滕文公下》一文中的句意，意思是，前代圣贤致力于文辞，并不是重文，而是为了明道。

【读解】

　　曾巩是北宋散文家。这段话认为，道可以从自己的内心中体验到，体现在自身的行动中，而且可以直接推广到治国平天下的事业中去，而不必急于期求文辞的工丽。（而圣贤中）有人不停留在文辞中，这是出于不得已。因此，曾巩也是强调道的，只有道成，才能文足。

　　但是强调"道"，并不否定"文"的作用，只是对"文"的理解不可偏求华丽，而只求在"明道"的过程中达到"文足"。柳宗元曾经总结过他为文的经验："始吾幼且少，为文章以辞为工。及长，乃知文者以明道，是故不苟为炳炳烺烺、务采色、夸声音而以为能也。"确实，年少时大多都会去追求文章的华丽，以为这就是好文章，从而掉入片面追求语言形式的泥淖，往往不知道"文以明道"的道理。也就是说，只有准确地表达了自己思想的文字才是好文字，这与是否华美无关。思想深刻而表达的文字充足，才最好地印证了以文载道、文道一体的效能。

92

　　不求诸己①而求诸外②，以博闻强记③，巧文丽辞④为工，荣华其言，鲜⑤有至于⑥道者。

【宋】程颐《伊川先生文集》卷四《颜子所好何学论》

【注释】

①求诸己：指内在的自我道德修养。

②求诸外：指外在的知识和文字修养。

③博闻强记：广见博识，记忆力强。

④巧文丽辞：巧妙的文章，华丽的词句。

⑤鲜：同"尠"，少。

⑥至于：达到。

【读解】

　　程颐是宋代理学家,更主张要把学习封建"道学"放在首位,在重道轻文方面比周敦颐更彻底,甚至提出"作文害道"的说法。他把孔子"有德者必有言"的话发展到极端,认为只要"摅发胸中所蕴,自成文耳"。所以他说:"唯务养惰性,其他则不学。"如果"不求诸己而求诸外,以博闻强记,巧文丽辞为工,荣华其言",则必然害道。在他看来,这也是所谓的"玩物丧志"(沉迷于玩赏喜爱的事物之中,以致消磨了自己的志气)。所以,虽然他们也在提倡文道统一,但有着明显的偏向性。问题在于客观的存在告诉大家的是,个人之识见可以有"重道"或"重文"的区别,但重道者无法不要文,重文者也不可能一点都不要道。

93

　　道非文不著①,文非道不生②。

【元】郝经《陵川集》卷二十九《原古录序》

【注释】

　　①著:显出,明显。
　　②生:存在,产生。

【读解】

　　文道之争是我国语文教育发展历史上的一个重要话题。郝经认为"道非文不著,文非道不生",其认识基础便是以"文"统领语文形式,以"道"概括"文"的思想内容。"道"是凭借"文"得到体现的,而"文"则因为有了思想内容才获得了生命。所以"文"与"道"是统一的,是"形式"和"内容"本生的一体性。

　　但是为什么我国的语文教育发展过程中会不止一次地发生文道之争呢?在20世纪50年代末、60年代初的争论中主要有三种意见:一种意见认为语文教学应以语言形式、语文知识教学为主,适当地进行政治思想教育;另一种意见认为"道"是灵魂,形式应当为内容服务,进行政治思想教育应当是语文教学的首要任务。进行政治思想教育虽然不能脱离语文课的特点,可是向学生讲了语文知识,并不等于进行了思想教育。第三种意见认为政治思想教育与语文知识教育应该并重,两者不是谁主谁次的关系,而是水乳交融、相互结合的关系。

　　这三种意见,看起来互相对立,其实同出一辙,把"文"与"道"割裂了,孤立了。正如1963年的《中学语文教学大纲》所指出:"这种争论,反映了在语文教学中'道'与'文'不可分割的道理……无论说'以道为主'、'以文为主',或者说'道和文并重',都是把'道'和'文'割裂开来,既不符合思想内容和语言文字不可分割的客观实际,也不符合培养阅读能力和写作能力的教学实际。"

94

圣人之文著①于诸经②,道之所繇传③也。贤者之文,盛于伊洛④,所以明斯道也。而其文未尝相同,其道未尝不同。师⑤其道而求于文者,善学文者也。袭⑥其辞而忘道者,不足与论也。

【明】方孝孺《逊志斋集》卷十二《张彦辉文集序》

【注释】

①著:著录。

②经:旧时尊崇为典范的著作,如《诗经》、《书经》等。

③道之所繇传:道就凭借它传播。所:代词,这里指代上文的"诸经"。繇:由。

④伊洛:伊:水名;洛:洛阳。这里指程颢、程颐两兄弟,洛阳人。人称程颐为"明道先生",称程颐为"伊川先生"。

⑤师:效法。

⑥袭:因袭。

【读解】

方孝孺要求文章"道明而辞达"。他说:"道者,气之君;气者,文之帅也。道明则气昌。气昌则辞达。"(《逊志斋集》卷十一《与舒君书》)倒过来说,他认为"文之为用,明道立政而已",故"勿以道德为虚器,勿以政教为空言,则文可得而学矣"(《逊志斋集》卷十一《答王秀才书》)。本节引文也是强调这一点,要求学道而求文,不要袭辞而忘道。

方孝孺的这番言论,赋承的是儒家政治人伦的思想文化。对"文"与"道"这对矛盾关系的解释和处理,其核心在"文以载道",使语文教学成为"道学"的载体。所以对能"顺其道而求于文"的人称之为"善学文"的人;而对"袭其辞而忘道"的人,则就不值得与他们讨论了。这样的"文道统一"观,反映了当时的语文教学实质上是偏重于学习封建"道学"的。

95

文者,果①何繇②而发乎?发乎心也。心乌③在?主④乎身也。身之不修而欲修其辞,心之不和而欲和⑤其声,是犹击破缶⑥而求合乎宫商⑦,吹折苇⑧而冀同乎有虞氏⑨之箫韶⑩也,决不可致⑪矣。

【明】宋濂《宋文宪公全集》卷二十九《文说》

【注释】

①果:果真,诚然。

②繇(yóu):通"由"。
③乌:何。疑问代词。
④主:掌管。
⑤和:和悦,和谐。
⑥缶:瓦制的打击乐器。
⑦宫商:曲调。
⑧折苇:折断的芦苇。
⑨有虞氏:传说中的远古部落名,舜为其领袖。
⑩箫韶:乐舞名。
⑪致:达到。

【读解】

宋濂认为,文章果真是从哪里发出来的呢?如果说是发自心的,那么心何在?发自身的,不修养身心而怎么修饰他的词句,心都不和又怎么能使音和,这正是像要求敲击破缶去和乐曲,希望用折断的苇能吹奏出古代的名曲一样,是绝不可能达到的。

宋濂主张文章"期于辞达而道明"。要做到这一点,必须涵养性情,因此他认为"文者,发乎心也","人能养气,则情深而文明,气盛而化神"(见《文原》)。

96

物之传者必以质①。文之不传,非曰不工,质不至也②。树之不实③,非无花叶也;人之不泽④,非无肤发也;文章亦尔⑤。

【明】袁宏道《袁中郎全集》《文钞·行素园存稿引》

【注释】

①以质:依靠它的质地。
②文之不传,非曰不工,质不至也:文章的不流传,不是说它不巧妙,而是内容不到应有水平。首句的"之"是插在主谓之间的结构助词,它把句子变成词组,作下句的主语。下面两个复句亦同。质:这里指思想内容。
③不实:不结果实。
④不泽:干枯,不润泽。
⑤文章亦尔:文章也是这样。尔:这样。

【读解】

这段言论的核心在于论"质"的重要。绕开了"文"与"道"的两分而为"质"的一体。事物的传播要依靠它的质地。不能传播的文字,不是不工,而是质欠佳;不结果

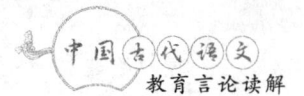

实的树,不是它没有花叶,也是质决定的;人长得不润泽,不是因为他没有肤发,也是质的缘果;文章当然也一样。

袁宏道主张的质,从他的全文看,含义颇多。他说:"夫质者,道之干也,载于言则为文,表于世则为功,葆于身则为寿。"这里指的是人的精神气魄,也包括思想意识。"夫质犹面也,以为不华而饰之朱粉,妍者必减,媸者必增也。"指的是事物固有的本性。"古之为文者,刊华而求质。"指的是文字的质朴。"大都入之愈深,则其言愈质,言之愈质,则其传愈远。"指的是语言的真实性、准确性和深刻性。他把文道关系统一于质。这种求真尚质的主张,对明代前后七子倡导的"文必秦汉,诗必盛唐"的复古文风,起了批判的作用。

97

论道而专求诸语言文字之间,则道晦①矣;抑②论学而不求之语言文字之间,则道亦泯③矣。

【清】张伯行《朱子语类辑略序》

【注释】

①晦:隐晦,不明显。
②抑:表示转折,然而。
③泯:消灭。

【读解】

在语文教学中如何正确处理文与道的关系(即思想内容与语言文字表现形式),张伯行的这番话,还是颇具参照价值的。若对课文思想内蕴的寻求,过分地去分析它的语言形式,结果会使人钻在语言文字的死胡同里走不出来,这样,"道"(课文的思想内蕴)反而会变得隐晦模糊;如果只理解课文的思想内蕴而全然丢开了语言形式,其结果课文的思想内蕴也就会完全泯灭。

说到底,语文教学还是要从人文的思想高度去领悟语文形式之贴切美好,并通过语文形式的赏析去深化感受课文的人文内蕴。

98

文,虚器①也。道,实指②也。文欲其工,犹弓矢③欲其良也。弓矢可以御④寇,亦可以为寇,非关⑤弓矢之良与不良也。文可以明道,亦可以叛道,非关文之工与不工也。

【清】章学诚《文史通义》内篇《言公》

【注释】

①虚器：没有盛东西的器皿。

②实指：对事物、观点或问题的实在内容的示意。

③矢：箭。

④御：抵御，防御。

⑤关：关系，牵涉。

【读解】

"文"与"道"在中国历史上是两个包容甚广的概念。章学诚在这里把"文"理解为是一个可以装物的空的容器，而把"道"指为装载的实物。这样的说法比较形象而通俗。新中国成立以来，文道之争依然不断。如20世纪50年代的"文""道"之争，在60年代便演化为语言教学与思想教育之争；70年代的"情节分析"与"语文训练"的争论，从本质上依然是"文""道"之争的再版；到了90年代"工具性"与"人文性"的论辩，我们依然看到了浓浓的"文""道"之争的身影……

章学诚在这里表述的主张，我们不难能感受出骨子里的重道轻文，这显然承接了从唐宋以来的理学家们提倡崇尚儒家思想学说的传统。如果说"文欲其工，犹弓矢之欲其良也。弓矢可以御寇，亦可以为寇，非关弓矢之良与不良也"，难道真的是无关吗？如果"御寇"，要有效，当然要弓矢之良；如果是"为寇"，弓矢良则会为害很大，人们肯定会希望它不良，以免百姓遭殃。可见，并非无关，还是有关的。再说"弓矢"与"御寇"还是"为寇"是两码事，"弓矢"不过是手中的一个工具而已；而"文"与"道"的"文"不只是"工具"，所以，也不是"虚器"。张志公教授曾作过一个比喻："锄头"是工具，"草"是使用"锄头"的对象，"锄头"与"草"是不相干的两回事，但"语言"这个工具与其表达的"思想"，不是像"锄头"与"草"那样可以是不相干的两回事，而是互相密切依存的一回事。离开了"语言"，"思想"就无法存在，离开了要表达的"思想"，语言也就完全失去了存在的价值，实在是无法分割的。

99

义理不可空言也，博学以实①之，文章已达②之。

【清】章学诚《文史通义》内篇《原道》

【注释】

①实：充实。

②达：表达。

【读解】

章学诚在《文史通义·原道》中的这一告诫，还是很有意义的。为文著书，义理

是不可空谈的,只有博学,才能为义理找到很多的依据、例证,才能有说服力;另一方面,还要以好的文辞把义理表达出来,使它有影响力、感染力。所以,尽管在思想上可以"重道轻义",但一说到实际问题,文道还是一体,要分轻重就难了。

100

盖文固所以载理①,文不备②,则理不明也。且文亦自有其理,妍媸③好丑,人见之者,不约而有同然之情④,又不关于所载之理者,即文之理也。

【清】章学诚《文史通义》内篇《辨似》

【注释】

①盖文固所以载理:文章本来就是用来表达道理的。载:记载。

②备:详备。

③妍媸:美丑。

④同然之情:同样的感情。

【读解】

章学诚认为所有的文章都承载着"理",即表达出来的道理。但如果没有文辞,文章所载的道理怎么能得到明示?另一方面,他又认为文辞本身也有其"理",人们读了文辞后会产生出美的、丑的、好的、坏的感觉,而不同的人往往会有同样的感情。这跟文章承载的"理"不是一回事,是文辞之"理"。

"文以载理"说,应当就是"文以载道"的关系,但章学诚提出的两种"理":文章之"理"和文辞之"理",阐述虽还不是很明确,但还是有所发展的一说。

(五)情　理

101

君子之教，喻①也。道而弗牵②，强而弗抑③，而弗达④。道而弗牵则和⑤，强而弗抑则易⑥，开而弗达则思⑦。和、易以思，可谓善喻矣⑧。

【汉】戴圣《礼记·学记》

【注释】

①喻：明白，了解。此处为使动用法，"使……明白"。

②道而弗牵：引导他前进而不是拉着他前进。道：同"导"。

③强而弗抑：督促他而不是抑制他。强：督促，劝勉。

④开而弗达：启发他而不是告诉他答案。开：启发其独立思考。达：告诉答案。

⑤和：协调。

⑥易：轻松愉快。

⑦思：思考。

⑧和、易以思，可谓善喻矣：既协调和谐，又轻松愉快，并能使学生独立思考，这可以说是使学生明白的好方法了。以：连词，而。

【读解】

《礼记·学记》中的这段著名言论，道出了正确的、良好的教育，是为了使学生明白、了解。要达到这样的目的，你就得到引导他前进，而不是拉着他前进；你只能友善地督促他，而不是抑制他；你只能启发他，而不是告诉他答案。这是充满了"情"和"理"的教，从现代的教育观念看，应该是"导"，是循循善诱、因势利导。这样的教才能服人、感化人。"情"与"理"不仅是著文之魂，也是教学之本。两千多年前的先贤，对"教"的本质就有这样清晰的认识，是多么不简单。

102

子曰："小子何莫学夫《诗》①？《诗》，可以兴②，可以观③，可以群④，可以怨⑤；

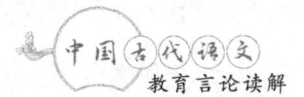

迩之事父⑥,远之事君;多识于鸟兽草木之名⑦。"

【春秋】《论语·阳货》

【注释】

①小子何莫学夫《诗》:年轻人为什么不学那《诗经》?小子:年轻人,旧时老师也称学生为"小子"。《诗》:指《诗经》,是我国最早的一部诗歌总集。

②可以兴:可以用来启发、鼓舞人们的思想感情。兴:"感发志意"(朱熹注),启发、鼓舞思想感情。

③观:"观风俗之盛衰"(朱熹注),观察社会风俗的兴盛或衰败。

④群:"群居相切磋"(孔安国注),互相感化和相互提高而达到合群的目的。

⑤怨:"怨刺上政"(孔安国注),批评不良政治。

⑥迩之事父:近可以侍奉父母。迩:近。事:侍奉。

⑦多识于鸟兽草木之名:据顾栋高《毛诗类释》的统计,《诗经》中出现的鸟兽草木之名有三百多种。

【读解】

孔子重视文学与道德修养的结合,重视经世致用,强调文学的社会政治作用。他虽然也重视文学的交际作用,但不强调文学的修饰,指出:"辞达而已矣。"他也注意到文学的认识作用,所以他说,学《诗》可以"多识于鸟兽草木之名"。他指出的《诗经》"兴"、"观"、"群"、"怨"的作用,在我国古代文学创作和文学评论史上具有一定的指导意义。所谓"兴"指的是可以启发、鼓舞人们的思想感情;所谓"观"指的是观察社会风俗的兴盛或衰败;所谓"群"指的是人们互相感化和提高,达到在交流中合群;所谓"怨",指的是对不良政治、世态的批评。这段话集中说明了学《诗》有冶情养性、治理感化的重大作用。

103

诗者,志之所之①也。在心为志,发言为诗。情动于中,而形于言;言之不足,故嗟叹之;嗟叹之不足,故永②歌之,永歌之不足,不知手之舞之,足之蹈之也。

【汉】毛亨、毛苌《毛诗序》

【注释】

①志之所之:前一"之",作助词;后一"之",意为表现。

②永:通"咏"。也有解释为"长"的。

【读解】

形象地写出了诗的创作与吟咏的情态,以此说明诗可以表达思想感情的。

这一段言论阐述的"诗"是什么。它是人的情志的表现。它在心里时是一种意,一种情,用言辞把它表达出来就成了"诗"。所以"诗"也就是情志跃动于心中并呈现于语言。只是直白地说出来如果还不够表达心中的情志,就加上嗟叹;如果嗟叹还不够,就加以吟唱;如果吟唱还不够,就禁不住手舞足蹈起来。

104

不着一字,尽得风流①。语不涉己,已不堪忧。是有真宰,与之沉浮②。如渌满酒③,花时返秋。悠悠空尘,忽忽海沤④。浅深聚散,万取一收⑤。

【唐】司空图《二十四诗品·含蓄》

【注释】

①风流:谓文艺作品超逸美妙。

②"是有"两句:言心中有真知灼见,即可驾驭所描述的事物。

③"如渌(lù)"句:意为就像酒满杯中,花开即落。渌,同"漉",液体往下渗。这里指盛酒的器皿。

④"悠悠"两句:言广阔的天空布满微尘,浩瀚的大海浮动浪沫。沤:水泡。

⑤"浅深"两句:言事物虽然繁多纷纭,但摄入笔端的只需一点而已。

【读解】

说明诗贵含蓄,即使字面上不露一丝痕迹,但却可以饱含超逸美妙的神韵,令人觉得意趣无穷。作者含蓄的是什么?是情理。言辞虽简但情理丰沛,含不尽的情意于言外,这才是含蓄的真谛。刘禹锡《视刀环歌》中的那一句"常恨语言浅,不如人意深",道出了语言在表达思想时的某些尴尬的无奈。但如果据此认为语言之无能,这就错了。陶渊明在《饮酒》中有"此中有真意,欲辨已忘言",其实,诗人对真意是没有"忘言"的。"结庐在人境,而无车马喧。问君何能尔? 心远地自偏",已透出了不少"真意",推说"忘言",只是为了让读者去想得更多,这可也算是"不着一字,尽得风流"了。

105

言近而旨①远,辞浅而义深,虽发语已殚②,而含意未尽。使夫读者,望表而知里,扪③毛而辨骨,睹一事于句中,反三④隅于字外。

【唐】刘知几《史通·叙事》

【注释】

①旨：这里指诗文的主旨。

②殚：竭尽。

③扪：抚摸。

④"睹一……反三"：即"举一反三"。

【读解】

要做到言辞浅近平易，而含义精深隽永，关键还在于作者的情感充沛，识理深邃，尔后，方能深入浅出、厚积薄发，达到"言近而旨远，辞浅而义深"，才能做到"虽发语已殚，而含意未尽"的境界。而读则由外向内，从语言入手，"扪毛而辨骨"，不仅能看清句中之事，而且还能举一反三于文外。这样的过程，以刘熙载的话来说，是"作者情生文，斯读者文生情"的过程。读者的这种"文生情"，不只是简单的"还原"，而是一种因想象与联想的发酵，而实现了"睹一事于句中，反三隅于字外"的扩展。

106

庾信①文章老更成②，凌云③健笔意纵横。今人嗤点④流传赋⑤，不觉前贤⑥畏后生⑦。

【唐】杜甫《戏为六绝句》（之一）

【注释】

①庾信：字子化，南朝梁人。他与徐陵等人作了许多绮丽的宫体诗和骈体文，世称徐庾体。

②老更成：指庾信的后期作品艺术上更趋成熟。

③凌云：这里指文章的气度直冲云霄。

④嗤点：嗤笑指摘。

⑤赋：指庾信前期的宫体诗和骈体文。

⑥前贤：指庾信。

⑦后生：后来人，指嗤点者。

【读解】

本诗赞誉庾信后期作品在艺术上更趋成熟，意境纵横开阔，奔放恣肆。对照庾信的早期作品，当时他与徐陵等人所写的都是追求文辞绮丽、形式华美的宫体诗和骈体文，被人们称为"徐庾体"。因为耽溺于形式，使文章的灵魂"情"与"意"弱化，这就难免被人嗤笑指摘。而后期的作品完全不同了，"凌云健笔意纵横"一句，更道出了因为作者的情理丰盈了，才能"健笔纵横"，而为后人所传颂。同时也反观今人对庾信早期作品的批评指摘,也是正确的、必要的,毕竟时代在进步,认识在提升,所以"前贤畏后生"、"后生超前贤"也是历史的必然。

107

人生小幼①,精神专利②,长成已后,思虑散逸③,固须早教,勿失机也。

【南北朝】颜之推《颜氏家训·勉学》

【注释】

①人生小幼:指人在幼小的时候。
②精神专利:思想比较单一,精神容易集中。
③思虑散逸:指承认精神分散,思想不容易专注。

【读解】

"勉学"就是勉励子孙勤奋学习的训示,是《颜氏家训》中的重要部分之一。这段话分析了学习要从娃娃抓起的重要。颜之推认为:人生幼小阶段,精神集中,思想单一,学习会很有效果。及至年长以后,思想分散,精力不够专一。所以教学宜趁早进行,不可失去这个好机会。

种田要不违农时,及时播种摘秧,除草施肥,才能使庄稼长势健旺,丰收有保障。童稚学习也是一样的道理,要不违学时,才能取得好的学习成效。可见,教学也要合乎情理才成。

108

一语天然①万古新,豪华②落尽见真淳③。"南窗"④"白日"⑤"羲皇上"⑥,未害⑦渊明是晋人。

【金】元好问《论诗三十首》(之四)

【注释】

①天然:质朴自然。
②豪华:指辞藻华丽。
③真淳:情真意切。
④南窗:指陶渊明《归去来兮辞》中"倚南窗以寄傲"句。
⑤白日:陶渊明《杂诗十二首》(之二)"白日沦西河"句。
⑥羲皇上:陶渊明《与子俨等疏》"五六月中,北窗下卧,遇凉风暂至,自谓是羲皇上人"句。羲皇,即伏羲氏,传说中的上古三皇之首。羲皇上人,即伏羲氏以前的太古时代人。这一句三例都在说明陶渊明作品的质朴自然、万古常新。

⑦害:妨害。

【读解】

元好问的这首诗,盛赞了晋人陶渊明的诗作所具有的质朴自然的思想感情,堪称万古常新。头一句"一语天然万古新,豪华落尽见真淳",总评了陶渊明的诗风是质朴天然,去尽了豪华才留下了真淳。后一句用了陶渊明的诗作中的三个典型形象具体印证:"南窗"所指是陶渊明《归去来兮辞》中"倚南窗以寄傲,审容膝之易安"那一句;"白日"所指是陶渊明《杂诗十二首》(之二)"白日沦西河"句;"羲皇上"所指是陶渊明《与子俨等疏》"五六月中,北窗下卧,遇凉风暂至,自谓是羲皇上人"句。

写诗贵在质朴自然,这就是摈弃豪华始见真情。教学又何尝不是如此。

109

然则志足而言文,情信而辞巧,迺①含章②之玉碟③,秉文④之金科矣。

【南北朝】刘勰《文心雕龙·征圣》

【注释】

①迺:乃。

②含章:作文章。

③玉碟:贵重文件,这里意为重要原则。

④秉文:作文。

⑤金科:重要条例,这里意为重要原则。

【读解】

思想内容要充实,言辞要美好,这是作文章的重要原则。这段话说的正是这个意思:这样看来,要求思想深刻和语言漂亮,感情真实而语言巧妙,是写文章的金科玉律了。

"志足"与"情信"都关乎作者的"情理"充沛。"情理"充沛了,言文才能有说服力,足以引人入胜。所以,情真理切是写好文章的最重要的原则。

110

《诗》总六义,风冠其首①,斯乃化感之本源②,志气之符契③也。是以怊怅④述情,必始乎风;沈吟铺辞⑤,莫先于骨⑥。故辞之待骨,如体之树骸⑦;情之含风,犹形之包气⑧。结言⑨端直,则文骨成焉;意气骏爽⑩,则文风清焉⑪。

【南北朝】刘勰《文心雕龙·风骨》

一、学理概述

【注释】

①诗总六义,风冠其首:《毛诗序》说,"《诗》有六义焉:一曰风,二曰赋,三曰比,四曰兴,五曰雅,六曰颂。"在这六义中,"风"居首位,所以说"《诗》总六义,风冠其首"。

②斯乃化感之本源:这是教育人的根本力量。乃:是。化感:教育、感化。一般人认为"风"、"雅"、"颂"是《诗》的体制,"赋"、"比"、"兴"是《诗》的表现手法。《诗经》的第一、二、三卷收集了十五国风,都是民歌。这些诗作富有地方色彩,比较广泛地反映了人民的生活、感情和愿望。所以刘勰把"风"放在首位。

③志气之符契:意思是说,国风是思想感情的具体表现。志气:就是作者的思想情感,通过国风表达出来。符契:符是符节,是古代朝廷传达命令或征调兵将用的凭证;契是契约、合同。文中用符契来比喻表达情志的国风。

④怊(chāo)怅:惆怅。这里泛指深切动人的感情。

⑤沈吟铺辞:低声吟哦,推敲和运用辞句。

⑥骨:指文章的主意、骨架。

⑦树骸:树立骨架。

⑧形之包气:形:人的身体。气:人的元气。

⑨结言:措词造句。

⑩骏爽:奔放而爽朗。

⑪文风清焉:文章的感染力就强了。

【读解】

本节首先强调写文章的目的在于教育和感化人。因此,他把"风"与"骨"并提,主张既要有高度的感染力(风),又要讲究文辞挺拔(骨)。所以,刘勰所谈的"风骨",也就是文和道的统一问题、情和理的统一问题,对后世的文学鉴赏、文学教学和文艺创作有积极的作用。

这段言论意为:《诗经》包含有六种体例,其中居首要地位的就是风。风,指的是民歌一类,是人民大众的创作。这是教育、感化的源泉,是诗人感情、气质的依据。悲伤怅恨,需要抒情,就一定得从风出发;思索沉吟,要用语言表达,就没有比骨更重要的了。语言依存于骨骼一样的思想内容,就像身体的支撑要靠骨架子;作品中的感情,包含着长风一般的力量,正如人的形骸里面运行着血气。但也要语言运用得准确,文章的骨骼才撑得起来;有充沛的情感和荣高的气质,文章的风格和力度才能清越骏发。

111

夫情致异区①,文变殊术②,莫不因情立体③,即体成势④也。势者,乘利而为制⑤也。

【南北朝】刘勰《文心雕龙·定势》

【注释】
①情致异区:(作者的)情志不相同。
②文变殊术:文章的变化方法各不相同。殊:不同。术:方法、手段。
③莫不因情立体:没有不依据情志决定作品的体裁风格。因:依据。体:体裁风格。
④即体成势:随体制形成文章气势。即:随,就。势:行文脉络,气势。
⑤乘利而为制:因利乘便而自然形成的。意思是说,文章的气势是随着不同内容和体裁自然形成的。比如圆的物体,其势自然能转动;方的物体,其势一定能安定。

【读解】
文势和风格有共通之点,但风格也好,文势也好,背后都有作者的思想感情。所以,刘勰认为:由于思想感情各不相同,因而作者的表达方法也就丰富多样,但没有不是按思想感情来确定体裁,顺着体裁来形成一种文势的。所谓势,就是因一定条件之便而造成的。所以,总括起来说是情志确定体裁,不同的情志可用不同的体裁来写,强调内容决定形式。情志在文章中的重要地位不容置疑。

112

故情者文之经,辞者理之纬①;经正而后纬成②,理定而后辞畅③,此立文之本源④也。

【南北朝】刘勰《文心雕龙·情采》

【注释】
①经、纬:布上的经线、纬线。这里喻指情与文、理与辞的关系,如同经纬,纵横交织。
②"经正"句:经线正了纬线才能织上去。
③"理定"句:情理确定了,文辞才能畅达。
④立文之本源:写作的根本。

【读解】
作者将文章中情理与文辞的关系,以经、纬线作比,情理是文章的经线,文辞是情理的纬线,生动而贴切。由此说明情理是文章的主干,文辞是情理所不可缺少的表现形式,显得设喻精当,说理深入浅出。在这段文字前面,作者还作了相当通俗的

一、学理概述

设喻"夫铅黛所以饰容,而盼倩生于淑姿;文采所以饰言,而辩丽本于情性",意思是脂粉是用来修饰容貌的,但少女的巧笑美目却来自天生丽质;文采是用来修饰语言的,但说话的美妙动人却缘于说话人的至情至性。以"脂粉"比喻"文采",都只是一种修饰的作用,真正本质的是少女的美貌和文章的真情。显然,这样的设喻就为理解"情"乃文之"经","辞"虽然也很重要,但它毕竟是文之"纬",阐发得就相当透彻了。

113

夫缀文者①情动而辞发②,观文者披文以入情③。沿波讨源,虽幽必显④。世远⑤莫见其面,觇文⑥辄见其心。岂成篇之足深?患识照之浅耳⑦。

【南北朝】刘勰《文心雕龙·知音》

【注释】

①缀(zhuì)文者:写文章的人。缀文:就是作文。

②情动而辞发:感情激动,在文章中表现出来。辞:泛指语言文字,也可指文章。

③披文以入情:通过阅读文章了解作者的内心。披:翻阅。

④沿波讨源,虽幽必显:这是一个比喻,像顺着流水探讨源头,纵使文义幽深,也会明白。

⑤世远:时代相隔久远。

⑥觇(chān)文:阅读文章。觇:观看。

⑦岂成篇之足深?患识照之浅耳:难道是前人写成的文章意思太深奥吗?只怕自己的分辨洞察能力太浅啊。识照:分辨洞察文章的能力。

【读解】

这段言论主旨亦在说明"情"与"文"的关系。刘勰认为:文章的作者在思想感情十分充沛、活跃的情况下才会用语言来作淋漓尽致的表达,而读者则要通过语言文字才能领会其中的思想感情,正如从水流追溯水源,虽然幽深,也一定可以探个明白。由于年代久远,后代已没有人能和古代作家见面了;但阅读他的作品可以见到他的内心。难道害怕作者故意把整篇都写得那么深奥吗?只害怕读者理解能力的缺乏罢了。时至当下,"夫缀文者情动而辞发,观文者披文以入情",仍可奉为至理名言。无论是阅读教学还是写作教学,在"读"与"写"的过程中,其内在机制都是这个理。由此足可见《文心雕龙》影响力之深远。

114

夫神思①方运,万涂②竞萌,规矩③虚位,刻镂无形④。登山则情满于山,观海则意溢于海,我才之多少,将与风云而并驱矣。

【南北朝】刘勰《文心雕龙·神思》

【注释】

①神思:神异的思绪。

②万涂:指各种途径。涂:通"途",道路。

③规矩虚位:意为不拘泥于法则。

④刻镂无形:意为表现所有精微的东西。

【读解】

"神思"就是精神的活动,也包括想象、思索。在文学的范畴里,"神思"是客观和主观统一的桥梁。当精神和客观事物相接触,也就是所谓"神与物游"的时候,也就有了精神的活动,有了"思"。

这段话的意思是:当精神活动正在进行的时候,思路千头万绪,竞相呈现。要怎样落笔,仍没有规矩可以遵循;要怎样刻划,也没有形象可以捕捉。如果是登山,那山中到处都会充满着情感;如果是望海,那海上到处也都会洋溢着意趣。我有多少想象力和思考力,都能气势磅礴地和风云一样并驾齐驱。这段话道出了表达的奥秘源于"神思","神思"激发了人的感受力,为表达提供了不竭的源泉。此时此情便始"思如风发、语若流泉"了。

115

好句联翩①见未曾,品题②今日欠钟嵘③。登临自有江山助,岂是胸中不得平。

【宋】洪适《次韵蔡瞻明登巾山》

【注释】

①联翩:以鸟飞的状貌形容接连不断。

②品题:品评任务,定其高下之意。

③钟嵘:字仲伟,南朝梁文学批评家,著有《诗品》。

【读解】

登山临水,景色万千,文思泉涌,显然是自然界的万千气象,激发了创作的灵感,哪里会只有心胸郁结不平之气才能挥毫作诗呢?诗人强调了客观事物对情感的激发,从而对创作冲动具有积极促进意义。这种冲动往往表现为人的一种顿悟力,这是人的创造性飞跃的一种表现,其状态为人的注意力高度集中于对象(如江山胜景等),意识处于十分清晰和敏锐的状态,思维活动特别灵活、深刻,情感极其充沛和激奋。这时的思维水平不仅逻辑性强,而且更具有直觉性,仿佛没有经过严密的逻辑推理而蓦然猜度到了问题的精要处。这便是"登临自有江山助"的境界。

116

圣俞①尝语②余曰:"诗家虽率意③,而造语④亦难,若意新语工,得前人所未道者,斯为善⑤也。必能状难写之景,如在目前;含不尽之意,见于言外,然后为至⑥矣。"

【宋】欧阳修《六一诗话》

【注释】

①圣俞:宋代诗人梅尧臣,字圣俞。

②语(yù):告诉。

③率意:可以尽心竭意而为的意思。

④造语:用词造句。

⑤斯为善:这才称得上好。

⑥为至:意为达到了很高的要求。

【读解】

"状难写之景,如在目前;含不尽之意,见于言外"历来是著文、写诗者所追求的一种境界。在诗文中写景言志,要形象鲜明如画,如身临其境;抒情表意要含蓄隽永,可耐人寻味,应该是可以做到而且要努力做到的。这是因为从文学作品的功能实现和生成规律看,作品的语言文字要还原为读者脑海中的艺术形象需要通过联想和想象。可以说联想和想象是读者进入作品情境的必由之路。脱离了联想和想象的阅读,就不是文学欣赏的阅读。另一方面作品的原有情境、意象,在读者的联想和想象作用下,往往会衍展、迭生出新的内容,这就成了象外之景、言外之意。

117

少年不识愁滋味,爱上层楼①。爱上层楼,为赋新词强说愁②。

【宋】辛弃疾《丑奴儿》

【注释】

①爱上层楼:喜欢登楼观景。

②强说愁:故意抒发一些愁绪。

【读解】

辛弃疾这一阕《丑奴儿》是:"少年不识愁滋味,爱上层楼。爱上层楼,为赋新词强说愁。而今识尽愁滋味,欲说还休?欲说还休,却道天凉好个秋。"全词以少年时代的无愁说愁作为衬托,抒写词人饱经忧患之后无限愁苦,不知从何说起的心情。以无愁强说愁和愁多怕说愁的强烈对比,揭示了深层的矛盾心理,使全词弥漫着一种难以排遣的忧愁情绪。这正是词人对国家忧患、个人遭遇的深沉感慨。

从另一角度看前面两句,也揭示了情感与写作的关系问题。写作需要真情实感。少年时代为了赋诗填词要说忧愁,却又不懂得忧愁是什么滋味,只好去登楼观景,寻找忧愁。"强说愁"的"强"字,入木三分地写出了无病呻吟、矫揉造作的心理状态。这种"强说愁"的写作,因为不是出于真情实感,也就没有什么感人的力量,只不过是一种虚伪造作而已,是非常不可取的。联系当下的学生习作,这种"为赋新词强说愁"的矫揉造作、无病呻吟,正是常见的文病,而几成"学生腔"的一种特征,实在危害不浅。因此,从小培养学生"我手写我心",抒真情写实感就显得十分重要。这不仅关系到文风的端正,更涉及健全人格的铸造。

118

茶山①衣钵②放翁③诗,南渡④百年无此奇。入妙文章本平淡,等闲言语变瑰琦⑤。

【宋】戴复古《读放翁先生剑南诗草》

【注释】

①茶山:指曾几,他号称茶山居士,诗作风格清俊,陆游曾从他学诗。
②衣钵:佛教用品,我国禅宗师徒之间授受道法,常付衣钵为信,称为衣钵相传。以后泛用于学术、技艺上的继承。
③放翁:诗人陆游的号。
④南渡:指南宋高宗赵构在北宋亡于金人时,南渡长江建国。
⑤瑰琦:指美玉,瑰为美石,琦为美玉。

【读解】

戴复古的这首诗盛赞南宋大诗人陆游的诗风:从平淡中见瑰琦,是宋南渡百年所不能见到的奇迹。后一句进而将陆游的诗风归纳为"入妙文章本平淡,等闲言语变瑰琦"。这里"入妙"与"平淡"是一对矛盾,"等闲"与"瑰琦"又是一对矛盾,是极富艺术辩证法的。这里的"平淡"不是一般的平淡,而是艳丽之极的"平淡",方才达到了"入妙"的境地;这里的"等闲"也并非常见的"等闲",而是"瑰琦"之极而渐趋

"平淡"的"等闲"。戴复古论诗的艺术辩证观具有普遍意义,就语文教学艺术而言也是如此,真正的名师课堂总是以朴实和简洁著称,因为老师关注的是学生的成长,而不在乎对自身学养的标榜和张扬,只想着要把更多的时间和机会让学生锻炼身手。这样的课堂也许并不热闹,也不见得特别好看,但却是能让学生充分发展的真正有教学艺术的课堂,而"纯朴是艺术作品的必不可少的条件;就其本质而言,它排斥任何外在的装饰和雕琢"(《别林斯基论文学》),堪称至论。

119

学诗浑似①学参禅②,语要惊人不在联③。但写真情并实境,任他埋没与流传。

【明】都穆《学诗诗》(之三)

【注释】

①浑似:好像。
②参禅:佛教名词,意为玄思默想,探求佛家的深奥道理。
③不在联:不在于对偶工整的诗句。

【读解】

作诗贵在真实地表达思想感情,反映社会现实,至于是否"传世",作者是不应计较的。因此,都穆认为学写诗就像学参禅一样,要认真探求蕴含在生活中的深刻道义。把这样的道义挖掘出来,当然就不会语不惊人了。这样的诗就不在乎是不是个中有一二联对偶工整。以自己探索人生的真情写出生活的实境,应当是我们写诗的最高追求,至于这诗句是会流传还是会遭到埋没,就任它去吧,不值得计较。

写诗以真情实感为上,是为至论。由此推及,无论是著文、上课、行事、做人,都不无可借鉴之理。

120

教人为学,不可执一偏①。初学时心猿意马②,拴缚不定,其所思虑多是人欲③一边,故且教之静坐息思虑。久之,俟其心意稍定,只悬空静守如槁木死灰,亦无用,须教他省察克治④,省察克治之功则无时而可间。

【明】王守仁《传习录》

【注释】

①执一偏:局限于一个方面。
②心猿意马:比喻思想散荡,把握不定。原道家用语。

③人欲:指个人欲望。
④省察克治:反省,克制。
⑤间:间断的意思。

【读解】

　　王守仁的弟子钱德洪将王守仁的语录、文录、诗、杂文、年谱,整理成38卷,名《王文成公全书》,其卷中即有《传习录》。这段言论选自《传习录(上)》,强调了在教学方法上,必须符合学生的心理特点。这大有利于革除当时训诫式教育对学生的不良影响。王守仁关注教学要全面关心学生的状态,不可固执地只局限于一个方面。童稚初学,往往思想散荡,嬉性难收而把握不定,会放纵个人的所有欲望。所以要培养他们静坐思考的习惯,等到心意稍定再进行教学。但是这种心安意定也不是如枯木死灰一般,而是要外静内动,让他们积极思考,克制自己,集中心力,省察学习中的困惑疑误之处。这种功夫的练习是不可间断的。

　　如何顺应儿童的性情施以教学引导,即使在今天也是一个值得研究的话题。"教学以生为本",在小学便是"以童为本"。坚守儿童立场更是小学语文教学"道"之所在。

121

　　人生诵读之功①,须在二十内外,若年近三十及三十外者,人事②日多,记诵之功亦减,自不能如童子塾时专且习③也。然年齿④既长,文义⑤亦明,及此施功,亦有易于童年记诵之处⑥也。

【清】章学诚《清漳书院留别条训》

【注释】

①功:指诵读的功底。
②人事:与人交往和处理事务。
③专且习:专心反复地练习。
④年齿:年龄。
⑤文义:文辞的含义。
⑥亦有易于童年记诵之处:也有比童年记诵容易的地方。

【读解】

　　章学诚中年时,家境极为贫困。1781年,他投奔在河北肥乡县为官的朋友张维祺,张聘章学诚主持清漳书院讲席。是年冬天,张维祺移官河北大名,章学诚也随之离开了清漳书院。这是他离开清漳书院时对学生的训语,所以叫"留别条训",其中包含了他的许多教育思想。

　　这段话是章学诚主张用"别类分求"之法记诵十五经,蕴含了教学的情理,即要按学生的成长规律和教学规律办事。他认为人生诵读记忆最有效的年龄段,是在二十岁内外。如果已年迈三十岁或超过了三十岁,因为人际交往活动和事务多起来了,记诵的功力就会大大减弱,不能如学塾的童子那样去专心反复地习练。但是,年龄大了对文辞的理解程度也高了,如果这时用功,也会有比童年记诵容易的地方。

122

　　诗不可无为而作①。试看古人好诗,岂有无为而作者?无为而作者②,必不是好诗。

【清】薛雪《一瓢诗话》(二)

【注释】

　　①无为而作:指写诗没有目的,缺乏真情实感。
　　②者:指无为而作的诗。

【读解】

　　说明作家创作要有目的,有意义,要写出所思所想,所爱所憎,以理义说服人,以情感熏陶人。

　　"思风发于胸臆,言泉流于唇齿。"这是晋人陆机的一句名言,说明言泉之出,是源于"思"的风发于胸臆。而绝不会是空口白话,言之无物。

　　"意在笔先者,定则也;趣在法外者,化机也。"这出自清代郑板桥的《画论》。画画与著文同理,诗不但不可无为而作,而且要"意在笔先"才好。

　　薛雪的这段话,对阅读与写作都是至理。阅读诗文,就要善于从文字背后看到作者的"有为",即写作的目的和旨意。写作诗文,更要先有志意的充沛、情感的丰盈,然后才风发于笔端,万万不可无病呻吟、刻意造作。

(六)启 发

123

不愤不启,不悱不发①,举一隅,不以三隅反②,则不复也③。

【春秋】《论语·述而》

【注释】

①不愤不启,不悱(fěi)不发:在学生还不到想弄明白而得不到解答的时候,不去启发他,不到他想说出来却说不出的时候,不去开导他。愤:思考问题得不到解决时的苦闷心情。悱:想说又说不清楚的焦急心情。启、发:启发、开导。

②举一隅,不以三隅反:告诉他一样东西的一只角是什么样的,他不能由此推知另外类似的三只角。隅:角落。反:推及,推论。

③则不复也:就不再启发他了。

【读解】

本句意为教师应当在学生心求通而有愤怒意时才开其意;在学生口欲言而表达不出时才达其辞。教师教了一隅,举其一之后,如果学生还不能以三隅相互证明,就不再教导了。这里的意思是教师应当引导学生去掌握按例类推的能力,而不要面面俱到地去包办代替。

"启发"一词,就其本义而言,即是"开其意,达其辞",在中国即源于《论语·述而》中的这一句。对此,汉代郑玄曾作注说:"孔子与人言,必待其人心愤愤,口悱悱,乃后启发为说之。"所谓"愤",是心求通而未甚通;所谓"悱"是口欲言而未能言。换句话说,也就是不到学生"愤"、"悱"之时,不进行启发开导。在《语文课程标准》中所强调的关注学生的"学习需求",也就是这种"愤"、"悱"状态。

124

子曰:"由①之瑟②,奚为于丘之门③?"门人④不敬子路。子曰:"由也升堂⑤

矣,未入于室⑥也。"

【春秋】《论语·先进》

【注释】

①由:即子路,孔子的学生。
②瑟:这里指弹瑟。
③丘之门:孔丘的门下。
④门人:孔子门下的学生。
⑤堂:喻指正大光明之域。
⑥室:喻指精微之地。

【读解】

意为孔子的学生子路在弹瑟,有刚强杀伐的声音,与孔门平时作乐的声音不相称,故说他为什么在他的门下? 门人听了孔子之言,就不敬子路了,孔子又为之解释:子路的学业已进到正大光明之域,只是还未能深入精微之地吧! 不可以因一事之失而不敬他。

在这段言论中,孔子前后的两句话,看着矛盾,先批评子路弹瑟,有杀伐之声,并不与孔门的乐声相称;而后又表扬子路,学业已进到正大光明之域,只是还应当更趋精微。其实在本质上是统一的,既指出不足之处,又客观看待其取得的成就,只是在不同的情况、不同场合下说出来,颇有启发的作用。

125

子贡曰:"贫而无谄①,富而无骄②,何如?"子曰:"可也,未若贫而乐,富而好礼者也。"子贡曰:"《诗》云,如切如磋,如琢如磨③,其斯之谓与④?"子曰:"赐⑤也,始可与言《诗》已矣,告诸往而知来者。"

【春秋】《论语·学而》

【注释】

①谄:卑屈。
②骄:骄傲。
③如切如磋,如琢如磨:是《诗经·卫风·淇澳》中的诗句。《尔雅》云:"治骨曰切,治象曰磋,治玉曰琢,治石曰磨。""切磋琢磨"是形容求学要精益求精的意思。
④与:同"欤"。
⑤赐:子贡名。

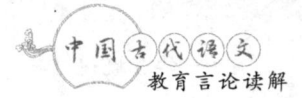

【读解】

　　子贡以为人能"贫而无谄,富而无骄(贫穷却不谄媚,富有却不骄傲)",总算可以了,就此去问孔子。孔子进一步告以可则可矣,但终不如"贫而乐,富而好礼(贫穷却乐于求道,富有却爱好礼)"吧。子贡听了后,就引诗句来证明此意,(《诗经》上说:像匠人加工骨器、玉器那样,先锯开、锉平、再雕琢、磨光,大概就是这个意思吧?)故孔子赞扬他可以谈论《诗经》了,因为告诉他一个道理,他就能联想悟出新的道理了。

　　孔子在这里称赞子贡能"告诸往而知来者",从另一方面说,也证明了孔子启发教育的成功,才让学生积极主动地思考问题,能"举一隅而以三隅反"。

126

　　子贡①问曰:"孔文子②何以谓之'文'也?"子③曰:"敏而好学,不耻下问,是以谓之'文'也。"

【春秋】《论语·公冶长》

【注释】

　　①子贡:姓端木,名赐,字子贡,孔子弟子。
　　②孔文子:卫国大夫孔圉(yǔ),他死后谥(shì)为"文"。
　　③子:指孔子。

【读解】

　　这是子贡与孔子之间的一次对话。子贡问孔子:"孔文子死后为什么能得到'文'的谥号?"孔子回答说:"因为他思想敏捷而又好学,而且敢于向比自己学问差、地位低的人请教,所以称他'文'。"

　　孔子称赞孔文子"敏而好学,不耻下问"。孔子所讲的"学",或作动词,或作名词,都是作为学习过程中的一种认识活动,并为求知的不二法门,与后人所说的"学说"、"学业"或作为思想体系的"学",并不是同一意义。好学好问自然会启而有发。孔子极端重视"学"必须从"多问"、"多闻"、"多见"、"多识"入手,作为求得知识的起源,尽管它的内容有些局限性,但在孔门的认识论中,以此作为认识过程中初步的重要环节,还是含有浓厚唯物主义因素的。

127

　　引①而不发②,跃③如也。

【战国】《孟子·尽心上》

090

【注释】

①引:意为把弓拉得满满的。
②不发:指不射箭。
③跃:跃跃欲射的样子。

【读解】

语出《孟子·尽心上》,原文为:"孟子曰:'大匠不为拙工改废绳墨,羿不为拙射变其彀率。君子引而不发,跃如也。中道而立,能者从之。'"意思是高明的匠人不为拙劣的工匠,而改变标准。"绳墨"原指木匠用的弹绳、墨斗,以作为取材时的画线,这里以此指代标准。羿是神话中善射的一位英雄,他当然也不会为拙劣的射手去降低拉开弓的程度。他只是站在正确的道路上,让人跟着学。

在教学上,今天我们常常以"引而不发,跃如也"比喻教导学生时,也应当只拉满弓而不射箭,作出跃跃欲射的样子,为学习者作出榜样,加以启发,让学习者自己去践行习练,而切记不可越俎代庖,包办代替。

孟子的教学思想是要坚持标准,"诲人必以规矩,学者亦必以规矩","大匠不为拙工改废绳墨,羿不为拙射变其彀率",说的都是要讲标准,要坚持规矩的道理。"君子引而不发,跃如也","君子深造之以道,欲其自得之也",则都在强调学习要靠学习者的主动自得,教师只是启而发之。

128

人之患①在好②为人师。

【战国】《孟子·离娄上》

【注释】

①患:忧虑、祸害。
②好:喜欢、爱好。

【读解】

为人师是好的,但好为人师,随时以教育者自居,到处逞能显才,就不好了。

这是孟子此说的本意所在,应当是没有异议的。但推而广之,人不但不应当在成人面前以教育者自居而处处逞能显才,即使在儿童面前,也不宜以教育者自居而刻意逞能显才。教师尽其所能出去逞能显才,会排挤了学生思考交流、各抒己见的机会,而无法实现成长发展。所以,教师以平等的姿态只作适当的启发,让学生拥有更多的时间和空间去主动自得,才是教学的成功境界。

129

尽①信书,则不如无书②。

【战国】《孟子·尽心下》

【注释】

①尽:完全,这里指不假思索地全盘接受。

②书:这里指《尚书》。

读解

本句原出《孟子·尽心下》。"孟子曰:'尽信书,则不如无书。吾于《武成》,取二三策而已矣。仁人无敌于天下,以至仁伐至不仁,而何其血之流杵也?'"本句句意应为"完全相信《尚书》中记载的东西,就还不如没有《尚书》的好"。现在,多用以说明,要正确对待书本知识,贵在受其启发,既吸取精华,又要去其糟粕,以独立思考,辩证对待。

其实,所有的知识,既为新的创造所需要,同时又可能成为创造力的羁绊。那种把知识、书本视为一成不变的绝对真理,而产生的知识迷信、书本迷信、权威迷信和以僵化的观念看待新事物,以固定的经验处理新问题,都是阻碍创造力发展的桎梏。

130

善问者如攻坚木①,先其易者,后其节目②;及其久也,相说以解③;不善问者反此。善待问者如撞钟,叩之以小者则小鸣,叩之以大者则大鸣,待其从容④,然后尽其声⑤。

【汉】戴圣《礼记·学记》

【注释】

①坚木:坚硬的木材。

②节目:树木之节。

③相说以解:意思是师徒互相爱悦以解义理。"说"通"悦"。

④从容:这里指待问者要从容不迫。

⑤尽其声:指回答得详尽。

【读解】

教学中的问答之道,这里作了很好的阐释。善于发问的人,如同砍伐坚硬的木头,先从较远的地方开始,再砍枝干交叉和有结的地方,时间一长,自然脱落分开。不善于发问的人与此相反。善于答问的人如同撞钟,轻轻叩击,钟声就小,重重敲打,钟声就大。待问者要从容不迫,才能回答得详尽。

教学中的问与答,是构成教学对话的主体,师生之间应当是一种平等的互动。可以教师问学生,由学生回答。也可以学生问教师,由教师回答。但在传统教学中我们常见的往往是教师问学生,这显然不尽合理。其实,学须有疑,有疑则问,学生向教师的发问应当会更多。当然,教师未必要作注入式的回答,能引导学生自己来讨论解答,自己解决问题,方称上策。

131

君子既知教之所由①兴②,又知教之所由废③,然后可以为人师也。故君子之教,喻④也。道而弗牵⑤,强而弗抑⑥,开而弗达⑦。

【汉】戴圣《礼记·学记》

【注释】

①由:原因。
②兴:兴起、成功的意思。
③废:败坏,失败的意思。
④喻:晓谕。
⑤道而弗牵:注重引导,而不牵着走。道,通"导"。
⑥强而弗抑:重于勉励,而不要压抑。
⑦开而弗达:着重启发,而不要全由教师教给他。

【读解】

只有懂得了教育由什么原因成功,由什么原因失败,才可以做老师。教育应当晓谕的道理是注重引导,而不是牵着走;注重勉励,而不压抑学生;注重启发,而不全由教师给予。

教育之道,贵在启发,而不是注入。《礼记·学记》中的三句话:"道而弗牵,强而勿抑,开而弗达"是启发式的具体化。即注重引导,但不是牵着走;注重勉励,而不要压抑;着重于启发,而不要全由教师给予。这里用辩证的观点,从正反两方面作阐述,表述特别清晰到位。

132

是故学然后知不足,教然后知困①。知不足然后能自反②也,知困然后能自强也。故曰:教学相长③也。

【汉】戴圣《礼记·学记》

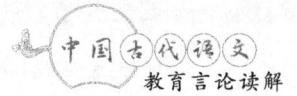

【注释】

①困:困惑,难处。
②自反:这里指再去学习、研究。
③长:增长,促进。

【读解】

《学记》的这段话,集中阐明了"教"与"学"的关系。原文先以两个比喻切入:不吃过佳肴,就不会知道它的味美,没学过至善的道理,也不会明白它好在哪里,由此推出:只有学习之后才会知道自己的知识不足;教过人,然后才会知道自己的知识困惑。知道不足,然后才能反省自己;知道困惑,然后才能加强自己。所以说,教和学是互相促进的。

《学记》提出的"教学相长"的命题,不仅深化了古代的教学思想,而且对当代的教学改革也有着相当的借鉴意义,由于传统的教学观是在"师道尊严"的思维构架中形成的,因此"重教轻学"的倾向一直严重存在,很难一下子消除。"教学相长"点亮了教与学之间的辩证统一关系,也为"教学民主"、"师生平等"等现代教学观的开拓,充实了正能量。

133

玉不琢,不长器①;人不学,不知道②。是故,古之王者③,建国君民,教学为先④。

【汉】戴圣《礼记·学记》

【注释】

①玉不琢,不成器:玉石不经过雕琢,就不能成为宝器。
②人不学,不知道:人不学习,就不懂得道理。
③古之王(wàng)者:古代做王的人。
④建国君民,教学为先:治理国家,统治百姓,都把教学放在首位。君:作动词用。

【读解】

玉不经过雕琢就不能成为玉器,人不经过学习就不会明白道理。因此,古代的王者建立邦国,君临百姓,以立教立学为先务。

教学的过程是一个细雕慢琢的过程,也是学习者在学习中由不明事理到终明事理的过程。这样的过程显然是不能急于求成的,也不能草率行事,而需要逐步的启发引导。教育的要义在于"育人"、"立人",人是最可宝贵的。所以治理国家使之强大,关键在于人的素质,这就必须要把教学放在首位。不只是它的重要,还在于它的不易。

134

善歌者,使人继其声①;善教者,使人继其志②。其言也,约而达③,微而臧④,罕譬而喻⑤,可谓继志矣。

【汉】戴圣《礼记·学记》

【注释】

①继其声:跟他唱好之意。
②继其志:跟他学好。
③约而达:简略而明白。
④微而臧:含蓄而深邃。
⑤罕譬而喻:少用比喻,但易于理解。

【读解】

会唱歌的人,能叫人跟他唱好;会教育的人,能叫人跟他学好。他的语言必然是简略而使人明白,含蓄而让人受益,少用比喻而使人易于理解。这才能使学生继承师志。

这里所说的教育之效,是如何得到的,关键在于"怎么教"。教师的教学语言,是教学活动的媒介和载体,必须达到简略而使人明白,含蓄而让人受益,少用比喻而使人易于理解。这是一种很高的标准。由此我们也可以将之理解为启发教学对教师语言的具体要求。

135

无留善①,无宿问②。善学者尽其理③,善行者究其难④。

【战国】荀况《荀子·大略》

【注释】

①无留善:意思是见到好事就要立即去做。
②无宿问:意思是有了疑问就要随时问,不等过夜。
③尽其理:把事物的道理了解得十分透彻。
④究其难:探究清楚其中的疑难。

【读解】

荀子不仅是战国末期唯物主义思想家,而且是中国历史上著名的教育家。这一

段摘自《荀子·大略》,说的是教育:不要把见到的善事留着不做,不要把该问的疑虑过夜不问。善于学习的人应当把事物的道理了解透彻;善于践行的人更要把难以明了的事理探究清楚。以此对照《劝学》中所言:"故不积跬步,无以至千里;不积小流,无以成江海。骐骥一跃,不能十步;驽马十驾,功在不舍。"也许都得从"无留善","无宿问","尽其理","究其难"做起。

136

不能①则学,不知则问。虽知必让②,然后为知③。

【汉】韩婴《韩诗外传》卷六

【注释】

①能:泛指才能、能力。
②让:谦让的意思。
③然后为知:这才是真正拥有了知识。

【读解】

《韩诗外传》,西汉韩婴撰,其书杂集古事古语,虽每条皆征引《诗经》中的句子,但只引来与古事相印证。

什么才是正确的学习态度?要在"学"与"问"中去求得知识,获得启示,这样,才能化不能为能,变不知为知。所以,韩婴认为缺少才能就得去学,不明白的就得去问,虽然已经有了某些知识,但必须同样保持谦虚的态度,只有这样,才算是真正拥有了知识。

137

以今论之,故夫可知之事,思虑所能见①也;不可知之事,不学不问不能知也。不学自知,不问自晓②,自古行事,未之有也。

【汉】王充《论衡·实知》

【注释】

①见:这里是明察、了解的意思。
②晓:明白。

【读解】

王充的这段话,强调了思、学、问的重要性。可以知晓的事,要通过思考才能彻底明白;不知道的事,如果不学、不问,是永远闹不明白的。所以自古以来是没有不学可以自知,不问可以自晓的。

李政道博士说过:学问学问是要学会问,而不是只学会答。这就把"学"与"问"的逻辑联系点明了,而"思"则贯穿于"学"与"问"的全过程之中。对此,苏霍姆林斯基说得好:"有经验的教师总是牢记着亚里士多德的那句名言:'思维是从疑问和惊奇开始的'。"

138

《书》①曰:"好问则裕。"《礼》②云:"独学而无友,则孤陋而寡闻。"盖须切磋相起明也③。见有闭门读书,师心自是④,稠人广坐⑤,谬误差失者多矣。

【南北朝】颜之推《颜氏家训》

【注释】

①《书》:指《尚书》。
②《礼》:指《礼记》。
③相起明也:互相启发引导而明白。
④师心自是:意为自命清高。
⑤稠人广坐:大庭广众之意。

【读解】

颜之推主张不论读书还是写文章,都要好问求教,多与良师益友切磋交流。同样的意思,他在《家训》的《文章》篇里说得更具体,认为"学为文章,先谋亲友,得其评裁,知可施行,然后出手,慎勿师心自任,取笑旁人"。写好文章之后,不要忙于出手(定稿),可以先广泛征求意见,不怕被人指出毛病,这样才会有所长进。以此反观当代的语文教学,不能只停留在教师与学生个体之间的授受关系,更应关注的是学习者主动的切磋交流,能积极地与教师、与同学、与亲友的合作活动,虚心求教,切磋省察,方能真正提高学习效率。因此,唯此才能"相起明也",也就是能从多方面获得启发。

139

击石乃有火,不击元①无烟。人学始知道②,不学非自然③。万事须己运,他得非我贤。青春须早为,岂能长④少年。

【唐】孟郊《劝学》

【注释】

①元:本来。
②道:道理。

③不学非自然:不学是不能自己了解道理的。

④长:永远。

【读解】

孟郊(751—814),字东野,湖州武康(今属浙江)人。四十六岁进士及等,曾任溧阳尉、协律郎等职。六十四岁时赴山南西道任官。他穷困潦倒一生,终因不苟同流俗而未能一展愁眉,而被人称为"寒酸孟夫子"。他写诗以苦心孤诣,多发愁苦之音,被苏轼誉为"诗从肺腑出,出则愁肺腑"。

这首诗以设喻入手:"击石有火,不击无烟"说明学习之重要,从而勉励青少年应抓紧大好时光,努力上进。最后两句"青春须早为,岂能长少年",寓意深刻,道出了青春大好年华必须努力上进,有所作为,因为人生不可能永远是少年时期。全诗充满了对人生价值的启示和真情的劝勉。

140

为学之道,莫先于穷理①;穷理之要,必在于读书;读书之法,莫贵于循序而致②精;而致精之本③,则又在于居敬④而持志⑤。

【宋】朱熹《性理精义》

【注释】

①穷理:深入探究道理。

②致:达到。

③本:根本。

④居敬:端居恭谨。

⑤持志:坚持志向。

【读解】

朱熹在教学方法上积累了不少经验,也确有不少可取的地方,尤其是关于"循序渐进"和"熟读精思"方面,更受人称道。这段言论也体现了这方面的精神。他先从大处入手,从"为学之道"说起,先必须"穷理","穷理"则必须读书,而读书之法"莫贵于循序而致精"。那么,如何才能"致精"呢?要达到这样的高度,则在于树立端居恭谨的态度和坚持求道的志向。如此步步推进,以强大的逻辑力量发人深思。

141

横渠①云:濯②去旧见,以来新意。此说甚当③。若不濯去旧见,何处得新意来。今学者有二种病,一是主私意,一是旧有先入之说,虽欲摆脱,亦被他自来相寻。

【宋】朱熹(见《学规类编》)

【注释】

①横渠:北宋理学家张载,字子厚,世称"横渠先生"。
②濯:洗涤。
③当:确切。

【读解】

朱熹引用北宋理学家张载的话,要摒弃陈旧的见识,才能产生出新意来。认为这一说法实在很确切。因为如果不摒弃旧见,新意往往很难产生。接着,朱熹又分析了如今学者之所以会少有新意,主要患了两种毛病:一种是固执个人的见解,另一种是受旧有先入之见的影响。虽然很多人都想摆脱这两种毛病,但是很难,好像这毛病会自来相寻,总想缠着你不放。

"固执己见"和"先入为主",是阻碍"新意"生成的两大原因。在启发教育中"启而不发"不是没有"启"的条件和环境,往往是少了"发"的后续推动,原因就在于"固执己见"和"先入为主",抗拒了"启"的作用。而且这"固执己见"、"先入为主"还相当顽固,总给人一种"他自来相寻"的感觉。

142

学贵心悟①,守旧②无功。

【宋】张载《经学理窟》

【注释】

①悟:领会。
②守旧:拘泥于过时的看法或做法而不愿改变。

【读解】

张载的这句话:学习贵在自己心领神会,拘泥于前人的说法是没有功效的。虽只有八个字,但堪称学习者的座右铭。我国传统的主流文化观念是崇尚经验,反对创新,崇尚权威,反对超越。这种惰性的影响曾使我国长期处于"无发展的历史循环"。在这样的背景下,张载能主动自悟,反对守旧,实在非常难得。

143

学道当如穿井①,井愈深,土愈难出,非坚其心,正其行,岂得见泉源②也?

【宋】张君房《云笈七签》

【注释】

①穿井:打井。

②泉源:水源之谓。

【读解】

把为学之道比喻为打井,可谓深入浅出,别具一格。一是井愈深,功愈大,非持之以恒不可;二是井愈深,土愈难出,学习的成效愈不易见;三是井愈深,愈觉"正其行"之重要,否则路头不对,偏移"水源",又如何"出水";四是井愈深,心要愈坚,所遇困难多了,就很难再坚持下去。而学习是必须坚持不懈的。

"古之立大事者,不惟有超世之才,亦必有坚忍不拔之志。"这是苏轼在《晁错论》中的一句话。学如穿井,需要的正是坚忍不拔之志。

144

近来始觉古人书,信著①全无是处②。

【宋】辛弃疾《西江月·遣兴》

【注释】

①著:同"着"。

②全无是处:没有一处是对的。

【读解】

辛弃疾的全首词是:"醉里且贪欢笑,要愁那得功夫。近来始觉古人书,信著全无是处。昨夜松边醉倒,问松:'我醉何如?只疑松动要来扶,以手推松曰'去'!"词中的这一句原是针对当时政治上是非不明和古人的至理名言被抛弃的情况,发出的激愤之辞。"信著全无是处",表现的正是诗人对是非不明、全盘否定圣贤之言的不满而反意相讥。而现在多借以说明不要盲目迷信"古人书",应当从"古人书"中受到启发,懂得怎样吸取其精华,剔除其糟粕,做到"古为今用"。

145

与人论学,亦须随人分限所及①。如树有萌芽,只把这些水去灌溉,萌芽再长②,便又加水。自拱把③以至合抱④,灌溉之功,皆是随其分限所及。若些小⑤萌芽,有一桶水在,尽要倾上⑥,便浸坏他了。

【明】王守仁《王文成公全书》卷三《答黄以方问》

【注释】

①"与人论学"两句:同别人讨论学问,也须根据这人的智力、资质所能接受的

程度。分限:智力、资质的程度。

②再长:长得大一些。

③拱把:两手展指相合。

④合抱:两手伸臂相合。

⑤些小:一点儿小的。些:一点儿。

⑥尽要倾上:全都要浇上。倾:倾倒,这里是把水全浇上的意思。

【读解】

王守仁的教育思想,在当时是有一定进步意义的。如他的"知行合一"说,实质上是对朱熹"知先行后"说的批判。这段话说的是与别人讨论学问,也须根据这人的智力、资质所能接受的程度。他以给树浇水为比喻,如小树萌芽,是须浇少许水,萌芽再长,便适度加点水,小树盈把到合抱,全成大树,浇水量也逐渐增加。如果在刚萌芽时,便把一桶水全浇上,就会淹死。这一通俗的比方,说明教育也好,讨论也好,都要从实际出发。应当说,这也是从一个侧面说明了知行合一的重要,对问题的认识来源于实际,更不可脱离了实际。

146

人心本自乐,自将私欲①缚。私欲一萌时,良知②还自觉。一觉便消除,人心依旧乐。乐是乐时学,学是学时乐。不乐是不学,不学不是乐。乐便然后学,学便然后乐。乐是学,学是乐。呜呼,天下之乐,何如此学?天下之学,何如此乐?

【明】王良《乐学歌》

【注释】

①私欲:个人的欲念。

②良知:对是非的内心的正确认识。

【读解】

人们习惯于把"学"和"苦"相联系,所谓"悬梁刺股"、"口舌成疮",令人望而生畏。其实,真正懂得学习的人,学习是一件十分快乐的事情。即使学习确实需要"刻苦",但也绝不会是"痛苦"。"刻苦"与"痛苦"是完全不同的两个概念:"刻苦"指的是态度,而"痛苦"则是一种感受。"刻苦"的态度不仅不会是"痛苦"的,而且会有"苦"中之"乐",让人奋发不已。

因此,这里提出"快乐学习"和"学习快乐"的见识是令人赞赏的。因为只有快乐地学习,学习效率才会成倍地提高;学习的成效高,收获良多,自然才能给人以恒久

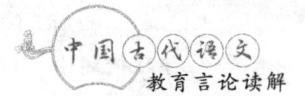

的、深层的愉悦。这样,"学"与"乐"就进入了一种互促互补的良性循环状态。如果把学习当成"苦差使",愁眉苦脸、心情沉重地学习,或心不在焉、马虎了事地图个形式,不仅成效不大,而且会越学越痛苦,越苦越厌学,这就带来了恶性循环。

怎样才能乐学,歌词中已告诉我们,即要不让私欲萌芽,就是要排除追求许多功利的私心杂念,静得下心来才能真正学进去。

全首歌在"学"与"乐"的韵味中反复辩证地说理,带有一种绕口令的游戏性,更容易引起人们反复诵读它的兴味。

147

才以①用而日生,思以引②而不竭③。

【清】王夫之《周易外传》卷四

【注释】

①以:因。

②引:引发。

③竭:枯竭。

【读解】

人的才能从哪里来?从实践运用中生成。睿智的思维从哪里来?在积极主动的思索过程中方能不竭地涌现,教师(包括一切外部条件)只能是一种引导,而不是代替。才能的养成、思维的开发都要靠学习者自身的努力。这从另一侧面说明了教育只能是启发。

由此联想到我们的教育一直存在"给予"太多的问题。其实,这是一种变相的思维垄断,不鼓励学生独立思考,拒绝探索与辨伪,思想便成了空洞的说教。现成的给予会无法触及学生的心灵,更不能催发个性的感悟、创意的萌芽和阳光的成长。

(七)笃 行

148

文①,莫②吾犹人③也。躬行君子④,则吾未之有得⑤。

【春秋】《论语·述而》

【注释】

①文:这里指礼乐制度,文化知识。
②莫:大概。
③吾犹人:我同别人差不多。
④躬行君子:做一个身体力行的君子。
⑤则吾未之有得:那么,我还没有什么成就。未之有得,即"未有得之"。否定句中代词作宾语,宾语可以前置。

【读解】

孔子是圣人,但是他认为要说做一个身体力行的君子,那"我"还没有做到(则吾未之有得)。这不只是谦虚,更在于要做到身体力行是相当不易的。因此,在中国古代,许多教育家都重视读书践行。孔子强调要做"躬行君子";墨子认为"士虽有学,而行为本焉";朱熹提倡儿童应该从小练习"洒扫、应对、进退之节",实践"亲爱、敬长、隆师、尊友之道",强调指出:"若不用躬行,只是说得便了,则七十子之从孔子,只用两日说便尽,何用许多年随着孔子不去。"

149

始①吾于人也②,听其言而信其行③;今吾于人也,听其言而观其行④。

【春秋】《论语·公冶长》

【注释】

①始:以前,与下文的"今"对举。
②吾于人也:我对于别人。于:对于。也:语气助词,用在句中舒缓语气。

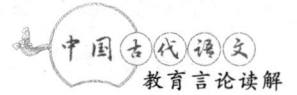

③听其言而信其行:听他的话就相信他的行为。
④听其言而观其行:听他的话还要观察他的行为。

【读解】

《论语·公冶长》这一段言论,意思是:以前,我对于别人,是听他的话就相信他的行为;现在,我对于别人,是听他的话还要再看看他的行为。为什么以前可以"信其行",而现在不信了,非"观其行"不可?这主要应当是能切实躬行的人少了。于此,是否可以从另一角度让我们体悟到说说容易,做做不易。正如《尚书》中所说的"知之非艰,行之维艰"啊!"躬行"之重要,可见一斑。

150

战虽有陈①,而勇为本焉;丧虽有礼②,而哀为本焉;士虽有学③,而行为本焉。

【秦】《墨子·修身》

【注释】

①陈:古同"阵",阵势。
②礼:指礼仪。
③学:这里指学识、学问。

【读解】

"本"的原意是指草木的茎干或根,所以在字形上从"木","木"字下部的一小横,即指"本"之所在,就是靠近根部或根部之所在。由此,引申为事物的根源或根基。如"溯本穷源","君子务本,本立而道生"(《论语·学而》),就是这个意思。墨翟在这里以一组排比印证了学向之"本"在于践行的道理,就如同战斗时虽有阵势,但根本还在于将士是否勇猛;举丧虽有一定的礼仪,但根本点还在于悲哀。

"践行"对于"学识"之重要,居此可见。行为学之本!斯言善兮。

151

君子博学而日参省乎己①,则知明②而行无过③矣。

【战国】荀况《荀子·劝学》

【注释】

①日参省(cān xǐng)乎己:天天对自己反省检查。参:检查。乎:同"于"。
②知明:智慧明达。知:同"智"。

③行无过：行为就不会有过失。

【读解】

《劝学》篇比较系统地阐述了荀子的教育思想。这一段言论强调了人不仅应该博学，而且还需能够天天对自己作反省检查，这样才能做到智慧明达，行为也就不会有过失了。这里的"日参省乎己"（每日对自己作反省检查）也是主张读书应以践行为重的观念。所谓"反省"也就是检查自己做得怎么样，是关乎在自身行为上具体落实的问题，也就是能把书中之理付诸实践，亲力亲为。

152

不闻不若①闻之，闻之不若见之，见之不若知之，知之不若行②之。学至于行之而止矣③。行之，明也，明之为圣人④。

【战国】荀况《荀子·儒效》

【注释】

①若：如。不若：不如的意思。
②行：实行，即实践的意思。
③"学至于行"句：学习到能够实行的地步，才算到家了。
④"行之，明也"句：能够实行了，才是真正的明白，能真正明白，就是圣人了。

【读解】

没有听到不如听到，听到了不如见到，见到了不如能够认识，认识了不如能够实行。学习达到了能够实行的地步，就算到家了。因为能够实行，才是真正的明白；能真正明白，就是圣人了。这里，作者以闻、见、知、行四种行动，说明了人对客观事物的认识是由感性到理性逐渐深入的。而认识最后还得再回到实践中去实行，从而强调了具体实践的重要性。古人能以朴素的语言道出认识实践的关系，揭示教育的要义所在，令人感佩。

153

夫所以读书学问，本欲开心明目①，利于行②耳。

【南北朝】颜之推《颜氏家训·勉学》

【注释】

①开心明目：指博闻强识，明达事理。
②利于行：指有利于自己的行为举止。

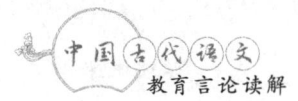

【读解】

　　颜之推认为学习的目的在于"开心明目,利于行",学习是为了自己的德行完善和能实行儒道以利于世,而不是为了清谈、做官,获取进身之阶,主张君子处世,必须涉及时务,有益于物。

　　《颜氏家训》虽侧重于封建家庭的道德品质教育,但对今天的语文教育也不无借鉴作用。在这段言论中,他所主张的学用结合,不能学归学,用归用,同样适合语文教学的基本要求。因为语文教学活动不是只在课堂上谈论关于语文的话题,而是切实提高学生在生活实际中提高精神境界和使用语文的能力。只会空口说白话而不知道如何去脚踏实地地做,其结果既不能开心明目,也不会有利于行,显然是不足取的。

154

　　世人读书者①,但能言之,不能行之。忠孝无闻②,仁义不足。加以断一条讼③,不必得其理;宰千户县④,不必理其民;问其造屋,不必知楣⑤横而木梲⑥竖也;问其为田⑦,不必知稷⑧早而黍⑨迟也。吟啸谈谑⑩,讽咏辞赋,事既优闲,材增迂诞⑪,军国经纶,略无施用,故为武人俗吏所共嗤诋⑫,良由是乎⑬!

【南北朝】颜之推《颜氏家训·勉学》

【注释】

　　①世人读书者:世上读书的人。"读书者"的后置定语。

　　②忠孝无闻:听不到别人赞扬他们忠孝。

　　③断一条讼:裁决一件诉讼案。

　　④宰千户县:掌管千户的小县。

　　⑤楣:门框上的横木。

　　⑥梲(zhuō):梁上的短柱。

　　⑦为田:种田。

　　⑧稷(jì):我国古代的一种粮食作物。

　　⑨黍:黍子。一种粮食作物。

　　⑩吟啸谈谑:歌咏呼啸,谈论嬉笑。谑:戏谑。

　　⑪迂诞:迂阔荒诞,不切实际。

　　⑫嗤诋:嗤笑、诋毁。

　　⑬良由是乎:确实是由于这个缘故啊! 良:确实。是:这。

一、学理概述

【读解】

颜之推的《颜氏家训》，记录了他生平的学问与见解，评论时政、文教、风俗之得失，是他对自己一身有关立身、处世、为学经验的总结，目的在于为子孙后代提供立身处世之方，被后人誉为家教规范，影响很大。《勉学》主要阐述治学的目的、态度和方法。

这段言论的中心是批评世上一些读书人，只能说说书中的理，却不能实践力行。这种学习态度，危害很大；不仅听不到别人赞其忠孝，而且看不到他们仁义的言行。裁决一件诉讼案，无须有其理由；掌管一个千户的小县，也不必去为民理事；问他造屋的事，不用知道门楣是横的而门是竖的；问他种田的事，不用知道稷早而种黍迟。谈论嬉笑，诵咏辞赋，可以悠闲无碍、不切实际，整军治国，更是一点没有能力。所以，被人嗤笑诋毁，确实是由于"但能言之，不能行之"这个缘故啊！这段话从多方面描绘了"但能言之，不能行之"的一些读书人的形态，由此说明读书知理更在于要能践行。

155

为学①之实，固②在践履。苟徒③知而不行，诚与不学无异。然欲行而未明于理，则所践履者，又未知其果④何事也。

【宋】朱熹《答曹元可书》

【注释】

①为学：治学，做学问。
②固：本来。
③苟徒：苟：如果；徒：只，仅。
④果：究竟。

【读解】

朱熹认为知道事物所当然之理，这是不够的；还必须进一步做到躬行实践以完成笃行，才能达到讲学的目的。所以，他在《答曹元可书》中就提出：做学问最实在的工夫，本来就在实践中的笃行。如果只是了解而不知道行动，脚踏实地地去做，与不学就没有什么两样。但是想去实行，却不明白为什么要这样实行的理，那么即使实行了也不会明白究竟是怎么一回事。从这一语段中，我们更应当关注的是明理与践履必须统一，并更多地强调在当时最容易被人忽视的"践履"的重要意义。所以，他在《白鹿洞书院教条》中还强调过"知而不行，则前所穷之理，无所安顿，徒费讲学之功"。

156

读书之法,当循序而有常①,致一而不懈②,从容乎句读文义之间,而体验乎操存践履之实③,然后心静理明④,渐见意味。不然,则虽广求博取,日诵五车⑤,亦奚益于学哉⑥?

【宋】朱熹(见《学规类编》)

【注释】

①循序而有常:循序渐进,恒久不变。

②致一而不懈:专心致志,坚持不懈。

③体验乎操存践履之实:从内心感受和亲自实践中体验文章的精神。"操存践履",古代儒家用以养成良好品德的一种自我修养方法。操:指操守、节操。存:保持本性。

④心静理明:心和理事两个概念,心指人的意识,理指条理、准则。程朱派理学家讲的"理",实际上是指封建伦理纲常。

⑤日诵五车:每天念许多书。五车:就是五车书,言书之多。

⑥亦奚益于学哉:对治学也有什么益处呢?奚:何,什么,疑问代词。

【读解】

这段言论,集中表现了朱熹所创导的教学方法。首先是要"循序有常",即循序渐进而恒久不变;第二是专心致志,而且坚持不懈;第三要注重体验践履,因为所有的学习活动都需要生命主体在实践中去确立自身的意义世界,它只能由学习者去亲力亲为,去体验,别人是无法代替的。有了以上这些,学习者方能"心静理明,渐见意味",否则,虽然每天读了许多书,仿佛获得了广博的知识,对他的治学又会有什么益处呢?显然,这些学习方法是颇具说服力的,即使在今天,也不缺失借鉴意义。

157

读书穷理①当体之于身②,……读书不可只就纸上求理义③,须反来就自身上推究④。

【宋】朱熹(见《朱子语类》)

【注释】

①穷理:穷究事物的道理。

②体之于身:亲身体验。

③不可只就纸上求理义:不能单从书本上求理明义。就:从。

④推究:推求。即"体之于身"。

一、学理概述

【读解】

朱熹认为:读书时要深入研究事物的道理,就应该亲身去体验。读书不能只从纸面上去求理明义,更重要的在于回到自身上去推求,去践行。

朱熹的这段话是主张学习贵在亲身的体验践行。这是具有进步意义的。近年来,随着基础教育课程改革的深入,教学中的体验问题已引起人们广泛的关注,"体验"也因之被赋予很高的地位。所谓"体验",从教育的角度说,是在对事物的真切感受和深刻理解的基础上对事物产生情感并生成意义的活动。所以,体验是一种能生发与主体独特的"自我"密切相关的独特领悟或意义的情感反应。体验产生于"自我"的亲力亲为,也就是朱熹所说的"体之于身"、"就自身上推究"。

158

方其知之而行未及①之,则知尚浅;既亲历其域②,则知之益③明,非前日之意味。

【宋】朱熹《晦翁学案》

【注释】

①行未及:没有做到。
②既亲历其域:亲身实践之后。既:已经。历:经过。域:境地。
③益:更加。

【读解】

朱熹是一个躬行实践热心讲学的教育家。他在一生五十年从事教育工作的实践中,不仅积累了许多经验,而且在认识观上也更注重实践。这段言论就表达了认知是否到位,要从实践中检验的意识,这是十分难得的。他认为:以为自己已经明理了但行动没有做到,其实就是认识还很肤浅;如果你能去亲身实践,一定会感受到认识确实更加明晰,完全不是以往的那种意味了。之后的王守仁(明朝中期的思想家、教育家)也说过"知之真切笃实处即是行,行之明觉精察处即是知,知行功夫本不可离"。

159

知行①常相须②,如目无足不行③,足无目不见。论先后,知为先;论轻重,行④为重。

【宋】朱熹(见《朱子语类辑略》)

【注释】

①知行:这里指知识与实践。

②相须:互相需要。

③行:这里指行走。

④行:这里的"行"指实践,践行。

【读解】

"穷理"与"笃行"并重,是朱熹重要的教学主张之一。黄勉斋在评论朱熹时,就相当准确地指出他在于"穷理以致其知,反躬以践其实"。(黄勉斋撰《行状》语)所以,他指导学生学习的方法,也是从"穷理"(知)与"笃行"(行)入手。这一段语录讲的就是"知"与"行"是经常相互需要的,就像"目"与"足"一样,如果只有眼睛而没有脚,人就行走不了;如果只有足而没有目,就看不到前面的路。同时,他又指出"知"和"行"虽然都很重要,缺一不可,若论先后,应该是"知"为先,若论轻重,则应该以"行"为重。但这并不等于朱熹认为"知"与"行"是无法统一,有先后、轻重的。从总的来说,他还是认为"穷理"与"笃行"二者必须相结合而不可分离。这是前提。他在《晦翁学案》中说:"方其知之而行未及之,则知尚浅;既亲历其域,则知之益明,非前日之意味。"至于"知先行重"的说法,不能离开了当时的背景,在崇尚科举而不重实学的风气下,朱熹这样说也是可以理解的。虽然它已不符合今天注重"实践第一"的"行知观"了。

160

古人学问无遗力①,少壮工夫老始成②。纸上③得来终觉浅,绝知④此事要躬行⑤。

【宋】陆游《冬夜读书示子聿》(其三)

【注释】

①无遗力:全力以赴,不遗余力,没有任何保留。

②老始成:到老年方有大成。

③纸上:书本上。

④绝知:深知。

⑤躬行:亲身实践。

【读解】

这是陆游在冬夜读书时突然引发的深切体悟,并写成诗告诫他的儿子。意思是古人治学是全力投入,没有任何保留的,然而从少壮时期开始的功夫,还得到老年才能有大成。为什么呢?因为真正的学识,光读书是远远不够的,因为读书所得,终究浮泛,重要的是去身体力行,方能获得真知。从此,"纸上得来终觉浅,绝知此事要躬行",成为脍炙人口的座右铭而流传百代。

此诗作于宋宁宗庆元五年(1199)冬天,陆游七十五岁,在山阴(今绍兴)三山别业。诗人生前写了一百多首示儿诗,其中不少内容是关于学习、读书的。这一首是陆游积一生读书之经验,告诫后辈应当如何读书,关键在于要联系实践,闪耀着知与行之间的哲理思想。读来明快通达,而且亲切自然,在语言的平易表达中,足以发人深思。

161

观史如身在其中①,见事之利害,时之祸患②,必掩卷自思:使③我遇此等事,当作何处之④?

【宋】吕祖谦

【注释】

①观史如身在其中:读史书,应把自己放在历史中间。其:指历史。
②祸患:灾难。
③使:假使。
④当作何处之:应当怎么对待。当:应该。之:它,指上句中"事之利害"与"时之祸患"。

【读解】

明朝的林希元在《罗整庵先生困知记序》中说"自古圣贤之言学也,咸以躬行实践为先,识见言论次之",极言躬行实践之重要。然而也有一些事理,是无法去躬行实践的,怎么办?吕祖谦的这段话可以给我们以启示:比如读历史,虽然已事过境迁,但我们也可以把自己放在历史中间,掩卷自思:如果我遇上了这件事,应该怎么去对待?这应该也是另一种"躬行实践"吧。

162

儒生好奇古,出口谈唐虞①。倘生羲皇②前,所谈乃何如。古人既已死,古道③存遗书。一语不能践④,万卷徒空虚。我愿但⑤饮酒,不复知其余。君看醉乡人,乃在天地初。

【明】林鸿《饮酒》

【注释】

①唐虞:传说中的五帝之一,即虞舜。
②羲皇:即伏羲氏,传说中的上古三皇之一。
③古道:古人的道德行为。
④践:做到。
⑤但:只。

【读解】

林鸿《饮酒诗》主旨在于点明:死抠书本而不能践行,书读得再多也没有丝毫用处。全诗的意思是:崇尚儒学的读书人,总是偏好古代的人与事,一出口就会谈论虞舜。如果他们出生在伏羲氏这位上古三皇之前的话,不知道他们又会谈论些什么?其实,古人早已死去,他们的那些"道"与"义"只是存在遗留下来的书中。假若,人们不能践行其中的一句话,那么万卷宝籍都只是一片空虚。我们只顾饮酒,不知道其余还有什么。你看在醉乡中的那些人,就像生活在天地初开的那个时代。

诗题写的是"饮酒",但议论的却是读书贵在落实与行为。"一语不能践,万卷徒空虚"几成读书人的警语,世世代代发生着它的影响力。

163

因习而知①,因悟而知,因过②而知,因疑而知,皆人道③之知也。

【明】王廷相《雅述》

【注释】

①知:知识,道义认知。
②过:过失、错误。
③人道:人之道义。

【读解】

人的知识、道义从哪里来?王廷相归结为四个方面,言简意赅,颇能给人以启示。第一是"因习而知",这里的"习"应指"习行",不只是练习,也包括了更广泛的践行;第二是"因悟而知",这里的"悟"不只是感悟,也兼含了广泛的思维活动;第三是"因过而知",这里的"过"是过失、错误,每个人都是从不断犯错、不断纠错的过程中成长起来的,对知识或道义的掌握当然也不例外;第四是"因疑而知",不只是"学须有疑","小疑则小进,大疑则大进",生活、成长、发展,"疑"都是一种毋庸忽视的推进力。

164

学问从致知①得者较浅,从力行②得者较深,所谓躬行心得③也。

【明】陆世仪《思辨录辑要》卷一

【注释】

①致知:达到认知。

②力行:即身体力行,指亲历践行的意思。

③躬行心得:在躬身力行中所获得的思想收获。

【读解】

学问从何而来,陆世仪认为不外乎两个方面,一是从读书致知中获得,一是从躬行实践中获得。而在这段语录中,其重点则在强调从读书致知中获得的学问,往往会比较浅薄;而在亲历践行中获得的学问,则会比较深刻。从这样的两者相较中,陆世仪显然更注重的是力行。当然,这并不是说从读书致知中获得学问不重要,而是还需要与实践相联系,才会由肤浅走向深邃。

165

自古圣贤之言学①也,咸②以躬行实践为先,识见言论③次之。

【明】林希元《罗整庵先生困知记序》

【注释】

①圣贤之言学:圣贤们论述治学的道理。

②咸:都。

③识见言论:著书立说。

【读解】

林希元的这段言论,中心在于说明治学当以躬行实践为先,而著书立说是第二位的。他认为自古圣贤论述治学,都持这样的观点。由此联想到《中庸》开篇所言:"天命之谓性,率性之谓道,修道之谓教。"这里的"性"是"人性","率"是"引导",教育的最终目的是率性修道,即引导人性求真、向善和崇美。求真、向善、崇美无一不是躬行实践的过程,都需要在躬行实践中去达到。

166

读书做人,不是两件事,将①所读之书,句句体贴②到自己身上来,便是做人之法,如此方叫得能读书,人若不将③来身上理会,则读书自读书,做人自做人,只算做不曾读书的人。

【清】陆陇其《渔堂文集》卷六《示大儿定征》

【注释】

①将:把。

②体贴:亲身体验践行。

③将:拿。

【读解】

提出"读书做人不是两件事",表现了陆陇其重视践行的进步观念。具体的要求更明确,也更高:要把所读书中的话,句句去亲身体验践行,成为做人之法。只有这样才可以称之为"读书"。反过来看,如果读了书不从自己的身上去践行,读书管读书,做人管做人,其实他不过就是一个没有读书的人。

学习为的是"用",就是所谓"学以致用"。经过学习,认识提高了,情感升华了,知识丰富了,能力增强了,这都需要把读书与践行紧密结合起来,去身体力行地"用"。否则,学与不学又有什么区别?

167

知①之非艰,行②之惟艰。……且夫知也者,因以行为功③者也;行也者,不以知为功者也。行焉可以得知之效也,知焉,未可以得行之效也。

【清】王夫之《尚书引义》卷三

【注释】

①知:这是泛指知识。

②行:这里泛指实践行为。

③功:意为成效和表现成效的事情。

【读解】

求得知识并非难事,只有付诸行动才是难事。因为知识要以实践运用来表示其掌握的成效;而实践行为却不一定是掌握知识的成效表现。我们能够从行为上考察相关知识的学习效果,但从知识的掌握上却难以判断是否能付诸实践。王夫之的这段言论,把"知"与"行"的关系分析得相当透彻。

中国古代的许多思想家和理论家,都强调"知行统一",其中也有不少在"知行"关系上更关注"行"的重要。孔子说:"君子耻其言而过其行。"墨子说:"言必信,行必果,使言行之合,犹合符节也,无言而不行也。""士虽有学,而行为本焉。"

"认识源于实践","实践是检验真理的唯一标准",更是对知行观的时代发展。

168

及之而后知①,履之而后艰②,乌有不行而知之者乎③?……披五岳之图以为知山④,不如樵夫之一足⑤;谈沧溟之广以为知海⑥,不如估客之一瞥⑦;疏八珍之谱以为知味⑧,不如庖丁之一啜⑨。

【清】魏源《默觚》

【注释】

①及之而后知:触及了才能知道事理。

②履之而后艰:实行了才知道困难。

③乌有不行而知之者乎:哪有不做而能获得知识的呢?乌:疑问代词,哪。

④披五岳之图以为知山:看了五岳的图形,便认为自己对山很了解。五岳:我国五大名山的通称,就是嵩山、华山、恒山、衡山、泰山。

⑤不如樵夫之一足:实际上,他对山的了解还不及樵夫的走一次。

⑥谈沧溟之广以为知海:谈论了浩瀚的海洋,便认为自己对大海很了解。沧溟:大海。

⑦不如估客之一瞥:实际上,他对海的了解不及商人的看一眼。

⑧疏八珍之谱以为知味:注释了名贵菜肴的食谱,便认为自己知道菜的滋味(掌握了烹调方法)。疏:解释古书词句叫"疏"。八珍:指名贵的菜肴。

⑨不如庖丁之一啜:还不及庖丁亲口尝一尝。庖丁:厨师。一啜:尝一口。

【读解】

魏源在这里用了三个排比来说明实践的重要:看过五岳的图形,认为自己对山已经十分了解,其实比不上樵夫在山上走一次;能谈论浩瀚的海洋,以为自己对大海很了解,其实根本不及漂洋过海的商人看过海洋的那一眼;注释了名贵菜肴的食谱,便以为自己已经掌握了各种烹调技巧,其实又怎么比得上厨师的一尝?这就应了民间的一句俗话:百闻不如一见,百见不如一干。这世上没有不做而能获得真知的。

169

学而必习,习又必行①。

【清】颜元《习斋言行录》卷下

【注释】

①行:实行,实践。

【读解】

"习斋"是颜元的书斋,这个名称是由原先的"思古斋"改变而来。颜元为什么要

改书斋名,说来有个故事。原先的颜元与当时其他的读书人一样,十分信奉当时的理学。但在其三十四岁时,颜元的养祖母病故,于是他遵朱熹《家礼》服丧,节食少饮,几乎病饿致死。这使他对理学产生了怀疑,于是把书斋"思古斋"改为"习斋",确立了以"实用"、"实习"为宗旨的治学与教育思想。他认为所有的"学",都必须通过学习者的"习",而所有的"习"又必须落实于躬行。这也正是他注重"实用"、"实习"到"习行"的教学方法论。

(八)习　练

170

温故①而知新②,可以为师③矣。

【春秋】《论语·为政》

【注释】

①故:旧有的知识。
②知新:有新的发现和体会。
③可以为师:可以做老师了。

【读解】

孔子认为:在温习旧知识中能产生新的发现、新的见解,就可以当真正的教师了。以此强调的有两点:一是旧知识是需要经常复习的;二是复习不是原地踏步,而是在融会贯通之后能产生新的见解。

温习就是复习,为何古代习惯称温习,强调的是"温"的那种状态。"温"有不冷不热、柔和蕴藉的意思,这也正是复习的特点所在。复习就宜分散的、反复而又持久地进行。"温故"要能"知新",就要运思于习,以多种的形式推进,如新旧材料的比较,视觉、听觉等多种感官的结合,以及从简到繁、由表及里、由浅入深的系统探索,从反复琢磨中有新的见识。

171

子曰:"学而时习之,不亦说①乎? 有朋②自远方来,不亦乐乎? 人不知③而不愠④,不亦君子乎?"

【春秋】《论语·学而》

【注释】

①说:通"悦",高兴。
②朋:指志同道合的人。

③人不知：意为人家不了解我。
④愠：怨恨。

【读解】

为了新知识，在一定时候温习、练习；朋友自远方来访，相互切磋琢磨，都是极为愉快的事情。人家不了解我但我不怨恨人家，这才称得上君子了。这是孔子说过的一段完整的话，其"学而时习之，不亦说乎"，对于说明习练之重要，更有其深刻含意。

习练是学生的各种技能和能力形成的基本途径。习练的价值在于具有改进活动的意向，否则如有些不知重复了多少次的活动，对熟练也会毫无影响，更谈不上会有什么进步。所以学生必须了解：什么是他应该做的，什么是他应该达到的，为什么要做，为什么要达到，只有这样才能激发完成习练的内部动因，提高习练的自觉性。"学而时习之"的"习"，就应该是这样的"习"。

172

君子深造①之以道②，欲其自得③之也。自得之，则居之安④；居之安，则资之深⑤；资之深则取之左右逢其源⑥。故君子欲其自得之也。

【战国】《孟子·离娄下》

【注释】

①深造：造，即"诣"。"深造"：谓造诣很深，有进而不已之意。
②道：谓求学的方法。
③自得：自己求得。
④居之安：能安固而不摇动。
⑤资之深：赖以资助者深远。
⑥左右逢其源：意指如地下到处有泉，掘到深处，四面八方的水能源源不断而来。

【读解】

孟子认为君子深造（学习）贵在自己求得。因为自己求得的知识、学问，能十分安固而不摇动；因为其安固，赖以资助的积累会十分深远；因为积累之深远，就如掘到深处的地下泉水，会从四面八方源源而来。所以君子治学深造必须贵在自己求得。

孟子主张主动自得的教学思想，还是很进步的。所有的学习都是学习者自己的事，只能由学习者主动去获取，而不能依靠别人的给予。孟子把"自得"提升到君子深造之道的最高地位，而且把原因分析得相当透彻，对后世的影响力确实十分巨大。

173

知之不为难,守①之为难;守之不为难,行之为难;行之不为难,久②之为难。

【宋】石介《送龚鼎臣序》

【注释】

①守:信守。

②久:持之以恒。

【读解】

石介(1005—1045),北宋初学者,文学家。孙复的弟子。字守道,山东人。因曾隐居徂徕,世称徂徕先生。他和孙复、胡瑗提倡"以仁义礼乐为学",强调"民为天下国家之根本",并称"宋初三先生"。

石介的这一段话,道出了"知"、"守"、"行"、"恒"四者之间的关系:认知它不难,但要信守它就难了,但若要坚持到底,那就难上加难了。学习上的习练也是如此,知识要经过练习才能转化为能力,而能力要经过反复磨练,才能成为一种熟练的技巧,自然的行为。而且又能自觉地、持之以恒地去践履。学无止境,练无止境,技艺方能精益求精。

174

齐都①世刺绣,恒女②无不能;襄③邑俗织绵,钝妇无不巧。日见之,日为之,手狎④也。使材士未尝见,巧女未尝为,异事诡手⑤,暂为⑥卒睹,显露易为者,犹愦愦焉。

【汉】王充《论衡·程材》

【注释】

①齐都:指战国时齐都城临淄(zī),在今山东省临淄县。

②恒女:平凡的妇女。

③襄:在今湖北省襄樊市。

④狎(xiá):亲近,这里意为常做。

⑤诡手:奇异的手艺。

⑥暂为:稍微做一下。

【读解】

王充以"刺绣"和"织锦"来印证多练成巧的道理,很有说服力。一是齐国的都城临淄,那里的刺绣是世传的,即使是平凡的妇女也没有一个不是能手;二是襄地民

间的织锦,连笨拙的妇女也有一双织锦的巧手。原因是什么呢?经常见到,每日都在做,手自然就熟了。如果是不常见到刺绣或织锦的才士,或是从未尝试过刺绣或织锦的巧女,必定会把它看成是一种奇异的手艺,即使只是稍微做了一下,也不忍目睹。王充在此说明耳濡目染,经常实践习行,均可达到熟练巧妙、出神入化的地步。俗话说:熟能生巧,巧能生花。生活技艺的操作是如此,读写演练又何尝不是如此?

175

某①此间讲说时少,践履时多,事事都用你自去理会,自去体察②,自去涵养③。书用你自去读,道理用你自去究索④,某只是做得个引路底人⑤,做得个证明⑥底人,有疑难处,同商量而已。

【宋】朱熹(见《朱子语类辑略》)

【注释】

①某:朱熹自称。

②体察:体验,默察。

③涵养:指身心的修养。

④究索:探究、思索。

⑤引路底人:带路的人。底:的。

⑥证明:用可靠的依据来判别是非真伪。这里指判明知识、学问方面的问题。

【读解】

朱熹关于教学方面的主张,总体上是根据《中庸》所言"博学之,审问之,慎思之,明辨之,笃行之"五个为学步骤而来。这段言论则重在强调"笃行",就是由学习者去反复习练、躬行实践。所以他认为自己的教学是教师讲说时少,学生"践履时多",事事都要学生自己去体验、默察,自己去修养身心。书要让学生自己去读,道理要让学生自己去究索,教师只做带路的人,帮助学生判明学问、知识方面的问题,在学生学习有疑难的地方,来共同商讨。

看来,教师的责任不在全盘授予,而在相机引导,这在数百年前朱熹的言论中已有如此明确的阐述。然而对照当下,教师讲得太多,依然是有待克服的历史弊端。从总体上看,教师讲说太多,学生践履便少,主体地位难以落实,学生学习的自主性、积极性又如何调动?

176

书当快意①读易尽②,客有可人③期④不来。

【宋】陈师道《绝句》其四

【注释】

①快意:惬意。

②读易尽:很容易读完。

③可人:可意。

④期:期望。

【读解】

陈师道的全首《绝句》是:"书当快意读易尽,客有可人期不来。世事相违每如此,好怀百岁几回开?"这首诗写的是生活中的感受。从语文教学的角度读前两句:好书读到兴味方浓时,不知不觉就读完了,好朋友盼到望眼欲穿时,他硬是消息全无。这自然别有一番启示。特别是"书当快意读易尽"一句,更是说出了读书读出了滋味,才会有浓厚的兴趣,这时候你简直就会废寝忘食,绝对不会有疲劳和厌倦的道理。在不知不觉中,你读兴正浓的时候,书却已经读完了。这说明,读书的刻苦是一种态度,而快乐则是一种情绪体验。刻苦的态度同样可以获得快乐的体验,而不一定必然是痛苦的体验。提倡快乐读书、快乐教学,并不是对刻苦学习的否定。

177

旧书①不厌②百回读,熟读深思子③自知。

【宋】苏轼《送安敦秀才失解西归》

【注释】

①旧书:指已读过的好书。

②厌:厌烦。

③子:对读者的尊称。

【读解】

本诗原作为"旧书不烦百回读,熟读深思子自知。他年名宦恐不免,今日栖迟那可追。我昔家居断还往,著书不复窥园葵。揭来东游慕人爵,弃去旧学从儿嬉。狂谋谬算百不遂,惟有霜鬓来如期。故山松柏皆手种,行且拱矣归何时?万事早知皆有命,十年浪走宁非痴!与君未可较得失,临别惟有长嗟咨!"这其中的"旧书不厌百回读,熟读深思子自知"两句,道出的是只有多读才能加深理解,这是苏轼的读书经验。中国是一个典籍大国,对于读书方法有很多的讲究。如汉代桓谭"躬自抄乃当十

遍读",提倡的是以抄代读的"抄读法";清人王筠读《史记》中汉史部分,与《汉书》对照着读的经验,是"对读法";宋人欧阳修为减轻读书疲劳而"坐则读经史,卧则读小说,上厕则阅小词",是一种"轮读法";而陶渊明的"好读书,不求甚解"则可以理解为是"泛读法"。当然,比起各种读书方法来,"旧书不厌百回读,熟读深思子自知"是"熟读法",是更基本的方法,所谓"读书百遍,其义自见"的说法,正道出了多读多思这一读书的真谛。这一读书的传统经验,与汉字、汉文的本体特点,有着深刻的内在联系,因而即使在今天,也极具传承价值。

178

知之不为难,守①之为难;守之不为难,行之为难,行之不为难,久②之为难。

【宋】石介《送龚鼎臣序》

【注释】

①守:信守,在学习上即是巩固记忆。
②久:持之以恒的意思。

【读解】

石介(1005—1045),是北宋初学者、文学家。孙复的弟子。字守道。兖州奉符(今山东泰安东南)人。因曾隐居徂徕,世称徂徕先生。天圣进士,曾往国子监直讲,官至太子中允。他主张文章必须为儒家的道统服务,曾作《怪说》等文,抨击宋初浮华的文风。这段言论,说的是为人治学之道,要认知学得并不难,但要坚守记忆就难;要坚守记忆还不算难,要付诸躬身践行更难;要躬身践行还不是最难,而能持之以恒、终生不息就更加难了。他以"知之——守之——行之——久之"勾勒了一个为人治学的阶梯,对持久地习练,并达到"习以性成"的至境,是很具启发意义的。

179

大学①不得令日日作诗作对②,虚费日力③。今世俗之教,十五岁前不能读记"九经"正文④,皆是此弊。但令⑤习字演文⑥之日,将已说《小学》⑦书作口义,以学演文,每句先逐字训⑧之,然后通解⑨一句之意,又通解一章之意,相接续作去。明理,演文,一举两得。

【元】程端礼《读书分年日程》卷一

【注释】

①大学:这里指十五岁以后的学生。

②作对:对对子。

③虚费日力:白白地耗费时间和精力。

④"九经"正文:儒家的经典共九种,名目相传不一。据《宋刻九经白文》(不附加评点注解的文字称白文)为:《易》、《书》、《诗》、《左传》、《礼记》、《仪礼》、《周礼》、《论语》、《孟子》。正文:不包括注疏的原文。

⑤但令:只须使。

⑥演文:练习写文章。

⑦《小学》:朱熹的关于文字训诂的一本著作。

⑧训:训诂。解释字义。

⑨通解:连起来解释。

【读解】

这段话程端礼说的一方面是学习内容的合理分配:认为大学不再需要每天都作诗作对,这样会虚费了时间和力气。如今的世俗之教,认为在十五岁前不必读记九经正文。只须在习字和练写文章的同时,将《小学》一书作口头讲解,每句可以先逐字解释字义,然后再连起来解释一章的意思。这样相接地让学生做下去,明白道理与通解文章,便可以一举两得。另一方面,这段话也渗透了教学的方法,即相当注重学生的习练,作"习字演文"的具体操作。

180

……而垂意①于"习"之一字,使为学为教,用力于讲读者一二,加功于习行②者八九,则生民③幸甚④,吾道⑤幸甚!

【清】颜元《习斋四存编·总论诸儒讲学》

【注释】

①垂意:意义的落脚处。

②习行:练习践行。

③生民:这里指老百姓,民众。

④幸甚:很有幸。

⑤吾道:我信奉的道义。

【读解】

从信奉宋明理学转变为对它的怀疑之后,颜元逐步形成了"习行"教学法,即主

张教学过程必须联系实际。颜元的"习行"教学法,内涵丰富,而这段言论只侧重于一个方面,就是在教学活动中,不要太用力于师生的讲读,而要把更多的时间花在学生练习践行上。如果能做到这样,那老百姓就太幸运了,我主张的道义也太幸运了。

"习行"之要,在语文教学中也是如此。语文教学的本质在于让学生在与语文的亲密接触中去学会运用语文,而不在于教师滔滔不绝地对语文的讲说。正如皮特·科德所认为:在语文课中"我们应当做的是教人们学会用一种语言,而不是教给他们关于语言的知识。……我们要培养的是使用语言的人,而不是语言学家,是能'用这种语言讲话'的人,而不是谈论这种语言的人"。以此对照颜元的意思,我们是否可以说,语文教学就是教师引导学生去"习行"语文?

181

即《诗》①《书》②"六艺"③亦非徒列坐讲听,要惟一讲即教习,习至难处来问,方再与讲。

【清】颜元《习斋四存编》

【注释】

①《诗》:指《诗经》。

②《书》:指《尚书》。

③"六艺":先秦指礼、乐、射、御、书、数六种学习科目。汉以后多指儒家的六经:《诗》、《书》、《礼》、《乐》、《易》、《春秋》。

【读解】

颜元在这里强调我们应当是为了指导习行而讲说,所以经过初步讲说后应立刻习行,习行遇到困难时,再讲说清楚,又回去习行。从这里我们可以意会到朴素的认识论思想,即从讲论去指导习行,在习行中再作讲说。这与从理论到实践,再由实践上升到理论的唯物辩证的认识论,颇有相通之处。

182

讲①之功有限,习②之功无已③。

【清】颜元《颜李遗书》

【注释】

①讲:讲解。

②习:这里指习练。

③无已:没有止境。

【读解】

颜元(1635—1704),字易直,又字浑然,号习斋,博野(今属河北)人,是清代的思想家、教育家。他主张学习贵在实用,所以必须通过习行才能达到。所以,不能只靠听取别人的讲解、传授,因为讲的功效是有限的,而习行实践的功效是无止境的。学习,归根结底是要靠学习者自己的习练践行,才能内化为真正属于自己的知识和能力。

183

书房习数①,入市便差②,则学而必习,习又必行,固③也。今乃谓全不学习经世④之事,但⑤明得吾体,自然会经世,是人人皆不勉而中矣。

【清】颜元《习斋言行录》

【注释】

①数:计数。

②差:差错。

③固:牢固掌握之意。

④经世:经营世事。

⑤但:只。

【读解】

颜元强调的是求学之法以时习为重,时习又以实行为重。学、习与行这三者应当结合起来。在书房中学习了计算,到市场上还会发生差错。这就说明"学了"还要"习","习了"还要去做("行"),方能牢固掌握。如今只学习书本知识而不到实践中去经营世事,以为只要明白了,就自然会经世,这是人人无须努力都能做的。这是颜元在教育方法上主张习行实践。

颜元是一个农民出身的进步的教育家,又是一个刻苦耐劳提倡实习、劳动的实行家,一生以从事教育工作为主要职业。他重视实际的践行,为学处处从实事、实际出发。这段言论也是这方面的一个写照。

184

心中醒,口中说,纸上作,不从身上习过①,皆无用也。

【清】颜元《存学编》卷二

【注释】

①不从身上习过:不亲自做过。习:经历、做。

【读解】

能"心中醒"又能在"口中说",还在"纸上作"过,应当是很不错的一种学习状态了。但是,颜元认为还不行,关键在于得"从身上习过",意思是还得亲自做过,落实在行动上才成。

这是颜元哲学观的具体表现,即主张先行后知、行重知轻和知行相资的认识论,特别重视感觉与习行,认为知识的掌握必须通过感觉与实践,故致知在于格物。这种哲学观表现在教学方法上,便力主勤劳、活动、实习、力行,特别着重在"习"和"行"上。从这段言论中,也可见其一斑。

185

心上思过,口上讲过,书上见过,都不得力①,临事②时依旧是所习者出③。

【清】颜元《存学编》卷一

【注释】

①不得力:此处意为不能解决问题。
②临事:遇到实际事情。
③所习者出:由平日注重践行的人来解决问题。

【读解】

颜元的教育观主张教育在于培养有实学实用能实习实行的人才,因此反对宋、明以来儒者专以读书为求学的方法,反对以"习静主敬"为求学的功夫。认为这是完全脱离实际的教育方法。只是心里想想、口中说说、书上读读,都是不解决问题的,遇到实际事情时还得靠平日注重践行,有实际经验的人来解决问题。应当说,这样的主张,在中国教育史上有其辉煌的一面,但在当时的社会里,由于封建势力的统治,对于他的学说,毫不重视,更谈不上推行了。

186

思过、读过,总不如学过。一学便住①,也终殆②,不如习过,习两三次,终不与我为一,总不如时习③,方能有得。习与性成,方是乾乾不息④。

【清】颜元《习斋言行录》卷下

【注释】

①住:停止的意思。
②殆:危险。

③时习:经常地习行。
④乾乾不息:自强不息。

【读解】

什么是学习?颜元在这里作了极富个性化的解释。按他的意思,所谓学就是效法圣贤行动的过程;所谓习,就是反复练习以巩固其所学得的行动之过程。所以,思过、读过,不如学过;一学就停下,则不如习过。习两三次是远远不够的,必须经常地习行,才能形成自身的品格。这样,方能自强不息。颜元强调在学与习的过程中都应以行动为中心。所以在教育方法上,他建议以习动去代替习静,以习行去代替读讲,形成了他的习行的教育法特点。显然,强调习练、习行,确实是抓准了学习过程中实践环节之重要。语文教学是一门实践性很强的学科,颜元"时习方能有得"之法,同样给我们以深刻的启示。

187

能一能十①,非才②之美③者也。能百能千而不厌不倦,其才不可及④已。得无之健⑤,故不倦。得地之顺⑥,故不厌。好学、力行、知耻⑦,皆秉⑧此以为德。其有恒者,生知安行⑨者也。

【清】王夫之《思问录·内篇》

【注释】

①能一能十:知道一件、十件事,意思是只限于某一局部。
②才:材质,指人的能力。
③美:美好、优秀。
④不可及:无止境。
⑤健:刚健,指天的性能。
⑥顺:柔顺,指地的性能。《易·说卦》:"乾,健也;坤,顺也。"
⑦好学、力行、知耻:语出《中庸》:"好学近乎知,力行近乎仁,知耻近乎勇。"
⑧秉:凭。
⑨生知安行:指生来就懂得为人之道,并自觉自愿地去实行。王夫之认为朱熹的这种说法不确切。

【读解】

王夫之从小聪明过人。据说,他在七岁时就读完了"十三经",被称为小神童。他与黄宗羲、顾炎武并称为明末清初的三大思想家。王夫之大部分接受的是中国传统哲学的朴素唯物论教育,继承了王充的唯物主义思想。从这段言论中,我们完全可

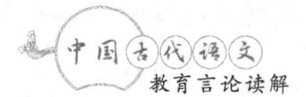

以感知到他的这种观念。他认为知道一件、十件事,并不见得是优秀的能力。知道百件、千件事而还是不厌其烦地求知,其才能的增长就无止境了。为什么能这样?因为他能得上天的刚健,所以不怕疲倦;能得大地的柔顺,所以不怕厌烦。好学、力行、知耻都是凭努力奋发才成为人的德行,这又哪里是什么如朱熹所言生来就知为人之道,并且能自觉实行呢!

188

习①者亦以外物为习也,习于外而生于内,故曰:"习与性成②。"

【清】王夫之《读四书大全说》

【注释】

①习:学习。

②习与性成:长期或经常进行某种行为就会养成某种性格。《尚书·太甲上》:"兹乃不义,习与性成。"

【读解】

王夫之认为物质的存在,即为精神所依存的,精神都存在于物质之中。在这段语录中就指出,学习者也是以外部物质世界为学习对象的,学习于外部世界,而又内化于心(精神),所以说"习与性成",即长期或经常学习或践行某种行为,就会养成相应的性格。

王夫之指出人的性格是由长期的习行形成的,从一个角度强调了习行对于人的成长发展之重要。

189

习①移其心②,而心所发还成乎习③。

【清】王夫之《四书正义》卷十二

【注释】

①习:这里应指学习,练习,作动词用。

②心:个性、性格之谓。

③习:这里的意思是指习性,作名词用。

【读解】

王夫之的这句话,简单地阐述了"习"与"心"(性)的关系。意思是人们的学习和练习可以沉淀于心,进而积久成习,所谓性由习成;而性成又能反过来促成习行。在这样的过程中"习"处于核心地位,"习"不仅可以移其心,而心所发又能促进于习。

强调"习"的重要是王夫之主张"行"重于"知"的"知行观"的具体表现。他指出知识必须通过实践才能得到,而实践却不一定先要通过认识。他认为:"知之非艰,行之惟艰。""君子之学,未尝离行以为知也,必矣。"所有这些都在于突出"习行"之重要。

190

李杜韩苏之诗,韩欧曾王之文,非高声朗读则不得其雄伟之概,非密咏恬吟①则不能探其深远之趣。二者并进,使古人之声调拂拂然②若与我之喉舌相习,则下笔时必有句调凑赴腕下,自觉琅琅可诵矣。

【清】曾国藩《家训》

【注释】
①密咏恬吟:紧诵慢读的那种赏读状态。
②拂拂然:掠过的样子。

【读解】
曾国藩的《家训》也称《曾国藩家训》,是中国最完整的家教著作之一,是封建文人对子孙的家庭训诫,对中国传统思想教育影响颇大。而其中讲说为学之道是主要内容之一。纵观曾国藩的一生,可以看到他几乎无时无刻不在立志学习,也因此常常告诫家人如何奋发向学。这段言论便认为对李杜韩苏的诗、韩欧曾王的文章,不高声朗读就不能领会它的雄伟气概,不密咏恬吟就不能探求其中深远的韵味。如能让这两方面并进,就会使古人的声调在我的喉舌间和谐地掠过,在下笔为文时,也一定会有那些句调都凑集在我的笔端,觉得写出来的文字也特别朗朗上口了。这段文字生动地描绘了读写结合的习练效能。

191

(顾炎武)每年用三个月温习,余月①用以知新②。

【清】周书昌《先正读书法》

【注释】
①余月:其余的月份。
②知新:此处意指读新书。

【读解】
周书昌在《先正读书法》中的这句话,强调了温习在学习中的重要地位。"每年用三个月温习",从时间上、空间上都说明"温故而知新"的意义。

"温习"也就是"复习",或者说是复习的一种形式,更注重学习者个体的、独立的、恒久的一种复习。所谓复习时把学过的东西再学习。这是巩固知识、深化理解、防止遗忘或有新发现的基本方法。但不是所有的复习都能达到同等的效果,其中合理安排好复习的时间就很重要。实践证明,分散复习会优于集中复习。分散复习就意味着多次的有间隔的而又持久地复习,旧时称之为"温习",当不排除有不冷不热、常习常新之意吧。

192

放晚学讲贤孝勤学故事一条,吟诗一首。诗要有关系的①,如"二月卖新丝""锄禾日当午""青青园中葵""木之就规矩"等。……次日放晚学时背讲②。

【清】沈龙江《沈龙江义学约》

【注释】

①诗要有关系的:意思是所选的诗要与儿童的生活、学习有较为密切的联系。如"锄禾日当午"是唐朝诗人李绅所写的《悯农》:"锄禾日当午,汗滴禾下土。谁知盘中餐,粒粒皆辛苦。"这不只是浅近易懂,而且悯惜农夫、珍惜粮食的内容也很接近儿童的日常生活。

②背讲:背诵出来再逐句讲解。

【读解】

这是沈龙江制定的一条学规。在放晚学前利用边角时间,教师为学生讲一则贤孝勤学的故事。吟诗一首,并在次日放晚学前让儿童讲背一遍。这样的安排,也体现了教学活动中加强习练的渗透,即使间隙的时间,也能设法充分利用,积少成多,其功效也是不可小觑的。

二 识字教学

(一)识字教材

193

古之教者,家有塾①,党有庠②,术有序③,国有学④。比年⑤入学,中年⑥考校。一年视离经辨志⑦,三年视敬业乐群⑧,五年视博习亲师,七年视论学取友⑨,谓之小成⑩。九年知类通达⑪,强立⑫而不反⑬,谓之大成。

【汉】戴圣《礼记·学记》

【注释】

①家有塾:古代二十五家为闾,巷门有塾,民朝夕出入时,在塾受教。

②党有庠:古代五百家为一党,党设有庠,庠用来教从闾塾升上来的学生。

③术有序:古代一万二千五百家为遂(即术),术设有序,序用来教从党庠升上来的学生。

④国有学:诸侯及天子国中有学,以教世之、群后之子及由术序升上来的人士。

⑤比年:指每一年。

⑥中年:指隔一年。

⑦离经辨志:分析经文章句,辨别学者志向。

⑧敬业乐群:专心学业,朋友相亲。

⑨论学取友:论说所学之是非,择取善人以为友。

⑩小成:七年的成就比九年小,所以叫"小成"。

⑪知类通达:意思是能从所知推广而及类,又能从所知到能行。

⑫强立:意为能临时不惑。

⑬不反:不违师教的意思。

【读解】

这是根据《周礼》记载的当时的教育制度,其实,据考西周未必确有这样的制度。对古代的蒙学情况,今天我们所知道的很少,但有一点是可以肯定的,这就是在先秦和两汉时代,已很重视对少年儿童的教育;在对少年儿童的教育中,则尤为重视识字教学和句读训练。如在《汉书·艺文志》中就有"古者八岁入小学……教之六书,谓象形、象事、象意、象声、转注、假借,造字之本也"的记载,即可佐证。

194

古者八岁入小学,故周官保氏①掌②养③国子④,教之六书⑤,谓象形、象事、象意、象声、转注、假借,造字之本也。汉兴,萧何草率⑥,亦著其法⑦曰:"太史试学童能讽书九千字以上,乃得为史⑧。又以六体⑨试之,课最者⑩以为尚书、御史、史书、令史。吏民上书⑪,字或不正,辄举劾⑫。"

【东汉】班固《汉书·艺文志》

【注释】

①保氏:官名。
②掌:执掌。
③养:教养。
④国子:公卿大夫的子弟。
⑤六书:古人分析汉字的造字方法,归纳出来的六种条例:"象形、象事、象意、象声、转注、假借。"
⑥萧何草率:史载:萧何起草《九章律》,今佚。
⑦亦著其法:也明白地订了条文。
⑧"太史试学童"两句:太史考试学童,学童能背诵、默写九千字以上的,才能做地方政府的下级官吏——史。
⑨六体:即六书。
⑩课最者:考核成绩最好的人。
⑪吏民上书:官员、百姓向上级呈书。
⑫举劾:揭发,弹劾。

【读解】

从《汉书·艺文志》中的这段话中,我们可以深深感受到识字写字教学在语文教学乃至整个教育中的重要地位。古代八岁入小学就要教以"六书"这一从汉字的造字方法中归纳出来的六种条例,即象形、象事、象意、象声、转注和假借。在汉代,萧何起草《九章律》,也明白地订了这样的条文:太史考试学童,学童能背诵、默写九千字以上的,才能做地方下级官吏。另外,还要以六书考核成绩最好的人,才可以做尚书、御史、史书、令史。无论是官员或百姓向上级呈递文书,有的字写得不合规范的,要当即加以指斥,立即揭发或弹劾他们。从这段话中可见学好汉字、正确使用汉字是学习中国语文的重要基础而历来受到人们的重视,因为它直接关系到个人对汉民族传统文化的涵养和思维方式的修炼。这显然是由汉语的个性特点和内在规律所决定。过好文字关,应该是学习人生一辈子的大事。

195

夫文字者,坟籍①根本。世之学徒,多不晓字②:读《五经》者,是③徐邈而非许慎;习赋诵者,信褚诠而忽④吕忱;明《史记》者,专徐、邹而废篆籀;学《汉书》者,悦应、苏而略《苍》、《雅》⑤。不知书音⑥是其枝叶,小学⑦乃其宗系。至见服虔、张揖音义则贵之,得《通俗》、《广雅》而不屑。一手之中,向背如此,况异代各人乎?

【南北朝】颜之推《颜氏家训·勉学》

【注释】

①坟籍:指书籍。

②晓字:精通文字。

③是:这里是赞扬的意思。

④忽:忽略,瞧不起。

⑤《苍》《雅》:指《仓颉篇》、《尔雅》。

⑥书音:指字的音。

⑦小学:这里指字义。

【读解】

全段的意思是:文字是书籍的根本。世上从事学业的人,精通文字的并不多。读《五经》的人,赞扬徐邈,而贬低许慎;学习辞赋的人,信服褚诠却忽略吕忱;通读《史记》的人,重视徐广、邹诞生对音义的研究,却废弃了对小篆、籀文的研究;学习《汉书》的人,欣赏应邵、苏林的注释,却轻视《仓颉篇》、《尔雅》。他们不明白语音只是字的枝叶,字义才是文字的根本。甚至有人十分看重服虔、张揖有关音义的书,却对同样由他们所写的《通俗》、《广雅》不屑一顾。对同一个人的著作还这样态度悬殊、厚此薄彼,更何况是对不同时代不同人的著作呢?显然,这段言论强调了学习汉语,应重在文字精通上下功夫,而精通文字,语音当然也重要,但只是字的枝叶,字义才是文字的根本。

196

　　窃见臣境内寄住客前信州司仓参军李瀚,学艺淹通理识①,撰古人状迹②,编成音韵,属对类事,无非典实③,名曰《蒙求》,约三千言。……司封员外郎李华,当代文宗④,名望夙著⑤,与作序云："不出卷而知天下,其《蒙求》哉！"

【唐】李良《荐蒙求表》

【注释】

①学艺淹通理识:指学识精通。

②状迹:这里指古人的思想言行。

③典实:典故、史实。

④文宗:文界的宗师。

⑤名望夙著:名声素来很大。夙:素有、素来。

【读解】

　　《蒙求》作为一本古代的童蒙教材,在蒙学史上可与《急就篇》《千字文》相互辉映。从李良的《荐蒙求表》中我们知道《蒙求》也是一种以识字为主的教材,内容便是将历史典实编成合韵和对偶的句式,既可识字,也可广长见闻、明白理义。关于《蒙求》的作者和年代,古时的说法不统一,而《四库提要》则认为其作者应是五代时后晋的李瀚,从此以后,一般从《四库》说,称《蒙求》为后晋李瀚撰。光绪六年,清政府驻日本使馆的随员杨守敬在日本访书,发现了好几种古书的《蒙求》,其中有一本是卷子改装本古抄《蒙求》一卷,开头便有李良写的《荐蒙求表》。当时李良是唐代饶州刺史,写于天宝五年(746)。

　　李瀚《蒙求》的正文都用四言写成,每四个字是一个主谓结构的短句,上下两句对偶,各讲一个典故。全书总计2484字。大多为历史人物故事,也有一些文学上脍炙人口的轶闻,激励和劝勉的意味较浓。如"西门投巫,何谦焚祠"、"匡衡凿壁,孙敬闭户"、"孙康映雪,车胤聚萤"、"杜康造酒,仓颉制字"、"蒙恬制笔,蔡伦造纸"……《蒙求》中的很多内容成为以后《三字经》《日记故事》《龙文鞭影》等蒙书的选材来源。从这里我们也可以从一个侧面看到《蒙求》之所以能流传,深受人们喜爱的原因,这就是它不仅具有选材广泛,思想境界开阔,可使蒙童受益良多的优势,而且体现了由集中识字逐步向阅读引领的正确指向,既可以从比较开阔的阅读活动中,广开见闻的同时,巩固识字,又能不断提升蒙童对识字的兴趣。

197

古人教童子,多用韵语,如今《蒙求》①《千字文》、《太公家教》②《三字训》之类,欲其易记也,《礼记》之《曲礼》③,管子之《弟子职》④,史游之《急就篇》,其文体皆可见。

古人垂训⑤,多用韵语,亦欲其易记也,又文字整齐,听者易晓,如《大禹之训》及《洪范》等书可见。

【宋】项安世《项氏家说》

【注释】

①《蒙求》:一种用韵语编写的知识性读物。
②《太公家教》:从中唐到宋初被普遍使用的一种启蒙课本。
③《曲礼》:《礼记》的篇名。
④《弟子职》:《管子》篇名,用韵语编写的儿童读物。
⑤垂训:师长对学子的教诲。

【读解】

项安世的这些论说,中心便是充公肯定识字蒙学读物采用韵语的共同特点。我国古代从最初的集中识字教学直到进一步的识字教学,采取用韵语编排,并采用对偶的手法,确实是一条被实践证明的成功经验。虽然在蒙书识字教材中也有不以这种方式编拟的,如朱熹的《小学》等等,但使用的效果不好,推广面不大,乃至于碰壁,就足以证明了这一点。

为什么在汉语教学中识汉字要采用韵语或对偶编排?这是因为汉语虽然不是单音节语言,但汉字确实是单音节文字。一个汉字一个音节,而且一个形象,极大多数还有一个独立的意义,这是基本特点。在识字教学阶段,如果让刚刚入学的儿童去识记一个一个不直接表音的单字,没有任何意义的联系,那会十分枯燥乏味,既引不起孩子的学习兴趣,又不容易记住。这样机械勉强的教学,无疑会非常困难。对这一学习汉字的不利条件,如果转化得好,也可以变为有利条件。正是由于汉字是单音节的,就非常容易编成整齐的语句,如三字的、四字的、五字的、七字的等等,而且也非常容易合辙押韵。这样,会使本来是枯燥的,无意义的集中识字,变成有意义的、整齐的、押韵的、念起来朗朗上口,听起来抑扬顿挫的课文,既合乎儿童的兴趣,又便于牢固记忆。如此扬长避短之举,又怎能不成为我国识字教学的可贵传统经验?

198

如市井间所印《百家姓》，明清①尝详考之，似是两浙钱氏有国时小民②所著。何则？其首云："赵，钱，孙，李"，盖钱氏奉正朔，赵乃本朝国姓，所以钱次之。孙乃忠懿之正妃；又其次，则江南李氏。次句云："周，吴，郑，王"，皆武肃而下后妃。无可疑者。

【宋】王明清《玉照新志》卷三

【注释】

①明清：作者王明清自称。

②小民：《百家姓》作者无从查考，但是宋初人编的，这一点大致没有问题，所以有估计是姓钱的一名平民所作，因为"赵"是皇上之姓，所以排第一，作者之姓"钱"便排了第二。

【读解】

《百家姓》是旧时教育儿童识字的一篇通俗性韵文，在民间影响极大。其名由"百姓"一词演绎而成，意思就是泛指普天下的姓氏，"百"只是泛指其多，实际上姓氏的数量远不止一百家。据中国科学院的研究统计，我国汉族目前使用的姓氏有3000多个，如以收集到的古今姓氏计算，则已超过8000多个，几近一万之数了。

《百家姓》的版本很多，广泛流传于民间，这里所指的应是明清以来流传最广的一种，也就是人们常提、常用的《百家姓》。本篇共560余字，辑有姓氏441个。用没有意义的姓氏编识字教材，既有姓氏常用的优点，而且可以避免字的重复出现，能在较短的篇幅之内，最大量地尽其教人识字的功能。另外，编成的姓氏，虽没有什么意义，但形式上剪裁得当，很有声律音韵之美，所以读起来朗朗上口，很能激发童稚的诵读兴趣。

王明清的这段话，主要考证了《百家姓》并不是严格依据某姓人数的多少次序排列的，而以为"赵"是皇上之姓，排第一，"钱"是编者之姓，排了第二，"孙"是正妃之姓，以后便是后妃之姓。若按某姓人数多少排列，据调查应是李姓最多，约占汉族人口的7.9%，其次是王姓和张姓。

199

儿童冬学闹比邻①，据案愚儒却自珍②。授罢村书闭门睡，终年不著面看人。自注：农家十月，乃遣③子弟入学，谓之冬学。所读"杂字"《百家姓》之类，谓之村书。

【宋】陆游《秋日郊居》（之二）

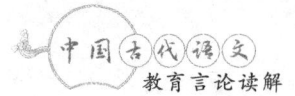

【注释】

①比邻：邻居。

②自珍：自己很看重之意。

③遣：送。

【读解】

这是诗人陆游所作的一首诗，以风趣的笔调，写秋日郊居的冬学所见。其中所说的"村书"，诗人自注为"杂字"《百家姓》之类。这说明《百家姓》在宋代已经是广泛采用的启蒙识字读本了。

《百家姓》全是姓氏用字，可以说是没有什么具体意义的四百多个姓的堆积（通行本为472字）。这本来应当是枯燥乏味的一本识字书，为什么也能这样长时间的广泛流传，这显然是一个很值得研究的问题。应当说，在《三字经》之后，《百家姓》陆续出现过不少改编本，如明朝吴沉、刘仲质编写的《皇家千家姓》，收单姓1768，复姓2000，共1968，计2168字，改用"朱"字打头（明朝开国皇帝朱元璋的姓），仍旧用四言韵语。又如号称清康熙编的《御制百家姓》，改用"孔"字打头，继以"孟"字，然后是孔门弟子之姓。这两种改编本都曾用政府的力量推行，虽然流行了一阵，但到底不能同旧本抗衡。另外如清人崔冕编的《千家姓文》，明末黄周星编的《百家姓新笺》等等，但这些新编的《百家姓》、《千字姓》，都没有能废旧本而代之。以后流传下来的还是旧本的《百家姓》，并与《三字经》、《千字文》一起成为蒙学识字读本中的"长青树"，被人们简称为"三百千"。由此足见"三百千"的编写体例与汉字的识字规律必然有着某种内在的联系，否则是不可能如此流芳百世、盛存不衰的。

200

初入社学①，八岁以下者，先读《三字经》，以习见闻②；《百家姓》，以便日用；《千字文》，亦有义理③。

【明】吕坤《社学要略》

【注释】

①社学：指乡里的学舍、学馆。

②习见闻：意思是在扩大见闻中习得知识。

③义理：指文字的意义和所说明的道理。

【读解】

旧时入社学，《三字经》、《百家姓》和《千字文》是必读的识字课本。为什么要把这三种书配合起来使用，成为一整套启蒙的识字教材，而且这套教材得以代代流传呢?这是很有研究价值的问题。

《三字经》、《百家姓》和《千字文》的配套合作、广为使用,久而久之,社会上便以"三百千"相称。这也足见三种书配合之密切。以《千字文》来说,虽然一千个单字基本上不重复,但毕竟还不够用,需要适当的扩大补充。同时,《千字文》虽然编得很好,但不可避免的会含义过分浓缩,又多封建说教的内容,难免地会脱离了儿童的接受能力;为求表达上的言语形式的整齐,又难免失之牵强,有些地方影响了文理的不通晓。把"三百千"配合起来读,在很大程度上正可以解决这些存在问题:首先,三种书合起来,识字量有了较大的提升,据统计总共可达到2720字,除却重复字,也在二千左右。这个识字量接近于常用字数量。符合初步识字阶段的要求。第二,《百家姓》和《三字经》在同类的蒙书中比较浅近。《百家姓》不过是常见的姓氏,实用好读;《三字经》虽然有些义理,但多有典故,故事性比较强,比较贴近儿童的生活。第三,只读《千字文》,时间久了儿童不免生厌,现在有三种书替换,当然更会使蒙童产生新鲜感。当然,作为这三种书的编写者是根本不可能考虑到需要配合这一目的的,这只是执教者在教学实践中的发现,肯定了三种教材配合使用的好处。"三百千"识字教材的编写方法即使在今天也仍然给我们很多有益的启示。

201

每日遇童子倦怠懒散之时,歌①诗一章。择古今极浅极切②、极痛快、极感发③、极关系者④,集为一书,令之歌咏,与之讲说⑤,责⑥之体认⑦。

【明】吕坤《社学要略》

【注释】

①歌:唱,这里指吟诵。
②切:切近。
③感发:有所感而发。
④极关系者:关系极密切的。
⑤讲说:讲解。
⑥责:这里指要求。
⑦体认:好好体会并有所领悟。

【读解】

读诗,也是古代蒙学中一项重要教学内容。在儿童识字之后,一方面读些散文故事,一方面读些优美而浅近的诗歌,是唐宋以来蒙学中一直实行的办法。这样既可以在读诗中继续巩固和扩大识字,同时也是继识字之后进一步的读写训练。而诗

歌这种形式,因节奏感强、韵脚整齐,易于朗朗上口而深受童稚喜爱,既能感发意绪,又能调剂精神,所以即使在儿童学习倦怠懒散的时候,让他们荡气回肠地高声吟诵上几首,也足以起振奋精神的作用。

在旧时蒙学中所用的诗歌教材较多,也有过一些发展变化。其中比较流行的是《千家诗》。《千家诗》为清人曹寅于康熙四十五年(1706)刊行的《栋亭十二种》中所收,称《分门纂类唐宋时贤千家诗选》,并题为后村先生编集。后村即宋刘克庄,字潜夫,号后村,菁田人。他出身豪门,也做过大官,能写诗,著有《后村集》《后村诗话》等。《千家诗》全书为二十二卷,分时令、节候、气候、昼夜、百花、竹木、天文、地理、宫室、器用、音乐、禽兽、昆虫、人品共十四类。尽管前人对这部诗选是否为后村先生所编持有不同看法,但诗集的影响确实很大,不仅全国风行,而且成为蒙学诗歌集本中长传不竭的读本。因为作蒙学读本的过程中又经一些人的选录编订,所以《千家诗》有署刘克庄编选的,也有署别人名字的。当然,《千家诗》诗本中也有一些选得不太好,也有偏深的,但大部分浅近易懂,于儿童有益,是适合他们诵读的。

202

汉魏以后,童子皆读史游《急就篇》。……《魏书·崔浩表》言"太宗即位元年,敕①臣解《急就章》。"刘芳撰《急就篇续注音义证》三卷。陆暐拟《急就篇》为《悟蒙章》。又书家亦多写《急就篇》。……自唐以下,其学渐微②。

【明】顾炎武《日知录》卷二十一

【注释】

①敕:皇帝的诏令。

②渐微:逐渐微弱。

【读解】

《急就篇》在我国早期作为一种启蒙的识字课本,曾经发挥过重大作用,于此可见。这是因为《急就篇》的编撰很有特色,全书2144字(除却东汉人补加的最后128字,应为2016字),不仅用三言、四言、七言的韵语写成,而且很少重复字,每句都表达一定的意义。这样,不仅可以引起儿童识字的兴趣,便于记诵,而且又可以在集中识字的过程中教给儿童一定的常识。这两千多字编成了三个部分;一是"姓氏名字",400多字;二是"服器百物",1100多字;还有"文学法理",440多字。如第一部分用三言:"宋延年 郑子方 卫益寿 史布昌"。二、三两部多用七言,如:"稻黍秫稷粟麻秔 饼饵麦饭甘豆羹";第三部分末尾也有用四言的,如:"汉地广大 无不容盛 边境无事 中国安宁"。《急就篇》使用了很长时间。直至唐代以下,虽然《急就篇》逐渐被兴起的识字课本所代替,但是这本书还是保存流传下来,并且对后世蒙书识字课本的编写,如《三字经》、《百家姓》、《千字文》以及各类的韵语读物,有很大的影响。即使在今天,我们也仍然可以看到《急就篇》的编写特色,对于各类集中识字教材的编写,仍有其一脉相承的内蕴。

203

《日记故事》①,俱载前人嘉言懿行②,以其雅俗共赏③,易于通晓,讲解透彻,不独④渐知文义,且足启其效法之心⑤。

【清】唐彪《父师善诱法》

【注释】
①《日记故事》:记载前人言行的笔记一类著作。
②嘉言懿行:美好的言行。嘉、懿:美好的意思。
③以其雅俗共赏:因为这类书(指日记故事)不论文化水平高低都能欣赏。
④独:仅,只。
⑤效法之心:学习仿效前贤嘉言懿行的愿望。

【读解】
《日记故事》是古代蒙学读写基础训练中散文故事教材中的一种。旧时蒙童经过前一阶段集中识了两三千字后,知道了一些名物、掌故,已经具备了进行阅读教学的基础。然而,要他们从只是三言、四言整齐韵语的识字教材,来读内容相对比较复杂、词句更见丰富的文章,自然会有一定难度。所以,在这中间安排一个过渡阶段就显得十分必要。散文故事(《日记故事》是其中影响较大的一类)就承担着这样的过渡任务:它一方面继续起着巩固和扩大识字的作用;一方面又从韵语的简单认读引向散体文章的阅读。由此足见旧时识字教材编排的合理性。

《日记故事》的内容比较简单,一则只讲一个小故事,记述的是前贤先哲的美好言行之类,通俗易懂。而且这类故事大都附有插图,有的还相当精美,足以引发蒙童的阅读兴趣。图文对照,又可以帮助儿童理解故事内容,渐渐地知道文句的意思,并激起儿童学习前贤美好言行的愿望,收到一定的教育效果。这从另一方面也说明我国插图故事书的起源还是比较早的,也可以说是一种原始型的"绘本读物",走在世界各国之前。蒙学的识字教材能从古代的许多故事中精选改编作为课本内容,不能不认为是我国识字教材编写中可贵的传统经验:即在集中识字的前提下,也注重由识字向阅读过渡的"软着陆",在识字中适度渗透阅读能力的起步培养。

204

王凤洲称《千字文》为极妙文章,政谓局①于有限之字而能条理贯穿,毫无舛错②,如舞霓裳③于寸木④,抽长绪⑤于乱丝,固自难展技耳。

【清】褚人穫《坚瓠集》

【注释】

①局:局限的意思。

②舛错:差错。

③霓裳:指霓裳羽衣舞,古代的一种舞蹈。

④寸木:体积很小的木板。

⑤绪:这里指丝的头。

【读解】

这段话盛赞《千字文》的编写特色。因为《千字文》虽然只用了有限的字(一千个字),却并不是这些单字的无意义罗列,而是匠心独具编成通顺的、有一定意义的许多句子,而且都以四言的形式排列。这些句子的安排又大致前后连贯、条理清楚。如开头部分,先从"天地玄黄"、"宇宙洪荒"起笔,接着就集中写了有关"天"的一些内容:"日月盈昃""辰宿列张""寒来暑往""秋收冬藏""云腾致雨""露结为霜"……再说"地"的一些现象,如"海咸河淡""鳞潜羽翔"……它不仅介绍自然界的名物,也涉及历史典章乃至祭祀、农工等生活。在人生哲学方面虽有不少封建伦常的训诲,但也有不无可取的训诫,如"知过必改""得能莫忘""信使可复""器欲难量""尺璧非宝""寸阴是竞""容止若思""言辞安定"……只用一千个字,基本上保持不重复,而能表达出如此丰富的内容,且又能保持整齐的构句形式,并且大多数的句子通畅可读,几乎朗朗上口,这确实很不容易。因此,把其称之为"极妙文章"确实不为过。

205

……是必寡其词①,协其音②,以文其言,使人易于记诵。……古人歌、诗、箴、铭、谚语,凡有韵之文,皆此道也。《尔雅》③释训④,主于训蒙⑤,"子子孙孙"以下,用韵者三十二条,亦此道也。

【清】阮元《文言说》《揅延经室外集》卷二

【注释】

①寡其词:使词语精练。

②协其音:使音韵协调。

③《尔雅》:我国最早解释词义的专著。

④训:训诂,即词义解释。
⑤训蒙:指训练蒙童。

【读解】

  阮元,字伯元,号芸台,江苏仪征人。清代学者,乾隆进士,官湖广、两广、云贵总督,体仁阁大学士。曾在杭州创立诂经精舍,在广州创立学海堂。他的这一段话,可以印证为什么多数蒙学识字教材要使用韵语的理由。前人的教学实践证明,无论从最初的集中识字到以后进一步的识字教学,使用整齐的韵语是一个非常有效的办法。这是因为汉语虽然不是单音节语言,但确是单音节文字。而且这种单音节文字是表意文字,不是表音文字。在蒙童识字之初,要学习这种不直接标音的单字,会十分困难,而且显得枯燥乏味,引不起孩子的学习兴趣。即使他们勉强学了,也不易记住,学习效果必然很差。这显然是学习汉字的不利条件。但汉字的另一面也正因为它的单音节,使每一个字具有组合的极大灵活性,犹如活跃的化学分子一样,在滚动中非常容易构成二言、三言、四言……各种整齐的词组和短句。而且因为单音节文字再组词成句的过程中可以前后调动,也就非常容易合辙押韵。这一点阮元也承认"古人歌、诗、箴、铭、谚语,凡有韵之文,皆此道也"。须知整齐、押韵,念起来朗朗上口,听起来声声悦耳,就非常符合儿童爱游戏的天性,不但能激发他们的兴趣,又容易记忆。这无疑会比识记一个一个单字好,也比一开始就念参差不齐的句子强。由此可见,古时童蒙识字教材的编写,几乎大都采用整齐押韵的形式,正是源于对汉字基本特点的认识,是充分运用汉字的有利条件,扬其长、避其短的策略使然。

206

  汉时教初学之所名曰书馆,其师名曰书师,其书用《仓颉》①《凡将》②《急就》③《元尚》④诸篇,其旨在使学童识字习字。……汉人就学,首学书法,其业成者,得试为吏,此一级也。其进则授《尔雅》⑤《孝经》⑥《论语》。

  【清】王国维《汉魏博士考》《观堂集林》卷四

【注释】

  ①《仓颉》:是唐代以前已经亡佚的一种蒙书。《仓颉》七章,据《汉志》载为秦丞相李斯所撰,是一种识字读本。

  ②《凡将》:汉司马相如撰,一种蒙书。

  ③《急就》:即《急就篇》,也是早期的一种蒙书,汉史游撰,是一种识字蒙书。

  ④《元尚》:早期蒙书的一种识字读本,已亡佚。编撰者李长,《汉志》有记载。

  ⑤《尔雅》:中国最早解释词义的专著,由汉初学者缀辑周汉诸书旧文,递向增

益而成。

⑥《孝经》:儒家经典之一,论述封建孝道,宣传宗法思想,汉代列为七经之一。

【读解】

汉时由书师执教于书馆,主要便是对学童进行识字和习字的教学。如《仓颉》《凡将》《急就》《元尚》之类,都是识字教材。据《汉书·艺文志》的记载,从周、秦到汉陆续出现了很多种识字课本,王国维所列举的正是主要的几种,其中流传的时间最久,并且一直保存下来的是《急就篇》。《急就篇》为西汉史游编撰,他是西汉元帝时的一个黄门令,成书约在公元前四十年。"急就"之意,宋人晁公武的解释是"杂记姓名诸物五官等字,以教童蒙。'急就'者,谓字之难知者,缓急可就而求焉"(《郡斋读书志》卷四)。今天我们所见到的《急就篇》,全书共2144字,大致是把当时常用的单字编集起来,使之成为三言、四言、七言的韵语,以便于记诵,并尽可能避免单字的重复出现。据前人考证,这最后的128字是东汉人补加的。王国维列举的其余几种已亡佚,清人孙星衍、任大椿、顾震福、马国瀚、黄奭等曾分别从各种古籍的引文中,辑录出一些片段,虽无从见到原书全貌,但多少知道一点当时识字、习字的教材情况。由此足见识字教学是汉语文教学的基础而被历代所重视。对识字教学在汉语文教学中的特殊地位,其内在机理,我们必须有深刻的认识。

207

其书①先举方名事类,次及经史诸子,所以启导蒙稚②者略备。观其分别部居,不相杂厕③,以较梁人所集《千字文》,虽字有重复,辞无藻采④,其启人知识过之。

【清】章炳麟《重订三字经·题辞》

【注释】

①其书:指重订《三字经》。

②蒙稚:即蒙童。

③杂厕:混杂的意思。

④辞无藻采:措辞不讲究词采和文采。

【读解】

章炳麟是近代著名的民主革命家和思想家,是著述等身的大学者。他对《三字经》的推荐并重订,也足见这一古代蒙学识字读本影响之深远。

"三百千"(即《三字经》、《百家姓》、《千字文》)是中国传统语文教育中识字方面的主要教材。《三字经》为宋代王应麟(也有认为是区适子)所著。王应麟是南宋庆元人,字伯厚,淳祐进士,累迁礼部尚书,著有《深宁集》《玉堂类稿》《困学纪闻》等书20余种。而《三字经》可以说是影响面最大,也最为普及的。它历来备受人们推崇,竟被誉称为"袖里的通鉴纲目"。这是因为它在编写上有颇为高明和独特之处。它不仅在形式上采用三言韵语,读来朗朗上口,既通俗易懂,又便于记诵,没有艰深古奥或勉强硬凑的弊病。全书或三字成句,或六字成句,长的十二字成句,变化多样,生动活泼。《三字经》得以广泛流传,这无疑是重要原因之一。章炳麟在这里对《重订三字经》也是倍加赞赏,而且与《千字文》作了比较,虽然《重订三字经》的用字多有重复,不能如《千字文》那样只重复了一个字(因为是识字教材,所以当时认为最好不重复,全是生字),辞句也没有如《千字文》那样讲辞藻,有文采,但内容十分丰富,传递了很多知识,给人以很大的启发,在这方面是长于《千字文》的。

208

《急就》《三仓》①,由章句以组成,由此上推《史籀篇》②,以教学童,必为韵语,若《弟子职》之伦。……至后世以韵语编字之书,实无不祖《仓颉》者。《说文·序》引《仓颉》"幼子承诏",《尔雅》郭注引《仓颉篇》"考妣延年",《颜氏家训》引《仓颉篇》"汉兼天下,海内并厕,稀黥韩复,畔讨残灭"(此汉人顺续《仓颉》之文,疑出《训纂》),是其文皆四字也。其后司马相如《凡将篇》,史游《急就篇》,间以三言、四言、七言成句。《急就》之文,泛施日用、尤便于闾里书师,盖取《仓颉》正字,书以草书,于当世之用最切,而后来书家亦爱书之,所以独传也。……儿童记诵,本以谐于唇吻③为宜,古人教字,多用此体。又如《埤仓》《广仓》,崔瑗《飞龙》,灵帝《皇羲》,蔡邕《劝学》《圣皇》《女史幼学》,陆机《吴章》,陆《悟蒙》,皆属此类。

【清】章炳麟《论篇章》(《说文月刊》)

【注释】

①《三仓》:指《仓颉篇》,蒙书的一种,合仓颉、训纂、滂喜三书,见于《隋志》,已亡佚。

②《史籀篇》:古代蒙书之一,见于《汉志》,已亡佚。

③谐于唇吻:指韵语朗朗上口之意。

【读解】

章炳麟此说,强调了韵语识字的传统经验,因此,我国古代蒙学识字读本,多用三言、四言、七言的韵语,并间以对偶手法组成。第一,这样编比较符合学习语文的规律,体现了汉语汉字的特点。同时,这也比较适合童稚谐于唇吻,乐于读诵的兴

趣。第二，它还是千百年来长期识字教学的成功经验。实际上，不要说儿童，即使在成人的世界里，韵语读物也被广泛应用，并受到读者的欢迎。如学中医的有"汤头歌诀"、"脉诀"；学武术的有各种"拳诀"；学画的有"画诀"；学算术的也有各种"算法口诀"(如"乘法口诀")等。这些编成韵语的口诀，突出了重点，充满了情趣，既便于诵读，更易于记诵。所以正如张志公教授所说："对偶、押韵，都是汉语汉字的特点，也有利于儿童的朗读、记诵。从声音上说，和谐顺畅，读来上口，听来悦耳；从内容上说，或者连类而及，或者同类相比，或者义反相衬，给人的印象特别鲜明突出，容易联想，容易记忆，境界高的，更给人以优美隽永之感"(《传统语文教育初探》，上海教育出版社，1964年版)。

显然，在我国古代传统识字教学的经验中，充分运用押韵与对偶，是一笔十分珍贵的遗产，应当得到继承和发扬。

209

《杂字》难尽①，故录数千。儒者见笑②，童稚喜念。闲谈私语，莫讦人短③，阴天下雨，揭开念遍。常读熟记，上账④不难。

佚名《常用杂字》

【注释】

①尽：这里是"全"的意思。
②儒者见笑：意思是有学问的人会嘲笑其(指《杂字》)浅俗。
③莫讦人短：不要在背后说别人的不是。
④上账：就是记账。

【读解】

《杂字》是旧时蒙学与《三字经》、《百家姓》、《千字文》相并行的另一种识字课本。根据现有的记载推理，杂字书在宋代已经广泛流传，而且在社会上有很大影响。到明清时代，流行的杂字课本种类很多。由于这种书特别通俗，只是列举了日常生活中要用的一些单字，没有什么意思内容，编法也很简单，所以一般只在中下层社会流行，好像只是《三字经》、《百家姓》、《千字文》这类正式启蒙读本的补充，难登大雅之堂。正因为这样，对于《杂字》就很少有人去研究它、考证它，更没有人会去收藏它。

《杂字》是完全为生活实用而编的，"常读熟记，上账不难"就简明地揭示了它的应用价值。正因为这样，所以它很通俗，注重应用的分类和显著的乡土风味，如《益幼杂字》、《世事通考杂字》、《山西杂字必读》(以市井小商人的子弟为对象)、《山东庄农日用杂字》(以中产农家子弟为对象)等等。但也有的《杂字》有一定的思想内容,或宣扬封建礼教,或训诫处世为人。如《六言杂字》中的部分内容:"有无安分守己 勤俭本等为先","且耕且读正业 只图家庆身安","良田多买几顷 树木多栽傍边","幸遇连年丰稔 仓库银粮积攒"……

210

盖天下事物之象①,人目见之,则心有意;意欲达②之,则口有声。……声不能传于异地,留于异时,于是乎书之为文字。文字者所以为意与声之跡也。

【清】陈澧《东塾读书记》(十一)

【注释】

①象:指外象、形象。

②达:表达。

【读解】

陈澧(1810—1882),清学者,文学家。字兰甫,号东塾,广东番禺人。道光举人,曾任河源县训导,为广州学海堂长数十年,晚年又主讲菊坡精舍,从学者甚众。治经不为汉宋门户所限。广涉天文、地理、乐律、音韵、算术等学,也能诗词及骈散文。著有《东塾读书记》、《声律通考》、《切韵考》、《汉书水道图说》、《东塾集》、《忆江南馆词》等。

这段言论简述了物象与文字之间的关系,人们看到了天下物象,心中便有了意;意要表达就得借助于声;但声无法突破空间、时间的阻隔,于是才有了文字。所以,文字是声音与意象留下的印迹。由此说明人类有了文字,才有了思想的广大和文化的承传。学习汉语必基于汉字之理昭然若揭,这就从一个方面强调了识字教学的重要。

211

中国字或者是当今普天之下之字之至难者。……平常诗赋文章,所用者不过五千余字而已。欲识此数千字,至聪明者非十余载之苦工不可,故切音字①尚②焉。

【清】卢戆章《一目了然初阶》

【注释】

①切音字:反切识音,一种汉字的拼音法,如"东"、"德红切"。

②尚:这里是为人称道、受人欢迎的意思。

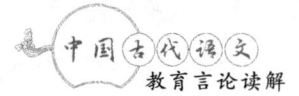

【读解】

卢戆章是第一个批评汉字的人。他在《新字初阶》中还说过:"中国字天下第一难……平常所有者不过四五千字而已;皆一字一样,逐字须由口教,虽博学老先生尚难尽记,况农工商贾妇人小子也哉!外国皆用二三十字为切音之字母,有音便有字,故其男妇老幼皆能读书写信……"因为汉字是表意文字,一字一形,而不是表音文字,以字母分解拼合,只需二三十个字母,即可拼读所有文字。这就带来了认为汉字难学、难认的感慨,也有人想走拼音化道路。为了解决汉字的表音问题,反切法也就应运而生。反切法只是一种为汉字注音的办法,以方便学习,而不是废弃汉字,改用拼音文字,所以,以前的反切法还是有一定作用的,恰如当下的《汉语拼音方案》。当然,《汉语拼音方案》比反切法更科学,也更方便。

212

文字之用,主音者简易,主形者繁难。形摄万有,造字数万,犹有未尽之形;音出口舌,造母①数十,已尽发音之蕴②。

【清】江谦《小学教育刍议》

【注释】

①母:这里指表音的字母。

②发音之蕴:所有的发音。

【读解】

江谦在这里对文字的表音与表形作了简洁的对比分析:表音比较简易,分析音的构成,有数十个字母就可以搞定一切;但表形却十分繁难,形出无穷,即使造字数万,但还会有未尽之形。孤立地看,这话有一定道理,但文字的产生和形成,有其深厚的民族文化底蕴和独特的思维方式之密码,不是由几个人设计而成的。20世纪50年代,印度总理尼赫鲁曾对他女儿说:"世界上有一个伟大的国家,她的每一个字,都是一首优美的诗,一幅美丽的画,你要好好学习。我说的这个国家就是中国。"汉字为什么如诗如画,能如此诱人? 就源于汉字是表意文字,而并非是"主音者简易"的表音文字。为什么说中华民族是诗的民族?正是这些美丽的而富有魅力的文字生来就给使用它的人带来了诗的灵性。中国的汉字,几万个不同的字形,几十万、几百万种奇妙的组合,足以产生驱遣文字的快乐。中国的汉字是高强度悟性的结晶,必然会修炼人的悟性。这是江谦没有说明白的地方。

213

尝念中国文字,最为美备①,亦最繁难;仓史②以降,孳乳③日多;字典所收,四万余字,士人读书,毕生不能尽识。……童子束发入塾,欲竟其业④,慧者亦须历十余年;如止读数年,改操他业,识字有限,类不能文,在妇女更无论矣。缘文字与语言各别,读书识字,兼习其文;记诵之功,多稽⑤时日也。

【清】蔡锡勇《传音快字·自序》

【注释】

①美备:完备的意思。

②仓史:仓颉造字的历史。

③孳乳:繁殖衍生。

④竟其业:完成其学业的意思。

⑤稽:点数。

【读解】

蔡锡勇,清末福建龙溪人。广州同文馆毕业,曾任驻美使馆翻译,洋务局总办。通"速记术",其方法为速记学校采用。他在这段言论中虽认为中国文字是"最为美备"的文字,但也尽述了学习的繁难,一是文字的数量多,"毕生不能尽识";二是文字与语言各别,虽会说话,但读书识字习文,还须另有记诵之功。这也从一个侧面说明了在语文教学中识字、习字之功不容忽视。所以,特级教师韩军对此深有体会:"语文课之独立价值是文字。语文课首要上成文字课。语文老师首要是文字师。若关注精神,也要由文字引发,由文字贯穿,终落脚于文字,即'着意于精神,着力于文字'。"此言善矣!

214

中国文字①,其要义在使识日用常见之字,解日用浅近之文理,以为听讲能领悟,读书能自解②之助……

【清】《奏定初等小学堂章程》

【注释】

①中国文字:这里是课程名称。光绪二十八年颁布的《钦定蒙学堂章程》规定设有"字课"、"习字"科目,至次年颁布的《奏定初等小学堂章程》中,将两课合并成为"中国文字"一课。

②自解:学生能自己理解。

【读解】

　　汉语的学习,关键在于过好文字关。这是因为汉语属于孤立型语言。具体说来,就是汉语是以音节为单位的,一个音节就是一个方块字,汉语即由一个个音节的原形组合而成,不需要辅助符号,一个音节就是一个词——到现代,双音节词大量增加,古代的有些词在双音节词里变成了词素,但仍然是一个音节。所以,在汉语学习中识字,不光是解决读音问题,还兼有了辨形和知义的问题。认识了日用常见之字,就可以自解含义浅近之文。几何常识告诉我们,就储存信息量来说,点不如线,线又不如面。方块形的汉字是平面文字,它比线形文字储存的信息会多得多,所以,每个汉字就是储存了大量信息的"集成块"。如果学生能熟练掌握两三千个常用汉字,一般的阅读、写作就不成问题了。

(二)集中识字

215

识字,第一分纸上识字,书上识字二法。何谓纸上识字?凡训蒙①勿轻易教书。先截②纸骨③方广一寸二分,将所读书中字楷书④纸骨上,纸背再书同音,如"文"之与"闻","张"之与"章"之类,一一识之。又遇姿敏者⑤,择易讲字面,粗粗解说。识后用线穿之,每日温理十字或数十字,周而复始,至千字外,方用后法教书。

【清】崔学古《幼训》

【注释】

①训蒙:教育蒙童。
②截:即裁的意思。
③纸骨:较硬的纸。
④楷书:用正楷书写。
⑤姿敏者:资质聪明的。"姿"同"智"。

【读解】

这段言论重点讲述了在开始集中识字时所采用的传统"纸上识字法",即独立的集中识字。其方法是用字块(一方块硬纸上写一字,方形的识字小卡片,俗称"块头字")独立识字,卡片背后书以同音字,每日新识和温理十字或数十字,积以时日,识到千字以外再读书。在集中识字阶段还要注意形近字、音近字的辨字教学,以防止写成错字或别字,提高识字质量。

由此观之,今天的识字教学虽然拥有的手段更多,认识水平也更高,但基本精神还是与传统经验一脉相承,有着血脉的联系。特别是"集中识字"。

216

一年可识①一二千字,然后从师入塾。字之识者过半,则读之易;且其目

之所视,亦知属意在书,而不仰天口诵矣。读半年小书②,便可教读《四书》。

【清】唐彪《父师善诱法》

【注释】

①一年可识:指儿童入学前先在家里认字块,"一年可识一二千字"。

②小书:一般指《三字经》《百家姓》《千字文》等简易的识字读本。

【读解】

这里说的是旧时儿童识字教学的进程:儿童入塾(即入学)前,可先在家识字块(识字的方形卡片),达一二千字。然后上学从师,便可以读读集中识字的小书,如《三字经》、《百家姓》、《千字文》。如果孩子识的字比较多,读起这些小书来会比较容易;而且在识字的同时也会自然去关注书的含义,不会如"小和尚念经,有口无心"了。读过半年小书后,就可教读"四书"(《论语》、《孟子》、《大学》、《中庸》)。这样的教学过程,体现的还是以集中识字为基础。因为"小书"《三字经》、《百家姓》、《千字文》在蒙学中都属集中识字的教材。

217

每日写疑难字,或文藻①字二个,在水牌②上,悬之壁间,与诸生看,仍训解大意,各令牢记,待次日背书讲《小学》后,一同背讲,有不能应对者,责。

【明】沈鲤③《义学约》

【注释】

①文藻:有文采的词藻。

②水牌:供写字用的白漆木板,用水洗去字迹后,可以再写。

③沈鲤:明代归德人,字仲化,嘉靖四十四(1565)年进士,官至文渊阁大学士,卒谥文瑞,著有《亦玉堂稿》等。此篇出自《文雅社约》附录中。

【读解】

在传统语文教学的经验中,识字教学方法颇多。这里介绍的又是一法,即每天选两个有文采的字,写在可以擦拭的木牌上,挂在壁上,要学生随时认读,并必须牢记。到第二天在学生背书,教师授新课后,同时背讲木牌上的二字,如有背讲不出的,要受批评,以引起重视。这种方法,虽然每天识的字不多,才两个,但也属于"集中识字"的一种形式。一天两个字,或者是比较疑难的,或者是有文采的辞藻,积以时日,仍然会数量可观。且利用的又是每日的时间缝隙。这虽然只是当时书塾教学的一个侧面,但也足见对识字教学的重视,于今日也有可资借鉴之处。

218

五六岁时,方离褓裸①,未脱孩心,眷眷②堂前,依依③膝下,乃其天性本真,若令就学,每日先令习坐、习静、识字。

【清】崔学古《幼训》

【注释】

①褓裸:背负小儿的背带和布兜。
②眷眷:依恋向往的样子。
③依依:依靠、靠近的意思。

【读解】

教育要顺应天性。这在封建社会里也为一些有识之士所认同。《易》曰:"蒙以养正,圣功也。"教育要从孩提时做起,但在具体做法上,要充分从人的天性出发。一是五六岁的孩子,未脱天性本真,依恋母亲、家人十分正常,不可操之过急。二是即使上了学,也不可强行使孩子就范,要先从练习坐,会安静入手,慢慢养成,再开始逐步识字。学习语文当从识字开始,而识字又要尽可能顺应孩童天性,舍此别无他途。

219

蒙童未经读书,先令识字,量其资质,依《十三经集字》①,次第教之②,免致重赘③。

【清】张行简《塾中琐言》

【注解】

①《十三经集字》:《塾中书目》在备考部列有《十三经集字摹本》,不注撰者姓名,仅注明有江西彭氏本。
②次第教之:意思指按顺序识读。
③重赘:重复的意思。

【读解】

中国的民族文化传统十分尊重文字,因为汉语是以汉字为基础的。《淮南子》记载:"昔者仓颉作书,而天雨粟,鬼夜哭。"造字是惊天动地的大事。许慎说:文字是"经艺之本,王政之始,前人所以垂后,后人所以识古"。文字不是简单的记录语言的工具,而是载道之器,这是汉字的特点所在。所以,孩童"未经读书,先令识字"是汉语文教学的基本规律。"提前读写"虽然十分重要,但还是要以识字为前提。识字与阅读的速度和理解力关系十分密切。由于汉字是单字单音,构词能力非常强,而基

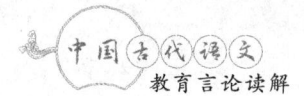

础就是单音节的汉字。如"马"和"车"可合为"马车","马"和"车"又可分别合为"马棚"、"马圈"、"马路"、"马帮"和"车技"、"车行"、"车水马龙"……这种灵活的层层组合构词,是富于联想和理性的,而其构成基础都是一个一个的汉字,所以识字过关了,阅读的速度和理解力就会大大提高,所谓"一目十行",正是这样的一种状态。这是汉字有别于外国拼音文字的根本区别,所以识字教学在中国语文教学中具有特别重要的位置。

220

宜于其未读之书,先将字样依次写出,每日讲说,量资质①定其多寡。如前一日教以一字"了"字,次日即以"了"字加"一"字,即夫子之"子",父子之"子",如此类推。字字识认,字字透解②,是书未读而字已识认,读生书时,最为省事。

【清】石成金《传家宝》

【注释】

①资质:人的天资素质。

②透解:理解得很透彻。

【读解】

今天的语文教学,在学一篇课文之前,先要学习这篇课文中的生字,并由生字学新词语。这看来十分简单的规律,反映的却是汉语与汉字的关系。学习汉语当先识汉字。因此,我们就不难理解在这段言论中所道及的"宜于其未读之书,先将字样依次写出",达到"书未读而字已识认"的境地。另一方面,认读本课生字,要充分挖掘可以"以字解字"的潜在条件,适当归类,以提高识字效率。如形近归类、同音归类、近义归类、反义归类、形声字归类,笔画增减归类等等,这种不同要求的归类,体现的是汉字的构字规律和识字的心理规律,可以大大提高识字效率,又十分有益于培养儿童的自学识字能力。

221

生子至三四岁时,口角①清楚,知识稍开,即用大小木板方寸许,四方者千块,漆好,朱书②《千字文》,每块一字,盛以木匣,令其子每日识十字,或三五字……复令其凑集成句③读之,或聚或散,或乱或齐,听其玩耍,则识认是真,如资质聪慧者,百日可识完。再加以《三字经》、《千家诗》等书,一年可识一二千字。然后从师入塾。

【清】唐彪《父师善诱法》

【注释】

①口角：口齿。
②朱书：用红色书写。
③凑集成句：这里指让儿童把单个的字块，按《千字文》的句子排列起来读。

【读解】

唐彪在这里说的是学前的识字教学方法：先将识字教材《千字文》的内容，用红色书写在一千块方形的小木板上，装在木匣里。然后每日识几个。识得多了，再让孩子排成《千字文》中的句子读。更可贵的是他提倡以游戏助识字，将《千字文》中的单个字块"或聚或散，或乱或齐，听其玩耍"。这里"玩耍"是手段，而识认生字是本质。玩耍不仅顺应了儿童的天性，而且也激发了识字的兴趣，提高了识字的效率。

222

蒙养①之时，识字为先，不必遽读书②。先取象形、指事之纯体③教之。识"日""月"字，即以天上日、月告之；识"上""下"字，即以在上在下之物告之，乃为切实。纯体既识，乃教以合体字④。又须先易讲者，而后及难讲者。……能识二千字，乃可读书。

【清】王筠《教童子法》

【注释】

①蒙养：受启蒙教育。
②遽(jù)读书：是"就读书"的意思。
③纯体：独体字。如"人""刀"之类，在形体上不能分拆的字。
④合体字：由两个以上的独体字合成的字。古代有所谓"独体为文，合体为字"的说法，现在统称为文字。

【读解】

中国传统的语文教学思想奉行的是"识字为先"。这是因为汉语是以汉字为基础的，而汉字不仅仅是个表音符号，它还有"形"和"义"。不识字，读书与写作都无从说起。当然，随着时代进步，知识量大增，读写能力的培养，日见重要。这就必然会考虑到提前读写以早期开发智力的问题。于是，在语文教学改革上，我们就非常重视如何充分发挥汉语拼音的作用。它不仅可以汉字注音，提高识字效率，而且可以借助拼音提前帮助阅读和写作(以注音代替没写过的汉字)。这当然没有错，但我们不

能因此就忽视了识字教学的重要意义,淡化了汉字所具有的"三码"(形码、音码、义码)和"复脑"(汉字象形的形象思维和可以字理分析帮助识记的抽象思维)的特点与规律;汉字以少量独体字为根,组成大量合体字的规律。

223

识字必裁方寸纸,依正体书之,背面写篆独体字,非篆不可识,合体则可略。既背一授,即识此一授之字,三授①皆然,合读三授,又总识之。三日温书②,亦仿此法,勿惮烦③。积至五十字作一包,头一遍温,仍仿此法,可以无不识者矣。即逐字解之,解至三遍,可以无不解者矣。而后令其自解,每日一包,此无上下文,必须逐字解则茁实④。异日作文,必能逐字嚼出汁浆,不至滑过。既能解,则为之横解:同此一字,在某句作何解,在某句又作何解,或引伸,或假借,使之分别划然,即使之展转流通⑤也。

【清】王筠《教童子法》

【注释】

①三授:这里指教授三个单字。

②温书:温习功课。这里具体指隔三日再把三日内全部所识单字作一次复习。

③勿惮烦:不怕麻烦。

④茁实:确实。

⑤展转流通:这里指在字与字之间,同一字的多义之间能相互印证、融会贯通。

【读解】

王筠主张的识字方法,体现了单字落实,聚零为整,定时复习,温故知新的特点。如一个字一个字地认记,三个生字为一组定时复习;又以五十字为一包定期复习。然后解义,记住了老师的讲说,再令学生自解。如此识得茁实,日后作文应用时方能"分别划然"而又"展转流通"。

这里隔时定期复习的方法,颇符合现代的记忆曲线理论,即先复习时间间隔宜短,以后逐渐隔长,可以巩固记忆。但识字与解义分开,似乎有违音、形、义同时推进会有助识记的客观规律。也许当时的识字教学更看重认识(能读音),而认为解义比较深奥,难度较高的缘故。

224

象形则有纯①形,有兼②意之形,有兼声之形,有声意皆兼之形。指事则有纯事,有兼意之事,有兼声之事,有声意皆兼之事,不可不辨也。至于会意,虽即合形事以为意,然有会两形者,有会两事者,有会一形一事者,亦有会形声字者。且或以顺递为意,或以竝③峙为意,或于字之部位见其意,或从是字而小变其字之形以见意,或以意而兼形,或以意而兼事,或所会不足见意而意在无字之处,或所会无此意,而转由所从与从之者以得意。而且本字为象形、指事,而倒之即可成意,反之即可成意,省之增之又可以成意,叠二叠三无不可以成意,且有终不可会,而两体三体各自为意者,此其变化又不可不详辨也。

【清】王筠《文字蒙求·序》

【注释】

①纯:这里指单纯,没有其他成分。
②兼:同时涉及或具有几种事物。
③竝:同并。

【读解】

同是象形、指事或会意,情况又各有不同,不可不察。作者在这里列举了单纯的象形,如"日"(日)"月"(月);兼意的象形,如"果"(果),既有果之形(田)又有木之意;兼声的象形,如"身"(身),既有全身如人形,又有表声的省略。在指事字方面,有单纯的指事,如"中"(中)"永"(永,水之长流);有兼意之事,如"甘"(甘,从口含一,不定为何物,故以一指之);有兼声之事等。在会意造字方面,则有以两形会意的,如"伐"(以人持戈),以两事会意的,如"吠"(以"犬"和"口"会意)等等,分项十分细密。当然,在今天的识字教学中我们完全没有必要去作这样繁琐的分解,但是王筠的这种研究还是有积极意义的一面,如果我们能够在儿童可以接受的前提下,适当作些造字分析,不仅有助于识记,而且可以大大提高儿童学习汉字的兴趣。这也是对汉字文化的一种弘扬。

225

至于形声则由篆①变隶②,大异本形者,必采之为它字之统率者。

【清】王筠《文字蒙求·序》

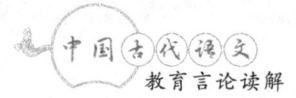

【注释】

①篆:汉字的一种字体,是秦朝整理字体后规定的写法。

②隶:汉字的一种字体,由篆书简化演变而成,汉朝的隶书笔画比较简单,是汉朝通行的字体。

【解读】

形声是汉字最常见的一种构字方法,但是由于字体的历史演变,由篆而隶,又由隶而楷,无论是形旁还是声旁,与造字时的本体已大有区别。所有这些关于"六书"知识在识字教学中的运用,都要因字、因人而异而作有效的开发应用。而衡量标准应当是是否真正有助于学生对生字的识记和理解。那种为了显示教师的文字学功底或单纯地为了体现汉字文化而在识字教学中不适当地大讲"六书"知识是没有必要的。

226

人之不识字也,病于不能分①。苟能分一字为数字,则点画必不可以增减,且易记而难忘矣。苟于童蒙时,先会知某为象形②,某为指事③,而会意④字即合此二者以成之,形声⑤字即合此三者以成之,岂非执简御繁之法乎。

【清】王筠《文字蒙求·序》

【注释】

①分:指分辨字形、分解字形。

②象形:六书之一,指字形描摹实物的形状。

③指事:六书之一,意为字由象征性的符号构成。

④会意:六书之一,说字的整体意义由融会部分的意义合成的一种造字方法。

⑤形声:六书之一,指造字的方法由表音的部分和表意的部分构成。

【解读】

对于汉字的不易识记,归因于不能正确分解字形,是有一定道理的。因为汉字大多为合体字,一个字由若干部分构成。如果我们能正确分解并识记各个部分,自然就不会出错。即使是独体字,极大多数还是可以再分,去分辨笔画的形状与构成之不同。所以,在对孩子进行识字教学时,适当联系古代六书的造字方法,如象形字、指事造字、会意造字、形声造字等,知其来龙去脉,就可以执简驭繁了。当然,文字在演化过程中,字形已有了很大变化,已经不能机械搬用"六书"的原理来分析每一个今天的汉字,这样做既不可能也无必要,但按字设教定学,注重辨析分解,并适度运用六书的造字方法,确实很有效果。识字教学的这一传统经验在今天仍然充满了活力。

227

塾中功课,未识字者先识方字①一二百,即授小学诗(新刻《续神童诗》,为人道理都说到,尤妙在句句明白;如《续千家诗》及《孝经》《弟子职》《小儿语》各种,如有余力,皆可接读。其每日讲说②,则以学堂日记、学堂讲语为最。务须尽二月内训③毕一二本……

【清】《小学义塾启(附规条)》

【注释】

①方字:即方形的识字小卡片,一种学具,民间称"块头字"。

②讲说:这里指学童的讲说,也叫"复讲"。

③训:教授的意思。

【读解】

从"未识字者先识方字一二百",强调了"识字为先"的要求和"集中识字"的基本方法。识了一部分字以后,便可读小学诗,如《续神童诗》、《续千家诗》、《孝经》、《弟子职》、《小儿语》等。这些书多属韵文,读起来朗朗上口,虽不可避免地学到一些封建社会的为人之道,但主要还是起巩固并适度扩大识字的作用,所体现的也还是对识字教学的重视,尤其要以集中识字为基础。

228

字课①:实字②,凡天地人物诸类实字,皆绘图加注指示之。习字:即用所授字课教以写法。

【清】《钦定蒙学堂章程》

【注释】

①字课:指集中识字的课。

②实字:这里多指名词、动词等。

【解读】

教实字,以图助识是好方法。这不仅可以提高儿童识字的兴趣,而且以图像的具体来诠释文字符号的抽象,调动左右脑的功能,自然可以提高识字效率,又能促进思维发展。在识字的同时又重视书写,不仅说明了对写字教学的关注,而且也有以写字助识字的重要作用。俗话说:眼过十遍不如手过一遍。即是此理。

229

第一年:讲动字、静字①、虚字②之区别,兼授以虚字与实字联缀之法;习字,即以所授之字告以写法。

第二年:讲积字成句之法,并随举寻常实事一件,令以俗话二、三句联贯一气,写于纸上;习字同前。(第三、四两年基本上与第二年相同。)

第五年:教以俗话作日用书信;习字同前。

【清】《奏定初等小学堂章程》

【注释】

①静字:与动字相对,如形容字等。

②虚字:与实字相对,如介词、连词、助词、语气词等的一些字。

【读解】

这里讲的是清末初等小学堂的章程。要求比较高。在当时大多在入学前有家教或家塾的启蒙识字等作基础性铺垫,所以入学后第一年即讲动字、静字、虚字的区别,兼授虚字与实字的联缀之法,并指导其写法。但这些字的教学比较仍然是以识字为主体、为重点的,而且很重视对习字的教学。

第二年讲积字成句之法,也颇注意从儿童的实际生活出发,如举的是"寻常实事",写的是"以俗话二、三句连贯一气",且依然重视写字教学。

第五年以口语写日用书信,既体现了对白话文(口语)的提倡,而且注重语文教学的实用性(日用书信)。对习字的重视则一以贯之。

总之,这些教学要求的确定和教学内容的编排,在语文教学由文言转向白话的大变革中,还是体现了中国古代语文教学的传统经验。特别是重视"识字为先"和"集中识字"的意识。

(三)分散识字

230

古人教童子,多用韵语①,如今《蒙求》②、《千字文》③、《太公家教》④、《三字训》⑤之类,欲其易记也。《礼记》之《曲礼》⑥,《管子》之《弟子职》⑦,史游之《急就篇》⑧,其文体皆可见。

【宋】项安世《项氏家说》卷七

【注释】

①韵语:这里指句末押韵的语句。

②《蒙求》:一本启蒙教育用的知识性读物,用韵语编写,唐代李翰撰,也有认为是五代晋李翰撰。

③《千字文》:启蒙识字课本,南朝梁代周兴嗣撰。

④《太公家教》:一种启蒙课本,在中唐到宋初时被普遍采用。

⑤《三字训》:即《三字经》。

⑥《曲礼》:《礼记》中的一篇。

⑦《弟子职》:《管子》中的一篇,用韵语编写的儿童读物。

⑧《急就篇》:一种识字课本,是常用杂字。西汉史游编。

【读解】

我国古代的识字教学,一般在入塾前先多在家里认记字块(用纸裁成寸方纸块,一纸一字,让童稚识记),这时多按字形或字音、字义归类,以助识记效果。入塾后即读韵语编成的《三字经》、《百家姓》、《千字文》,这虽然也是识字教材,重点在于识字,但多少有了可以互相连贯的内容,多了一点识记的兴趣。这我们也可以理解是开始进入分散识字的过渡阶段。分散识字也叫作"随课文识字",特别在清末废科举、兴学堂以后,"五四"新文化运动提倡"白话文",小学《国语》教学开始改革,它以白话文为基础,学习和运用了欧美的语文教学经验,强调边读书边识字,"分散识字"也就成了一种较为普遍的识字方法。当然,分散识字的定形,也有它的早期形

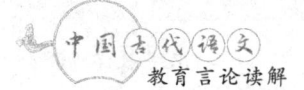

态,这段言论所述及的"古人教童子,多用韵语",不仅有"三"、"百"、"千",还有《蒙求》、《太公家教》乃至《曲礼》《弟子职》《急就篇》等等,都是早期的分散识字教材,其共同特点是各有独立的思想内容,表达一定的意义,在形式上则采用韵文编就,以提高蒙童的诵读兴趣。但重点还是在识字。

231

古人垂训①,多用韵语,亦欲其易记也,又文字整齐,听者易晓,如《大禹之训》②及《洪范》③等书可见。

【宋】项安世《项氏家说》卷七

【注释】

①垂训:师长对学生的教导或教诲。
②《大禹之训》:可能指《尚书》的《禹贡》篇。
③《洪范》:《尚书》篇名。

【读解】

这种用韵语编成的古人垂训类读本,已有了十分明显的训诫思想内容,但根据汉语学习的特点和规律,重点还在识字,只是表现为在有了具体内容的课文中分散地进行识字。这种识字方法的基本特征是"字不离词,词不离句,句不离篇"。在教学时,教师须把生字放在课文的语言环境中进行边识字边读文,把识字、学词、学句和理解课文内容紧密联系起来。这样,边教生字,边读课文,可使识字与学文紧密结合起来。从而把识记生字与领会古人垂训的内容结合在一起,既可以受到思想教育,又能够使识字不太枯燥,容易激发童稚的兴趣,还可以培养初步的阅读能力。这应当是我国古代一种早期的分散识字教学法。

232

但令①习字演文②之日,将已说《小学》③书作口义,以学演文,每句先逐字训④之,然后通解⑤一句之意,又通解一章之意,相接续作去。明理、演文一举两得。更令记《对类》⑥单字,使知虚实死活字,更记类首"长、天、永、日"字,但临放学时,面属一对即行,使略知轻重虚实足矣。

【元】程瑞礼《程氏家塾读书分年日程》

【注释】

①但令:只须使。
②演文:讲说文章。

③《小学》:朱熹的关于文字训诂的一本著作。
④训:训诂,即解释字义。
⑤通解:这里指连起来解释。
⑥《对类》:指导属对的书。

【读解】

在中国传统语文教学中,不是唯一的集中识字,必然也有分散识字相辅,以不断巩固、深化识字教学成果。一如"习字",虽然是练习书写,但对巩固识字而言,无疑十分重要。另外,当然还有习字的特定教学价值。二如"演文",就是讲说文章(课文),"每句先逐字训之,然后通解一句之意,又通解一章之意,相接续作去。明理、演文一举两得"。这里的意思是在说明如何讲解课文,先逐字作解释,然后再把整句连起来讲说,再把整章的意思连起来讲。就这样接着做下去,可以达到讲说文字、阐明道理一举两得。当然,识字是重点固然不错,不要讲得太多也对,但不等于完全不讲,前人也不赞成这样。如王筠就说过:"学生是人,不是猪狗,读书而不讲,是念藏经也,嚼木札也。"从各种蒙学教材的演变来看,凡是过分艰深,儿童完全无法理解的,就一定站不住,流传开不开。三是属对,当然要求也不高,只在"临放学时,面属一对即行,使略知轻重虚实足矣"……这类"习字"、"演文"、"属对"等活动,除各有自己的教学价值之外,也起到了展开或巩固分散识字的重要作用。

233

初入社学,八岁以下者,先读《三字经》,以习见闻;《百家姓》,以便日用;《千字文》,亦有义理。有司①先将此书,令善书人,写姜字体②,刊布社学师弟,令之习学。盖姜字,虽吃力,而点画分毫不苟。作字之时,能令此心不放,此心不粗。佻达纵横者③厌之,以为欠苍劲,欠自然,而不知有益于性灵也。

【明】吕坤《社学要略》

【注释】

①有司:指官吏。古代设官分职,各有专司,所以称有司。
②姜字体:一种雕版的印刷体,笔画十分规范。
③佻达纵横者:佻达:亦作"佻达",轻薄、戏谑之意。这里指写字比较佻巧、喜欢运笔自由、随意纵横的人。

【读解】

《三字经》、《百家姓》、《千字文》都是识字教材,俗称"三百千"。其内容各有特色:《三字经》可以丰富见闻,《百家姓》可以方便日用,《千字文》则有助初识理义。"三百千"作为蒙学识字教材的合作,长处颇多。张志公先生认为:第一,三种合起来,总字数是2720,除去复字不算,单字恰好是两千左右,符合初步识字阶段的要求,一部分字重复出现,也有利于复习巩固。第二,三本书各有特点,每本字数最多的不过1200多,少的只有400多,儿童可以很快地学完一本又换一本,有新奇可喜之趣,而无冗长枯燥之感。第三,《百家姓》和《三字经》,在同类的蒙书之中,可以说是最通俗浅易,容易接近的。第四,《百家姓》里的字都是姓,四个字连起来没有意义,不必去追究字义和句义。从实行集中识字的角度看颇为有益。第五,这三种书合起来,就所收的字和所涉及的内容看,既比较"日用",也多少能使儿童长点"见闻",还能教给儿童一点"义理"。识字的目的很突出,没有被不适当的内容所掩盖,而又没有完全忽视儿童求知的要求和进行知识教育、思想教育的需要。当然,这"三百千"既是集中识字,也兼有分散识字,引向"在阅读中识字"的性质。因为这之前,儿童还会有认字块的集中识字教学,不完全是"零"起点的集中识字。

234

教小儿须先令其认识所读之书之字,如读"大学之书,古之大学"二句,即先令其识此十五字①,然后教以习读。必令其逐一手指,挨字而读,庶心口相应,耳目不分②,久之识字愈多,则习读愈便。始教之时,师生两难,习熟之后,师生俱易。况且能识字而读,读此一句,即心在此一句,习读愈多,心志愈敛③,古人所谓眼到、口到、心到也。有此三到,不必用法绳之,而心志日敛,则规矩日就矣。不然徒事口耳授受,而不责以心目,纵日加鞭扑,放心④难收。甚者读竟《学》《庸》,而问其所读之书之字,十不识一,良可嗟叹。吾愿为师若父兄者,知此要归焉。

【明】佚名《教子良规》

【注释】

①十五字:即朱熹《大学章句》序开始的十五个字:"大学之书,古之大学所以教人之法也。"

②耳目不分:意为耳朵、眼睛并用。

③心志愈敛:愈加能专心致志。

④放心:放纵之心。

【读解】

读书"三到"(眼到、口到、心到),当以识字为先。这是本段言论所强调的中心问题。说明在读书时识字不过关是一种"常见病",在古代也是如此。教识字,起先要"指读",即手指点字,一个字一个字都要念清楚,真正达到识字能"心口相应、耳目不分",避免儿童读书时字和音不相关联,如"小和尚念经,有口无心"的现象。从识字到诵读都必须专心致志。这不仅关系到识、读的效益,而且更关系到一种良好的学习态度和学习习惯的养成,实在至关重要。

235

教生书①须先寻书中生字,未认过字方②者,或相似之字,如"戒""戎""恕""怒"之类,每易混讹③者,另写一纸,教令细认,认清之后,仍令自读十遍,然后教之。

【清】李新庵原著、陈彝重订《重订训学良规》

【注释】

①生书:新课。
②字方:写在方块纸上的识字卡片。
③易混讹:指因字形、字音或字义相近而容易混淆,发生错误的字。

【读解】

教新课中的识字教学,也可以理解为是继集中识字之后的分散识字。这里有两种情况,一种是未曾在认读字方时出现过的生字;另一种是形相近而易混讹的形近字。这两种都是在新课识字教学中必须进行的。在细辨认清之后,自读十遍,然后再教。

古代语文教学的初学阶段,比较重视孩童的"识"(识字)和"写"(写字)是有道理的。因为《三字经》、《千字文》之类的识字课本,文句比较艰深,有些是儿童勉强可懂,更多的是儿童不能懂。教师要想讲懂,知道不易。所以,教这些书,主要是要求儿童认得字的模样,能念能背就行,并不要求句句会讲。教师也不会在讲的方面大花力气,大致是约略地讲一讲,能懂多少就算多少。这样,反而会有更多的时间让儿童去读、去背、去写。

在儿童初学阶段,不必字字求懂是有道理的,主要是因为古代的文言文,文字艰涩,若字字求懂会增加学习难度,使儿童兴味索然,不如循序渐进,先解决识读问题,有些字义可在后续的教学中逐步解决,以突出重点,分步到位。

236

子弟四五岁,先教字方①,多则三千,少则二千。如认父母字,则教以如

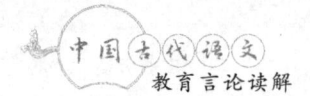

何孝顺,认弟兄字,则教以如何友悌,他如天地山川,鸟兽草木,一名一物,均可略与讲说。识字既多,将音义相近之字,归并一处,告以从何会意②,从何得声。稍长,教以《三字经》、《弟子规》、《小学韵语》,(能读《小学》③更好,读《小四书》④亦好)切实讲说作人道理,(无论将来能读书否,此一层断不可废,世间与其多一秀才,不如多一好人;为师者,与其多教出一秀才,不如多教出一好人。能为好人,虽不作秀才亦好。苟非好人,则虽幸得科名⑤,于国于民,于家于身,皆无益有损,不如不读书也)七八岁教以调四声平仄⑥,作对句。如此三五年间,义理之学、考据之学、词章之学,均可略知门径,此幼学功夫,断不可少者也。

【清】李新庵原著、陈彝重订《重订训学良规》

【注释】

①字方:写有文字的寸方木板。

②会意:六书之一,合二字或三字之义以成一字之义。

③《小学》:清人罗泽南将朱熹所辑《小学》内容,编为四言韵语,即《小学韵语》。

④《小四书》:明初朱升将方逢辰的《名物蒙求》、程若庸的《性理字训》、陈栎的《历代蒙求》和黄继善的《史学提要》合辑,题名为"小四书"。

⑤科名:科举的名目。

⑥四声平仄:确定字音的平声、上声、去声和入声四种声调。平声为平,仄是指上声、去声和入声。

【读解】

李新庵《训学良规》里的这一段言论,也主张子弟四五岁后即可以家教识字,在数量上可以达到多则三千。集中识字不是仅仅识字,还应结合识字,讲说名物知识和为人的孝悌之道。在识字较多时,要强化字与字的比较归类,以提高识记质量。稍长入塾读书,教以《三字经》、《弟子规》、《小学韵语》,甚至读《小学》、《小四书》。在读书阶段,一方面要扩大识字,也就是继集中识字之后的分散识字,提高识字量,方可读更多的书。另一方面则应切实讲说做人的道理。值得注意的是作者在这里十分强调这一点,甚至认为读书首要是为了懂得做人,"世间与其多一秀才,不如多一好人。为师者,与其多教出一秀才,不如多教出一好人。能为好人,虽不作秀才亦好。苟非好人,则虽幸得科名,于国于民,于家于身,皆无益有损,不如不读书也。"这样精辟的话,出于封建时代的作者之口,殊属难能可贵。"教育首在立人"的认识,应不自今日始,它也是中国传统教育思想中的精华之一。

237

何为书上识字？凡教生书①，先令本生就书上字逐字挨认，遇不识字用朱笔②圈出，又用墨笔写在书头③，最为易记。又有辨字一法，如"形"之与"刑"，"扬"之与"杨"，声同而笔画偏旁不同；如"已"之与"己"，"行"之与"行（杭）"，……字同而用之不同；又"星"之与"心"，"登"之与"敦"，声近④而用舌用齿又不同：诸如此类，必细辨之。

【清】崔学古《幼训》

【注释】

①生书：新课。

②朱笔：红色的笔。朱：正红色。

③书头：书页上方空白处。旧称"天头"。

④声近：用舌为舌音，用齿为齿音，都是古音韵学中的"七音"之一。舌音相当于现在汉语拼音字母的d、t、n。齿音相当于现在汉语拼音字母的z、c、s、j、q、x等音。

【读解】

我国古代的识字教学基本上是集中识字，即第一步用较短的时间教儿童集中识两千来字，然后才逐步教他们读书。但是这不等于说在读书时就完全不识字了，也还会识一些字或继续巩固、深化已识的字。这也可以认为是分散识字。这里，崔学古说的"书上识字"，也就是一种分散识字。其方法为，先让学生认读新课，用朱笔圈出不认识的字，再用墨笔写在书页上的空白处，再由教师指导认读识记。在分散识字时，更注重辨字，即辨识形近、音近字。这是因为在分散识字时，学生的识字量，经过集中识字后已较多，这就有了形近字、音近字辨识的必要和条件，既可避免使用错误，又能进一步提高识字质量。

238

一曰训字①。先取《对类》②中要用字眼③，训明意义。戒本生勿轻翻对谱④，须先立意，方以训明字凑成。勿轻改，勿轻代作。一曰立程⑤。语云⑥："读得古诗千百首，不会吟诗也会吟。"……须多选古今名对如诗话者，细讲熟玩⑦，方可教习。一曰增字。假如出一"虎"字，对以"龙"。"虎"上增一"猛"字，对亦增一字，曰"神龙"。"猛"字上再增一"降"字，对亦增一字，曰"术䝞⑧神龙"。"降"字上再增一"威"字，对亦增一字，曰"术䝞神龙"。"威"字上再增一"奇"

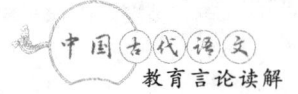

字,对亦增一字,曰"异术豢神龙"。以此类推,自一字可增至数字,为通文理⑨捷径。

【清】崔学古《幼训》

【注释】

①训字:解释字义。

②《对类》:宋、元时编列属对的材料和讲解属对方法的书。

③要用字眼:关键性的字。

④对谱:指按属对时需用的字,从《对类》里查找出来。

⑤立程:确定学习进度。

⑥语云:相当于现代语的"常言道"。

⑦熟玩:反复体味。

⑧豢(huàn):豢养,喂养牲畜。

⑨通文理:使文理通顺。

【读解】

这里说的是"属对"的训练。"属对"就是"对对子",这是中国古代语文教学中一项可贵的传统经验,是启蒙之后一种必修的课程。其目的不只是为学作近体诗,而是作为语文基础训练的一种手段,配合"习字演文"的教学,使学生了解字的"虚实死活",掌握阴阳上去四声,而且也起到了巩固发展分散的识字教学的作用。所以,属对是一种实际的语音、词汇、语法的训练,同时又包含了修辞和逻辑训练的因素。可以说,这是一种语文能力的综合训练。在这段语录中,讲了属对训练的一般方法,即从"训字"(理解字义)开始,而后"立程",即"须多选古今名对","细讲熟玩"。在此基础上具体进入属对时还须明白对子的立意,再以逐步增字法,从一字增数字分别对上对子,务求文理通顺方成。

239

凡教童蒙,清晨不可即上书①,须先令认字。认不清切②,须令再认,不可急急上书也。何也?凡书必令学生自己多读,然后能背。苟③字不能认,虽欲读而不能,读且未能,乌能背也。初入学半年,不令读书,专令认字,尤为妙法。

【清】唐彪《父师善诱法》

【注释】

①上书:教师讲解课文。

②清切:清楚而确切。

③苟:假如。

【读解】

识字与阅读的关系,不要说在古代,就是当下,也依然是一个令人产生困惑的问题。阅读不仅能巩固识字,习得语文知识和提高阅读能力,而且在丰富认知、提升情感与审美水平方面尤显重要。因此,容易使人们产生重阅读、轻识字的意识。然而,在中国传统的语文教学中,鉴于汉语、汉字的独特性,还是非常重视识字教学。这段语录就体现了这样的意思:不要急于读讲课文,必须先解决识字问题;不仅要重视集中识字的基础条件,也要把握好分散识字,即随新书(课文)识字;识字尚"不清切,须令再认,不可急急上书(学新课文)"。另外,"凡书必令学生自己多读,然后能背",而不在过度仰赖老师的讲解。不识字又如何"多读",不"多读"又如何"能背"?显然,提倡"多读多背",而不求教师的过度讲解,也是一条很值得承传的经验。

240

教童蒙泛然①令之认字,不能记也。凡相似而难辨者,宜拆开分别教之,如"戍戌"、"臣巨"、"微徵"之类,凡见易混淆之字,即当引其相似者证之,曰此宜分别熟记者也,如此始能记忆,无讹误遗忘之患矣,此教认字之法也。更有令彼复认之法:将认过之字难记者,以原纸钻小隙,露其字令认之,或写于他处令认之。倘十不能认六者,薄惩②以示儆③,庶可令其用心记忆云。

【清】唐彪《父师善诱法》

【注释】

①泛然:随意、无具体目标的意思。

②薄惩:轻微的惩罚。

③示儆:提醒,令注意。

【读解】

这段话强调了识字教学的具体目标定位,必须明确、科学。在方法上要注重辨异,如形相近或音相近,以免讹误。另外,在识字中还要强化脱离语境的独立识记能力,即相似于现代的"生字搬家"式。或在空白纸上钻一小孔,仅露一字(生字)让学童识之;或将生字单独写于他处令认之。这些方法过去有,现在仍在沿用。这说明语文教学的传统经验还有其一脉相承的血统,是值得我们珍视的。

(四)习 字

241

真草①书迹,微须留意②。江南谚云:"尺牍书疏,千里面目③也。"

【南北朝】颜之推《颜氏家训·杂艺》

【注释】

①真草:指楷书、草书。

②微须留意:应该稍加留意。

③千里面目:全句的意思是咫尺书信写的字就是你给千里之外的人看的脸面。

【读解】

颜之推在这里强调的是书写必须十分认真,无论写的是正楷还是草书,都应该有所留意。江南有民谚认为咫尺书信传递的却是你给千里之外的人看的面目,又怎么可以随便呢。

在我国古代语文教学中,写字是一项重要的而且长期的基本训练。这同样是由汉字的特点决定的,使用拼音文字的国家也就不会存在如此看重写字教学的问题。写字教学的目标是使儿童懂得写字的基本知识,掌握汉字的各种笔画、结构及书写方法,培养学生写字的正确姿势、技能、技巧,并养成良好的习惯乃至进一步研修书法艺术。写字的要求是把一个个汉字写得正确、端正、整洁和美观,并有一定的速度。由于当时使用的都是毛笔,所以写字就是学写毛笔字。颜之推特别强调:"真草书迹,微须留意。"这正如常言道:"字如其人",那么"尺牍书疏"也就成了"千里面目",岂可等闲视之。由此突显了在中国识字教学的传统中,对书写有着十分严格的要求。

242

学书①在法,而其妙在人。法②可以人人而传,而妙③必其胸中之所独得。书工笔吏,竭精神于日夜,尽得古人点画之法而模之,浓纤横斜,毫发必似,而古今之妙处已亡。妙不在于法也。

【宋】晁补之《鸡肋集》

【注释】

①学书:指学习书法。

②法:一般的法则。

③妙:这里指法度以外的精神、气韵。

【读解】

好一个"妙不在于法"!

"妙不在于法"首先必须给"妙"以定义。所谓"妙",通俗地说就是"巧妙","巧妙"不是会不会的问题,而是有没有基于个人深度修养所达到的一种创新境界。它不属于"方法"层面的东西,而是源于个体灵性的精神产物,所以也就"妙不在于法"了。

"妙不在于法"并不等于不要"法"。方法无处不在,所有要解决问题的途径,都取决于采取相应的办法。学书当然也不例外,所以,晁补之《鸡肋集》所言的是"学书在法,而其妙在人"。意思是学书要掌握一定的方法,这是首先肯定的,但要达到"妙"的境地,就在于人的灵性和创造了,而不是"法"可以决定的。

"妙不在于法"更在于告诫我们要辩证地去看待"法"。要"法",更要"得法";"得法"在于无"法"时要有"法",有了"法"还要熟"法",熟了"法",更要破"法",达到"不法即法"的融会贯通,更多地有了个性化的创造。这就是人们常说的"熟能生巧,巧能生花"的那种状态,便是"妙不在于法"的认知。

243

写字:写字,不得惜纸①,须令大写,长后写得大字;若写小字,则拘定手腕②,长后稍大字,则写不得。予③亲有此病也。写字时,先写上丈,二三日,不得过两字,两字端正,方可换字。若贪字多,必笔画潦草,写得不好。

【宋】王日休《训蒙法》

【注释】

①惜纸:这里是节约纸张的意思。

②拘定手腕:指手指和手腕受到拘束而显得僵硬。

③予:我。

【读解】

王日休在《训蒙法》中,也有关于写字教学的一些主张。一是先学大楷,而不要

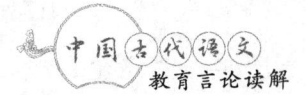

先学小楷。原因是学写大楷可以使指腕健劲灵活,不仅日后能写大字,而且练写了大楷再学小楷会比较方便。二是学写大楷要一步一步走,学写不得过二字,而且要天天练写,写端正了,再换二字。教师指导学生练写,不可贪多。若学生写得多了,笔画就会潦草,就不容易练好。这些基本观点与唐彪、王筠等人都有相似之处,可见也是中国古代写字教学中的基本观点,值得我们思考。

244

小儿初就学时,固宜以识字为先,而写字尤不可不慎。古云"心正则笔正"①,笔之不正则知其心之不正矣。故养蒙者必养之以正,而后圣功②从此而始。写字虽非正心之本务③,而亦正心之一端。况有字乃有文,文字二者,缺一不可。

【明】佚名《教子良规》

【注释】

①心正则笔正:古人认为书法的优劣与书者的品性有关,因而有"心正则笔正"之说。

②圣功:至高无上的功业德行。

③本务:基本的任务。

【读解】

《易》曰:"蒙以养正,圣功也。"童稚启蒙,必养之以正,这是至高无上的功业德行。在中国传统的写字教学中,也一样要求以"心正"为先,"心正"了然后笔才会正。当然,在《教子良规》中也认为:"正心"的内涵十分丰富,写字毕竟只是正心、正人的一个很小的方面,甚至可以说还不是"正心"之本务,但我们不能不认为这也是"正心"的一方面吧,何况"正字"也确实很重要,有"字"才有"文","正字"自然也关系到"正文"了。

这样的诠释,显然也把"写字"与"做人"联系起来了。"写字"也确实会关系到"养性"。孩童习字最易患的毛病是心浮气躁,静不下心来,行笔随意草率,任性而为。习字正可以纠正这方面的偏失,培养专心致志、认真负责的态度。习字即使只写一笔,也十分强调有始有终,来不得半点马虎潦草。起笔就像做事的开头,行笔就像做事的经过,收笔就像做事的结果。从良好的开头到认真的过程,再到圆满的结果,虽只是写好一笔的要求,但也就体现了为人做事的基本要求。

245

作字须楷,近世文周①两家字,书坊盛行,虽圆活可人,似有软美之态。颜柳②一点一画,结构庄严方正,虽不为世所喜,然习之使人不苟。故宁方毋圆,宁拙毋妍,宁迟毋速,宁古毋俗。至于松软无骨,轻佻无体,欹斜险怪,虽举世所尚,决不可学。行草,钟王诸家③择其体近者学之,决不可杜撰。至于减笔潦草,都是苟心,尤当深戒。

【明】吕坤④《蒙养礼》

【注释】

①文周:文乃文征明,名璧,以字行,善诗文书画,尤胜书画,工行草,精小楷。周指何人不详。

②颜柳:指唐代大书法家颜真卿、柳公权。

③钟王诸家:指三国时书法家钟繇和晋朝书法家王羲之。

④吕坤:明代著名学者,宁陵人,字叔简,号新吾,历官山西巡抚、刑部侍郎。称疾乞休之后,家居二十年,以著书讲学为务。

【读解】

这里说的是习字中的"临帖"。在以前的写字教学中,在"把腕"、"描红"、"影写"之后的习字阶段便是"临帖"。这其中特别强调了临帖的几条原则。一是从文周两家和颜柳两体的长短比较中,提出了"宁方毋圆,宁拙毋妍,宁迟毋速,宁古毋俗"的要求,崇尚方刚、劲拙,严防松软无骨、轻佻无体。二是临帖要择体近者学之,不可杜撰。第三,尤其要警戒减笔潦草的习字态度。

当然,在中国古代的写字教学中,对"临帖"还有许多要求。如"临帖"之前先要"读帖","读帖"就是先花一点时间,分析一下这个字在点画、结构及笔法上,有什么特点和要求。具体地说要做到"四看":一看落笔收笔位置(寻线找格);二看点画收尾形状(是平收、圆收还是尖收);三看笔画平斜走向;四看笔画开档距离。先读帖再落笔临写,心中就有数,下笔才会比较准确。

246

昔人教小儿识字,先令影写赵子昂①大字《千字文》,稍长,习智永②《千字文》,每版影写十纸。既毕后,歇读书一二月,以全日之力,通影写一千五百字,添至二千、三千、四千字,如此一二月乃至。必如此方能后日写多,运笔如飞,不至走样,亦是一法。

【清】陆世仪《论小学》

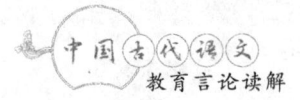

【注释】

①赵子昂：元初书法家赵孟頫，字子昂，号松雪道人，书画皆自成家，书称赵体。

②智永：隋僧智永，为王羲之后裔，善书法，笔力纵横，真草兼备，曾作《真草千字文》传于世。

【读解】

中国传统的写字教学，基本按先从有依傍（把腕、描红、影写、临帖）到无依傍；从写大楷，再到写小楷。这段言论说的是有依傍的"影写"阶段："影写"就是将薄纸覆在写字帖上，从薄纸上可以投射出字帖上的笔画字形，然后运笔按字帖透射在薄纸上的字形逐笔慢慢书写。一般"影写"均在"描红"的阶段之后。因为描红的字形是清晰的，蒙童用黑笔依写会比较方便，但影写的字形，隔了一层薄纸，是比较模糊的，书写的难度会高些，在这里，陆世仪认定的影写习练程序是这样的：先影写赵子昂的大楷《千字文》，再习练影写智永的《千字文》，每版影写十遍。以读书间隔一两月后，再以全力通影写一千二百，乃至三千、四千字，训练一二月乃至，以后才能达到运笔如飞，不至走样的要求。当然，在习字的课程里这只是一法；这样练也只是一式。但完全可以说明中国传统语文教学对写字教学的重视。

247

凡子弟学写①仿书②，不独教他字好，即可兼识字及记诵之功。

【清】陆世仪《论小学》

【注释】

①学写：练习写字。

②仿书：指仿照书法家的帖子临写。

【读解】

陆世仪是明清之际的学者，字道威，号刚斋，又号桴亭。江苏太仓人。明亡后，隐居讲学，历主东林、毗陵、太仓各书院。他的这句话，比较合理地提出了蒙童习字的全面价值，即不单要教他们写好字，而且还要在学写仿书的过程中巩固和拓展识字教学的成果，培养他们的记诵能力。显然，这是很正确的观点。

248

扶手润字①，日久为妙。盖蒙童无知，与讲笔法，懵然②未解。口教不如手教③，轻重转折，粗粗具体，方脱手自书④。

【清】崔学古《幼训》

【注释】

①扶手润字:指儿童初学写字时由老师把笔。

②懵然:懵懂糊涂的状态。

③口教不如手教:这里指讲说如何运笔还不如把着手写来得更有效果,可以使蒙童获得运笔轻重转折的体验。

④脱手自书:不再把笔,让蒙童自己写。

【读解】

"扶手润字",就是教师"把笔",也叫"把腕"。这是传统写字教学中十分重要的一环。因为毛笔是软笔,其下笔的轻重缓急、行进转折不仅十分重要,而且力度很难把握,对孩童来说则尤其如此。这类运笔的方法,靠口讲言教是很难说清楚的,蒙童更是难以听懂接受。所以,教师把腕引导蒙童书写的效果会更好。在把腕书写的实践活动中,可以使蒙童获得真切体验,可从具体的手感上了解如何把握好轻重转折。所以"把腕"练写的阶段当在"描红"习练之前,然后才是进一步的"影写"习练和"临帖"习练。

249

身法①:凡作书,肩背宜直,胸宜去桌三寸许,面宜去背三寸许。

手法②:要指实掌虚,以大指推出,食指压下,中指钩入,小指衬,无名指抬起,执笔宜紧,竖笔宜直。

把笔③四要:虚(手指心不近掌)圆(作背圆)正(笔管正)紧(手指贴笔紧实)。

作字④四法:横清竖直(横宜细,竖宜粗)。少粗多密(画字少,宜粗;画字多,宜密。)勾短点圆(勾宜短,点宜圆)。空匀横直(空白宜匀,横路宜直)。

【清】崔学古《少学》

【注释】

①身法:这里指身体姿势。

②手法:即执笔姿势。

③把笔:握笔。

④作字:这里指运笔成形。

【读解】

书法是中国传统文化艺术之一,是东方文明的象征和结晶。习字与书法有别,习字只是练习汉字的正确书写;而书法是专指用毛笔书写汉字的法则,并成为一种独特的艺术。但习字与书法的共同点都关乎汉字的书写,自然有其密切的关联。我国古代的写字教学,从一开始就与书法教学相联系,并受书法教学的影响。习字与书法都会涉及执笔、用笔、运笔、点画、间架、结构、分布(行次、章法)等。而且在这些方面的表述虽基本观点相仿,但说法会各有不同。崔学古在《少学》上的习字要求,将其归结为"身法"、"手法"、"把笔四要"、"作字四法",简明而扼要,即是一种形式。

250

写字憗①少而整齐,毋多而潦草。讹体②及怪俗体③,须纠正之,勿使习惯。教蒙童执笔,宜缝一小布团,令握手中,掌虚腕活,年长而字易工,否则必将五指捏拢,后欲放开,难矣。初学仿本,宜方寸大④,稍长,则用空格仿本影写,一字自写一字,十三四岁,每日临帖一纸,临帖以《元秘塔》、《皇甫碑》为入手,须寸半大⑤。十七八岁,隔数日写字一日,能不停笔写至三千以上,则既工且速,入试不占作文功夫矣。能工书法,即读书无成,亦谋生一助也。

【清】李新庵原著、陈彝重订《重订训学良规》

【注释】

①憗(yìn):宁可。

②讹体:错误的字体。

③怪俗体:怪异的字体和俗写的字体。

④方寸大:即一寸见方的大小。

⑤寸半大:即一寸半见方的大小。

【读解】

李新庵认为写字宁可少而写得端正,不要写得多而潦草。那些错误的字体、怪异的字体和俗写的字体,都应当纠正,不能让学生养成习惯。教蒙童执笔时,要使其掌虚腕活,可以缝一个小布团,让他握在手中,这样训练,待年长时写的字容易工整,否则蒙童在写字时一定会五指捏拢,手掌就很僵实,以后要他放开就很难了。初学仿写的帖本,每字一寸见方的大小。待孩子大些,就用空格按仿本影写,一个字一个字。十三四岁时,可每日临帖一张,写小楷一张。临帖以《元秘塔》、《皇甫碑》入手为好,字须寸半大。十七八岁时,隔数日后就写字一日,能不停笔写至三千以上,要写得又工整又快速。这样参加考试时就不会因写字慢占用了作文的功夫。如能把字写好了,即使读书没有什么成就,写一手好字也可以帮助谋生啊。

这席话,对蒙童习字的目的、要求、具体方法,各个阶段的进程,直至十七八岁时的习练,都交代得十分清楚了。

251

馆徒学书,与其判之于成幅①之后,空劳改窜②,曷若督之于把笔③之际,立予纠绳④?

【清】张行简《塾中琐言》

【注释】

①成幅:这里的意思是已经可以写成整幅的习字作品。

②空劳改窜:意思是再作修改引导,往往会空废劳力,因为学生已经养成了习惯。

③把笔:指学生习字的初始阶段,需要教师"把笔"。"把笔"亦称"把腕",即教师把着学生的手写字。

④纠绳:纠正的意思。

【读解】

学生学习,要重在起步时的正确指导。蒙童习字当然也是如此,假若在学生已经可以写出成篇的习字作品时,再来指导他如何运笔,如何把握笔画向背,圆润间架,就往往是空废劳力了。因为学生已形成了某些不良习惯,需要把它改过来会十分艰难。因此还不如在蒙童始习时,教师在把笔的过程中去进行指导正确书写,纠正尚在萌芽状态的某些错误,那样会容易得多。

"一个良好的开端,等于成功的一半!"把谚语中的这一事理用在这里,应该也相当合适。

252

习字:字有笔法,下笔须知。凡我弟子,于每日巳刻①写字,务各用心,习学恭敬。端楷点画,向背②之间,一如古人字法,不得潦草简笔。

【清】石天基等《训蒙辑要》

【注释】

①巳刻:十二时辰之一,上午九时至十一时。

②向背:书法用语。

【读解】

这里是石天基在《训蒙辑要》中对蒙童习字提出的严格要求:一是下笔先须知笔法,不可以乱涂乱抹起步,从规矩开始而不是由天性开始,这恐怕是中国传统教育与西方现代教育的一个不同点吧。二是规定了写字的时间是上午九时至十一时。

这是最有学习效率的时间段,足见古代语文教育对写字教学的重视。第三是对习字态度的要求:一定要做到习字用心,习字恭敬,对字的点画向背,要"一如古人字法,不得潦草简笔",突显的是教学严谨,必须循规而习的要求。

253

字有一定之式,一点一画,不可造次①,如省笔字,重叠用二点之类,竟不可令之见闻。童而习惯②,自一一严正矣。

【清】石天基等《训蒙辑要》

【注释】

①造次:行动鲁莽。

②童而习惯:自孩童养成习惯。

【读解】

石天基强调习字的态度必须端正。"字有一定之式,一点一画,不可造次。"凸显的是对汉字的敬畏之心。我国古代的写字教学十分重视两"正",即"正人的手脚"和"正字的手脚"。所谓"正人的手脚"就是要有正确的书写姿势。或坐或立,要求双足并立,与肩同宽。强调"头身端正,其心始正,心正笔正,笔正字正"的内在联系。传统的执笔要领是"指实掌虚"。孩童对"指实"常片面理解,易患执笔过于用力的毛病,使指腕关节紧张。这不但书写费力,容易疲劳,而且写出的点画也僵硬无神,毫无生气。其实"指实"要与"掌虚"相结合,这样就会出现"一稳二松"的状态,达到指灵腕活。二是"正字的手脚,先要正基本笔画:点、横、竖、撇、捺、折等,再正间架结构。同时要辅以添墨的方法,强调"吸墨"、"扣墨"(扣除笔头中过多的墨汁)和"理毛"(舔正笔形)三个步骤,使书写不渗墨,不偏枯。

石天基还特别强调了习字的严正一定要从孩童开始习字时抓起,养成正确的严正的习惯。如果开始时路子不对,习以成性,以后要矫正就很困难了。

254

写字要依正韵①,不许学省笔俗字。宜看《字学举隅》。案头必须常置一编,兼可看其楷法,卷首辨似②,卷尾摘误③,最有益于初学。

判字④时,若写得不好,即用朱笔改,说以后要如何如何写,令其笔画遒劲,个式圆润。

【清】石天基等《训蒙辑要》

【注释】
①正韵:这里指正规的字体。
②辨似:这里指对字体、写法上相似处的辨识。
③摘误:摘录的一些错误楷法。
④判字:指批改写字作业。

【读解】
石天基认为《字学举隅》是一本很应当读读的习字指导书。学生写字就要遵照正规的字体,并有合适的学本去琢磨其写法。

石天基还指出了《字学举隅》这本书的好处,卷首有对字体、写法上相似处的辨识,卷尾还有对一些错误楷法的审正。

他对于如何批改学生的写字作业,也有自己的一些做法:写得不好的字,教师要用红笔改正,并指出要如何写。总的要达到笔画遒劲、字体圆润的要求。

255

……余在越中①,见童蒙字式,正格中书大字,旁缝书小字,此法极佳。盖单学大字,则后日能大书而不能小书;单学小字,则后日能小书而不能大书,均各有病,惟此法则两得之也。又年稍长者,其字式复行大小皆四字,止书一字以为式,其余三字皆令自书。盖写一字为式,则有成法可遵②,余令自书,则不得不用心临摹求肖③矣。

【清】唐彪《父师善诱法》

【注释】
①越中:今浙江绍兴一带。
②成法可遵:有现成的法则可以遵照。
③肖:相似,接近的样子。

【读解】
唐彪是明末清初的著名教育家、蒙学教育理论家、语文教学法专家。他是我国教育史上第一部语文教学法专著的作者,书名即是"家塾教学法",内容由两大部分组成:教法《父师善诱法》,学法《读书作文谱》。他的语文教学法理论,主要来自于他的实践。他历任会稽、长兴、仁和训导,"秉铎武林(杭州),课徒讲学",长期从事初、中级教育教学。他在这段言论中所述童蒙习字的一字式,是"正格中书大字,旁缝书小字",便是他在辗转各地教学中的发现。他的好处在于可以解决单学大字"日后不能小书",当然,如果单学小字,日后也不会大书。如此,大小字并练,可以从相互比

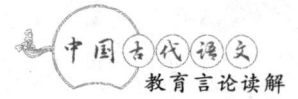

较中识得书写要领,也节省了纸张。另一点是大楷每行四字,教师只书一字以为式,其余三字让学生独立练写。如此既有学生可遵的范字,而且又方便学生用心临摹。

256

……童蒙初入学,止①宜写两字,不得过多。两字端正,方可换字。若贪字多,便难成就矣。

【清】唐彪《父师善诱法》

【注释】

①止:"仅"、"只"的意思。

【读解】

传统的习字教学,都从"写好字"的角度着眼,便会更多地去关注习字的规律、日后学书法的规律。这就自然地把识字、写字的相关性隔断了。如这段言论强调的只是"初入学,止宜写两字",不得过多,也不主张识什么、写什么。必须等两个字写端正了,写好,才可以再换两个或几个字,再不断地练写。写好了,再换字。选哪两个字写?也不会选难写的、结构复杂、不容易写好的字,而是要选由基本笔画组成的简单的字,突出有益于基本笔画的练习,如"上大人,丘乙己,化三千,七十士"之类。还有专门练写"永"字的主张,有"永士八法"的理论,就因为一个"永"字,集中了全部基本笔画:点、横、竖、撇、捺、折、钩。"永"字写好了,基本笔画的特征和运笔方法也就掌握了。

257

写字重在执笔,执笔之法全在掌虚指活①。今童蒙初学书,势必藉先生运笔,若不将物撑于童子手中,必将五指捏拢,后欲放开,令掌虚指活,难之至②矣。为之计③者,莫若将小轻圆木,或缝就小布团如鸡子样者④,令童蒙握手中,然后先生运笔,庶指与掌俱活动,而年长字易工矣。

【清】唐彪《父师善诱法》

【注释】

①掌虚指活:在传统写字教学中,另一说叫"指实掌虚",两者不一样的说法,本意却是统一的。所谓"指实",说的是握笔管的主指要实,但也要与"掌虚"相结合,而不可执笔过于用力。这样就可以达到"一稳二松"(手指握笔要稳,指、腕关节不可紧张,要松)的状态,这也就是"掌虚指活"的状态。

②难之至:十分困难的意思。

③计:这里指对策。
④鸡子样者:即鸡蛋的样子。

【读解】

唐彪十分强调执笔之法。为了达到"掌虚指活"的要求,关键要防止童稚握笔时五指捏拢,手势太僵的毛病。如果教师不予纠正,日后养成习惯,要再改过来,就十分困难了。为了解决这个问题,唐彪从教学实践中找到了巧妙的方法,即用小轻圆木,或缝一个鸡蛋样子的小布团,让童稚在习字时先握手中,然后运笔。这样就能帮助达到掌虚指活,到年长时字就容易写好了。

258

文征明临写《千字文》,日①以十本为率②,书③遂大进。平生与于书,未尝④苟且⑤,或⑥答人简札⑦,少⑧不当意,必再三易之不厌,故⑨愈老而愈益精妙。

【清】马宗霍《书林纪事》

【注释】

①日:每天。
②率:标准。
③书:指书法。
④尝:曾经。
⑤苟且:敷衍了事,马虎。
⑥或:有时。
⑦简札:信件、书信。
⑧少:稍微。
⑨故:所以。

【读解】

文征明(1470—1559),是明代的书画家、文学家,工行、草书,尤精小楷。善画花卉、兰竹、人物,与沈周、唐寅、仇英并称明代"四大家"。这段言论记的是文征明临摹《千字文》的轶事,他每天以写十本作为标准,勤学苦练下,书法技艺迅速进步。他平生对于写字,从来不马虎草率。有时给人回信,稍微有点不符合心意,一定要三番五次改写,绝不怕麻烦。因此,他的书法到老年,越发精妙。

文征明习字的精神就在于他的勤奋努力,一丝不苟,而且即使是平日写封信这样的小事也从不马虎,才练就了他精妙的书法技艺,这对习字教学也颇有启发。有些学生会比较重视习字课上的书写,练得比较认真。但平时做作业的书写,就会很随便、马虎,这就很难达到能写一手好字的要求。习字,要贵在所有的书写活动都能一丝不苟,并养成良好的习惯。文征明习字的经验,还是很值得我们学习的。

259

小儿习字,必令书"上大人①,丘乙己②,化三千③,七十士④,尔小生,八九子,佳作仁⑤,可知礼"也。天下同然,不知何起。《水东日记》言,宋学士晚年喜写此,必知所自。又《说郛》中亦记之。大抵取笔画稀少,童子易于识认耳。

【清】褚人穫《坚瓠集》

【注释】

①上大人:这里指的是中国儒家的创始人孔子。

②丘乙己:孔子名丘。

③化三千:在孔子门下求学的有三千弟子。

④七十士:指孔子学生中著名的有七十余人。

⑤佳作仁,可知礼:孔子的学问以"仁"为核心,并以为"仁"的执行要以"礼"为规范。

【读解】

在中国古代语文教学中,十分重视书法,从儿童入学起就教写字,但所习的字并不按照识字教材中的生字来写,而是另有一套。《百家姓》中的"赵钱孙李",《三字经》开头的"人之初,性本善"和《千字文》中的"天地玄黄",都要到很久以后才写得到。而孩童的习字帖是"上大人,丘乙己……"。据说,在敦煌遗籍中就有一页这样的东西:"上大夫丘乙己化三千七十二女小生八九子牛羊万日舍屯"(见《敦煌缀琐》,编者有按语:"以下字迹模糊,不可读。"可见还不止这些字)之所以写这些字,大抵取其笔画比较简单,多是独体字,易学好写,也符合习字先从写好基本笔画开始的要求。这是因为笔画最多、结构最复杂的汉字,其构成的元素笔画,即点、横、竖、撇、捺、折,把这些基本笔画写准确了,写好每一个字才有了坚实的基础。所以在传统的写字教学中,均以"上大人……"开始,还是有一定道理的。但是习字也应当与识字相结合,这不仅能解决习字问题,而且识了就写,以写巩固识,会很有好处。如果识字和写字互不相谋,就收不到巩固识字的效果。所以,现在提倡识写相通、识写互促,自然有其科学道理。当下的写字教学更看重"两条腿走路",一方面可以设定习字教材,按写字的规律来编,如笔画、部件、偏旁、间架、结构、独体字、合体字等等,一方面又结合识字作"生字书写指导",以寻求识写的合力。

260

学字亦不可早,小儿手小骨弱,难教以拨镫法①,八九岁不晚。学则学元秘塔、臧公碑之类,不可学小字。大有三分好,缩小,便五分好也。不可学赵②,他字有媚骨,所以受元聘③。

【清】王筠《教童子法》

【注释】

①拨镫法:书法名,其法为主指实掌虚,指不入掌,使虎口向空圆如马镫,以便易于拨动。

②赵:指赵孟頫。元代书画家,号松雪道人,宋太祖十一世孙。

③受元聘:指赵孟頫在元代被程钜夫引见忽必烈,以后关系日见亲近,此事被视为缺少了骨气。

【读解】

我国古代的习字教学,用的是毛笔。毛笔是软笔,而不是硬笔,书写的难度较高。因此,认为"学字亦不可早","小儿手小骨弱,难教以拨镫法"。所谓拨镫法:指写字的手势要主指实掌虚,主指握笔管而不入手掌之中,这样虎口间便呈现出入马镫一样的空圆形状,以便于拨动笔管,准确运笔。另一方面,王筠还提出了要先学写大字,不可先学小字。大字能写好,小字一定会写得更好。第三,他还特别指出"字如其人"的道理:赵孟頫字有媚骨,人就有媚气,所以会投奔元朝的忽必烈。因此认为习字不可学赵孟頫。当然,这只是一种观点,从另一面看,赵孟頫的书、画、诗、文在元、明、清时期名声很大,书法尤以楷书、行书著称于世。特别是他的行书,整体的笔势与体势极为协调,清秀中渗着俊雅,温顺中又显劲健,用笔简捷流畅,雅俗共赏,易懂易学,历来为世人所喜爱。

三 阅读教学

(一)勤 读

261

日知其所亡①,月无忘其所能②,可谓好学③也已矣④。

【春秋】《论语·子张》

【注释】

①所亡:所不懂的东西。所:代词。
②月无忘其所能:每月不忘记(复习)已经掌握的东西。
③可谓好学:可以说是重视和爱好学习。
④也已矣:复合语气词,肯定的语气用最后一字来表达。

【读解】

"日知其所亡",每天都能够对不懂的东西质疑问难;"月无忘其所能",每月又能不忘记复习梳理自己已经掌握的知识。这确实是两条十分宝贵的学习经验,同时又是一种很好的读书精神。有了这样的勤读精神,又能运用这样的学习经验,那肯定是一位爱好学习又善于学习的人了。要敢于质疑解难,又能及时温故知新,同样值得我们记取和运用。但这背后所显示的共同点,还是孔子的"学而时习"的思想。一方面是要"学",勤学好学,同时还要"时习"。陆九渊曾指出:"古人为学即读书。"孔子就是这样一位圣人,总是带着治学的目的和方法来读书,即"以学为读",反对"为读而读",因为死守章句式的读书,结果"诵诗三百,授之以政,不达,使于四方,不能专对。虽多亦奚以为?"(《论语·子路》)。所以,"日知其所亡,月无忘其所能",正是这种"学而时习"、"以学为读"的精神之写照。

262

不学自知,不问自晓,古今行事①,未之有也②。

【汉】王充《论衡·实知》

【注释】

①古今行事:古今经历过的事。行:经历。

②未之有也:从来没有过。这是一个倒装句,原为"未有之"。

【读解】

　　王充是东汉时代伟大的唯物主义思想家、教育家。这句话集中体现了他认为一切知识都来自后天的学习这样的唯物观点。"生而知之"是典型的唯心论。所以他说,"不学自知,不问自晓"的事情是不会有的,因而这种论调也是荒谬绝伦的。他在《论衡·实知》中提出的完整论述是:"不学自知,不问自晓,古今行事,未之有也。……故知能之士,不学不成,不问不知。……人才有高下,知物由学,学之乃知,不问不识"。

　　不学无法自知,不问也无法自晓,今天看起来这近乎常识。但在几千年前的东汉时期,在所谓"生而知之"的唯心主义大行其道的历史背景下能提出这样的唯物主义观点来论说教育与读书的问题,不能不说是重大的贡献。再说"不学无法自知,不问不能自晓"这样的常识,即使在今天也并非一定为所有人所深刻理解,并能身体力行。这就难怪前苏联著名教育家赞可夫会如此强调学生质疑的重要性:"只要学生能提问题,这就是重要的条件之一,它有利于形成和巩固学生对学习的内部诱因。单纯地听教师讲课不能充分地发动学生的精神力量"(《和教师的谈话》)。

263

　　口不绝吟于六艺之文,手不停披于百家之编①。记事者必提其要②,纂言者必钩其玄③。贪多务得,细大不捐④。焚膏油⑤以继晷⑥,恒兀兀⑦以穷年。

【唐】韩愈《韩昌黎全集》

【注释】

①"口不""手不"两句:口中不停地吟诵"六经",手中也不停地翻阅百家的论著。于:介词,对、在。六艺:就是六经,即《诗》、《书》、《礼》、《易》、《乐》、《春秋》。百家:诸子百家,各个学术流派。

②提其要:摘录其要点。其:指示代词,那。

③钩其玄:探索那深奥的道理。

④捐:丢弃。

⑤膏油:灯油。

⑥晷(guǐ):指日影。继晷:夜以继日的意思。

⑦恒兀兀(wù):恒:常常、经常。兀兀:用心劳苦的样子。

【读解】

　　这段话摘录自韩愈的《进学解》,文章假设师生对话,讨论学习与个人前途问题。文章开头即总结了前人和他自己治学做事的经验,告诉人们:"业精于勤,荒于嬉;行成于思,毁于随。"也就是说既要苦干实干,又要多动脑筋,反复研究;否则,就会一事无成。摘录的这段话就是弟子赞韩愈的学习之勤:口不停地念诵着《六经》,手不停地翻阅诸子百家的著作。阅读资料一类的书籍,必定写出提要;阅读理论一类的书籍又一定要探索它的精义。学习得到的越多越好,而且大的、小的都不肯舍弃。白天时间不够,还挑灯夜读,以补不足,经常一年到头地勤学用功。如此好学勤思,才使韩愈成为名师大家。他的这种学习精神和成功经验,一直为后人所敬重。

264

　　业精于勤①,荒于嬉②;行成于思③,毁于随④。

【唐】韩愈《韩昌黎全集》

【注释】

　　①业精于勤:指学业要精深,在于勤奋学习。
　　②荒于嬉:指它的荒废,却在于嬉戏玩乐。
　　③行成于思:养成好的品行,在于不断反省。
　　④毁于随:指它的败坏,却在于因循苟且。

【读解】

　　本句摘录自韩愈的《进学解》,是他在唐宪宗(李纯)元和七年(812)从职方员外郎再贬为国子博士(相当于国立大学教授)以后写的。文章开头即为"国子先生晨入太学,招诸生立馆下,诲之曰:业精于勤,荒于嬉;行成于思,毁于随。"在这里,韩愈自称是国子先生,即国子监(太学)的老师,召集学生教导说:"学业要精深,在于勤奋学习,它的荒废,却在于嬉戏玩乐;养成好的品行,在于不断反省,它的败坏,却在于因循苟且。"

　　"业精于勤,荒于嬉;行成于思,毁于随。"已成为历代传诵至今的至理名言,其丰富的内涵,值得我们去品味再三并终生践行。由此可见,传统并不都代表保守落后,能够在历史长河中保留下来的思想,在实践中必定有适合其生长的温润土壤,它们可能比某些舶来的所谓现代教育思想,更能够适合本土的人脉和地气。

265

　　昼课赋,夜课书①,间又课诗②,不遑寝息③矣。以至于口舌成疮,手肘成胝④……

【唐】白居易《与元九书》

【注释】

①昼课赋,夜课书:白天学赋,夜晚学书。课:动词,学习。

②间又课诗:有时又学诗。间:间或,有时。

③不遑(huáng)寝息:连睡眠休息的时间都没有。遑:闲暇。不遑:来不及,没有功夫。

④胝:胼(pián)胝(zhī),厚皮或老茧。

【读解】

这段言论摘自白居易的《与元九书》,是元和十年(815)白居易在江州写给元稹的。在这封信里,比较完整地提出了他的文学理论。但这段言论写的却是他勤学苦读的精神:白天学赋,夜晚学书,有时又学诗,连睡眠休息的时间都用上了,以至于口舌因勤读而成疮,手肘因书写磨出老茧。不管怎么说,这种苦学勤练的精神,确实令人敬崇。在今天,要学有所成,也一定要刻苦奋发。这里,"刻苦"与"痛苦"是不一样的概念,虽然都有一个"苦"字,但"刻苦"是自觉的行为,励志的举动,是苦中有乐,享受成就的快乐是最大的快乐。而"痛苦"是完全被迫接受的一种感受,显然,"苦"中只有"痛"而不会有"乐"。因此,"刻苦"是一种态度,自觉的刻苦,收获的是快乐;而"痛苦"是一种感受,绝不会"苦中有乐",除了"痛"就是"苦"。勤学敬业需要"刻苦",但那不是"痛苦"。

266

学者观书,先须读得正文,记得注解,成诵精熟,注中训释①文意,事物名义,发明经指②,相穿纽处③,一一认得,如自己作出来底一般,方能玩味反复,向上有透处。若不如此,只是虚设议论,如举业④一般,非为己之学也。曾见有人说《诗》,问他《关雎》篇,于其训诂、⑤名物全未晓,便说:"乐而不淫,哀而不伤。"某因说与他道:"公而今说诗,只消这八字,更添'思无邪'三字,共成十一字,便是一部《毛诗》⑥了,其他三百篇,皆成渣滓矣。"

【宋】朱熹(见《朱子语类辑略》卷二)

【注释】

①训释:字、句含义的解释。

②发明经指:阐发说明经文的内容要点。

③相穿纽处:指注释和经文相互关联的地方。

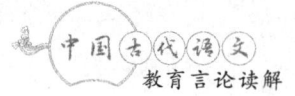

④举业:科举考试时考生所写的诗文。
⑤训诂:对古书字句的解释。
⑥《毛诗》:即《诗经》。

【读解】

　　这是朱熹关于学者应如何观书的一段言论,充分体现了他一再阐述的须"熟读精思"的主张。即先要读通正文;再要认得注中训释;三要——认得文中相穿纽处,如自己写出来的一般。如此成诵精熟,方能玩味再三,有自己的感悟和体验。这是正面提出的要则。接着,朱熹又以反例佐证:有人问《诗经》中的《关雎》篇,被问者根本没有好好读过,就只得虚设议论,以"乐而不淫,哀而不伤"的泛泛之谈来搪塞。如在这八个字上再加"思无邪",便是一部《诗经》的总评了。以此十一字拿来指评《关雎》,那其他的不都成了渣滓。言下之意是这种空泛的虚设,正是没有"熟读精思"所致。

　　"熟读精思"是朱熹的治学法门之一。他认为读书就应该从反复诵读入手,"成诵精熟",并做到"学"与"思"相结合,"精思"在于乐以质疑。他强调熟读和精思应该紧密联系,不可偏废。"若读而不思,又不知其意味,思而不读,纵使晓得,终是杌陧(wū niè,不安定的样子)不安……若读得熟又思得精,自然心与理一,永远不忘。"

267

　　大抵为学,虽有聪明之资①,必须做迟钝工夫②始得③。既是迟钝之资,却做聪明底样工夫,如何得?

【宋】朱熹(见《学规类编》卷九)

【注释】

　　①资:资质、禀赋。
　　②迟钝工夫:看起来笨拙,实际上是孜孜不倦、踏踏实实地探求学问的功夫。
　　③始得:才能有收获。

【读解】

　　朱熹在这里论说了人的先天资质与后天努力的关系。一般地说,做学问这件事,虽有聪明的天赋很重要,但还是要靠刻苦勤奋,甘于下笨功夫,才能有所收获。如果天赋比较迟钝,却想像个聪明人那样,自恃聪明而不肯下笨功夫,那又怎么会有收获呢?由此联想到荀况说过的话:"骐骥一跃,不能十步,驽马十驾,功在不舍。锲而舍之,朽木不折,锲而不舍,金石可镂。"(《荀子·劝学》)学习要有收获,靠的就是"锲而不舍"的精神和毅力,天赋的差异只是一个条件而已,并不是决定成败的主要原因。读书贵勤,于此可见。

朱子读书法,是中国古代阅读理论的重要组成部分。他的学生辅汉卿等把朱熹的读书法归结为六条,即"循序渐进"、"熟读精思"、"虚心涵泳"、"切己体察"、"著紧用力"、"居敬持志"。这段言论体现的正是朱熹认为读书应"著紧用力"的主张。即读书为学要在勤奋,能抓紧,舍得下苦功夫、花大力气,才能成功。他很重视情感在读书中的作用,指出读书要有自信,舍得下笨功夫,精神振作,不可松懈。"读书理会道理,只是将勤苦挨将去,不解得不休。文王犹勤,而况寡德乎!"

268

吾生本寒儒①,老尚把书卷。眼力虽已疲,心意殊未倦,正经首唐虞②,伪说起秦汉。篇章异句读,解诂③及笺传④。是非自相攻,去取⑤在勇断。

【宋】欧阳修《读书》

【注释】

①寒儒:生活贫寒的读书人。

②唐虞:唐尧和虞舜。唐,传说中的朝代名,为尧所建。虞也是传说中的朝代名,为舜所建。

③解诂:训诂。

④笺传:笺,注解。流传的古书中的注释。

⑤去取:对书中之义的舍与取。

【读解】

这是欧阳修写的《读书》诗之一。大意为:我本来就是一个生活贫寒的读书人,现在老了,但仍然放不下书卷。眼力虽然已大不如从前,但读书好学的心意并没有倦息。正确的记载、论说,当首推唐尧和虞舜时代,自秦汉以后就多了种种不同的论述。在相同的篇章里,句读常会有差异,这就要去推敲不同的解注和训释。在自相矛盾的是非诠释中,全凭读者去勇敢推断而决定取舍。全诗写出了欧阳修勤学好读、老而益壮的学习精神和推敲取舍、去伪存真、一丝不苟的读书态度。

269

先公(欧阳修)平生于物少所嗜好,虽异物奇玩,不甚爱惜,独好收蓄古文图书。集三代以来金石铭刻为一千卷,以校正史传百家讹缪①之说为多。藏书一万卷。虽至晚年,暇日②惟读书,未尝释卷。

【宋】《欧阳修全集》《附录》卷五欧阳发等《欧阳公事迹》

【注释】

①讹缪(é miù)：错误。缪，同"谬"。

②暇日：有空闲的日子。

【读解】

这段言论摘自欧阳发(欧阳修的儿子)等所编《欧阳公事迹》：欧阳修对于物质少有嗜好，即使是异物奇玩，也不很喜欢，唯独喜爱收藏古文图书。他集三代以来的金石刻本达一千卷，内容多以校正史传的百家之说中之错误处。家有藏书万卷。虽然到了暮年，仍然有空便读书，一直没有放下手中的书本。

欧阳修是北宋时代杰出的文学家，在写作方面以勤学苦练见称于世。他以身体力行，倡导了一个生气勃勃的诗文革新运动。同时在史学和考古学方面也卓有成就。他"独好收蓄古文图书"、"藏书一万卷"、"虽至晚年，暇日惟读书，未尝释卷"等等，都体现着他的勤读苦学精神。他在写作上也一样勤学苦练。他曾说："为文有'三多'：看多、做多、商量多也。"他写文章善于利用零星的空间、时间进行构思。当谢希深督导宋公垂利用上厕所的时间读书时，欧阳修告诉谢希深说："余平生所作文章，多在'三上'，乃马上、枕上、厕上也。"他的写作态度颇为严肃，每写一篇文章，便把草稿贴在墙上，从早到晚，边读边改，直到自己满意，才拿出去。

270

放翁白首归剡曲①，寂寞衡门书满屋。藜羹②麦饭冷不尝，要足平生五车读。校雠③心苦谨涂乙④，吟讽声悲杂歌哭。三苍⑤奇字已杀青⑥，九译⑦旁行⑧方著录。有时达旦不灭灯，急雪打窗闻簌簌。倘年七十尚一纪⑨，坠典断编真可续。客来不怕笑书痴，终胜牙签新未触⑩。

【宋】陆游《读书》

【注释】

①剡曲：一条小溪名，在陆游三山别业东侧，因唐玄宗赐贺知章"镜湖剡川一曲"而得名。

②藜羹：藜草做的羹汤。

③校雠：校对。

④涂乙：抹去文字和勾改文字。

⑤三苍：古字书。

⑥杀青：将作竹简的竹用火烤以除竹汗，防虫驻。

⑦九译：多次翻译。

⑧旁行:当时指外族或外国横写的书籍。
⑨尚一纪:加上十二年。
⑩"终胜牙签新未触":终要胜过有许多新书而不读的人。

【读解】

　　这是一首陆游记述自己一生喜爱读书的事。全诗以"书痴"自喻为主旨,先说在困苦的生活环境中如何勤读;再说勤读中如何专心致志,精思深研,乃至通宵达旦;接着还说到今后如何整理古籍。

　　陆游的这首诗写于孝宗淳熙九年(1182)正月,时陆游五十八岁,在山阴(今浙江绍兴)三山别业。全诗表达了他一生喜爱读书,勤阅苦学的事。他自谓"书生习气重,见书喜欲狂"。晚年更以读书为乐,曾认为:"储积山崇崇,探求海茫茫。一笑语儿子,此是却老方。"完全是一个沉迷于读书的"书痴"形象。

271

　　书卷多情似故人,晨昏忧乐每相亲。眼前直下①三千字,胸次②全无一点尘。活水源流随处满,东风花柳逐时③新。金鞍玉勒④寻芳客,未信我庐别有春。

【明】于谦《观书》

【注释】

　　①直下:一直看下去。
　　②胸次:胸中。
　　③逐时:随时。
　　④金鞍玉勒:以金制的马鞍,玉制的勒口来喻指富贵公子。

【读解】

　　于谦是明永乐十九年(1421)进士,授御史,后超迁兵部右侍郎,巡防各地,体恤民情,是深得民心的好官,临大变则为一腔热血的社稷之臣。他好读书,善诗文,虽并非纯诗人,但所作皆自然率真,不加藻饰,一些忧国忘家的诗,也出于性情,不是为了装点姿态。这是写诗人读书时的真切感受,好书多情,就像老朋友一样,无论是晨昏时,还是忧乐中都能因诵读而获得相亲的快乐。一直读下去,不知不觉中已有数千字,胸中顿觉神清气爽,了无点尘。这时,唯觉书中的知识,像源泉流水一般到处可汲,而且汲也汲不尽;那生动丰富的内容,像红花绿柳一样,在东风吹拂下,时时有新美的境界呈现在眼前……如此的读书之乐,正说明了诗人不仅好读,而且善读,其读书之心得,很值得我们体察借鉴。

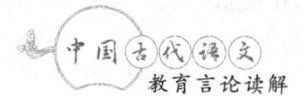

272

其业有不精，德①有不成者，非天质之卑②，则心不若余之专③耳，岂他人之过哉④?

【明】宋濂《送东阳马生序》

【注释】

①德：德行，品行。

②天质之卑：天资低下。旧时称人生下来资质有聪明与否的差别，称"天资"。

③心不若余之专：用心不如我的专一。余：我。

④岂他人之过哉：难道是别人的过失吗？

【解读】

这一则言论强调的是学习、读书用心专一是精通业务、完善品德的主观条件。宋濂(1310—1381)，字景濂，浙江浦江人，明初著名文学家。少年时代刻苦自学，读了很多书，后来以文章著名。这段言论节选自宋濂的《送东阳马生序》，写于洪武十一年(1378)，是宋濂自家乡到应天去见朱元璋时所写。他以自己在买书、求师不易的情况下，如何刻苦学习的亲身经历，劝勉当时的太学生不要辜负良好的条件，要努力学习。东阳(今浙江浦江一带)的马生，当时已入太学二年。这段言论是全篇文章的总结，也是他自己刻苦治学的经验总结。

他对晚辈是如此教诲，自己也是尊师重道的典范。为了求教于名师，他冒着严寒，步行百里，拜师求学。当时，天下着大雪他也在所不顾。到了客栈，四肢都冻僵了。他的老师名气不小，对待学生一直很严厉，宋濂总是恭恭敬敬站在一边听他教诲，小心翼翼地提出疑问。但有时候先生不耐烦，会厉声斥责他："你连这都不懂吗？"宋濂总会在先生心平气和时，再把问题提出来，请先生讲解。因为他虚心好学，先生虽然十分威严，还是给他传授了不少的心得。所以，宋濂说："我虽然不很聪明，到底还学了一些知识。"因此他认为：业之不精，德之不成，非天资之卑，乃自己用心不专，非他人之故。

273

凡先生①之游，以二三马骡载书自随。所至厄塞②，即呼老兵退卒③询其曲折；或与平日所闻不合，则即坊肆中发书而对勘之④；或径行平原大野⑤，无足留意，则于鞍上默诵诸经注疏⑥，偶有遗忘，则即坊肆中发书而熟复之。

【清】全祖望《亭林先生神道表》

【注释】

①先生:指顾炎武,明末清初学者,人称亭林先生。
②厄塞:险要的军事重地。
③退卒:退伍士卒。
④对勘之:对照着加以比较、校勘。
⑤径行平原大野:径行:经过。大野:旷野。
⑥诸经注疏:各种儒家经典的注疏。疏:解释。

【读解】

顾炎武,原名绛,字宁人,江苏昆山人。学者称亭林先生。他是明末清初的爱国主义思想家和杰出的学者。

顾炎武从小酷爱读书,对重要历史著作,他都能背诵。他还遍读各朝实录、野史、笔记及天文、地理、诗赋、词章等,特别注意研究当时的现实问题。

从四十五岁起,为了读更多的书,开始了行万里路,先后到鲁、冀、辽、晋、陕、甘等省。这段文字记述的便是顾炎武在行旅途中的勤读事例。他在旅途常以两匹骡马驮书跟着,所到军事要地,即传呼老兵或是退伍的士卒,询问调查有关情况,如果发现与自己知道的不合,就马上到就近的书坊中去,找相关的书查证,对照着加以比较;有时经过平原旷野,没有什么可以关注的,就在马鞍上默默背诵各种经典的注疏,如偶有遗忘,就到近处的书坊中翻书查对,再作复习熟读。

顾炎武一生如此勤奋好学,不愧为我国历史上一位承前启后的大学者。

274

年四十有一①,始得肆力②于司马公《通鉴》③全书。怒而读之,跃然喜矣;忧而读之,欣然乐矣;躁而读之,悠然怡④矣。宁或⑤有终日不食之时,未有终日不读之时也。

【清】严衍《研究〈资治通鉴〉》

【注释】

①年四十有一:四十一岁。有:同"又"。
②肆力:尽力、努力。
③司马公《通鉴》:司马公:宋代学者司马光。《通鉴》:《资治通鉴》。
④怡:快乐、舒坦。
⑤宁或:宁:宁可。或:偶尔。

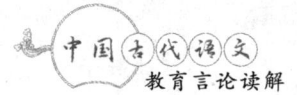

【读解】

　　这则言论摘自清代严衍的《研究〈资治通鉴〉》。《资治通鉴》为司马光编写,当时知名的史学家刘恕、刘攽、范祖禹等协助,前后花了十九年时间(1066—1084),把上至战国,下至五代,共计一千三百六十二年的史实,按编年体裁写成二百九十四卷。这段话是严衍研读《资治通鉴》的心得体会,讲了读书的功效,可以化怒为喜、化忧为乐、化躁为怡;还讲了读书是生活的需要,宁可终日不食,不可终日不读。无疑包含着夸张,但也会使人悟出一个道理:读书好,读书有用,读书很有乐趣。读书就是独立地在知识的海洋里航行,不仅关系到开智,而且是修身、养性,获得处世为人之道。

275

　　吾资之昏不逮人①也,吾材之庸不逮人②也;旦旦而学之③,久而不怠④焉,迄乎成⑤,而亦不知其昏与庸也。

【清】彭端淑《为学一首示子侄》

【注释】

　　①吾资之昏不逮人:我天资迟钝,及不上人家。
　　②吾材之庸不逮人:我才能平庸,及不上人家。
　　③旦旦而学之:天天认真地学习。旦旦:天天,经常。
　　④久而不怠:长期学习下去而不懈怠。
　　⑤迄乎成:等到有了成就。迄:等到。

【解读】

　　彭端淑,字乐斋,清代四川丹棱人。雍正十一年(1733)进士,历任吏部郎中等职,后辞官家居,在四川锦江书院讲学,卒年八十一岁。本则言论节录自《为学一首示子侄》,文章以四川两个和尚朝南海的故事作比喻,生动而扼要地论述了难与易、聪明与昏庸之间的辩证关系。全文中心在于点明"人之为学有难易乎?学之,则难者亦易矣;不学,则易者亦难矣",即使我天资迟钝,及不上人家,即使我才能平庸,及不上人家,但只要天天认真地学习,勤奋读书,长期坚持下去而不懈怠,等到有了成就时,你也不知道我原先还是个迟钝和平庸的人呢。

276

　　聪与敏①,可恃②而不可恃也;自恃其聪与敏而不学者,自败③者也。昏与庸④，可限⑤而不可限也；不自限其昏与庸而力学不倦者，自力⑥者也。

【清】彭端淑《为学一首示子侄》

【注释】

①聪与敏：聪明和敏捷。

②恃：依靠、凭借。

③自败：自甘失败。

④昏与庸：迟钝和平庸。

⑤限：限制、阻碍。

⑥自力：自求上进。

【读解】

　　这是彭端淑《为学一首示子侄》的总结，作者指出，难与易、聪敏与昏庸都是可以转化的。转化的条件，就是人们的主观努力程度。天赋的聪与敏，并非都是可以依靠的，如果你仰仗了聪敏而不努力学习，必败无疑；反过来说，昏与庸，也可以是一种阻碍或根本不成其为阻碍。如果你不为昏与庸的阻碍而努力学习，一样可以求得上进。全文的主旨在于勉励人们勤奋读书，自求上进，很有积极意义和启发作用。

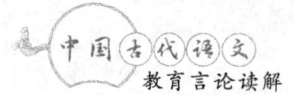

（二）博 读

277

知古不知今，谓之陆沉①。……知今不知古，谓之盲瞽②。

【汉】王充《论衡·谢短》

【注释】

①陆沉：泥古而不合时宜。这里指只知古代如何而不问现实状况的人。

②盲瞽(gǔ)：瞎眼。指那种只盲目跟从别人而不懂事理的人。

【读解】

历史的长河川流不息，无法割断。"昨天"是"今天"的"传统"，而又是"前天"的现代；"明天"是"今天"的未来，却又是"后天"的历史。所以"知古"不"知今"或"知今"不"知古"都会是不合时宜的"盲者"。

王充，字仲仁，是我国东汉时代伟大的唯物主义思想家。这段言论摘录自他的《论衡》一书，这是一部包括八十五篇文章，长达二十多万字的巨著。关于古今关系的论述，正是他唯物主义思想在这方面的具体表现。

278

立片言而居要，乃一篇之警策①。虽众辞之有条②，必待兹③而效绩④。亮⑤功⑥多而累⑦寡，故取足而不易⑧。

【晋】陆机《文赋》

【注释】

①警策：使马警动的鞭策，这里指文章的精辟之处。

②条：文章的条理。

③兹：指文章的精辟之处。

④效绩：意指发挥作用。

⑤亮：通"谅"，实在，果真。

⑥功:功用。
⑦累:累赘。
⑧不易:不可改动(的文句)。

【读解】

陆机(261—303),字士衡,是西晋著名的文学家。祖父陆逊是三国时吴国丞相,父亲陆抗为大司马。陆机十三岁就领父兵为牙门将。280年吴亡,返家闭门勤学十年。晋武帝太康(280—289)末年,与弟陆云同至洛阳,以文才倾动当时,被征聘为祭酒,累迁太子洗马、著作郎。陆机的诗文崇尚藻饰,讲求排偶,多模拟之作,成就不是很高。但他的《文赋》(作于青年时代),却是我国文学理论史上的一篇重要著作,起了承前启后的作用。这段言论,摘自《文赋》,大意是说在一篇文章中应该有可以居要的话,成为文章的精辟之处。这对于有条理的文章来说,也会因为有了精辟句子的出现就更能表达其功能。词句有条理,而又有警句突出中心思想,这样一篇文章之中的成功的地方多,累赘的词句少,文章就站得住,不必再改动了。

"博读"的角度看,读的书固然要广博,但也必须能抓得住片言居要之处,方能得其"警策",获取要旨才是。

279

好读书,不求甚解①;每有会意②,便欣然忘食。

【晋】陶渊明《五柳先生传》

【注释】

①甚解:详尽的解释。
②会意:体会领悟。

【读解】

陶渊明(365—427),一名潜,字元亮,是东晋时代的著名诗人。他自号五柳先生。这是在他所写的《五柳先生传》中的一句,意思是他喜欢读书,但不求处处都作详尽的训释;但在每有感悟时,便会玩味思考再三,深深地沉迷于此,甚至忘记了吃饭。陶渊明在这里写的是他的读书心情,也反映了一种读书常态。读书有略读和精读,常态的读书不可能处处去字斟句酌,训释索隐。否则他就不可能读很多书,更谈不上"博览群书"了。真正会读书的人,最关注的还是书中唤起了读者思索并有所感悟的地方,会去探求品味,读出不一般的新意。读者沉醉于斯时,甚至会废寝忘食。由是观之,陶渊明的读书心得,堪称可贵。对照当下语文教学现状,确有可供反思之处。柳斌同志曾对此有一评说:古人好读书不求甚解,现在的学生是求甚解不好读

书。说得真是一针见血。

280

凡操①千曲而后晓声②,观③千剑而后识器④;故圆照之象⑤,务先博观⑥。

【南北朝】刘勰《文心雕龙·知音》

【注释】

①操:弹奏。

②晓声:懂得音乐。

③观:观察。

④识器:鉴别兵器。

⑤圆照之象:公正而无偏见地给予反映。圆照:本系佛教语,指各方面都照见,意为公正无偏。象:镜中之象,即反映。

⑥务先博观:首先必须广泛地阅读各种著作。

【读解】

这是刘勰在《文心雕龙·知音》中的一段名言。大意是:掌握上千支曲子,而后才懂得音乐;观察过上千把宝剑,而后才能识别剑的好坏。所以要对外界事物认识得公正而无偏向,首要的条件是必须有广泛的观察和比较。读书也一样,要提高对文体的辨识能力,必须广泛地阅读各种著作。

今天,"操千曲而后晓声,观千剑而后识器",已是脍炙人口的至理名言,而成为鼓励人们博读广识的思想利器。博读之乐在于一卷在手,百册相伴,供参照,资佐证,看天地之正道,阅万古之华章。如日月之光,辉映锦绣山川;听天籁之声,鸣响华美大地。于是,字里行间,但见世界今古往来,先哲谈笑风生。这里有孔孟老庄的要言妙道,莎士比亚的文采风流,哥白尼的坚定勇猛,司马迁的忍辱负重,乃至曹雪芹的如椽大笔,鲁迅的匕首投枪……这便是博读广识的那种境界了。

281

自知①读书为文,日记②数千百言。比壮③,经书通念晓析④……诸史百子⑤,皆搜抉无隐⑥。

【唐】李汉《韩昌黎集序》

【注释】

①自知:自从知道。

②日记:指每日记录的。

③比壮:到了壮年。
④通念晓析:所有经书都通读了,全能明白地剖析其意义。
⑤诸史百子:泛指各种史传和百家的著文。
⑥搜抉无隐:意思是都读遍了,无遗漏。

【读解】

这是唐代李汉在《韩昌黎集序》中的一段话。韩昌黎即韩愈,字退之,世称韩昌黎。他不仅是古文运动的倡导者,而且是杰出的古文家,被列为"唐宋八大家"之首。韩愈治学,以"勤"著称。这里记述的便是他自从知道读书为文始,就每日笔记数千百言。到了壮年,所有的经书都已通读,全能明白地剖析其含义;对于各种史传和百家的著文,也已搜集选择,没一点儿遗漏。韩愈如此博读勤学的精神,自然也勉励着一代一代的后人。

韩愈治学,不仅勤奋,而且十分讲究方法。他在《进学解》里说:"记事者必提其要,纂言者必钩其玄。"意思是:读叙事性的书和文章,必须提出纲要;读理论性的书和文章,必须钩出精义。他主张读书要提纲挈领,抓住主旨。要勤于作笔记;而读不同性质的书,又有不同的笔记法。这才会有助于记忆和理解、从而达到举一反三、触类旁通的境地。

282

学者欲博闻旧事,多识其物①。若不窥②别录③,不讨④异书⑤,专治周孔⑥之章句,直⑦守迁固⑧之纪传,亦何能自致于此⑨乎?

【唐】刘知几《史通杂述》

【注释】

①博闻旧事,多识其物:广泛地了解历史掌故,多多知道万事万物。
②窥:浏览,阅读。
③别录:原专指刘歆汇编经书叙录的著作,这里与下文"异书"并提,可作"别集"解。别集:汇编个人作品的诗文集。
④讨:研究、探讨。
⑤异书:各种不同的论著。
⑥周孔:周公、孔子。
⑦直:只。
⑧迁固:司马迁、班固。这里指他俩所著的《史记》和《汉书》。
⑨何能自致于此乎:哪会到达这样的地步呢? 此:指上文的"博闻旧事,多识其

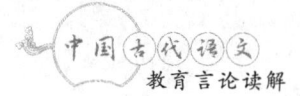

物"。

【读解】

刘知凡(661—721),唐代的史学家,字子玄。生平专攻史学,通览各史,能分析其利弊得失,认为史学家须兼"史才"、"史学"、"史识"三长,而尤重"史识"。这段文字正是他在《史通·杂述》中所表达的立足于博读广识的史学观。其实不只是史学家,所有的学者,都应当广泛地了解历史掌故,多识万事万物。如果不广泛浏览各种"别录"、"异书",而只局限于周公、孔子,束缚于《史记》、《汉书》,又哪里能达到"博闻旧事"、"多识其物"这样的境界?博读广识对于治学为文之重要,于此可见一斑。

283

仆①少好学问,自五经之外,百氏之书未有闻而不求②,得而不观③者。

【唐】韩愈《答侯继书》

【注释】

①仆:古人自称的谦词。

②闻而不求:听到却不去寻求。

③得而不观:得到却不去阅读。

【读解】

这一则是对"口不绝吟于六艺之文,手不停披于百家之编"的绝好补充,说明韩愈的"少好学问",学得勤,读得多。"自五经之外,百氏之书未有闻而不求,得而不观者"一句,对"博读"的诠释可谓淋漓尽致。首先"五经"(指《易》、《书》、《诗》、《礼》、《春秋》五种儒家经书)是熟练之列,而诸子百家之作,只要知道其名,就一定设法求得;只要能够求得,就一定认真阅读。这就近乎无书不读了。读书能如此广博,决非一朝一夕之事,所以,韩愈"少而好学"是必须的,当然也是必要的。

284

先生①口不绝吟于六艺②之文,手不停披③于百家④之编。纪事⑤者必提其要,纂言⑥者必钩⑦其玄⑧。贪多务得,细大不捐⑨。

【唐】韩愈《进学解》

【注释】

①先生:指作者自己。这段话是假设学生说的。

②六艺:指冠、婚、丧、祭、乡和相见礼。

③披:翻阅。

④百家:诸子。《汉书·艺文志》言诸子有一百八十九家。

⑤纪事:指阅读记事的著作。

⑥纂言:指研究理论著作。

⑦钩:探究。

⑧玄:深奥的道理。

⑨捐:弃。

【读解】

在学生的眼里,先生是一个好学勤作、潜心研究的人。特别是口孜孜不倦地咏诵六艺之文,手则废寝忘食地批阅着百家之编,读记事的著作要提出其纲要,读理论的著作则要探求其幽深的问题。这实在是十分可贵的读书经验,很值得揣摩和借鉴。

韩愈的《进学解》,作于唐宪宗(李纯)元和七年(812),从职方员外郎再贬为国子博士(相当于国立大学教授)以后写的。全文以假设师生之间的一场对话,借学生之口代自己鸣不平。

读书不仅可以治愚,而且是一种十分尊贵的精神享受。这是人类从古至今,一脉相传的生命追求。有人说:最庸俗的人是不爱书的人,最吝啬的人是不买书的人,最可怜的人是不读书的人,最无能的人是不爱写作的人。此话不假。

285

虚窗达深暝①,明膏②续飞光。搜穷力虽惫③,磨砺志须偿。譬如勤种艺,无忧匮困仓。又如导涓涓④,宁难致汤汤⑤。昔废渐开辟,新输日收藏。经营但亹亹⑥,积累自穰穰⑦。既多又须择,储精弃其糠。

【宋】曾巩《读书》

【注释】

①深暝:深夜。

②明膏:指灯光。

③惫:疲倦。

④涓涓:细流。

⑤汤汤:水流浩荡。

⑥亹(wěi)亹:勤勉的样子。

⑦穰(ráng)穰:丰盛、众多的意思。

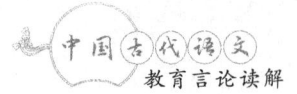

【读解】

曾巩,字子固。北宋南丰(今属江西)人,为唐宋八大家之一。他年幼时就聪慧卓群,而且十分好学。读几百字的文章,能够脱口成诵。十二岁时,试作《六论》,援笔而成,而且文笔优美,气势不凡。十六岁时便开始研究《六经》。他在外多年,但一直没有得到官府赏识,他也毫不在意,始终以学业为重,以事业为任。他全力支持欧阳修的诗文革新运动,关心当时的政治改革。这首《读书》诗,写的就是他夜以继日、勤学苦读的事。他的治学十分注重积累,以勤劳耕作,方得丰收作比喻,而且注重多中择优、储精弃糠的提炼和升华。

中年后,曾巩埋头校读。他三十九岁中进士,不久即奉诏编校史馆书籍。在整理古籍方面贡献颇多。每校勘一书,必撰写序文,借以辨清内容,考证源流。如《战国策》、《说苑》等书,如没有曾巩的精心访求采录,恐怕早就失传了。

286

如今读书且平平读①,未晓处②且放过,不必太滞③。

【宋】《陆象山语录》

【注释】

①平平读:泛读,不加深思地读。
②未晓处:还不明白的地方。
③滞:凝滞,拘泥。

【读解】

陆象山(1139—1193)即陆九渊,南宋哲学家、教育家,因曾结茅讲学于象山(在今江西贵溪西南),学者称象山先生。其学与兄九韶、九龄并称"三陆子之学"。他是心学创始人。这段话出自《陆象山语录》,提倡一种常用的读书姿态是平平读,即"泛读",未晓处不妨先放过,不必太拘泥。当然,读书也应当量中求质。首先你要能读过很多书,方能分其良莠,再仔细去品读发现的好书,进入精心研读的境界。所以,博读、略读或泛读,只是一种读书状态,并不因此否定"精读"之重要和必要。从某个角度看,与陶渊明的"好读书,不求甚解,每有会意,便欣然忘食",有其共通之处。另外,陆象山在这里强调的是"不必太滞",一个"太"字,说明了这就不是粗心大意的一目十行;"且放过"也只是暂且搁置,不等于是糊里糊涂地满足于囫囵吞枣。

陆象山是我国阅读史上著名的研究读书方法论的人。他的读书法有五大要点,即"自立自得"、"质疑切思"、"优游读书"、"整体明了"和"实学躬行"。这段言论应是他"优游读书"的一个方面,他不主张学习要"穷搜细索",更反对死抠字眼,沉溺章句,而提倡"贵精熟","优游讽咏,使之浃洽,与日用相切,非但空言虚说","读书之法,必须平平淡淡去看,仔细玩味,不可草草。"他还一再强调:"学者读书,先于易晓处沉涵熟复,切已致思,则他难晓者涣然冰释矣"。

287

读经而已,则不足以知经。故某①自百家诸子之书,至于《难经》、《素问》、《本草》②诸小说③,无所不读;农夫女工④,无所不问。然后于经为能知其大体而无疑⑤。

【宋】王安石《王临川全集》卷七十三《答曾子固书》

【注释】
①某:作者自称。
②《难经》、《素问》、《本草》:都是医药典籍。
③小说:这里指笔记、杂记一类的书。
④农夫女工:指耕作、纺织等事。
⑤于经为能知其大体而无疑:对于经书,就能懂得大体而没有疑难了。

【读解】
读经,不能仅仅满足于知经。所以,"我"对于诸子百家的书甚至于如《难经》、《素问》、《本草》等一类的医药书,各种笔记、杂记等都找来读;对农夫女工,又常常向他们问各种问题。只有这样力求博读广识,才能理解经书的大体内容而没有疑难了。

这是王安石在《答曾子固书》中的一段话,也是王安石的读书经验:无论诗文,都要读得广泛,通晓古今;还要不耻下问,虚心求教。这样才能真正解惑。他从小跟着父亲奔走南北,怀有远大理想。他说:"世之奇伟瑰怪非常之观,常在于险远。"而人"入之愈深,其进愈难,而其见愈奇"。正是基于这样的认识,他才能为了实现自己的远大理想而刻苦好学,乃至诸子百家之书无所不读;《难经》、《素问》、《本草》诸小说,无所不攻;农夫女工,无所不问。既能博采百家,而又自成一体。

288

博观①而约取②,厚积③而薄发④。

【宋】苏轼《杂说·送张琥》

【注释】
①博观:博读、博览。
②约取:取其精华的意思。

③厚积:指学养的积蓄十分丰厚。
④薄发:不随便发表意见。

【读解】

苏轼的这十个字,两两为对,相反相成,既是他宝贵的治学经验,又具有普遍的学养指导意义。"观"无论是观书,还是阅事,都以"博"识为佳,但博观又毋忘"约取",只能取其中的精华;"积"自然是以丰厚为上,但不要以为自己有所积累而信口雌黄,还是不应随便发表意见,以谨言慎行为上策。从另一方面看,"约取"离不开"博观",没有"博观"的根基就谈不上去选择"约取";而"薄发"又必须有"厚积",唯学养丰厚的人才明白什么该说,什么不该说,做到不随便发表意见。再从第三方面看"厚积薄发"又离不开"博观约取"这个基础,没有"博观"又何来"厚积",不懂得"约取"也就难以"薄发"了。这个理儿不是只适合学者、名家,即使小学生也不例外。对此,叶圣陶老先生就曾言:"写东西靠平时的积累,不但著名作家、文学家是这样,练习作文的小学生也是这样。小学生今天作某一篇作文,其实就是综合地表现他今天以前知识、思想、语言等方面的积累。"显然,个中的机理也蕴含着"博观而约取,厚积而薄发"的道理。

289

作诗须多诵古今人诗。不独诗尔①,其他文字皆然②。

【宋】欧阳修《欧阳修全集》《试笔·作诗须多诵古今诗》

【注释】

①不独诗尔:不仅作诗要这样。
②皆然:也一样。

【读解】

博读是好学之道,也是做学问必须打好的坚实基础。欧阳修这里说得很明确:不光是作诗先要多读古代和今代诗人的作品,作其他文字,道理也一样。他不仅是当时诗文革新的倡导者和积极参与者,而且也领导过官修的《新唐书》编写工作,并且独立完成了《新五代史》。这两部史书,后来都列入了《二十四史》。他的文笔俊逸,自然得益于博读的功底。因此,这一段言论无疑也是他的经验之谈。欧阳修在这里强调的是多读、博读,这正是中国传统语文教学的精华所在。古人云:流水之声可以养耳,青禾绿草可以养目,观书译理可以养心。一册册的好书就是尘世里的一盏盏明灯,照亮了人们的心灵,也照亮了个体生命成长、发展的道路。读书的高尚、神圣,就因为它可以内化为一个人的品格、智慧和力量,带来精神世界的丰富和心灵魂魄的振奋。不仅关乎作诗、著文,而是可以让人活出人生的大境界。

290

钱思公虽生长富贵,而少所嗜好①。在西洛时,尝语寮属②,言平生惟好读书,坐则读经史,卧则读小说③,上厕则阅小辞④,盖未尝顷刻释卷⑤也。谢希深亦言宋公垂同在史院,每走厕,必挟书以往,讽诵之声琅然,闻于远近。其笃学⑥如此。余因谓希深曰:"余平生所作文章,多在三上,乃马上、枕上、厕上也。盖惟此尤可以属思⑦尔。"

【宋】欧阳修《欧阳修全集》《归田录》卷二

【注释】

①虽生长富贵,而少所嗜好:虽然生长在富贵人家,却很少有什么嗜好。

②寮(liáo)属:属吏,部下。

③小说:有两种解释:一指诸子百家的书,一指琐细的记载,如杂记、笔记以及考证事物的文字等等。它和现在通称"小说"这一文学体裁有区别。

④小辞:短文。

⑤释卷:放下书本。

⑥笃学:踏实认真地学习。

⑦属(zhǔ)思:思路连续,不间断。属:连贯。

【读解】

这段言论说的是名家高手之博读勤写都离不开充分利用零星的空闲时间。先说钱思公平生爱好只有读书,为了充分利用时间,"坐则读经史",需要思索考证、熟读精思;"卧则读小说",杂记、笔记一类的书,读起来比较轻松一些;"上厕则阅小辞",那些短文会更读得自由放松。当谢希深说道宋公垂也利用上厕所的时间读书时,欧阳修告诉谢希深说:"我平生所写的文章,也多在'马上'、'枕上'、'厕上'。""马上"是写于行旅途中,"枕上"是写于睡觉时刻,"厕上"自然是写于上厕所之时。

当然,我们应当借鉴的是古人惜时勤读的精神,而不可拘泥于这种生活方式。用现代保健的角度看,"枕上"、"厕上"、"马上"读书都会有违保护视力的原则,是不宜提倡的。

291

半亩方塘一鉴①开,天光云影共徘徊。问渠②那得清如许③?为有源头活水来。

【宋】朱熹《观书有感》(之一)

【注释】

①鉴:镜子。
②渠:指方塘。
③如许:这样。

【读解】

方塘之所以清澈如镜是因为有源头活水,以此比喻做学问应"通而不塞",只有博览群书、深入钻研,不断补充新知识,才能使识见通达,头脑清新,才能领悟到一种新的境界。此诗可谓诗化的"朱子读书法",富有哲理,寓意深刻,一直传诵于世。现在广泛地用以说明无论是文学艺术的创作还是学习深造,都要有社会生活、知识世界这个源泉,方能推陈出新,有所成就。

朱熹的这首《观书有感》也是他为学之道的体现。对于如何读书,他提出了许多精辟的见解。他的门人将其归结为六个方面,其中之一便是"切己体察",即读书不能只在纸面上做功夫,还需更关注它来自实践的"源头活水",去"切己体察",领会其超越了书本的精神实质。所以,读书人更要注重身体力行,与实践相结合。他说:"读书,不可只专就纸上求理义,须反来就自家身上推究。"更多地汲取那源头活水才是。

292

福州陈正之极鲁钝①,每读书,只读五十字,必二三百遍方熟。可是他持续不断,日久天长,知识与日俱增,后来无书不读,终于成了一个博学之士。

【宋】朱熹《训学斋规》

【注释】

①鲁钝:愚笨。

【读解】

读书治学,主要不在人的天分是聪敏还是愚钝,而在于能否奋发进取、持之以恒。朱熹在《训学斋规》中的这段话,就举了福州陈正之的例子,原先是很愚笨的,每次读书,只能读五十字,而且要诵读两三百遍才能达到读熟。可是因为他能坚持不懈,日久天长,知识与日俱增,人也就变得聪敏起来。后来,竟然达到了无书不读的境界,终于成了一个博学之士。

古人勤学苦读的精神,往往集中表现在克服由于种种学习条件所造成的困难上,如家贫上不起学,没钱买书、买纸、买灯油;还有拜师不易。至于"天资"迟钝也是一个重要方面。正是这些困难,让他们砥砺奋进,自强不息。曾参的"天资"本来也不好,可是由于他主观努力,结果成了孔子的得意门生。清代的章学诚,年轻时候就很愚钝,但他并不因此气馁,相反更加勤奋努力,日夕披览,孜孜不倦,后来终于成为学识渊博的人。古人这种勤学苦读的精神,很值得我们学习。

293

大约以看读写作四字为提纲:读熟书(经类及《文选》《古文辞类纂》)以沃①其义理之根,看生书(史类)以扩②其通变③之趣,写字以观其用心之静躁④,作文以验其养气之浅深。四者具而学生之基业始立,鲜憝志⑤亦鲜遁情⑥矣(初上学者,先作读写两字功课为要)。

【清】龙启瑞《家塾课程》

【注释】

①沃:滋润。

②扩:扩展。

③通变:不拘泥于常规,随机应变。

④静躁:冷静浮躁。

⑤鲜(xiǎn)憝(tè)志:邪恶的志趣少了。鲜:鲜、少。

⑥鲜遁情:虚假的感情少了。遁:逃,引申为虚假。

【读解】

新中国成立以来的语文教学,我们曾强调过要重在"双基"落实。所谓"双基",指语文"基础知识"的字、词、句、篇和"基本能力"的听、说、读、写。数百年前龙启瑞在《家塾课程》中说的这段话,却着重讲看书、读书、写字、作文的重要性及其不同的功用。龙启瑞将其归纳为"看读写作"四字为提纲,指出"读"熟书主要是经类及《文选》、《古文辞类纂》一类,可以滋润学生的义理之根;"看"生书主要是史类之书,可以扩展其通变之趣;"写"字可以观察学生用心之静躁;"作"文可以检验学生养气之深浅。这四方面都有了,学生学习的基业才得以建立,而邪恶的志趣少了,虚假的感情少了。当时的"看读写作"应该就是默读、朗读、写字、作文,与当代的"听说读写",即听话、说话、阅读、写作,这比"看读写作"已有明显发展,但"读"与"写"两要素却是不变的。

294

必尽①读天下之书,尽通古今之事,然后可以放②笔为文。苟③其不然则胸中不能无碍④。胸中不能无碍,则笔下安能⑤有神?

【清】万斯同《石园诗文集》卷七《与钱汉臣书》

【注释】

①尽:全。
②放:放手、放纵。
③苟:假如。
④无碍:没有疙瘩。
⑤安能:怎能。

【读解】

万斯同(1638—1702),清代的史学家,字季野,学者称石园先生,浙江鄞县(今鄞州)人。他是黄宗羲学生,康熙十八年(1679)到北京,以布衣参加修撰《明史》,不署衔,不受俸,前后十九年,成《明史稿》。这段言论摘自《与钱汉臣书》。读尽天下书,通晓古今事,知识丰富了,视野开阔了,才能"放笔为文"。要胸中"无碍",才下笔"有神"。假如不是这样,则胸中怎么能没有疙瘩,笔下又怎么会"有神"呢!这也正是杜甫的"读书破万卷,下笔如有神"的意思。

295

从古未有只读四书一经①之贤士,亦未有只读四书一经之名臣。故欲知天下之事理,识古今之典故,欲作经世名文,欲为国家建大功业,则诸子中有不可不阅之书,诸语录中有不可不阅之书,典制志记②中有不可不阅之书,九流杂技③中有不可不阅之书。

【清】唐彪《读书作文谱》卷一

【注释】

①四书一经:指《大学》《中庸》《论语》《孟子》和《诗经》。
②典制志记:典章制度,书志,传记。
③九流杂技:先秦学术流派儒、道、阴阳、法、名、墨、纵横、杂、农九家,叫作"九流"。流:派。医、巫、星相、占卜、百工等为杂技。

【读解】

唐彪的这段话,大意是说自古以来没有只读四书一经的贤杰之士,也没有只读四书一经的朝廷名臣。如果你想知道天下的事理,认识古今的典故,想写出研究经史的好文章,想为国家建大功业,则在诸子百家中有不可不读的书,在诸多的语录中有不可不读之书,在典章传记中有不可不读之书,在九流杂技中有不可不读之书。总之一句话,博读对于为学处世是十分重要的。常言道:"书到用时方恨少。"大致也是说阅读面过于狭小之因吧。

296

学者读文,不可专趋①一体②,必清浓虚实③、长短奇平④并取……且人亦知,韩、柳、欧、苏⑤之称古文大家者何谓也,王、唐、归、金⑥之称制艺名家者何谓也,以其集中清浓虚实,长短奇平,无所不有,故称大家名家也。

【清】唐彪《读书作文谱》卷一

【注释】

①专趋:专门倾向。
②一体:同一风格。
③清浓虚实:清淡、浓烈、轻灵、朴实,指的都是风格。
④长短奇平:篇幅的或长或短,写法的奇特或平直。
⑤韩、柳、欧、苏:指唐宋的韩愈、柳宗元、欧阳修、苏轼。
⑥王、唐、归、金:指明代的王慎中、唐顺之、归有光、金人瑞。

【读解】

唐彪的这一段文字与前一段紧密相接。如果说前段是就各类书籍应当博读,那么这一段说的则侧重于对各类风格的文章也应当博读。告诫学者读文不可专门倾向于一种风格。无论是清淡的、浓烈的、轻灵的、朴实的,或者是长篇的、短篇的、奇特的、平直的,都应当并取。而且还应当明白韩愈、柳宗元、欧阳修、苏轼为什么被称为古文大家;王慎中、唐顺之、归有光、金人瑞又为什么被称为制艺名家。正是他们写的文章集中了清浓虚实,长短齐平,无所不有,所以才被称为大家名家啊!所以,无论是读书还是著文,都宜博约、兼守才是。

297

博学守约①,凡事皆然。……所谓守约,即揣摩之文,贵于简练,是矣。所谓博学,则泛阅之文,又不可不广也。

【清】章学诚《清漳书院留别条训》

【注释】

①守约:这里指重点研读的文章要精选,要简约。

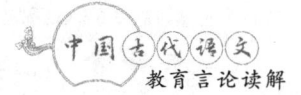

②泛阅：一般性阅读，即属略读、浏览之文。

【读解】

章学诚认为阅读应分"揣摩之文"和"泛阅之文"。"揣摩之文"相当于是精读深研之文，这当然要精选，不可一味贪多，"贵于简练"；而"泛阅之文"就应"博学"，不可不广。其实这一读书之道，也属万事一理，"博学"与"守约"的辩证统一，正是"广度"与"深度"的相辅相生。

这可真是章学诚的毕生经验。他小时候很愚钝，记忆力很差，在私塾里读书，每天读百把字的一段文章都感到很吃力。但他并不灰心，而是"日夕披览，孜孜不倦"。他在博读中勤于积累，写了一本本学习笔记，以备查阅反思。

"博学"还得"守约"，他就寻找好的老师。他向一位名叫朱竹君的先生学，朱先生不仅博学，而且家里有好多藏书。他便潜心攻读，数年后就读遍了全部藏书。章学诚还经常向当时社会上的名流请教，和他们探讨学问，"以所闻见，证平日之见解"，学识更大有长进。

章学诚的毕生精力，均用于讲学、著述和编修方志。所著《文史通义》，与刘知几的《史通》并称史学理论名著。写这部《文史通义》章学诚足足花了三十年的心血。他主修多种地方志，都为人重视，被称谓"方志家"……这一切无疑都得益于他的"博学守约"。

(三)精　读

298

　　大率①学者喜博而常病不精,泛滥②百书,不若③精于一也。有余力,然后及诸书。则涉猎④诸篇,亦得其精。

【宋】黄庭坚

【注释】

①大率(shuai):大凡,大多数。
②泛滥:这里指泛读浏览。
③不若:不如。
④涉猎:浏览,随意看看。

【读解】

　　大多数学者读书,都喜欢博览而常犯不精的毛病。其实,你泛读浏览了许多书,不如精心研读一本会更有成效。如果读了这一本之后还有余力,不妨再去读读其他的书。那时候,你即使只是涉猎,也往往明白如何在泛读时撷取精华了。这是宋人黄庭坚的一段名言。黄庭坚是北宋诗人、书法家。字鲁直,号山谷道人、涪翁,洪州分宁(今江西修水)人。治平进士,后遭贬谪。他出于苏轼门下,而与苏轼齐名,世称苏黄。由这段言论可见,我们从精读中获得的阅读能力,往往能在泛读时大获其益,能去粗取精,去伪存真了。精读与泛读的这种关系,也就是现行阅读教学中精读与略读的关系。有些人以为略读就是可以随便一点,这就错了。略读是要求学生运用在精读中获取的读书经验,自主地运用到略读中去,以巩固和发展自己的阅读经验,提高阅读效率,特别是获取主要信息的能力。

299

　　读书先务①精而不务博,有余力乃能纵横②。

【宋】黄庭坚《先正读书诀》

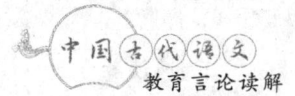

【注释】

①务:从事,求。

②纵横:这里是运用自如的意思。

【读解】

这是宋代黄庭坚提出的读书经验:首先要精,其次求博。这看起来似乎他是主张先精后博的,其实"精"与"博"的关系,无法割裂,而总是精中有博,博中有精,相辅相成,循环推进的。何况,他反对的只是驳杂的博,同时他也提倡要在精中求博。就是说,在"精"的基础上,"有余力"再去求"博"。这样的"博",自然会奔放自如,多有收益。另一方面,这样的"博"又会发现需要精读的好书,自然又需要在"博中求精"了。所以,从哲学的观点,辩证看待"精"与"博"的关系,应是上策。反之,"精而不博"或"博而不精"都是把"精"与"博"对立起来了,这是不可取的。

300

书富如入海,百货皆有①。人之精力,不能兼收尽取,但②得其所欲求者尔。故愿学者每次作一意求之③。如欲求古今兴亡治乱、圣贤作用,但作此意求之,勿生余念。又别作一次,求事迹故实④、典章文物⑤之类,亦如之。他皆仿此。

【宋】苏轼《经进东坡文集事略》卷四十六《又答王庠书》

【注释】

①书富如入海,百货皆有:作者将书的内容丰富,比喻为如大海一般,什么都有。

②但:只、止。

③每次作一意求之:每读一次从一个角度去探求它。

④故实:掌故、事实。

⑤典章文物:典章制度,文物资料。

【解读】

这是苏轼在《又答王庠书》中说的一段话,强调读书不可贪多务得,要循序而为。作者先把"书"比喻为"海",其内容之丰富就如海洋中百货俱有。但人的精力有限,不能将书中的蕴涵悉数尽收。所以,学习者每读一次只能从一个角度去探求它。如想弄清楚古今兴亡治乱和圣贤的作用,就先集中精力把这个问题弄清楚,不可再有其他念头。这个问题解决了,再作另一问题的探究,如事迹掌故、典章制度、文物资料之类的研读。其他问题也应照这样处置。这样一步一步向前推进,步步扎实,如此稳扎稳打,积少成多,确是重要的读书经验。在如何处理语文教材的问题上也是如此。一篇课文可学可教的内容很多,我们不可能面面俱到地去"教教材",而应当从学生的实际出发,对照编者的意图,突出重点去确定教学目标。应有所学、有所不学,有选择地去"用教材教"。

301

读书者知其所言莫非吾事①,而即吾身以求之②,则凡为圣贤所至而吾所未至者③,皆可勉而进矣。若直求之文字,以资诵说④,其不为玩物丧志⑤者几希⑥!

【元】《宋史·李侗传》

【注释】

①莫非吾事:没有不是我的事。
②即吾身以求之:我就设身处地去探求它。
③凡为圣贤所至而吾所未至者:凡是圣人贤人们已经达到而我还没有达到。
④以资诵说:把它作为朗诵和口头说说的材料。资:提供……作为。
⑤玩物丧志:沉迷于玩赏喜爱的事物之中,以致消磨了自己的志气。
⑥几希:几乎是很少的。希,同"稀"。

【读解】

李侗是南宋学者。字愿中,学者称延平先生。朱熹曾从游其门,《延平问答》即是由朱熹编的李侗语录集。

这段话告诉我们:读书的人都知道书中所言没有不是"我"的事,"我"应当设身处地去探求它。凡事圣者贤人们已经达到而"我"还没有达到的,都应当用来勉励自己不断进取。如果只把这些文字作为诵读和口头说说的材料,其不为玩物即丧志的人是很少有的。书中之理义,都必须去努力践行才是。学习必须去努力实践,付诸身体力行,而不可纸上谈兵。

302

大率徐行却立①,处静观动②,如攻坚木③,先其易者而后其节木(目)④;如解乱绳⑤,有所不通则姑置⑥而徐理之⑦。此读书之法也。

【宋】朱熹《读书之要》

【注释】

①徐行却立:慢慢地走去,然后回过头来小立一会看看。比喻读书要读得慢,遇

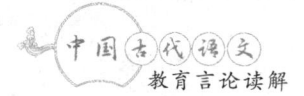

到问题,不妨回过头去,想想再读。

②处静观动:处在安静的心理状态下观察变动着的事物。形容读书时的心情要静,仔细地分析体会文章的思想。

③攻坚木:处理硬木头。

④节木(目):竹木的节头。节目,本意为木材中最坚硬、最紧要的部分。"先其易者而后其节木(目)",这句话出自《礼记》,意思是:先解决容易解决的问题,再解决困难的问题。

⑤解乱绳:解开紊乱的绳子。

⑥姑置:暂时放下。

⑦徐理之:慢慢理清它。

【解读】

朱熹说治学之道,多以生活常例作比喻,如"书富如入海"、"开沟而无水"等等,颇为深入浅出而又耐人寻味。在这段言论中又以"徐行却立"(慢慢地向前走,然后回过头来小立一会看看);"攻坚木"(先劈容易的,再劈掌节);"解乱绳"(解不开的地方后处理,先把易于解开的先解开)来说明读书之法,十分生动。所有这些都可以说明读书应循序渐进,正是他的重要的读书方法之一。所谓"循序渐进",也就是读书要遵循从易到难、由浅入深的规律,就像登山一样,要由低处往高处逐层登临才是。

303

观书当平心①以观之,大抵看书不可穿凿②,看从分明处,不可寻从隐僻处③去。

【宋】朱熹(见《学规类编》)

【注释】

①平心:平心静气,不带偏见。

②穿凿:牵强附会,钻牛角尖。

③隐僻处:隐蔽偏僻的地方。

【读解】

记得叶圣陶先生在《语文教学二十韵》中曾谆谆告诫我们要"潜心会本文",就得尊重文本的客观存在和作者原本的主观意念,所谓"作者思有路,遵路识斯真。作者胸有境,入境始与亲。"这与朱熹的这段言论,自有其共通之处,即观书要平心静气,不带个人偏见,亦不可牵强附会,曲解作者本意。先从书中论说分明的地方入手,认清作者所要表达的本意,而不可从书中比较隐蔽偏僻的地方着眼去作牵强附会地曲解。当然,现代的读解理论,门类甚多,有"以作者为中心"的读解理论,"以文本为中心"的读解理论和"以读者为中心"的读解理论。三种读解理论范式,在其发展过程中都曾经占据过阅读的中心位置,而"以作者为中心"的读解理论,占据时间最长,19世纪之前几乎全是它的天下。在实际运用过程中,三种读解范式之间具有互补作用。我们在尊重文本的客观存在和作者的主观意念时,也应当提倡读者读书感悟的可贵,只要不穿凿、不牵强,在基于文本的同时,有所发展,有所超越,不仅是正常的,也是必要的。

304

学者观书,病在只要向前,不肯退步看。愈向前,愈看得不分晓①,不若退步,却看得审②。

【宋】朱熹(见《学规类编》)

【注释】

①不分晓:这里指不明白。
②审:仔细,清楚。

【解读】

读书只是一味地朝前走,读下去再读下去,而不肯回过头去,再读反思,确是通病。究其原因,还是贪多图快,是读书中的急功近利。不晓得,愈是向前读,读得快,便愈是不明白。所以反复揣摩,前后比照,有时进两步、退一步,反思推究一下,再往前走,看似耽搁了一些时间,其实是必要的"以退为进"。即"退"是为了更好地"进",因为只有这样才能读得仔细清楚。朱熹在这里主张的还是为学须"熟读精思"的道理。

305

观书不可贪多,常使自家力量有余①,须看得一书彻了②,方再看一书。

【宋】朱熹(见《学规类编》)

【注释】

①力量有余:指学有余力。
②彻了:彻底了解。

【读解】

精读贵在阅读的质量,而不可追求数量。为什么?因为观书是治学,重要的是

要学有所得,解决问题,所以不可贪多图快。读书要使自己学有余力,能始终保持阅读的兴趣和不断进取的精神。因此,将一本书读到彻底了解的程度,再去读下一本书,步步为营、稳扎稳打方是上策。

在当代的语文教学实践中,读书更不可贪多、贪快,务使学生学有余力,能纵情于自主的感悟体验。因为文本不再只是一堆语言材料,教师讲到哪里就算哪里,讲了多少就算多少,在学生已成为学习主体的条件下,文本已经嬗变成一个充满了生命活力的形象,一种可以基于多元解读的开放平台。通过学生自主的个性化解读,不同的学生可以获得多元体验和人生感悟。这就要求今天的语文教师不可能与古代的语文先生那样主宰教学进程,实现"齐步走"、"一刀切"。教师必须走出预期目标、规定流程的限制,给学生以足够的时间和空间,在关注师生对话本身的教育价值和审美意义中去充分尊重学生的阅读进程。

306

读书须是仔细。逐字逐句,要见着落。若用工粗卤①,不务精思②,只道无可疑处③。非无可疑,理会④未到,不知有疑尔⑤。

【宋】朱熹(见《朱子语类辑略》卷二)

【注释】

①粗卤:粗鲁,不仔细。
②不务精思:不力求深入思考。务:务必,力求。精:深入,精细。
③只道无可疑处:只认为没有可怀疑的地方。
④理会:理解体味。
⑤尔:同"耳",罢了,而已。

【读解】

叶圣陶认为:课本选文都是单篇短什,没有长篇巨著,并不是说学生读了这些就足够了,恰恰是因为"单篇短什分量不多,要做细磨细琢的研读功夫,正宜从此入手"(《略读指导举隅·前言》)。换句话说,读课文正是为了培养学生精读的能力。以此我们研读朱熹的这段话,就不难理解:所谓"精读",关键还要与"精思"想结合。"逐句逐字,要见着落"是一方面,另一方面"精思"还必须能从无疑处见疑。如读得不仔细,往往就无疑可见,其实不是无疑,而是"理会未到,不知有疑尔"。斯言善矣!在现实的语文教学状态中,我们只见"老师问学生",而少见"学生问老师",这是很不正常的。

307

为学①读书，须是耐烦细心去体会，切不可粗心。若曰，何必读书，自有个捷径法②，便是误人的深坑也。未见道理时，恰如数重物包裹③在里许，无缘④可以见得，须是今日去了一重，又见得一重，明日又去了一重，又见得一重。去尽皮，方见肉；去尽肉，方见骨；去尽骨，方见髓。使⑤粗心大气不得。圣人言语一重又一重，须入深去看。若只要皮肤，便有差错，续深沉方有得。

【宋】朱熹（见《学规类编》卷四）

【注释】

①为学：做学问。
②捷径法：求得捷径的方法。捷径：最近便的路，最省力的做法。
③数重物包裹：好多层东西包裹着。
④无缘：没有机会，没法。
⑤使：假使。

【读解】

朱熹这一段言论，说精读之法，甚为透彻，强调要"耐烦"、"细心"去"体会"。如果说，何必这样费力去读，不如找个省力的做法，这便是误人的深坑了。书中的理义，恰如有数层东西包裹着，没有法子可以一下子识得，总是要今天去了一层，又见得一层，明日去了一层，又见得一层。如此一层又一层地去尽了皮，方见肉；去尽了肉，方见骨；去尽了骨，方见髓。假如你粗心大意地去读，是得不到认知的，必须深入地研究才会有收获。由此联系叶圣陶先生在《语文教学二十韵》中所言："一字未宜忽，语语悟其神，惟文通彼此，譬如梁与津。学子由是进，智赡德日新。文理亦畅晓，习焉术渐纯。"这番话对照朱熹的言论，文异而意同。当然，今日之精读，应立足于学生的自习、自得，已不再是以前逐句由老师讲解的老法子了。

308

读书之法，既先识得他外面一个皮壳了，又须识得他里面的骨髓，方好。如公看诗，只是识得个模象①如此，他里面好处全不见得，自家此心都不曾与他相黏②，所以眊燥无汁浆③。如人开沟而无水，如此读书何益？

【宋】朱熹（见《朱子语类辑略》卷五）

【注释】

①模象：指外表的形象。

②自家此心都不曾与他相黏:指读者的心还没有与作者的心想粘合。

③眊燥无汁浆:枯燥无汁液。意即枯燥乏味。

【解读】

　　朱熹的读书之法,不仅强调循序渐进,而且更注重由表及里、学思结合。这段言论说的就是读书不仅要识得它外面的"模象",更要能识得它里面的"骨髓"。如果只是认识了外面的"皮壳子",而对里面的好处全不得见,就是没有与自己的感受、体验相结合。这样枯燥乏味的读书,就好像开了沟,里面却没有水,是一点都没有益处的。如何由表及里?今天的语文教学要求教师引导学生在与文本展开对话的过程中来实现。学生与文本的对话,一方面可以从文本汲取信息,受到情感熏陶,产生感悟,获得启迪;另一方面又可以通过质疑探究,凭自己的知识、情感、智慧、灵性,赋予文本以新的意义、价值和内涵。使静态的文本充分剖析开来,去了皮壳,见到骨髓,从而转化成为学生的生命成长活力。读书要最充分地尊重读者主体的内动力,联系思想,贵在他们的领悟体验,确是至理。

309

　　(为学)如人入城廓①;须是逐街坊里巷②、屋庐台榭③、车马人物——看过方是。今公等只是外面望见城是如此,便说我都知道了。

【宋】朱熹《先正读书法》

【注释】

①城廓:这里泛指城市。城:指内城的墙。廓:指外城的墙。

②逐街坊里巷:每一条街道,每一条里巷。逐:逐一、每一个。

③台榭:亭台楼阁。

【解读】

　　朱熹在这段话中将学习比喻为入城廓。城廓很大,地方很多,你必须把城里的街坊里巷走遍了,屋庐和亭台楼阁游过了,车马人物看到了,才算是进入了这个城廓。如果只是在外面望望,便说我都知道了,就并非是真的知道。这个比喻说明了要真正从书里学到一点东西,就必须深入到文本之中去"字求其训,句索其旨",去"虚心静虑"、"熟读精思"。如果光知道了个皮毛,就如只望见了城廓,没有深入进去,是不会有任何收获的。

　　也许从理义上领会朱熹的这段话,不会有什么难处,但如何在当下的语文教学中付诸实施,就不那么容易了。关键在于"入城廓"的应是学生自己,教师要放手让学生"逐街坊里巷、屋庐台榭、车马人物——的自主地去看。而不是教师自己看了,再把自认为看到的,一一告诉学生。这样的结果,学生还是没有看到,而只是七折八扣地听说教师看到的东西。这还是等于学生"只是外面望见城是如此,便说我都知道了"。须知教师看到不能等于学生看到;教师说给学生听,也不能等于学生看到。学习只能是学生自己的事,别人(包括教师)是无法代替的,所以只能让学生去自主地看、自由地看、自在地看,教师只是在必要处施以启发、点拨,而千万不可以过度讲析去告诉学生自己看到的"街坊里巷、屋庐台榭、车马人物",并以此代替学生自己去看。

310

以二书言之,则通一书而后及一书。以一书言之,篇、章、文、句,首尾次第①,亦各有序而不可乱也。量力所至而谨守之,字求其训②,句索③其旨④。未得乎前,则不敢求乎后;未通于此,而不敢志于彼。

【元】程端礼《程氏家塾读书分年日程》

【注释】

①次第:顺序。
②训:指字义。
③索:探求。
④旨:意义。

【读解】

《程氏家塾读书分年日程》是元代程端礼编订的。当时曾颁行家塾书院学舍,明初诸儒读书,大抵以此作为准绳。该书首录朱熹等所订学规,作为纲领;依次有《朱子读书法》等内容。这段言论是对朱子读书法的体悟之一,大意是若有二书要读,就是先读通一书,而后再读另一书;若以一书而言,就得按其篇、章、句的首尾顺序细读精思,不可杂乱无序。凭自身的能力认真读下去,字要明白解释,句要弄懂含义。前面的没读明白,就不要去读后面的;在这里没读通,就不要去读那里。总之,读书要精熟,就要老老实实循序渐进,而不可气浮意躁,急于求成。读书需要意志,表现为对读书目的的自觉坚持,以及克服阅读困难的信心。这是构成读书心理过程的一个激发、维持和调节的因素,显得十分重要。

311

若夫读书,则其不好之者,固怠忽①间断而无所成矣。其好之者,又不免乎贪多而务广,往往未启其端②,而遽③已欲探其终;未究乎此④,而忽已

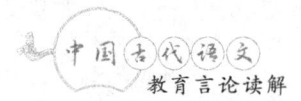

志在乎彼,是以虽复终日勤劳,不得休息,而意绪匆匆⑤,常若有所奔走迫逐,而无从容涵泳⑥之乐。是又安能深信自得⑦,常久不厌,以异于彼之怠忽间断而无所成者哉?

【元】程端礼《程氏家塾读书分年日程》

【注释】

①怠忽:怠惰轻忽(不慎重)。
②未启其端:还没弄出个头绪。
③遽(jù):急忙。
④未究乎此:这里还没有钻研清楚。
⑤意绪匆匆:心思不定、烦乱、匆忙。
⑥从容涵泳:不慌不忙地深入体会。涵泳:沉浸,引申为身临其境,细细品味。
⑦深信自得:深信自己的学习所得。

【读解】

程端礼这段话,主要是批评贪多务广的读书态度:他们往往在这本书里还没有理出个头绪,而急着想探究其结果;还没有钻研清楚这处地方,而忽然又决心去读懂那一处。这样虽然是终日勤劳地在读书,没有休息的工夫,心思不定地忙碌,但没有一点儿那种不慌不忙,沉浸其中细细品味的快乐。以这样的态度去读书,又怎么能深信自己的学习所得,而且能长久不厌,根本区别于那种怠惰轻忽而又无所成的人呢?这段话正是从描述、批判读书贪多务广来反证精读之重要。

在古代,比较强调精读;在现代,阅读状态更是丰富多彩,精读只是其中的一类方式。现代精读的对象多是自己工作学习中比较重要的书籍,而且要完整地、准确地消化书的内容。对于教科书,一般都采用精读的方式。当然,教科书内规定的"略读课文"不在此列。

312

《栾城遗言》①:"读书百遍,经义自见。"东坡送安惇诗云:"故书不厌百回读,熟读深思子自知。"《荀子》:"诵数②以贯之,思索以通之。"朱子③曰:"诵数,即今人读书遍数也。古人读书精勤如此。"又云:"看书如服药,药多力自行。"

【元】陈秀明《东坡文谈录》

【注释】

①《栾城遗言》:宋苏籀撰。苏籀是苏辙的孙子。他在十余岁时曾跟随祖父在颍

昌(今河南许昌),后来回忆起小时候祖父的话,用它教育子孙。因为苏辙曾有文集名叫《栾城集》,苏籀把他祖父的遗言记录成书,取名为"栾城遗言"。

②诵数:多次诵读。

③朱子:朱熹。

【读解】

这是元代陈秀明在《东坡文谈录》中的一段,这里引用了苏辙、苏轼、荀子、朱熹等学者名贤说过的话,但主旨共一:即诵读之重要。读书的遍数多了,不仅经义可以自现,而且有助于推进思维,养成精勤读书之习惯。"读书百遍,经义自见",读古代的文言文尚且如此,读现代的白话文,自然更可以多读自通。遗憾的是困扰当代语文教学的还是教师过度讲析,而剥夺了学生自读、自悟、自用的课堂时间和空间,导致语文教学效率低下的痼疾。回顾历史,教师从对课文的政治思想分析到人文理念分析,从对课文的内容分析到言语形式分析……在分析来分析去之中浪费了课堂教学时间,这就难怪会有专家提出:"要与课文内容分析式说再见。"其实应当"再见"的是教师形形色色的"分析式",把课堂还给学生,让语文课堂真正皈依于学生的自主学习。

313

读书小作课程,大施功力①。于合②读得二百字,只读得一百字,却于百字中猛施功夫,理会仔细,读诵教熟③,如此不会记性人④自记得,无识性人⑤亦理会得。若泛泛然贪多,只是皆无益耳。读书不可兼看未读者,却当兼看已读者⑥。

【宋】张洪等编《朱子读书法》

【注释】

①小作课程,大施功力:意指读的篇章可以少些,功夫和力气却要花得多些、大些。

②合:应当。

③读诵教熟:不断读诵,把文章读熟。

④不会记性人:指记忆力差的人。

⑤无识性人:指理解力弱的人。识:认识,知道。

⑥读书不可兼看未读者,却当兼看已读者:意思指读书时如要参照,不可去未读的书中找,而应当从已读的书中找。

【读解】

　　本段言论的大意为读书的量可以少些,但功夫和力气却要花得多些、大些。应当读二百字的,不妨只读一百字,却在这百字中猛施功夫,仔细理会,去不断读诵,把文章读熟。如此记忆力差的人也会记得,理解力弱的人,也会理解。如果只是泛泛地贪多,就不会有什么益处。读书时如要参照,也不可去未读的书中找,而应当从已读的书中去找。

　　这无疑是精读之论。精读的重要性不言而喻,这是作为熟读精思的范例来运作的,希望学生能从中体察感悟,获取经验,发展能力,提升素养,从而提高解读水平。所以,精读之重要,关乎学生解读能力的成长。古人的这一读书经验,现在仍然具有重要价值。但是,正如叶圣陶先生所认为:"精读文章,只能把它作为例子与出发点;既然熟习了例子,占定了出发点,就得推广开来……必须多多接触,方能普遍领会某一体文章的各方面"(《精读指导举隅·前言》)。所以,精读与泛读(略读)还必须有机结合,这正是现代阅读教学的基本理念之一。

314

　　凡读文贪多者必不能深造①,能深造者必不贪多,此理当深悟也。盖读一篇能求名人指点,剖悉精微②,从而细加审玩③,则读十可以当百④。

　　　　　　　　　　　　　　　　　　　　【清】唐彪《读书作文谱》

【注释】

　　①深造:有深的造就。
　　②剖悉精微:解读分析精到而又细致。
　　③审玩:品审玩味。
　　④读十可以当百:意思是如此精读十篇可以抵得上百篇。

【读解】

　　唐彪在《读书作文谱》中的这段话,提倡读文要精到,而不可贪多;若能得名人指点,达到"剖析精微,从而细加审玩"则更佳。但这里说的应是指规定必须精读的文本,或者是应当精读的重要典籍,而不是指所有的阅读活动。其实在阅读生活中,阅读的形态是多种多样的,诸如精读、略读、泛读、跳读、摘读、浏览等等,读者应根据不同阅读目的,灵活选用相应的阅读方式。阅读还是要精中有博、精中求博。精读与博读之间应当存在着辩证关系。

315

夫学者欲学古人之文,必先在精诵,沉潜①反复讽玩②之深且久,暗通其气③于运思置词④迎拒措注⑤之会⑥,然后其自为之以成其辞也,自然严而法⑦,达而藏⑧,不则⑨心与古不相习⑩,则往往高下短长龃龉⑪而不合。此虽致功浅末之务⑫,非为文之本⑬,然古人所以名当世⑭而垂为后世法⑮,其毕生得力深苦微妙⑯而不能以语人者,实在于此。

【清】方东树《仪卫轩文集》卷六《书惜抱先生墓志后》

【注释】

①沉潜:沉溺其中,深入体会。

②讽玩:讽咏玩赏。

③气:意气,或文气。这是一个较为抽象的文学术语,有时指文章的思想内容,也可指行文的脉络层次。这里偏重于思想内容。

④运思置词:运用思维,遣词造句。

⑤迎拒措注:承接照应,布局谋篇。

⑥会:会合处,关节处。

⑦严而法:严谨而有法度。

⑧达而藏:畅达而有文采。藏:美好。

⑨不则:否则。不:同"否"。

⑩心与古不相习:自己的心与古人的心不相同。习:熟习,就是相同。

⑪龃龉:原指上下牙齿不齐,引申为意见不合。

⑫致功浅末之务:致力于浅近细小的事情。浅:浅近。末:细小。

⑬非为文之本:并不是做文章的根本。

⑭名当世:在当世出名。名:用作动词。

⑮垂为后世法:留传下来为后代人所效法。垂:留传下来。法:效法,学习的榜样。

⑯得力深苦微妙:用力精深艰苦,细致入微。微妙:既有细致深入的意思,又有设法言传的意思。

【读解】

方东树(1772—1851),是清代的文学家、学者,字植之。他受学于姚鼐,治经史,为"桐城派"作家。这段言论强调的是学问贵在精诵,宜沉溺于文中去深入体会,把握其文气,又揣摩如何体现于运用思维,遣词造句,承接照应,布局谋篇的关节处,然后在自己行文运辞时,自然能达到严谨而有法度,畅达而有文采。否则,自己

的心与古人的心不相同,难免高下短长,意见不合。当然这些只能算是浅近细小的事情,并不为做文章的根本,但是古人之所以能够著名于当世,而又为后世所效法,其中用力精深艰苦,而又难以言传的秘妙,也就在这里啊!作者以切身体悟,极言精诵古人文章之法,情真意切,堪称肺腑之言。语文教育、语文教育的研究,都离不开对历史的考察,因为历史是事物发展的过程。所以,方东树之言,还是很值得我们思考借鉴的。

316

书有数字一句者,有一字一句者,又有文①虽数句而语气作一句读者,须逐字逐句点读②明白。

【清】崔学古《幼训》

【注释】

①文:文字,字面。

②点读(dòu):古书无标点,一面读,一面圈点。

【解读】

传统的语文教育,在启蒙阶段的集中识字之后,便逐渐进入诵读韵文、散文的基础训练。然而,从三字头、四字头的整齐韵语(如《三字经》、《千字文》)到内容、词句错综复杂的文章,这中间仍旧需要一个过渡。崔学古《幼训》中的这段话,说的就是读无标点的古文时,如何一面读,一面分清意思,一面再加以圈点,这便是"点读"的功夫。点读最要分清的是有数个字一句的,也有一个字一句的,又有从文面上看是数句,但语气却要作一句读的……所以点读明白并非是一件易事。现代的白话文虽然并不存在如古文中的"点读"问题,但一样也有"读通"的问题,做到不读错、不读漏、不读多、不读倒、不读破,而且不读糊涂,一样需要用心细读,做到字字入心。可惜,当下的语文课堂一般都不太在意于"读通课文"的训练和指导,以为读通课文十分简单。其实这是学生阅读的"基本功",也是培养阅读能力的基本途径,更有益于养成"语感",是应当十分重视,并舍得下功夫之处。

317

读书以过目成诵①为能,最是不济事。眼中了了②,心下匆匆③,方寸无多④,往来应接不暇⑤,如看场中美色,一眼即过,与我何益也!

【清】郑燮《郑板桥集·家书》

【注释】

①过目成诵:原意为看一遍就能背诵下来,指记忆力极强。这里指光想记诵,而缺少思考的读书态度。

②眼中了了:眼睛里草草看去。

③心下匆匆:心里很快就消失了。

④方寸无多:心中没有留下什么印象。

⑤不暇:来不及。暇:空闲。

【读解】

郑燮(1693—1765),清代的著名书画家、文学家,字克柔,号板桥,所写《家书》、《道情》,自然坦率,为世人所称道。这是他在《家书》中的一段言论,批评读书只求过目成诵为能是最不济事的。这是因为只从眼睛里草草看过,心里便很快会消失,不会留下什么印象。如此往来忙于应接,读书就如看场中美色,只是一眼而过,又会有什么益处呢?这段话从批评为读书而读书,只求形式,不图实益的态度,强调了精读深思的重要。当然,所有的读书活动,都应用批判的眼光看,吸取精华,剔除糟粕,是在情理之中的。问题是书中无论是该吸取的还是该剔除的,都首先要深入思考、精心探索。所以"眼中了了,心下匆匆"的阅读,是不可取的,因为它忽略了精读深思的这一重要过程。

(四)熟　读

318

《略》①曰："人有从学者②,遇③不肯教,而云必当先读百遍,言:'读书百遍,而义自见。'从学者云:'苦渴无日。④'遇言:'当以三余。⑤'或问三余之意。遇言:'冬者岁之余,夜者日之余,阴雨者时之余⑥也。'"

【晋】陈寿《三国志·魏书·钟繇华歆王朗传》

【注释】

①魏略:记载魏国历史的书
②从学者:跟随(董遇)学习的人
③遇:即董遇。
④苦渴无日:渴望学习却苦于没有时间。
⑤当以三余:应当用三个空余的时间。
⑥"冬者"三句:意思是说,冬季是一年之中空余的时候,夜晚是一日之中空余的时候,阴雨天是各个季节中空余的时候,利用这些空余的时候,就可以读书了。

【读解】

在《魏略》这部书里,记载着这样一个故事:有跟着董遇学习的一些人,但董遇不肯讲析给他们听,说什么必须要大家先自己读上百遍才行,还说,这就叫:"读书百遍,其义自见。"意思是读过百遍之后,书里的意思你自己就明白了。当跟他学习的人表示苦于没有那么多时间时,董遇说:"应当用三个空余的时间。"人们再问是哪三个空余时间时,董遇说:"冬季是一年中空余的时候,夜晚是一日之中空余的时候,阴雨天是各个季节中空余的时候,利用这些空余的时间,你就可以读书了。"

"读书百遍,其义自见"是最有价值的学习经验,阅读的过程也就是促进理解的过程,自己读懂会比别人讲懂更有效,因为只有这样,我们才能在阅读的过程中提高阅读能力,真正学会阅读。至于阅读的时间,应当从空余的时间里去挤,做时间的主人。读书贵勤,让读书成为一种重要的生活习惯。

319

读书破①万卷,下笔②如有神③。

【唐】杜甫《奉赠韦左丞丈二十二韵》

【注释】

①破:突破。这里泛指读书数量之多。
②下笔:这里指诗文写作。
③有神:喻作文才思敏捷,妙笔生花之意。

【读解】

此句原出杜甫《奉赠韦左丞丈二十二韵》:"纨袴不饿死,儒冠多误身。丈人试静听,贱子请具陈。甫昔少年日,早充观国宾。读书破万卷,下笔如有神……"意思是富贵子弟不学无术不会饿死,而读书人惨淡经营,却生存不佳,请大人(指韦济,当时的尚书左丞)听我陈述:杜甫少年时就由乡贡参加了进士考试……"读书破万卷,下笔如有神"便是当时杜甫的自况。现在则多用来说明读与写之间的关系。袁枚在《随园诗话》中说得好:"不知'破'字与'有神'三字,全是教人读书作文之法。盖破其卷,取其神,非囫囵取其糟粕也。蚕食桑而所吐者丝,非桑也;蜂采花,而所酿者蜜,非花也。"1961年冬,郭沫若应宁波市文联之请,写过一首诗,共8句:"蚕吃桑而吐丝,蜂采花而酿蜜,牛食草而出奶,树吸肥而产漆。破其卷而取神,挹其精而去粕。熔宇宙之万有,凭呕心之创作。"全诗以事理的排比,把"破万卷"与"如有神"之关系,阐述得十分透彻。

320

凡读书……须要读得字字响亮,不可误一字,不可少一字,不可多一字,不可倒一字,不可牵强暗记①,只是要多诵遍数,自然上口②,久远不忘。古人云:"读书百遍,其义自见③。"谓读得熟,则不待解说,自晓其义也。

【宋】朱熹《训学斋规》

【注释】

①牵强暗记:牵强附会,笼统地记着。
②自然上口:指读得流畅。
③读书百遍,其义自见:读书次数多了,它的意义自然明白。见:显现。

【读解】

朱熹为什么如此关注"读得字字响亮",而且要做到不误、不少、不多、不倒一字?这是根据汉字的特点所决定的。汉语源于孤立型语言,具体说来,就是以字为单

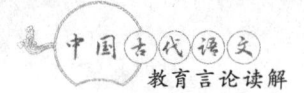

位,也就是以音节为单位。一个字兼具了形、音、义三码合一的功能,又有形象思维(字形以象形为基础)和抽象思维(字形的组合有内在的字理)于其中,所以,每个字都有着丰富的内涵,都必须给予关注,不可有误。汉字所具有信息量很大的特点,更多地表现在古代汉语之中,绝大多数汉字都能独立表示意思,一个字就是一个词,有些字还兼有词组的意义。如"背道而驰"的"背"就有"朝着反方向"这样一个词组的含义在里面。由此就不难理解不可误一字、少一字、多一字、倒一字的道理,不可"牵强暗记"的重要。而学习之道说起来也很简单,"只是要多诵遍数",便能达到"自然上口,久远不忘","自晓其义"的境地。这就是一种在诵读中获得的"语感"。

321

学者读书,须要敛身正坐,缓视微吟,虚心①涵泳②,切己③省察④。

【宋】朱熹(见《朱子语类》)

【注释】

①虚心:要虚怀若谷去仔细体会书中的意思,力戒先入为主。
②涵泳:沉浸在书中,反复咀嚼,细心玩味,品赏书中的旨趣。
③切己:联系自身的身体力行,不可只在纸面上做功夫。
④省察:自省反思,获得体验。

【读解】

朱熹认为,为学之道,必须从读书入手,读书即是穷理,是求学的不二法门。为此,他提出了关于如何读书的许多精辟见解,后来他的门人将其归纳为六点:循序渐进、熟读精思、虚心涵泳、切己省察、着紧用力和居敬持志。在这段言论里,重点提到了居敬持志、虚心涵泳和切己省察。所谓"居敬持志"就是读书时注意力高度集中,全神贯注,是一种"敛身正坐,缓视微吟"的神态。所谓"虚心涵泳",是指读书时要虚怀若谷、静心思虑书中的意思,力戒先入为主、牵强附会。要沉浸于书中去反复咀嚼、细心玩味,得其旨趣。所谓"切己省察",就是读书不能只在纸面上做功夫,一定要联系自己的思想,身体力行,与实践相结合。

中国语文教育的传统贵在读书有"悟"。"悟"从何来?就要从严肃、认真、专心致志的读书中来。著名学者陆世仪说过:"人性中皆有悟,必工夫不断,悟心始出,如石中皆有火,必敲击不已,火光始现。"所以,读书时的"敛身正坐,缓视微吟,虚心涵泳,切己省察"就实属必须的了。

322

大抵①观书先须熟读,使其言皆若出于吾之口。继以精思,使其意皆若出于吾之心,然后可以有得尔。至于文义有疑,众说纷错②,则亦虚心静虑,勿遽取舍于其间。先使一说自为一说,而随其意之所之③,以验其通塞④,则其尤⑤无义理者,不待观于他说而先自屈⑥矣。复以众说互相诘难,而求其理之所安,以考其是非,则似是而非者,亦将夺⑦于公论而无以立矣。

【宋】朱熹《读书之要》

【注释】

①大抵:"一般地说"的意思。
②众说纷错:各种说法纷纭错杂。
③意之所之:意思所到的地方。
④通塞:通与不通。
⑤尤:突出的,明显的。
⑥自屈:自然理屈。
⑦夺:定夺,取决。

【读解】

朱熹是宋代的大哲学家,是理学界中一个集大成的儒家学者,又是一个重视躬行实践、热心讲学的著名教育家。他的这段话,极言"熟读精思"对于治学之重要。熟读应达到何种程度?要"使其言皆若出于吾之口","书"与"我"的相融,已是难分彼此。这还不够,还要继以"精思","使其意皆若出于吾之心"。这是熟读之后形成的"语感"在起化合作用。只有这样,你才可以认为是学到手了。对于在文义理解上有疑,而众说错杂时,就要虚心对待,细细思索,先不作简单的取舍,让一说自为一说,而随其意思所到的地方,看看是通还是不通。即使义理上是站不住脚的,也不要先自屈,不如让不同的观点作番较量而去分辨是非。对那些似是而非的观点,也取决于公论。

323

读书切戒在慌忙①,涵泳②功夫兴味长。未晓莫妨权③放过,切身④须要急思量。

【宋】陆九渊《语录》

【注释】

①慌忙:匆忙。

②涵泳:沉浸。

③权:暂且。

④切身:与自己关系密切。

【读解】

陆九渊(1139—1193),字子静,自号存斋。杭州金溪(今属江西)人。他是南宋的哲学家、教育家。学者称象山先生,其学与兄九韶、九龄并称"三陆子之学",是"心学"的创始人。他勤读好思,博学广识。这首诗写的就是他治学的一点体验:读书应切戒心思的匆忙,应当有耐心沉浸到书中去花些功夫,方能品味到浓浓的兴味。如果有难以理解的不妨暂且放过,而先就与自己关系密切的内容,作一番思考探究。如此不急不躁地读书,全心沉浸地品赏,加上学以致用的追求,才成就了他的读书之乐。

全诗的关键词在于"涵泳","涵泳"所指是身心沉浸其中。因为读书贵在"涵泳",所以"切戒慌忙",因为读书重在思索品味,所以要"涵泳";如何"涵泳"?"未晓莫妨权放过,切身须要急思量"则是重要法门。朱熹曾说过"学者读书,须要敛身正坐,缓视微吟,虚心涵泳,切己省察。"曾国藩也认为"涵泳二字,最不容识,"也因此深谈了自己的体悟(可参见本书"熟读篇"329条)。

324

昔有以诗投东坡①者,朗诵之,而请曰:"此诗有分数否?"坡曰:"十分。"其人大喜。坡徐②曰:"三分诗,七分读耳。"

【宋】周密《齐东野语》

【注释】

①以诗投东坡:意为写了诗呈苏东坡指教。

②徐:慢慢地。

【读解】

这段话的原意为诗写得并不好,主要靠朗诵取胜,语多风趣。但由此也可以悟得诗文朗诵的重要。一首好诗,如果读得不好,自然会大减其色;反之,如果诗写得一般,而朗诵得好,则多少可以增色一些。

这里的"朗诵"是指运用富有感情色彩的有声语言转换作品的文字语言的阅读方法。朗诵要以朗读为基础,但它又不同于朗读。朗读重在解义,而朗诵是以声传情,即在已经理解作品的思想感情的基础上,将作品的静态的文字语言所蕴含的思想感情以有声语言的形式,予以形象化、动态化。

325

读书惟在记牢,则日见进益。陈晋之一日只读一百二十字,后遂无书不读。所谓日计不足①,岁计有余②者。今人谁不读书,日将诵数千言,初若可喜,然旋读旋③忘,是虽一岁未尝得百二十字也,况一日乎!予少时实有贪多之癖,至今每念腹中空虚,方知陈晋之为得法④云。

【宋】陈善《扪虱新话》

【注释】

①日计不足:每天算起来读得不多。
②岁计有余:意思是因为牢记在心,一年累计起来就收获不少。
③旋:快速。
④得法:指深得读书的方法。

【读解】

陈善在这里论说的读书之道,要点有三:一是以陈晋之为例,每日读记的虽不多,但一年加起来,却是相当可观的;二是以此对比某些人的读书,日诵数千言,看起来很可观,但这样快速地读必然快速地忘,结果一年来记诵的只是一百二十来个字;三是以此回忆自己小时候的读书也有贪多的毛病,至今便觉得积累甚少,腹中空虚,才知道像陈晋之这样读书方为得法。这三个方面归结起来,就是"读书惟在记牢",不宜贪多贪快。

当然,时代不同了,旧时读书比较讲究"记诵";现时读书,除必要记诵之外,更会追求:"读思"即"边读边思",读书要有自己的感悟,有自己的心得,并能学以致用。他们认为文章(包括文学作品)都离不开作者的人生体验,读者以浑然感悟的方式去把握比纯粹的理性分析更可能接近艺术的真谛。所以,读书不可贪多,因为"惟在记牢"一些重要的东西;而"记牢"的目的在于积累;"积累"则为"精思"创造了物质基础。因"精思"而触发的感悟多多,在融会贯通之际,自然就不会觉得"腹中空虚"了。

326

读书须知出入法。始当求所以入,终当求所以出①。见得亲切②,此是入书法;用得透脱③,此是出书法。盖不能入得书,则不知古人用心处;不能出得书,则又死在言下④。惟知出知入,得尽⑤读书之法也。

【宋】陈善《扪虱新话》

【注释】

①"始当……终当"两句:开始时应当力求怎样进入书中,最后又应当力求怎样从书中走出来。

②见得亲切:领会贴切。

③透脱:透彻灵活。

④死在言下:死死地被书里的话所束缚。

⑤得尽:完全得到。

【读解】

陈善的读书出入法,大意是读书开始时应当力求如何进入书中,读完后又应当力求怎样从书中走出来。只有真正进入了书中,你才能有贴切的领会;只有真正从书中走出来,你才能透彻灵活地去运用。如果不能走进书中,你就体会不到古人用心的地方;如果不能从书中走出来,就会被书里的话死死束缚。只有知道如何出入,才能完全得到读书的方法。显然,古人的这一读书经验,在现代阅读活动中也是得到继承发扬的。

当代读书的出入法,多指先深入理解读物,领会主旨,产生共鸣,再回到阅读者立场,对读物进行客观评价,以批驳谬误,剔除糟粕,吸取精华并付诸活用的读书方法。读书当然需要先入,不正确理解其内容,就谈不上吸收,等于阅读行为没有发生。但如果只是"入"而不知"出",人云亦云,尽信人所言,不敢越雷池一步,则只能成为书本的奴隶而"死于书中"。"入"而能知"出",才能分清书本中的精华和糟粕,决定取舍,并能灵活地应用于实践。这不但真正接受了文本中有用的正确理义,而且能活用书本知识去解决实际问题,是创新了文本又发展了文本。

327

侯均①……积学②四十年。……每读书,必熟诵乃已。尝③言:"人读书不至千遍,终于己无益。"

【明】宋濂等《元史》卷一百八十九《侯均传》

【注释】

①侯均:字伯仁,奉元人。出身贫苦,卖柴奉养继母。积学四十年,名震关中。荐为太常博士,后因与宰相意见不合,弃官辞归。

②积学:意思是多年的学习积累。

③尝:曾经。

【读解】

提倡熟读成诵,是中国语文教学的传统经验之一。侯均以自己四十年的学习体验告诉我们的,也是"每读书,必熟诵乃已"。熟诵到何种程度?他甚至认为"不至千遍,终于己无益"。当然,这里的"千遍"只是个约数,但极言其遍数之多。熟读之后,还要再读,显然,此时的读已经是一种品赏玩味,沉醉其中而难以自制了。

在中国语文教学的传统经验里,十分注重发挥"读"的功能。"读"作为一种主体活动,具有活动的实践性。这首先是因为"读"是一种实际的社会交际过程,是一种社会实践行为,它不仅把文本从一种密码式的符号系列转变为一种充满意义的作品,而且改造了读者本身。另一方面,"读"作为一种个体的行为和活动,又主要体现为一个心智活动的过程,具有过程的心智性。尤其是出声的"读",不仅连接着思维动力,而且将"目视"与"口诵"系为一体,无疑更加会强化"读的过程"的思维性和情感性,从而留下深刻印象。

328

讽诵之际①,务令专心一志,口诵心惟,字字句句,绌绎反复②,抑扬其音节,宽虚其心意③,久则义礼浃洽④,聪明自日开⑤矣。

【明】王守仁《王文成公全书》卷三《传习录》

【注释】

①讽诵之际:在背诵文章的时候。

②绌绎反复:反复思考体会。绌绎:引出抽丝的头绪,这里引申为不断地思索、联想。

③"抑扬……宽虚……"两句:使音节高低起伏,心意舒展通畅。

④义礼浃洽:书中的道理能融会贯通。

⑤聪明自日开:聪明才智自然逐日发展起来。开:开通。

【读解】

王守仁,字伯安,号阳明。死后谥号文成,后人又称之为王文成公。他自三十四岁起,开始讲学授徒,是中国历史上一位伟大的哲学家和教育家。《传习录》是《王文成公全集》中的卷一至卷三,一部分是他的语录,一部分是他的信札,由他的门人刊刻。这段语录就节选自《传习录》,所指在学生背诵文章的时候,必须使其专心,一边诵读,一边思考,字字句句都要去反复研究和体会,使诵读时音节高低起伏,心意舒展通畅,这样,书中的道理自然能融会贯通,聪明才智自然逐日发展起来。

王守仁的这段话,体现了他注重"在讽诵中自求自得"的教学原则。

讽诵是吟诵法的一种,指一种用唱歌似的音调来诵读课文,从而感觉语文的思想内容和韵味情调的方法。讽诵同朗读、诵读、背诵有共同点,都是用有声语言去代

换书面文字语言,都要对语文的内容进行理解。但讽诵在语音的处理上接近于唱,其目的是以声入情,因声求义,在吟唱中探寻课文的艺术魅力,进入相应的艺术境界,正如叶圣陶先生所说,讽诵时"对于讨究所得的不仅理智地了解,而且亲切地体会,不知不觉之间,内容和理法化为读者自己的东西了,这是最可贵的一种境界"。当然讽诵也有两种类型,一种是按照一定的曲调去唱,这在古代较为多见;另一种是诵读的成分较多,曲调感不强,但听起来也是韵味十足,朗朗上口。这在当代较普遍。

329

涵泳①二字,最不易识,余尝②以意测之曰:涵者,如春雨之润花,如清渠之溉稻。雨之润花,过小则难透,过大则离披③,适中则涵濡而滋液。清渠之溉稻,过小则枯槁,过多则伤涝,适中则涵养而渤兴④。泳者,如鱼之游水,如人之濯足⑤。程子谓鱼跃于渊,活泼泼地;庄子言濠梁⑥观鱼,安知非乐?此鱼水之快也。左太冲有"濯足万里流"之句,苏子瞻有夜卧濯足诗,有浴罢诗,亦人性乐水者之一快也。善读书者,须视书如水,而视此心如花、如稻、如鱼、如濯足,则涵泳二字,庶⑦可得之于意言之表。

【清】曾国藩《谕纪泽》

【注释】

①涵泳:比喻沉浸在书中细心咀嚼、品赏玩味。

②尝:曾经。

③离披:散落,引申为枯萎凋谢。

④渤兴:勃发而旺盛。

⑤濯足:洗足。

⑥濠梁:本指濠水上的桥梁。

⑦庶:大概。

【读解】

"虚心涵泳"是朱熹提出的读书方法之一。对此,曾国藩在家书中曾有这样一段相当详尽的解释,所谓"涵"者如"春雨之润花,清渠之溉稻";所谓"泳"者则如"鱼之游水,人之濯足"。春雨润花,清渠溉稻,都需适中,水不可过大或过小;而鱼之游水和人之濯足都会感到十分快乐。以此喻读书的过程,书就似水,而读书人的心则如花、如稻、如鱼、如濯足,沉浸于书如沉浸于水中一样的快乐。

古人读书向来不重分析而感重悟,主张在涵泳中体悟做人和为文的可行之道。

陶渊明在《五柳先生传》中所言:"好读书,不求甚解;每有意会,便欣然忘食。"描绘的也正是一种潜入涵泳的境界。"意会"既来自"涵泳",而又在涵泳中沉醉迷恋,欣然忘食。"涵泳"获得的感悟是一种直觉思维,它需要阅读主体的个人素养,方能在文章中知心见情,恰如参惮悟道,全在个人修行。可以说:"涵泳"既是中国语文教育基于汉字汉语特点的一种重要学习方法,也体现了东方文化和汉民族思维方式重在妙悟和直觉的读书方法。以此反观当下语文课堂上教师的过度讲析,不让学生自得自悟,也就是剥夺了学生涵泳之乐。这就难怪学生不喜欢语文课了。

330

熟读唐诗三百首,不会作诗也会吟。

【清】孙洙《唐诗三百首序》

【读解】

孙洙,别号蘅塘退士,清乾隆十六年(1751)进士。他曾经编了一本《唐诗三百首》的书,是后世流传颇为广泛的唐诗选集。在这部书中,他写了"熟读唐诗三百首,不会作诗也会吟"的话,假托这是"谚语",实则是宣传自己精读、熟读的主张,读得多了,读得熟了,自然能明其章法,富其辞藻,得其意趣,也就能写了。

读得多,读得熟,就全会了,这是汉语文教学的传统经验之精华所在。因为每一个汉字都是形、音、义大量信息浓缩而成的一个个方块,独立性强,能够灵活地层层组合,其中的丰富蕴意和无穷韵味,都要通过诵读来品味,来体悟。这是汉语文所具有的,而为许多印欧拼音的语文所不具备的特异功能。所以,学习中国语文,朗读是基本大法。读可以形成最有效的记忆、领悟和审美。用大部分时间让学生无拘无束地读书,可以实现感受的量的积累。当学生对文章的意蕴有了理性的把握后,再回头去朗读,会对语文形式之美产生更深刻的认识。精读细赏过的文章烂熟于心,会转化为学生的语言背景,或者叫"语感",或者叫"潜意识"。一旦有相似的情境出现,就会渗透出来,并毫无痕迹地内化其中。这就成了"不会作诗也会吟"。所以,读得声情并茂,才能写得形神兼备,这两者的关系密切,是很有道理的。

331

微言精义①,古人难以明言,而待人自悟者,可将其书熟读成诵,取而思之②。今日不彻,明日更思;今岁不彻,明岁复思,数年之后,或得于他书,或触于他物,或通于他事,忽然心窍顿开,从前疑义透底了彻,有不期解而自解者。故孔子曰:"未之思也,夫何远之有③?"管子云:"思之思之,又重思之,思之不得,鬼神将告之。"余谓鬼神非他,即吾心之灵也。

【清】唐彪《读书作文谱》

【注释】

①微言精义:在片言只语中,有很深的义理。

②取而思之:意思是取记诵的文句,随时作反复深入的思考。

③未之思也,夫何远之有:意为你没有深入地去思考它,怎么可以认为文中的义理离你很遥远呢?

【读解】

经典文本中的精义都蕴含在精当洗练的语辞之中,古人不必明言,要靠学生自己去感悟。"悟"从何来?就要依赖于反复思索。甚至"今日不彻,明日再思";"今岁不彻,明岁复思。"数年之后,说不定在无意之间,你或得于他书,或触于他物,或通于他事,突然之间心窍豁然开朗,以前的疑义一下子彻底明白了。

传统的语文教学就这样,不仅强调熟读,同时也主张精思。思什么?如何思?它不是逻辑性极强的运用概念、判断和推理,获得结论的过程,而是建立在读者切身体验基础上的主体感悟。这种感悟,往往是由于他事、他物、他书的触类旁通而心窍顿开。如此模糊的、感性的非实证式的开窍,具有鲜明的中华民族文化特征和浓郁的东方思维色彩。因为西方人重逻辑和实证,东方人重妙悟与直觉。唐彪在这里所说的反复思索而后悟,体现的正是心领神会和得意忘言的"妙悟"。

332

学生复讲书①时,全要先生驳问②,层层辩驳,如剥物相似,去尽皮方见肉,去尽肉方见骨,去尽骨方见髓,书理始理透彻③,不可略见大意即谓已是也④。虽然,凡书不特⑤弟子复讲时,师宜驳难;而先生讲解时,弟子亦宜驳问。先生所讲未彻处,弟子不妨以己见证之⑥。或弟子所问,先生不能答,先生即宜细思,思之不得,当取书考究,学问之相长⑦,正在此也。切勿掩饰己短,支离其说⑧,并恶⑨学生辩难。……如此则见地高旷⑩,弟子必愈加敬之,不如此,反不为弟子所重矣。

【清】唐彪《读书作文谱》

【注释】

①复讲书:这里指学生讲书给教师听,相当于现在的复述。

②驳问:提问,驳难。

③书理始理透彻:书中道理才能透彻。前"理"是名词;后"理"是动词。

④巳是也:已经是这样了,认为完全了解了。
⑤不特:不仅。
⑥以己见证之:用自己的见解来说明它。之:指"先生所讲未彻处"。
⑦学问之相长:做学问应互相促进。
⑧支离其说:把自己的见解说得残缺、凌乱。
⑨恶:讨厌,作动词用。
⑩见地高旷:见解高远。

【读解】

　　旧时,让学生把书复讲给老师听,是一种重要的教学方法。这大概类同于现在的"复述课文",可惜,这种方法在当下的课堂上已不多见。从这段言论中我们还可以发现旧时的学生复讲,还要间以教师的驳问,而且这种驳问是层层推进,与剥物相似。反之,在先生讲解时,弟子也可以驳问,甚至对先生没有讲透的地方,学生可以自己的见解来说明。"博学之,审问之,慎思之,明辨之,笃行之"是《礼记·中庸》里的话。朱熹则认为:"(读书)若用工粗卤,不务精思,只道无疑处。非无可疑,理会未到,不知有疑尔。""提倡学须有疑。譬之行道者,将之南山,须问道路之出,自若安坐,则何尝有疑!"这是张载的认识。现代的著名教育家陶行知说得更透彻:"小孩子有问题要准许他们问。从问题的解答里可以增进他们的知识。孔子入太庙,每事问。我从前写过一首诗,是发挥这个道理的:'发明千千万,起点是一问,禽兽不如人,过在不会问。智者问得巧,愚者问得笨。人力胜天工,只在每事问。'但中国一般是不许多说话,小孩子得到言论自由,才能充分发挥他的创造力。"所以,唐彪主张应营造如此教学相长的课堂氛围。对照一下,今天的教学,也有许多难以企及的地方,这确实值得我们反思并借鉴。

333

　　惟①性耽坟籍②,……塾课稍暇,辄③取子史等书日夕披览④,孜孜不倦。观书常自具识力⑤,知所去取。……疑者随时记,以俟参考。

【清】章华绂《文史通义序》

【注释】

　　①先君子:已去世的父亲,此指章学诚。
　　②性耽坟籍:生性喜爱读书。坟籍:书籍。传说"三坟五典"是我国最古的书。耽:沉溺,这里是爱得入了迷的意思。
　　③辄(zhé):就、常常。
　　④识力:识别的能力。

⑤俟:等待。

【读解】

这是我国古今十大史学家之一章学诚的儿子章华绂在《文史通义序》中的一段话。

章学诚(1738—1801),清代史学家、文学家,字实斋,号少岩,出生于浙江绍兴。14岁随父在湖北应城官舍延师授业,初时体弱多病,智力迟发,直至20岁后才有转机,学业渐进。在诸多类著中独爱史学。清乾隆三十年(1765),得大学士朱筠赏识,从朱学文。后又与邵晋涵、王念孙、戴震等名儒交游讲论。以后又致力于编纂方志,提出了一套修志理论,成为我国方志学的奠基者。他的一生虽然颠沛流离,穷困潦倒,但勤奋攻读,孜孜不倦。这段言论就是章华绂记述他父亲生性喜爱读书,在家塾教授,稍有课余时间,就孜孜不倦地日夜攻读的情形。他在读书时很有个人的识见,知道如何舍其糟粕、取其精华,有疑的地方则随时记录下来,以供日后参考深究。

334

古文法度①,隐而难喻②。能熟于古文,当自得之。

【清】章学诚《文史通义》内篇《文理》

【注释】

①法度:指文章的章法规则。

②喻:了解。

【读解】

"古文的章法规则,总是比较隐蔽而一时难以了解。但如果能娴熟于古文,其中的章法规则便能自得了。"这是章学诚学习古文的切身体验。

"自得"之说,始于孟子。孟子曰:"君子深造之以道,欲其自得之也。"(《孟子·离娄下》)。"自得"意为自觉有所得,指学习主体不依赖外力,靠的是反身体验,默识心通,自然而得。从哲学的角度看,"自得"靠的是"内因","外因"虽然也重要,但那只是条件,内因才起决定性的作用。实现"自得"的核心则是"思",孟子说:"思则得之,不思则不得。"强调"心之官则思"(《孟子·告子上》)。

有人说,学语文"少时靠记性"(便是"熟于古文");年轻时靠灵性(记住了,还要多问多思);成熟了,靠悟性(所谓"四十而不惑",在"悟"中便有了更多的"自得")。此说不假。

335

欲速是读书第一大病,工夫只在绵密①不间断,不在速也。能不间断,则一日所读虽不多,日积月累,自然充足。若刻刻②欲速,则刻刻做潦草工夫,此终身不能成功之道也。

【清】陆陇其《陆清献公集》

【注释】

①绵密:紧密,不松懈。

②刻刻:每时每刻。

【读解】

陆陇其(1630—1692),清初学者。初名龙其,字稼书。浙江平湖人。康熙进士,历任知县和行取御史,与陆世仪并称"二陆"。学宗程朱,以"居敬穷理"为主,反对王守仁"致良知"说。

读书不在求"速",而在"不间断",是他的治学心得之一。古人云:欲速则不达;民间有"性急吃不来热豆腐"……强调的都是要"循序渐进"。这也是朱熹的为学之道("循序渐进"、"熟读精思"、"虚心涵泳"、"切己体察"、"着紧用力"、"居敬持志"。此乃朱熹的门人归结的六个基本点)。我们从陆世仪的这段言论中,不难看出与程朱之学是一脉相承的。

336

凡读书,每日须读一般经书①,一般子书②,不可贪多,只要精熟。须静室危坐③,读二三百遍,那字字句句,须要分明。又五日,须连三五授,诵读五七十遍,务令成诵,不可一字放过,此读书最妙之法。

【清】石天基等《训蒙辑要》

【注释】

①经书:指"五经",五部儒家经典,即《诗》、《书》、《礼》、《易》、《春秋》。

②子书:指先秦诸子百家的著作。

③危坐:端坐。古人两膝着地而坐,危坐即正身而跪,后来两股着椅正坐也称危坐。

【读解】

石天基在这里阐述了熟读之法。一是读什么书?当然是封建社会视作经典的经史子集。二是读的量如何把握?石氏十分强调"不可贪多,只需精读"。三是怎么做到精读?这就有了不少规矩,如读书的环境是"静室",身姿是"危坐",方法是对每日所读的不少内容,要反复诵读(二三百遍),字字句句要读得分明。隔一段时间要通

读复诵五七十遍,必须达到能背诵的要求,不可有一字放过。

当然,这些规矩都不可避免地有着当时浓浓的时代色彩,并非都应当不折不扣地承传。但透过规矩我们不难发现当时读书要求认真、勤奋的态度,而且奉行多读成诵的基本要求,这对于经典读本而言还是必要的,很值得借鉴。

(五)摘 抄

337

溥幼①嗜学。所读书必手抄,抄已,朗读一过,即焚之;又抄,如是者六七始已。右手握管处,指掌成茧。冬日手皲②,日沃汤③数次。后名读书之斋曰"七录"。……溥诗文敏捷,四方征索④者,不起草,面客挥毫⑤,俄顷立就,以故名高一时。

【清】《明史·张溥传》

【注释】
①溥(pǔ):张溥,明末著名散文家。
②皲(jūn):皮肤因寒冷而破裂。
③沃汤:用热水洗涤。
④征索:征求索取。

【读解】
(张)溥小时侯很好学,读的书一定亲手抄写。抄完了,朗读一遍就烧掉,然后再抄。这样六七次才停止。(因为这样反复抄书,他)右手握笔的地方手指手掌都结了茧子。冬天手冻裂,每天(将手)泡在热水暖好几次(以坚持抄书)。后来就把当年读书的书斋叫作"七录(斋)"。……(张)溥写作诗文才思敏捷,面对来自各地向他求取文章的人,他从不打草稿,当着客人的面动笔,一会儿功夫即可完成,所以当时他的文名很大。

张溥的这种读书法即"摘抄",这是一种积累语言的好方法,郭沫若先生曾言:"胸藏万汇凭吞吐,笔有千钧任歙张。"通过摘抄,积累了大量的语汇、句式、段篇,写作时就可以辞直义畅,奔驰放达,任凭吞吐。因此,摘抄对于提高语文素养具有十分重要的意义。张溥正是因为坚持长期的艰苦摘抄,所以才练就了"不起草,面客挥毫,俄顷立就"的写作本领。

张溥的摘抄法从心理学角度来看,是强化了记忆、手抄、朗诵的过程,综合运用

了视觉、听觉和手的运动,所以记忆的效果就好。从语文教育的角度来看,抄写时,读者有更多的时间与时空体味、思考原作,因而更有利于培养书面语感,同时,摘抄又有利于后期分类整理,积累资料,帮助读者更加深入地认识与理解问题。

338

小有疑处,即便思索,思索不通,即置小册子,逐日抄记,以时省阅①,俟归日逐一会理,切不可含糊护短②,耻于咨问③,而终身受此黯暗以自欺④也。

【宋】朱熹《先正读书法》

【注释】

①以时省阅:用来随时看看想想。

②护短:掩护短处,就是让疑问含糊过去。

③耻于咨问:以询问疑难为羞耻。咨问:询问。

④终身受此黯暗以自欺:终生不解其义,糊里糊涂地自己欺骗自己。

【读解】

在读书的过程中,遇到有一些疑问之处,马上就思考,想不通的话,就用一本小册子,按日抄记下来,用来随时看看想想。等到整理的日子进行逐一整理,决不可以让疑问含糊过去,掩饰自己的短处,以为询问疑难是羞耻的事情,终生不解其义,糊里糊涂地自己欺骗自己。

我们不妨把这样的方法称为"疑问整理法"。读书中的疑问并非是为疑而疑,而是推动进一步思考、理解的台阶,所以,这样的台阶积累得越多,就越对后续的发展有利。

摘记疑问是摘抄法的一种,也是朱熹在《先正读书法》中介绍的一种学习方法。学须有疑,更贵在把这些疑及时摘录下来,供日后在进一步思考参读中释疑。有疑而不及时摘录,日后必忘,有疑等于无疑,又如何得到长进?

339

昔苏子容记得史熟,东坡问之,答曰:"吾曾将①某年某月下将②事系之,编得一次,复将事下系以某年某月,又编得一次。编来编去,遂熟。"

【宋】朱熹《先正读书法》

【注释】

①将:在,介词。

②将:把的意思。

【读解】

以前苏子容对历史事件记得很熟,苏东坡问他原因,他说:"我曾在某年某月的时间下把历史事实记录整理下来,这样(历史发展过程)编一次,又在历史事件下记上某年某月的时间,这样又把(历史发展过程)编了一次。编来编去地我就对历史很熟了。"

"摘抄"也并非是如同复印机一般机械抄录一遍,这样无法达到融会贯通,充其量只是加深了一点印象而已。实际上,不同的学科有不同的"摘抄"方法,也就是有不同的积累资料的方法,可以说,不同的资料积累方法,收获的是不同的成果。苏子容的方法在历史学科中是"编年体"的方法,即以时间为中心,按年、月、日顺序记述史事。因为它以时间为经,以史事为纬,比较容易反映出同一时期各个历史事件的联系。因此,后来苏子容对历史就很熟悉了。同样在历史学科中,尚有"纪传体"、"国别体"、"断代史"、"纪事本末"多种体例。因此,摘抄法的实际应用具有很强的学科个性的。

苏子容即苏颂(1020—1101),福建泉州人。他是宋代的天文学家,也是药学家,博闻广识,学问了得。这与他的勤奋刻苦治学是分不开的。

语文是一门综合性和实践性极强的学科,其实践总体上为"听说读写","摘抄"之法融会多种语文实践,实是有效的语文实践活动。

340

炎武之游四方十有八年,未尝干人①有贤主人以书相示者②,则留。或手抄,或募人③抄之。

【清】顾炎武《钞书自序》

【注释】

①干人:求人。干:干求。
②有贤主人以书相示者:有以书相示的贤主人。
③募人:招人。指招人代抄。

【读解】

(我)游历了四方十八年,不曾有求于人。但遇到有给我好书看的贤德的主人,我则会留下来,对好书的内容,有时亲自抄录下来,有时招人把它抄下来。

顾炎武是明末清初著名的思想家。他以"博学于文"作为自己的为学宗旨。"博学于文"也就是学习不仅仅限于文献知识,还包括广闻博见和考察审问得来的社会实际知识。他所关心的是天下国家之事,所注重的是"经世致用之实学"。

在这样的思想指导下,顾炎武曾四处游历,实践自己"博学于文"的为学宗旨,

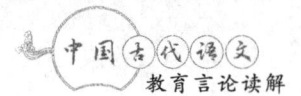

于是就有了上述的关于"摘抄"的阐述,这段话实际是告诉读者"摘抄什么"的问题。通常认为,"摘抄"的内容不外乎自认为有价值的资料、有疑问的语段、可资研究的信息等,但顾炎武却提出了一个新的内容"贤主人荐书"。所谓"贤主人"是指德才兼备的人,这样的人其阅读取向往往有可资借鉴之处,因此,他所荐之书可以帮助自己开阔眼界。

因此,"摘抄"需解决内容取向的问题,也就是"为什么值得摘抄"?除了自己认为需要,认为好的书之外,有修养的人推荐的书也很重要。因此,历来有不少名人为大众出书目,推荐书籍,这不失为一种好策略。

341

余治诸子之学①,将三十年。当《通考》②未作以前,凡见有涉于子书③者,无不抄读。……觉诸子之学术源流,与其异同得失④,往来于怀⑤,遂能观其会通⑥,颇信获益于抄读者为多。然则人之于书⑦,诚用抄读之功⑧,岂有不能得其益哉⑨?

【近现代】孙德谦《古书读法略例》卷四

【注释】

①诸子之学:诸子百家的学说。
②《通考》:指孙德谦所著《诸子通考》一书。
③有涉于子书者:各书中有关诸子百家学说的部分。
④异同得失:各家学术思想上的相同、相异、优点、缺点。
⑤往来于怀:在心中反复思考。
⑥观其会通:看到他们(指诸子学说)互相吸收融会贯通。
⑦人之于书:人们读书。
⑧诚用抄读之功:果真能在抄读上用功夫。
⑨岂有不能得其益哉:难道有人不能得到抄读的好处吗?

【读解】

我研究诸子百家的学说,已经近三十年了。当《诸子通考》这本书还没有写之前,只要见到各书中有关诸子百家学说的部分,我都会抄下来……察觉诸子百家在学术上、思想上的来龙去脉,和各家学说的相同、相异、优点、缺点,在心中反复思考,于是就融会贯通了,于是很相信抄读的好处多。因此,人们读书,如果真能在抄读上下功夫,哪有会不得到好处的呢?

这里,孙德谦把阅读过程视为一个建构的过程,他在阅读诸子百家著作时,能将各家学说抄录下来,抄录后,各种材料之间的异同、源流等便自然地引起了思考,于是就有了收获。孙德谦抄读的过程,首先是一个筛选的过程,将各种有用的信息从各类书籍中精选出来;其次是一个比较与提炼的过程,将各种材料进行比较,从中提炼观点,发现各家的异同;最后,便形成了自己的观点。

可见,抄读并不是做复印机的工作,而是在抄中思考,在抄中建构,把抄读作为一个阅读增值的过程。这正是孙德谦给我们的启示。

342

盖凡人读书,恒易疏略①。其书而为吾所有②,不必借抄于人,以为予取予求③,随时可读,于是因循旷废④,有竟不取读者。自一经手抄,当时意既专注,可使过目不忘,较之泛泛浏览者迥乎不同⑤,吾是以知抄读之为益宏多也⑥。

【近现代】孙德谦《古书读法略例》卷四

【注释】

①恒易疏略:常常易犯疏忽、粗略的毛病。
②为吾所有:被我所占有。
③予取予求:我要什么就拿什么。予:我。
④因循旷废:拖拖拉拉,耽误时间。
⑤较之泛泛浏览者迥乎不同:同浮浅浏览的人相比完全不同。迥:明显地。
⑥抄读之为益宏多也:抄读的好处很多。

【读解】

阅读从某种角度来说,是一个人面对自己的事情,所以,阅读过程中的自我心理调适、自我管理就显得尤其重要。

这段话指出,阅读时容易犯的毛病就是觉得书中的知识反正又逃不走,可以慢慢来,就会一拖再拖,即使偶尔读了,也不会很投入。

所以,就需要用摘抄法来对付这种"拖拉病"。一旦摘抄,读书的注意力便高度集中,心手相应,与浏览者完全不同。

因此,与其说"摘抄法"是一种读书方法,更不如说它是一种阅读姿态。它表明阅读者对书本的敬畏,对文字的尊重,对阅读过程的谨慎。因此,摘抄可以培养一位真正的读书人。上文中所说的抄读之为益宏多,其最大的益处恐怕就在于对读书态度的培养。

343

若问读书方法,我想向诸君上一个条陈①,这方法是极陈旧的极笨极麻烦的,然而实在是极必要的。什么方法呢?是抄录或笔记。……这种工作,笨是笨极了,苦是苦极了,但真正做学问的人,总离不了这条路。做动植物的人,懒得采集标本,说他会有新发明,天下怕没有这种便宜事。

发明的最初动机在注意,抄书便是促醒注意及继续保存注意的最好方法。当读一书时,忽然感觉这一段资料可注意,把它抄下。这段资料,自然有一微微的印象印入脑中,和滑眼②看过不同。经过这一番后,过些时碰着第二个资料和这个有关系的,又把它抄下,那注意便加浓一度。经过几次之后,每翻一书,遇有这项资料,便活跳在纸上,不必劳神费力去找了。这是我多年经验得来的实况。

【清】梁启超《饮冰室合集之七十一·治国学杂话》

【注释】

①条陈:旧时下级向上级陈述意见的文件。这里借指意见、建议,含自谦之意。

②滑眼:看书不深入,浮光掠影。

【读解】

这是梁启超的一段治学心得。

梁启超被公认为清朝最优秀的学者,中国历史上一位百科全书式人物,学术研究涉猎广泛,在哲学、文学、史学、经学、法学、伦理学、宗教学等领域,均有建树,以史学研究成绩最显著。他一生勤奋,著述宏富,在将近36年而政治活动又占去大量时间的情况下,每年平均写作达39万字之多,各种著述达1400多万字。取得如此丰富的学术成果,其治学经验必有可取之处。

在这段话中,梁启超阐述了"摘抄"读书法的心理机制。他认为,"摘抄"首先可以"促醒注意",与一般的随便看看给人的印象不一样,可以克服"滑眼"的弊端。"滑眼"的说法很是形象,意即看书不深入,浮光掠影,没有"入木三分"的深刻印象;其次是"继续保存注意",即遇到第二个资料与此相关的,继续"摘抄",这样就可以用联系的眼光来看所摘抄的资料了。

这样,我们也就不难理解他的治学方法了。

344

凡书,目过口过,总不如手过。盖手动则心必随之,虽览诵①二十遍,不如抄撮②一次之功③多也。况必提其要,则阅事不容不详④;必钩其元,则思理不容不精⑤。若此中更能考究同异,剖断是非,而自纪所疑,附以辨论,则浚知⑥愈深,箸心⑦愈牢矣。

【清】李光地《榕村集》

【注释】

①览诵:阅读。

②抄撮:抄摘。撮:摘录要点。

③功:功效。

④必提其要,则阅事不容不详:必须摘出要点,阅读就不能不详细。阅事:原指阅读记载史实的书。

⑤必钩其元,则思理不容不精:必须阐明微言大义,思考就不能不精深。元:通"玄",精微的含义。

⑥浚(jùn)知:透彻领悟。浚:深刻。

⑦箸(zhù)心:记在心中。箸:通"著",住或停留的意思。

【读解】

这段话生动地阐述了抄读的益处。有三大方面:

首先是"阅事不容不详"。在摘抄中,必然要摘出文章中的要点,所以阅读时不得不精细。阅读的最大敌人是过于粗疏,所谓囫囵吞枣,摘抄有助于克服这一问题。

其次是"思理不容不精"。由于在摘抄中,要思考文章的微言大义,所以思考必须深入。泛泛读过,与没有阅读的区别不大。精思方是阅读的要义。

再次是"考究异同,剖断是非"。也就是考察研究各书论述的异同,分解辨析各种学说的是非。

从上述分析可以看出,摘抄法实际上是建立了一种阅读的倒逼机制,它可以迫使阅读者在阅读过程中更加投入,从而最大限度地提升阅读的效益。

345

叶奕绳尝言强记之法①:"某性甚钝。每读一书,遇所喜即札录之;录讫朗诵十余遍,粘②之壁间,每日必十余段,少亦六七段。掩卷③闲步,即就壁间观所粘录,日三五次以为常,务期精熟,一字不遗。壁既满,乃取第一日所粘者收笥④中。俟⑤再读有所录,补粘其处。随收随补,岁无旷日⑥。一年之内,约得三千段。数年之后,腹笥渐满。每见务为泛滥者,略得影响而止;稍经时日,便成枵腹⑦,不如予之约取而实得⑧也。

【清】张尔歧《蒿庵闲话》

【注释】

①强记之法:加强记忆的方法。

②粘:贴。

③掩卷:闭卷。

④笥(sì):竹箱。

⑤俟(sì):等到。

⑥旷日:空废的时日。

⑦"每见务为泛滥者"等四句:常常看到那些读书贪多求快的人,略微获得一些印象就停止了。那样,稍稍过了些日子,就什么都忘了,成了空肚子。枵(xiāo)腹:空肚子。

⑧不如予之约取而实得:比不上我学得少而精并且切实有收获。

【读解】

　　叶奕绳曾经说加强记忆的方法:"我的性格非常愚钝。每读一本书,遇到喜欢的地方就进行摘录,摘录完以后,朗诵十多遍,贴在墙上。每天摘录的必定有十多段,至少也有六七段。不看书、闲走的时候,就走近墙壁,看贴在上面的摘录,每天看三五次是常事,一定要达到滚瓜烂熟、一字不遗的地步。墙壁贴满了,才拿下第一天贴上去的,收到竹制盛器里。等到再读书且有摘录的时候,补贴到那个空白地方。随时收随时补,终年没有空的日子。一年之内,大约能有三千段。数年之后,竹制盛器渐渐满了。经常看见那些看书力求多的人,稍微有了一点印象就不看了,稍微过一段时间,就成空腹,毫无学问,不如我读得少但读得实在。"

　　阅读经典,务求精熟,须博闻强记。叶奕绳的强记之法即为"摘抄",但并非照本全抄,而是将所喜的段落以"纸条"的形式抄录下来,贴在壁上。这样做有两个好处:一是诵读记忆会很方便,可以边踱步中边朗诵,可以加强记忆;二是便于掌握记忆情况,已经熟记的内容撤下后放到其他地方,新的内容再粘贴上去,可以很清晰地看出自己诵读的结果。

346

　　余幼时即嗜学。家贫,无从致书①以观,每假借②于藏书之家,手自笔录,计日③以还。天大寒,砚冰坚④,手指不可屈伸⑤,弗之怠⑥。录毕,走送之,不敢稍逾约。以是人多以书假余,余因得遍观群书。

【明】宋濂《送东阳马生序》

【注释】

①致书:得到书。
②假借:复词单义。假:同"借"。
③计日:约定日期。
④砚冰坚:砚池里的水结成坚硬的冰。
⑤手指不可屈伸:形容手指冻僵。
⑥弗之怠:并不因此而懈怠。

【读解】

宋濂幼年就爱好读书,家里贫穷,没有办法买书回来读,常常向有藏书的人家去借,(借来就)自己动手用笔抄写,计算着约定的日子(按时)归还。(有时)天气非常寒冷,砚池里(的水)结成坚硬的冰,手指(冻僵)不能弯曲和伸直,也不放松抄书。抄写完了,赶快送还书,不敢稍稍超过约定的期限。因此人家大多数愿意把书借给我,我于是能够阅读到各种各样的书籍。

这是一段广为人知的读书佳话,"书非借不能读也",宋濂借书,使他得以遍观群书,手自抄录,又令他深入理解。

读书需要意志,因为读书的过程从本质上讲是"苦中有乐",读书的过程是艰苦的,读书的乐趣源自于艰苦的思考之后豁然开朗的成功感,越是艰苦的读书便越有价值,因此,读书需要强大的意志力。而宋濂实际上又在抄书的过程深入理解了书籍,可谓一举多得。

学习条件好,当然是好事,会有助于学习。但学习条件差,也不一定就会影响学习,借书抄读就是克服学习条件差的好方法。艰苦反而能磨砺人的意志。宋濂抄书苦读,便是一个很好的范例。

当前语文课堂教学,笔墨动得太少,热衷于口头交流。从宋濂的读书法看来,其弊不言自明。

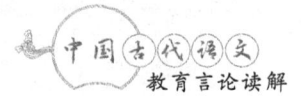

(六)深 思

347

学而不思则罔①,思而不学则殆②。

【春秋】《论语·为政》

【注释】

①罔(wǎng):迷惑,迷惘。

②殆(dài):危殆,危险。

【读解】

一味读书而不思考,就如同走入了迷宫之中,会被书本牵着鼻子走,而失去主见,所谓"尽信书不如无书",便是此意。而如果一味空想而不去进行深入的学习和钻研,则终究是沙上建塔,一无所得。因此,只有把学习和思考结合起来,才能学到切实有用的真知。这是孔子所提倡的一种读书方法,即"学思并重"。孔子在《论语·卫灵公》中还说过:"吾尝终日不食,终夜不寝,以思,无益,不如学也。"

西方的哲人康德也说:"感性无知性则盲,知性无感性则空。"这与孔子的"学而不思则罔,思而不学则殆"可以说是惊人的一致。可见,人类在知识的学习和获取上,不论地域、种族有何差异,其根本性原则往往是一致的。

在阅读教学中,我们不仅要引导学生接受文本中传递的人类文化的精华,更要引导学生学习文本作者思维的方式方法;不但要引导学生触摸文本中传递出的价值观,更要引导学生批判地看待文本,从而让学生学会像思想家一样地思考,这可能是阅读教学更加重要的使命所在。

从当前阅读教学的实践来看,自觉地将学生作为阅读的"思想者",让学生在阅读过程中释放性灵,与文本自如地展开对话的教学境界依然是我们需要努力探寻的。

348

傅迪①好广读书而不解其义,柳②唯读③《老子》而已,迪每④轻之。柳云:"卿⑤读书虽多而无所解⑥,可谓书簏⑦矣。"时人重其言。

【唐】《晋书·刘柳传》

【注释】

①傅迪:南朝宋人。

②柳:刘柳,晋人。

③唯读:只读。

④每:常。

⑤卿:古代君对臣、长对幼的称谓,朋友间、夫妇间也常以卿作为爱称。

⑥无所解:没有理解书中的内容。

⑦书簏(lù):书箱。

【读解】

《晋书·刘柳传》中有这样一个故事:刘柳为仆射,傅迪为右丞相。两个人读书的爱好不相同,傅迪爱好广读书,而并不深入地探寻书本的意义,而刘柳只读一本《老子》,所以,傅迪常对刘柳的读书方式不以为然。刘柳说:"你读书虽然多,而却没有读出自己的见解,真可以称得上是一只书箱。"这个见解为当时人所看重。后来,人们用"书簏"来讽喻读书虽多但不解书义、获益甚少的人。

刘柳与傅迪读书观点的冲突,深层地体现了对阅读的认识,也就是人为什么而阅读的问题。从现代的阅读观看来,阅读是一个在与作者、文本的对话中建构自我的过程,其最终的目标指向于阅读者自我的完善。所以,那种走马观花式的阅读,正如同驰骋在十里洋场之上,虽然市列珠玑,珍奇满目,只落得心花意乱,空手而归。阅读切不可装点门面,如暴发户炫耀家私一样,以多为贵。这在治学方面是自欺欺人,于自我提升非但无益,反而养成华而不实的毛病。刘柳将傅迪讽刺为"书簏"正有此意。

因此,从阅读的策略上来讲,应当在年轻的时候,读上几本"打底"的书,为自己的成长涂上"底色"。这"打底"的书,必须为人类文化的经典,不仅具有文化上的价值,体现出对人类命运的终极追问,更应当在文字上具有高雅的情趣,能起到滋养心灵的作用。这样的书可以打下一个人精神的"底子"。

当然,这样的书,需要有极大的勇气与坚忍的意志,不断重读,反复体味,正如苏东坡在《送章惇秀才失解西归》中开头两句:"旧书不厌百回读,熟读深思子自知。"以这种百读不厌的姿态阅读,经典于是就具有了种子的力量,足以滋养人的一生。从这个意义上说,阅读教学关涉的更多程度上的是关于阅读的选择与坚持。

349

读书须读到不忍舍处①,方是见得真味②。若读之数遍,略晓其义即厌之,欲别求书看,则是于此一卷书,犹未得趣③也。

【宋】朱熹(见《学规类编》)

【注释】

①不忍舍处:舍不得把书放下的地步。
②方是见得真味:才算是知道真正的意味。见得:知道,体味到。
③犹未得趣:还没有理解书中的意味。

【读解】

读书要读到舍不得把书放下的程度,方才能体会到书中的"真味"。如果只是读了几遍,略微知道了书中的一些大致意思即厌倦放弃,想去读别的书了,那么对于这一本书来说,(读者)并没有理解书中的意味,也就是前面所讲的"真味"。这一段话很值得玩味。朱熹提出了一个"真味"的概念。什么是"真味"?朱熹并没有解释,而是给出了一个直观的标准"不忍舍"。这就很值得玩味了,书读到舍不得放下到底是一种怎样的状态?为何会舍不得放下?我们不妨可以展开想象,首先是读得有兴趣了,感觉书是妙趣横生,便舍不得放下了;其次是读书过程中有"豁然开朗"之感,觉得作者真了解自己,作者所说的话语都说到自己的心里去了;当然更重要的是,反复回味,觉得作者的话语意境深远,语义深刻,值得反复揣摩,越品味越有滋味。学者方卫平就曾经提出儿童文学的文本艺术结构有语音、语象、意味三个层次构成,这与上文所说的阅读中"舍不得放下"的状态颇有类似之处。

所以朱熹所讲的"真味"其实是在引导我们,阅读的核心是理解,其过程是一个不断深入发现的过程,阅读的乐趣正来自于这个深入过程,只有把阅读与发现联系起来,才真正实现了阅读的意义。

350

凡看文字①,先须晓其文义②,然后可求其意,未有文义不晓而见意③者也。

【宋】朱熹编、张伯行集解《近思录》卷三

【注释】

①文字:这里指文章。

②文义:这里指文字句读的含义。
③意:作动词,即上句的"求其意"。

【读解】

只要是阅读文章,须先知晓文章字面上的意思,然后可以进一步了解作者要表达的意义,没有一个人可以不知道文章的表面意思却能把握作者表达的意义的。

在这段文字中,朱熹有意识地区分了"义"与"意"这两个概念。在中国历史上,一直有"言意之辩",主要有三种观点:一是认为"言不尽意",即语言不足以全部把意义表达出来;二是认为"言可尽意";三是认为"立象以尽意",即用一个具体的形象来表达意义。无论何种观点,都说明从文章语言的阅读到意义的把握是需要一个过程的,因为许多文章的意义是需要基于文字同时又超越文字去理解的,更何况,越是经典,越会存在"言外之意"的情况。"言意"与本文中的"义意",大同而小异。

因此,对于这段话,我们不妨将其看作一个阅读的"层次论"。在朱熹看来,阅读的第一个层次是把握文章字面意思,那么如何掌握字面意思,朱熹用了个动词"晓","晓"就是"知晓"、"通晓",也就是了解、知道,它的基本是准确,没有错误。第二个层次是把握作者的内心想要表达的意义,朱熹用了个动词"求",即"探求"、"求索",也就是说文章作者真正要表达的意义如同珍宝,需要历尽一番艰险,方可得到。

从当前的阅读教学实践来看,未"晓其义"而即"求其意"的情况,只"晓其义"而不"求其意"的情况,都同时存在,这很值得语文教师深思。

351

读书是格物①第一义②,则看文字不可不求作者之意。然必先晓其文义,而后意看得出③。所以训诂之学④,亦不可不用心。若于文义有所未晓,谓可略观大义⑤,必至穿凿附会,失立言之本指⑥矣。或谓寻章摘句,反成学究者,何也⑦?曰:正坐⑧不晓文义耳。古人立言,各有所指,须看他前后文义如何,或一字分数解,或一义分数类,或断或续,或单或合,或缓读或急读⑨,学究家不潜心理会,误执旧见,拘泥不通,遂使作者之意不明,岂云晓文义者?

【宋】朱熹编、张伯行集解《近思录》卷三

【注释】

①格物:研究事物的道理。
②第一义:佛家用语,指无上至深的妙理。这里指首要意义。
③而后意看得出:然后才看得出文章的意思。

④训诂之学:关于训诂方面的学问。训诂:解释词句的意义。

⑤大义:要义。

⑥失立言之本指:失去作者著书立说的本意。本指:本旨。

⑦或谓寻章摘句,反成学究者,何也:有人说:有的人一味寻章摘句,反而变成学究,这是什么原因呢?寻章摘句:指不正确的学习方法,平时从书中搜寻现成的词句,写作时随便套用、堆砌,缺乏创造性。学究:这里指迂腐的读书人。

⑧坐:因为,由于。

⑨"或一字分数解"五句:这是说古人写文章时在布局谋篇、表情达意上的做法。意思是:有的一字多解,有的从几方面来表达同一意义,文章的意义有时断、有时续,有时分、有时合,有时需要慢读才能理解,有时却要快读。

【读解】

联系上文可以看出,这段话是上一个语段观点的具体阐述。

朱熹进一步发挥道:"读书是研究事物之理的最重要的渠道,因此,我们读文字不可不探寻作者所表达的意义。但必须先知晓文字的意思,然后才能把握作者想要表达的意义。所以对文字训诂,不可不用心。如果文字之义尚未知晓,就想把握文章中的要义,毕竟只是穿凿附会,曲解作者原意。也有人寻章摘句,反而成为学究,这是为什么呢?正是因为不知晓文义。古人写文章时,每一句话都各有所指,要看上下文的情况,有的一字多解,有的从几方面来表达同一意义,文章的意义有时断、有时续,有时分、有时合,有时需要慢读才能理解,有时却要快读。学究不潜心理会,错误地坚持陈旧的见解,理解僵化而前后文义不通,不能理解作者的原意,哪里谈得上知晓文义呢?"

这里朱熹谈到两种"不晓文义"的情况,一是穿凿附会,二是寻章摘句。重点分析了第二种情况,因为"寻章摘句"者常常容易忽视前后文的联系,从而孤立僵化地理解作者之意。注重前后联系,这实际上是一种重要的读书方法,即读书要从语境出发,用前后联系的方法进行理解。

当然,从另一方面看,真正的阅读理解总是离不开"寻章摘句"的,也就是我们平时常说的抓住关键语句,离开这些关键语句,阅读理解就成为无源之水、无本之木。但问题在于"关键语句"又离不开"非关键语句",所以阅读从某种角度来讲,就是把握"关键语句"与"非关键语句"之间的关系。孤立地理解"关键语句",就容易患了"寻章摘句"的毛病。朱熹所说的"晓文义"的核心就在于此。

当前的阅读教学,常见教师引导学生抓关键语句,需要进一步讨论的则是所找的"关键语句"是否真正是关键的,它与"非关键语句"之间又是什么关系。

352

余尝谓,读书有三到,谓心到、眼到、口到。心不在此,则眼不看仔细,心眼既不专一,却只漫浪诵读①,决不能记,记亦不能久也。三到之中,心到最急②,心既到矣,眼口岂不到乎?

【宋】朱熹《训学斋规》

【注释】

①漫浪诵读:信口读去,不假思索。

②急:迫切,引申为要紧。

【读解】

这是朱熹著名的读书"三到"说。

我曾经说过:"读书有三到,就是心到、眼到、口到。读书的时候,如果心没有在阅读的材料上,则眼睛就不会仔细地看,心和眼不能专一,于是就只是随意信口诵读,肯定不能记忆,即便是记住了也不能长久。因此,三到之中,心到是最要紧的,心如果到了,眼和口哪有不到之理啊?"

这里讲的是阅读的生理机制。阅读是从文字符号中提取意义的心理过程,而视觉则是获取文字信息的最重要渠道,因此,在阅读中,又分有扫视、注视等视觉行为。同时,听觉也是获得文字信息的重要方式,如朗读、吟诵、听读等,就是通过听觉提取文字中的意义。当然,肢体运动也与阅读有密切的关系,如用手画记等等。

朱熹的读书"三到"说正是基于阅读的生理机制提出的,他认为,读书要充分调动人的手、眼、耳等感官,方能使阅读获得全方位的效益。当然,阅读从根本上来说,是心智活动,因此,朱熹又说"心到最急"。

当下,阅读教学的效益不高仍然为人诟病。从课堂的阅读行为来看,实是教学过程中学生只是被动地听教师讲授,而没有令学生自主"三到",所以,引导学生自主读书,落实"三到",正是阅读教学改课命脉之关键所在。

353

看文字,须是如猛将用兵,直①是鏖战②一阵;如酷吏治狱③,直是推勘④到底,决是不恕他,方得。

【宋】朱熹(见《朱子语类大全》卷十)

【注释】

①直:简直。

②鏖(áo)战:大战。

③治狱:办理案件。狱:案件。

④推勘:推究查问。

【读解】

　　阅读文字必须如勇猛的将领用兵一样,简直就要与文字大战一场;又如同严正的官吏办理案件,必须推究查问到底,决不能放过一丝一毫才能真相大白。

　　这里把阅读比喻成为"猛将用兵"和"酷吏治狱",很有意思,值得细细品味。从阅读的心理动力的角度来看,因为阅读是一个艰苦的心理过程,所以首先需要有动机和兴趣,需要始终保持高昂的"斗志",就如同猛将作战,要始终具有对敌的勇气,特别是面对一份超出自己接受水平的读物时,更需要阅读的勇气和毅力。

　　当然,阅读仅有勇气、大胆是不够的,阅读更需要细致,正如同作画需"大胆落墨,小心收拾"一样。因此,朱熹又说读书须如"酷吏治狱",治狱一要细致,不放过一丝一毫细微之处,读书也是如此,所谓"一字未宜忽,语语悟其神"。二是要精于推理,也是文中所说的"推勘",即从文章的表述中用联想推理的方法,读出自己的心得体会,读出自己的见解,因为许多经典往往用意很深,表述很含蓄,须用这样的方法读出书中"真味"。从这个意义上说,读书真与"断狱"有异曲同工之妙。

　　阅读是一个复杂的心理过程,且具有极大的个体差异,因此对阅读的指导,需要教师深入了解学生的个性气质,施以阅读策略的辅导,引导学生在阅读中积累经验,从而走向自觉,绝对不要由教师来包办代替。

354

　　读书固不可不晓文义,然只以晓文义为足①,只是儿童之学②。须看意旨所在。

　　　　　　　　　　　　　　　　　　　　　　　【清】杨希闵《读书举要》

【注释】

　　①以晓文义为足:满足于了解文义。

　　②儿童之学:小孩子粗浅的学习方法。

【读解】

　　读书,固然不可以不知晓文章的意思。但如果只是满足于知晓文义的话,那就只是小孩子粗浅的学习方法了。读书必须掌握书中的意旨所在。

　　所谓的"意旨",也作"意指"。中国文字,是一种意会性的文字,其背后常常积淀着深厚的中国传统文化,"含不尽之意于言外"是中国文字的一个鲜明特色。因此,中国文字常常表现得非常简洁,同时,又常常多义。因此,阅读中国文字,须从文字表面深入到内部,把握文章主旨,如此才能真正理解文本。

当然,文中提到"儿童之学",是指学习方法的粗浅。其实,在艺术理解中,童心天然与诗心相通,有时儿童也能直抵诗歌的内核,不可小觑儿童的力量。

阅读教育,需要培养儿童的阅读直觉与阅读理性。所谓直觉,即是从语言材料直达"意旨",而阅读理性则是从分析入手,层层深入,达到理解的过程。此二者,在阅读教育中需要引起重视。

355

在可疑而不疑者,不曾学①。学则须疑。譬之行道者②,将之③南山,须问道路之出④,自若安坐⑤,则何尝有疑!

【宋】张载《经学理窟》

【注释】

①在可疑而不疑者,不曾学:在可疑的地方不怀疑,等于没有学习。

②譬之行道者:把人的学习比作人的走路。

③之:往。

④须问道路之出:须问出入的道路。

⑤自若安坐:照常安稳地坐着。自若:如常。

【读解】

我国古代学者强调思辨,注重理解,对质疑这种读书方法格外垂青,发表了许多相关的精辟见解。

张载说:"对于书中可疑的地方不怀疑,就等于没有学习。学习必须学会质疑。就好像行路的人,要去往南山,必须问好出入的道路,如果仍像平常一样安稳地坐着,又怎么会有疑呢?"

这就告诉我们,只有深入读书,才能提出问题,刻苦钻研,才能逐渐弄清问题,对所学的知识才算理解。著名的现代科学家爱因斯坦说过:"学习知识要善于思考、思考、再思考,我就是靠这个方法成为科学家的。"

可见,质疑是思考的结果,也是推动学习的最有力工具。孔子提倡"每事问",《论语》20章节记载师生谈话117次,其中学生问孔子105次,学生互问11次,仅有1次为孔子问学生。以此对照今天的语文课堂,仍然唯见老师问学生,却鲜见学生问老师,因何会反其道而行之,值得深刻反思。语文学科虽然具有相当的模糊性与极强的个体性,但对于文学构思、逻辑推理、文字典故、考证以及在作文中文字的运用等方面,质疑思考的空间很大。因此,我国历来强调质疑的重要性,认为"学起于思,思源于疑"。所以，语文教学要引导学生勤于思考，不断提出问题，多问几个为什么，逼着自己去开动脑筋，大胆思索，经过这一番思考后，就会不断地领会书中的涵义，这样就会有所收获，有所提高，有所发现，有所创见，收到举一反三的效果。

356

读书，始读未知有疑，其次则渐渐有疑①，中则节节有疑②。过了这一番后，疑渐渐解，以至融会贯通，都无所疑，方始是学。又云：大疑则大进。又云：无疑者须要有疑，有疑者却要无疑③。

【宋】张洪等编《朱子读书法》

【注释】

①渐渐有疑：疑问逐渐增多。

②节节有疑：每章每节都有疑问。

③无疑者须要有疑，有疑者却要无疑：提不出疑问的人一定要进行思考，去发现疑问；发现了疑问的人一定要深入思考，去解决疑问。

【读解】

读书，刚开始读的时候并没有多少疑问，读着读着疑问就逐渐增多，接着每个章节都会有疑问。又读了一阵之后，疑问逐渐解开，达到融会贯通的境界，对于整本书没有什么疑问了，方才算得是学习。(朱子)还说，读书有大的疑问则会有大的进步。(朱子)还说，提不出疑问的人一定要进行思考，发现疑问；发现了疑问的人一定要深入思考，把疑问加以解决。

这里讲的是读书过程中的质疑方法与过程。一开始读书，往往无所疑，须多问几个为什么，可以从正面深入思考作者为何如此说，也可以从反向考虑作者的观点是否存在漏洞，更可从侧面考虑作者之说是否还有可以补充之处。读书深入之后，疑问渐次增多，就形成一种"连锁探究"，这样读书就向着深度与广度发展，最终达到融会贯通的境界。

"无疑者须要有疑，有疑者却要无疑"，这话很值得玩味。前面的"无疑"与后面的"无疑"两者的内涵并不相同。前面的"无疑"是指读书没有疑惑，这是一种没有进入真正读书状态的表现，而后面的"无疑"是在经历了一番质疑之后，得以释疑，因而无疑。两种"无疑"不可同日而语。因此，如果从语文教学的角度来说，"无疑者须引导其有疑，有疑者却要帮助其无疑"，质疑正是引导学生发现语言文字运用之妙的通途。

357

看文字,须要入在里面猛滚一番①,要透彻,方能得脱离②。若只略略地看过,恐终久不能得脱离,此心又自不能放下。

【宋】张洪等编《朱子读书法》

【注释】

①入在里面猛滚一番:这是比喻说法,是说读书要反复深入地理解。

②方能得脱离:才能离开书本,内化为自己的认知。

【读解】

读文字须进入到里面猛滚一番,要滚得透彻,才能使书中的精华脱离开书本,(为"我"所用)。如果只是大略地一看了事,(书中的精华)恐怕终究不能脱离开书本,为"我"所认识,心自然也就不能放下。

"入在里面猛滚一番",是一种形象比喻的说法,意思无非是要反复深入地理解书本中的含义。"猛滚"取意于煎药,意思是要用大火将药先煎熬透彻,使药中成分得以析出,这样喝药才有效果。

问题是怎么样读书方是一种"猛滚"?古人有"煮书"一说,也是此意,即要反复阅读,读深读透。如何读深读透?一是读出疑问来,有了疑问,必会深入阅读,前后联系,反复思考;二是读出感悟来,深入阅读后,便要有自己的见解,有自己的见解方才是理解了书本;三是读出批判来,如能提出与书本中不同的观点,且又有自己的理由,可谓读透了。

358

凡理不疑必不生悟①,惟疑而后悟②也。小疑则小悟,大疑则大悟,故学者非悟之难,而疑之难③。

【清】唐彪《读书作文谱》

【注释】

①不疑必不生悟:不提出疑问必然不会真正领悟。

②惟疑而后悟:只有先发现疑问,经过思索,才能领悟。

③非悟之难,而疑之难:不是领悟难,而是发现疑问难。因为"悟"必然是发于"疑"。

【读解】

学者非悟之难,而疑之难,这实在是一种重要的读书心得。

疑虽难,却也有法。疑分小疑和大疑。小疑,疑在文字处,比如为何用甲字而不

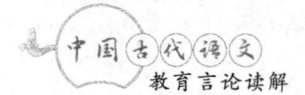

用乙字之类;疑在事实处,对于文章讲到的某一个材料真实性产生怀疑,通过考证,证实其真伪;疑在文章技法处,对于文章某一处的写法觉得还可有进一步修改的空间等等。大疑,则疑在文章观点(主旨)处,对于作者观点有不周全之处,可以作延伸补充;对于不合时宜的观点,可以作适时翻新;当然,不认同作者观点的,也可针锋相对,提出自己的见解。

从上述的分析可以看出,所谓"疑",实际上是阅读思考的方法,也就是我们常说的做学问的方法,是学术思考的开端。因此,作者讲到学者非悟之难,而疑之难,确是心得之语。

当代阅读教育,在"疑"字上显然做得很不够。一是课堂上质疑明显不足,以教师发问代替学生质疑,表面上看起来阅读教学的效率得到了提高,但实际上学生无法获得能够达到"悟"的思考训练;二是引导学生质疑的能力明显不足,主流的课堂观念都不看好学生静心思考,喜欢热闹的课堂,导致学生没有时间与空间进行质疑。这二者,需要以极大的勇气与智慧加以克服,唯其如此,阅读教育才有希望进入新的境界。

359

人性中皆有悟,必功夫不断,悟心①始出,如石中皆有火②,必敲击不已,火光始现。

【清】陆世仪《思辨录辑要》

【注释】

①悟心:感悟的能力。

②石中皆有火:古人认为敲击石头能产生火星,是因为石头中本身就有火。

【读解】

陆世仪认为,人性中皆有悟,悟性是人与生俱来的,但又不是人人都能得到并表现出来的,如同石中之火,需要不断地敲击,才能出现火光。因此,人如要有悟性,也须不断下功夫,展开思维的碰撞和敲击。

阅读是一种敲击,是作者与读者之间思想的敲击,是这一本书与另一本书之间的敲击,更是丰富而自由的精神世界之间的敲击,在这样的敲击下,悟性得以产生并成长起来。

阅读中培养悟性,首先要选上等读物,越是优秀的书籍,越能培养人的悟性;二是要深思,深入思考,方能与文本展开对话,获得书籍中思想的精华;三是要博取,要从不同门类的书籍中获得广泛的知识,滋养情怀,提升境界。同时,又要不断交流读书心得,在交流中,就会有思维活动的激发,对读物的理解认识也会越来越深入。

360

悟处皆出于思,不思无由得①悟;思处皆缘②于学,不学则无可思。

【清】陆世仪《思辨录辑要》

【注释】

①无由得:得不到的意思。
②缘:因由。

【读解】

这里讲"悟"、"思"、"学"三者的关系,"悟"出于"思",而"思"源于"学"。

关于学,可以作两种理解。一是静态的"学",也就是学识、知识、学问。一般地说,越有知识,越有学问,其思考必然越加深入,看问题更具有深度,这是因为,具备了深厚的专业知识,就获得了看问题的独特的角度,容易看到掩盖于事实中的问题的本质。

二是指动态的"学",也就是学习,是一种过程,学习的过程中必然伴随着思考。根据皮亚杰的发生认识论,认为心理、认识是人对现实的一种适应。所谓适应包括同化和顺应两个方面。同化是把客体纳入主体已有的行动图式之中,顺应则是主体改变其已有的行动图式或形成新的行动图式以适应客观世界的变化。

思依赖于学展开,思又在学中增值。

361

学非有碍于思①,而学愈博则思愈远;思正有功于学②,而思之困③则学必勤。

【清】王夫之《四书训义》卷六

【注释】

①碍于思:妨碍限制思考。
②有功于学:对学习能提高效益。
③思之困:思考遇到困难。

【读解】

此处讲了"学"与"思"二者相辅相成的关系,学习的内容越是广博,则思考能走得越远;而当思考遇到困难时,则学习必然会更加勤奋。

当然,在学与思之间还要有一座桥梁,古人认为就是"疑"。"学贵有疑,小疑则小进,大疑则大进。"有了疑问,才能促进思考,解决了疑问,思考又到了一个新的层次,学习水平也就有了新的提高。

当代语文教育,虽常见教师在课堂上提问,但是不甚得法。一是所问非语文,与语文关系不大,总在语文的外围打转;二是所问非儿童,问题并非是儿童的问题,解决问题也不是依靠儿童自己的努力,而是教师精心设计;三是所问非教学,课堂教学宝贵的时间,要抓住核心问题,不可面面俱到,不分主次。因此,提高语文课堂"问"的水平,具有很强的当代意义。

362

以谓其问之不切,则其听之不专①;其思之不深,则其取之不固②;不专不固,而可以入者,口耳而已矣③。吾所以教者,非将善其口耳也④。

【宋】王安石《临川文集》卷七十一《书洪范传后》

【注释】

①"以谓其问之不切"两句:因为他要求解决疑难不迫切,他听教师的讲解也就不专心。

②"其思之不深"两句:他思考问题不深入,获得的知识也就不巩固。

③"不专不固"三句:听得不专心,学得不巩固,而所听得和学得的东西只停留在耳朵里和口头上罢了。

④"吾所以教者"句:我教人的目的,不是使他们仅仅能用耳朵听讲和用嘴重复老师讲的内容。

【读解】

这节指出学生"听之不专"、"取之不固"是由于"问之不切"、"思之不深",也就是缺乏学习的主动性、积极性。所以要使教学有成效,首先必须培养与调动学生学习的主动性、积极性。同时,教的目的,不仅是为了使学生听懂与复述教学内容,还有其他方面的要求。

从当代语文教育来看,"问之不切"、"思之不深"的问题依旧没有得到很好的解决,究其原因,是学生的课堂参与不足。而之所以参与不足,大多因为学生的学习需求,并没有得到教师的关注。

在班级授课的情况下,教师常常把问题的解决交给学生群体,大家你一言我一语把思维过程拼凑起来,最后由教师来提升形成了问题的解决。显然,从学生个体的角度来看,并没有得到一个完整的思维过程,他只是逐个地把别人的思维过程聆听了一遍(多数还没有听清楚)。因此,如何让每一个学生在课堂上都拥有完整的思考过程,是一项艰巨的挑战。

363

心①之官②则思③,思则得之④,不思则不得也。

【战国】《孟子·告子上》

【注释】

①心:古人以为心是思考的器官。

②官:职能、作用。

③思:思考。

④之:指人的善良之性。

【读解】

这句话的原意是说心(实为大脑)的职能是思考。现在用以强调大脑是用来思考的,善于思考,就会有收获;不善于思考,就不会有收获。

善于思考,也就是在读书时要有自己的理解与观点,死读书非但无益,反而有害。阅读中最大的危险就是令自己的大脑成为了别人思想的跑马场。

从文本的角度而言,作者在写作时就有"表达的痛苦",也就是言不能尽意,不能把自己想表达的意思完整地表达出来,也就给了读者思考的空间;同时,文本本身又具有"召唤结构",它吸引读者进入作品,它自觉地给了读者思考的入口。这样读者就有了"读进去"的可能性。

就读者而言,以自己的全部经验投入到文本的阅读中,就与文本形成了视角上的差异,就给读者的创造性阅读带来了契机,所以,也就有了"读出来"的可能。

阅读中的思考,就是一个读进去与读出来的过程。

364

方①天机之骏利②,夫何纷而不理?思风发③于胸臆,言泉流④于唇齿。纷葳蕤⑤以馺遝⑥,唯毫素之所拟⑦。

【晋】陆机《文赋》

【注释】

①方:正当。

②天机之骏利:指灵感敏锐,思路通畅。天机,神思之意;骏:这里指快。

③思风发:思绪奔涌如风飞扬。

④言泉流于唇齿:喻言辞发自唇齿,如泉水一般奔流。

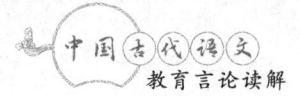

⑤葳蕤(wēi ruí)：草木茂盛，枝叶下垂的样子。

⑥趿遝(sà tà)：前后相继不断之意，引申为盛多的样子。这里形容美好、旺盛的思想和语言。

⑦"唯毫素"句：言只须尽量用笔写出来。"毫素"犹言纸笔。毫：笔。素：白绢。

【读解】

这是西晋陆机《文赋》中的一段话，生动地描绘了灵感来临时的状态。灵感是一种思维的顿悟，这段话的大意是：

一旦灵性开窍则文思犀利，何愁纷繁的头绪不能理顺。才思如迅风从内心吹来，言辞像清泉从唇齿中流出。才思和言辞之美盛，如大树般枝繁叶茂，这一切唯付以纸笔才能把它比拟出来。

可见，灵感降临时的状态是十分美妙的。写作者常常求之不得，认为灵感喷发的状态是写作的最佳状态。事实上，灵感是平时积累的结果，只有平时认真阅读、深入思考，才有灵感勃发的可能。灵感其实是注意力高度集中时突然产生的创造冲动与创造能力，它极大限度地调用了作者的经验。因此，平时的熟读深思习惯，是灵感的基础，只有老老实实地下功夫，才有灵感状态的出现。那种把全部希望都寄托在灵感上的想法是天真的。

365

子弟年虽幼，读过书，宜及时与之讲解，以开其智慧。然须专讲其浅近者，若兼及深微①之书，则茫乎②不知其意旨，并其易者皆变为难，不能解矣。更有说焉：书虽浅近，若徒空解，犹未能即明其理。而亦无益身心。惟将所解之书义，尽证之以日用常行之事，庶几能领会、能记忆。

【清】唐彪《父师善诱法》

【注释】

①深微：深奥、微妙。

②茫乎：茫然，找不着头绪。

【读解】

学生的年龄还小，读过书之后，要及时和他讲解，帮助他开发智慧。但是必须讲解浅近的内容，如果在讲解时引用了内容深奥、意义微妙的书中内容，则会让学生茫然找不到头绪，那就不能理解书中的意义，而且原来简单的内容也变得很难理解了。更进一步，还可以这样理解：书籍内容虽然浅近，但学生如果不能明白其中蕴含的道理，那么对学生的成长也没有多少好处。只有将讲解的书中的意义，用日常生活中的人和事来加以印证,学生才能领会,才能记忆。

本语段阐述了语文教学的两个重要观点。一是在语文教学中,不能用艰深难懂的内容来阐述相对浅近的内容,这样反而干扰学生的学习。这实际上是要求语文教学内容要尊重儿童的发展水平,从儿童的实际出发。二是要联系生活实际,学以致用,这样可以使学生把书读"活",读"通",不至于读死书。

在当下的语文课上,盲目追求所谓"高雅",有些老师比较喜欢凌虚蹈空,把本来浅近的课文,硬要讲得深奥难懂,以示教师的能耐了得。这实在不可取。

366

心,灵物①也;不用则常存,小用之则小成②,大用之则大成,变用③之则至神。

【清】唐甄《潜书》

【注释】

①灵物:灵异之物。

②成:成就。

③变用:指灵活地变化运用。

【读解】

古人认为心灵是思考的器官,因此,本段话开头说:"心,灵物也。"实际上,这里的心应理解为人的思维。

思维,是充满灵气的,需要常常打磨。因此,思维是小用则小成,大用则大成。人的思维水平,是在思维的过程中发展起来,是在具体的实践中发展起来的。因此,"用"成为思维发展的重要方式。

阅读,即是"用"思维的方式。所以,读很轻松的读物往往对人的进步没有什么帮助,真正对人有帮助的阅读往往是比较艰辛的,所谓"劳于读书,逸于作文",说的就是真正的阅读带来的思考上的艰辛。

"变用之则至神",是说变换思维方式可以达到最高境界。变换思维方式,实际上就是创新。从阅读的角度来看,通过阅读,举一反三,联系实际,触类旁通,浮想联翩等,都可以视为"变用",因为都超越了一般的理解,达到了创造的境界。

367

旧学①商量②加邃密③,新知④培养⑤转深沉⑥。

【宋】朱熹《鹅湖寺和陆子寿》

【注释】

①旧学:已掌握的学问。
②商量:这里指研讨。
③邃密:深远精密。
④新知:新的知识。
⑤培养:这里意为努力钻研。
⑥深沉:更加深刻完备。

【读解】

宋孝宗淳熙二年(1175),朱熹与陆九龄、陆九渊兄弟到鹅湖寺(今江西省铅山县鹅湖山上)讨论哲学问题。彼此虽意见不一,但能自由讨论,反复进行研究。三年后作者从福建崇安到江西南康去做官,路过鹅湖,而陆九龄又从抚州赶来会晤。因几年前在鹅湖之会上陆九龄先写了一首诗,他弟弟陆九渊作诗和之,而朱熹因当时观点不同,所以没有应和。现在陆九龄既然专程前来相见,所以便用了三年前陆九龄在鹅湖寺写诗的原韵写了这首题为"鹅湖寺和陆子寿"的诗给他。朱熹在诗中表达了对陆子寿人品风度的钦佩、敬仰和对鹅湖之会上学术争论的看法。

朱熹认为,不管旧学与新知,经过争辩、探究,只会使问题理解得更精密深远,使问题更明朗。所以说"旧学商量加邃密,新知培养转深沉"。这里"商量"与"培养"可作互文看,即都有争辩、探究或商讨的意思。

《礼记·学记》中曾说:"独学而无友,则孤陋而寡闻。"在语文学习中,缺少了学友之间的争辩、探究,则思考行动的视野就会受到局限,因此,朱熹的这一个观点,在今天看来,仍然具有很强的现实意义。

368

睹一事于句中,反三隅①于字外。

【唐】刘知几《史通·叙事》

【注释】

①反三隅:举一反三,善于类推。

【读解】

《史通》是中国及全世界首部系统性的史学理论专著,作者是唐朝的刘知几。全书内容主要评论史书体例与编撰方法,以及论述史籍源流与前人修史之得失。包括的范围十分广泛,基本上可以概括为史学理论和史学批评两大类。史学理论指有关史学体例、编纂方法以及史官制度的论述;史学批评则包括评论史事、研讨史籍得失、考订史事正误异同等。由于《史通》总结唐以前史学的全部问题,因而拥有极高史学地位,对后世影响深远。此书的编著时间始于唐代武后长安二年,至唐中宗景龙四年成书,花了九年时间。

孔子《论语·述而》:"举一隅,不以三隅反,则不复也。"从一件事情类推而知道其他许多事情。比喻善于学习,能够由此及彼。本句的意义即在于此。

广泛联系,触类旁通,历来是治学之道,也是中国古代优秀的传统。在当代,也有学者提出,语文学习更须"举三反一",意即语文学习需要学习者从大量的语言实践中提炼经验,形成认识。当然,"举一反三"与"举三反一"是辩证的。

369

奇文①共欣赏,疑义②相与③析。

【晋】陶渊明《移居》(之一)

【注释】

①奇文:这里指优秀的或有疑的诗文。
②疑义:诗文中有疑难的含义。
③相与:互相、共同。

【读解】

晋代著名的作家和诗人陶渊明,不愿意做官,四十一岁那年,便辞去"彭泽县令"的官职,回到柴桑老家(在今江西九江县西南),隐居务农,过着田园生活。四十六岁,他搬到南村去住。南村又名南里,在九江市郊,他的一些老朋友如殷景仁、颜延之等,都住在那里。这样,他在耕作之余,就有更多的机会和老朋友们相聚,谈论诗文。原诗为"昔欲居南村,非为卜其宅;闻多素心人,乐与数晨夕。怀此颇有年,今日从兹役。弊庐何必广,取足蔽床席。邻曲时时来,抗言谈在昔。奇文共欣赏,疑义相与析。"

诗的大意是:早想住到南村来,不是为了要挑什么好宅院;知道这里住着不少心地纯朴的人,愿意同他们度过每一个早晨和夜晚。这个念头已经有了好多年,今天才算把这件大事办完。简朴的屋子何必求大,只要够摆床铺就能心安。邻居老朋友经常来我这里,谈谈过去的事情,人人畅所欲言;见有好文章大家一同欣赏,遇到疑难处大家一同钻研。

诗的末后两句"奇文共欣赏,疑义相与析",后来流传演化而为成语"赏奇析疑"和"奇文共赏"。"赏奇析疑"和原诗意思一样,形容欣赏诗文、分析疑难。"奇文共赏"却和原诗的意思不同了,含有奚落和讥讽的语气,即故意把不通的、可笑的文字公之于众,让大家一起来贬斥,讥讽为"奇文共赏"。

这里需要特别指出的是"疑义相与析",对于读书质疑而言,相与析十分重要,也就是疑难问题在相互讨论中得以解决。在当前的语文课堂中,很难见到现场生成的"疑义相与析",原因之一是缺少质疑问难的课堂文化,二是缺少真正的从学生出发的疑问。课堂中没有了"疑义相与析",学习便沦落为灌输,上课也就成了教师单边的"走教案"活动。

四 写作教学

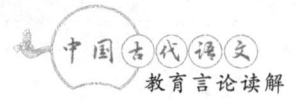

(一)立 意

370

作文,以主意为将军,转换开阖①,如行军之必由将军号令。句则其裨将②,字则其兵卒,事料③则其器械,当使兵随将转。所以,东坡答江阴葛延之万里徒步至儋耳④求作文秘诀曰:"意而已。作文,事料散在经史子集,惟意足以摄之。"正此之谓。如通篇主意间架未定,临期逐旋摹拟,用尽心力,不成文矣。切戒!

【元】程端礼《程氏家塾读书分年日程》

【注释】

①阖:同"合",关闭。

②裨将:副将。

③事料:题材,写文章的材料。

④儋(dān)耳:地名,在今海南岛,苏轼当年贬谪在儋州。

【读解】

立意,就是在构思文章时,要确立文章的主旨,亦即主题。凡是作文,作者总要有个写作意图,你想告诉读者什么,想和对方交流什么样的思想、情感,这些意图用语言表述出来,使之清晰、明确、凝练、凸现的过程就是立意。

古人讲"意在笔先",是说写文章先应明了写作目的:要反映哪些生活问题,提出哪些见解主张,阐明哪些观点,揭示事物的哪些本质特征。这些都须在落笔前认真思考,并在写作过程中不断深化,写出的文章才能主题明确。

这段话是元代学者程端礼说的,大意是说写文章犹如行军布阵,"意"即将军,文章的转换开阖是由文章的主题决定的;"句"则是副将,"字"则是兵卒,文章题材则如同作战的器械,写文章应当使兵随将转。当年江阴葛延之万里徒步至儋耳向苏东坡求取作文秘诀,苏东坡就说,文章的秘诀在"意"而已,写文章的时候,各类题材散布于经史子集中,只要有了主题,就足以把这些题材统摄起来。如果通篇的主题没有确定下来,匆忙地仿照别人去写,即便用尽心力,也断然写不出好文章来。

在程端礼看来,就一篇文章而言,选材组材、谋篇布局、遣词造句,都要服从于主题的需要,主题是文章的灵魂和核心。所谓:"穿贯无绳,散钱委地;开千枝花,一本所系。"一千个铜钱,若无一根绳索贯穿,就会散落无序,花开千朵都与主根相连,文章的立意起着贯穿统摄、统领全文的作用。

371

大凡作诗,先须立意。意者一身①之主也。

【明】黄子肃《诗法》

【注释】

①一身:这里指全诗。

【读解】

如果要写诗,先须要立意。"意"是全诗之主。这就抓住了诗歌创作的本质特征,正确地解决了内容、形式和辞采章句之间的关系,也符合诗歌创作的规律。所谓立意,就是意在笔先。所谓意在笔先,也可以叫作打腹稿。在诗里,作者要表达的情志,要表达的诗意,先要在脑子里明确起来,做到心中有数。然后才能按照情志和诗意的需要裁剪材料,谋篇布局,遣辞造句。如果不立意,脑内空空,没有主意,就好比修房子不搞设计一样。我们一生有大量的生活积累,我们耳闻目睹了大量生活素材,我们不能在一首诗里将这些东西和盘托出,罗列纸上,那样就只能像开杂货店,记流水账,那不是诗。素材要进行分析、取舍,择其适合的部分然后把它们有机地组合起来。这个分析、取舍和组合的过程,要由意来支配和主导,要为意服务,所以说意是诗之主。

372

无论诗歌与长行文字,俱以意为主。意犹帅也。无帅之兵,谓之乌合①。李杜②所以称大家者,无意之诗,十不得一二也。烟云泉石,花鸟苔林,金铺锦帐,寓意则灵③。若齐梁绮语④,宋人捃合成句之出处,役心向彼掇索,而不恤己情之所处发,此之谓小家数⑤,总在圈绘⑥中求活计也。

【清】王夫之《姜斋诗话》卷下

【注释】

①乌合:如许多乌鸦那样忽聚忽散。比喻没有严密的组织。

②李杜:指李白与杜甫。

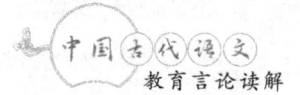

③烟云泉石,花鸟苔林,金铺锦帐,寓意则灵:作家对于烟云泉石、花鸟苔林、金铺锦帐之类的题材,如果能够赋予新意,就能够成为好作品。

④若齐梁绮语:说的是南朝齐梁两代诗文崇尚辞藻的华丽。

⑤小家数:小家的技术。小家:对上文"大家"而言。

⑥圈绘:指照着画好的底样刺绣。

【读解】

诗以意为主,是我国历代诗人的共识。

王夫之在这一段话中用"大家"李杜跟"小家"齐梁和宋代文人作对比,抨击了仅求辞藻之美和一味模拟古人的小家文风,赞扬了"以意为主"的李杜文风。

他说:"无论是诗歌还是长篇文章,都是由意主导的。意犹如元帅。无帅之兵,那就是乌合之众。李白与杜甫之所以称得大家,是因为他们所写的诗歌中,大多以意为主导,无意的不会有十之一二。烟云泉石,花鸟苔林,金铺锦帐这些景物,若是蕴含了作者之意,则获得了灵性。南朝齐梁两代诗文崇尚辞藻的华丽、音韵的铿锵、对仗的工巧,追求形式美的文风;到了宋代,在文学创作上又过分强调对前代的继承,遣词造句,讲所谓"无一字无出处"之类,而不是从自己内心之情意出。这就显得非常小家子气,就如同照着画好的底样刺绣一样。

这段话用比较的方法,实际上谈了立意要真的问题,即诗情要真。真情实感是诗歌的生命。"意贵真"是古今诗人的共识。所谓立意真、诗情真,是要发自内心的真感受,不是虚情假意。

在儿童写作中,最大的问题就是"失真"的问题。在写作教学中,儿童因为受到写作教学体制的束缚,不敢讲真话,违心地写些空话、假话、套话,以博取老师的认可。这种写作状态成为儿童作文的最大敌人。

因此,王夫之的话在今天看来依然具有现实主义。

373

定意于笔①,笔集成文②,文具情显③。

【汉】王充《论衡·佚文》

【注释】

①定意于笔:用文字来确定旨意。笔:文字。

②笔集成文:文字结集起来,也就成了文章。

③文具情显:文章完成了,思想感情也表达出来了。具:全,备,这里引申作完成。

【读解】

王充(27—约97),字仲任,会稽上虞(今浙江上虞)人。家以农桑为业,是一个"细族孤门"。曾"受业太学,师事扶风班彪。好博览而不守章句。家贫无书,常游洛阳市肆,阅所卖书,一见辄能诵忆,遂博通众流百家之言"。他是东汉杰出的唯物主义思想家,所著《论衡》八十五篇,是我国思想史上一部重要著作。王充重视文章的实用价值,要求文人能负起"劝善惩恶"、"匡济薄俗"的教育任务。正是从文章这一实用目的出发,他要求文章的内容与形式的统一,他说:"定意于笔,笔集成文,文具情显。"这句话中,"文"是形式,"意"、"情"都是内容,二者是"外内表里,自相副称",彼此是统一的。但二者的关系他认为是这样的:"人之有文也,犹禽之有毛也。毛有五色,皆生于体。苟有文无实,是则五色之禽,毛妄生也。"内容是主要的,起决定作用的,而形式也不是可有可无的东西,因为"情见乎辞",所以"文辞美恶"又"足以观才"。文章既有充实的内容,又有绚烂的文采,才能使读者"诚见其美,欢气发于内",从而起到潜移默化的感染作用。

374

文以意为主,以气①为辅,以词为卫②,子桓③不足以及此④,其能有所传乎⑤?

【三国】曹丕《典论》

【注释】

①气:指文章的行文脉络、气势以及章法结构。

②卫:外表。

③子桓:三国时魏文帝曹丕的字。

④不足以及此:不能够达到这样的地步。

⑤其能有所传乎:有什么可以传世的作品呢?这是曹丕自谦的说法。

【读解】

曹丕(187—226),字子恒,曹操之子。汉献帝延康元年(220),他嗣位魏王、丞相。同年冬,代汉自立为帝,国号魏。在位七年。其所作的《典论》在我国古代文学理论史上具有开创之功。

"文以意为主"正是魏文帝曹丕提出的一个著名的写作原则。这是曹丕在《典论》中所说的一段话,表现出他对文章立意的高度重视。

曹丕说,文章是以立意为主心骨的,而文章的行文脉络、气势以及章法结构等都是起辅助作用的,至于遣词造句,则是文章的外表而已。我不能够达到这样的境界,有什么可以传世的作品呢?

本段话中他提到了"意"、"气"、"词"三个概念,同时揭示出三者之间的内在联系。"意"在文章具有核心的地位与作用,决定了文章的内在价值,"气"则是起到了

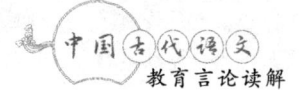

辅助的作用，使文章的行文更好地为"意"服务，而字词是受"意"与"气"的调遣，如同行军中布阵，构成了一篇文章的外表。

因此，写作是一种综合能力，不可能只通过写作技巧的教学达到提升写作能力的目标。写作教学既需要培养学生积累字词，更重要的是要培养学生立意的本领，也就是从缤纷的生活中发现意义的能力，从素材中提炼价值的能力，唯有如此，写作能力才会有长足的进步。

375

辞①为肤根，志②实骨髓。

【南北朝】刘勰《文心雕龙·体性》

【注释】

①辞：指文章的语言形式。
②志：泛指文章的思想内容。

【读解】

《文心雕龙》是中国南朝文学理论家刘勰创作的一部文学理论著作，成书于公元501年至502年间。它是中国文学理论批评史上第一部有严密体系的、"体大而虑周"的文学理论专著，全书共10卷，50篇，以孔子美学思想为基础，兼采道家，全面总结了齐梁时代以前的美学成果，细致地探索和论述了语言文学的审美本质及其创造、鉴赏的美学规律。

这里的"辞"，即文章的语言形式；"志"，指文章的思想内容。这二者就像"肤根"和"骨髓"的关系，也就是表与里的关系，相辅相成。

关于文章的语言形式与思想内容的关系问题，历来多有论述。例如，古人曾讲"文以载道"，明确指出文章应当为弘扬儒家思想文化服务，其实质仍旧是强调文章的思想内容。同时，我国历史上还曾有"言意之辨"，探讨语言是否能完全表达作者之"意"的问题，其实质仍然是思索语言形式与思想内容之间的关系。

在语文教育中，也经常有语言形式与语言内容两个方面的争论，如20世纪90年代"工具性"与"人文性"之争，从本质上讲还是对语言形式与语言内容的两者关系的把握。

376

意授于思①，言授于意②，密则无际，疏则千里③。或理在方寸，而求之域表;或义在咫尺而思隔山河④。

【梁】刘勰《文心雕龙·神思》

【注释】

①意授于思:思想化为意象。
②言授于意:意象化为语言。
③密则无际,疏则千里:贴切时像天衣无缝,疏漏时便相差千里。
④"或……或……"两句:有些道理就在自己心里,却到国外去搜寻;有些意思就在眼前,却又像远隔山河。

【读解】

思想化为意象,意象化为语言,这三者贴切时天衣无缝,而疏远时则相距千里。有时,思想就在心中,可是要找到这种思想的表现却要到域外方能得到;有时义理就在眼前,却又好像远隔着山河一般。

这段话是刘勰在《文心雕龙》的《神思》中提到的。《神思》是创作总论,它从构思以前的准备工作,讲到构思时的想象,由想象构成意象,由意象到语言,由语言到声律,再到作品完成之后修改等等。

文章在构思酝酿之际,想象飞腾,文思泉涌,但真正要表达时,从思想到意象要打一个折扣,而从意象到语言又要打一个折扣。三者一致时文辞与思想一样飞腾,但当三者不一致时,则无法行文。

这里实际讲的是立意要"明"的问题。诗文立意要"明",主要是指形象要鲜明,思想内容要深邃,不能华而不实、含混不清。这种鲜明的形象不仅来自于想象的奔放,更需要有鲜明的意象及生动精准的语言。

在儿童的语文教育中,特别是诗歌作品的教学中,意象具有十分重要的教学价值,儿童常常是通过对意象的把握达到对诗歌的理解的。可见在教学中,意象是思想与语言的中介。所以,运用意象可以使语文教学更加具体与形象。

377

有第一等襟抱①,第一等学识,斯有第一等真诗。如太空之中,不着一点;如星宿之海②,万源涌出;如土膏③既厚,春雷一动,万物发生。古来可语此者④,屈大夫⑤以下,数人而已。

【清】沈德潜《说诗晬语》

【注释】

①襟抱:这里意指胸怀、抱负。

②星宿之海：大海，星宿似乎出没其中。一说，星宿海为湖名，在今青海境内，古代称其为黄河之源。

③土膏：肥土。

④可语此者：意为可以作此评论的人。

⑤屈大夫：屈原。

【读解】

有第一等的胸怀、抱负，第一等学识，才有第一等的真诗。诗人的胸襟就如同星星出现在于太空，大河源出于星宿之海，而万物则生长于大地一样。

沈德潜这段话说的仍是文章的立意问题。众所周知，立意有雅俗、高下之分，然而文章立意却并不仅仅是一个写作技术的问题，文章立意是全面体现写作者学识、襟怀、境界的，所以并不能单纯依靠写作技术，而是需要写作者全面提升人生修养，获得良好的道德、博大的胸怀，跳出小我，关注人类的共同命运，正如冯友兰在《人生的境界》中提出的人生四境界：自然境界，功利境界，道德境界，天地境界，只有达到道德境界、天地境界，人才会获得更大胸襟，拥有更高的道德水平，从而令文章获得更高的立意。

所以，写作教育从某种角度来说，也是一种人生教育。因为写作中，写作者对于世界的认识、对于人生的态度表露无遗，在提升写作境界的同时，也就提升了写作者的人生境界。

378

凡为文章，犹人乘骐骥①，虽有逸气②，当以衔勒③制之，勿使流乱轨躅④，放意填坑岸⑤也。

【南北朝】颜之推《颜氏家训·文章》

【注释】

①乘骐骥：骑千里马。

②逸气：豪逸奔放。

③衔勒：勒紧缰绳。

④流乱轨躅：意为乱了奔走的轨迹。

⑤填坑岸：指坠入沟壑。

【读解】

颜之推把写作比作人骑马。人骑马都希望自己的马能豪逸奔放，但是如果任由马乱跑，则会乱了方向，甚至坠入沟壑。

所以，骑马需要用缰绳来保证马按照人规定的路线来奔跑。写作也是同样，人们都希望自己的写作能天马行空，不拘一格，具有自己独特的个性与风格，但是，写作也是受到严格控制的，歌德在说到格律诗创作的时候曾经有个比喻叫"戴着镣铐起舞"，说明在写作中只有规则才能给我们自由。对于一篇具体的文章而言，其内部的结构、语言、节奏等则是受到立意的控制，这正如同缰绳一样，可令千里马达到目的地。

所以，写作艺术的自由境界往往源于对写作规律与规则的高度尊重与熟练把握。就一篇文章而言，则是对其立意有深入的把握。

379

常谓情志所托①，故当以意为主，以文传②意。以意为主，则其旨必见；以文传意，则其词不流③；后抽④其芬芳，振其金石⑤耳。

【南北朝】范晔《狱中与诸甥侄书》

【注释】

①托：寄托。
②传：传达，表述。
③不流：不空泛流滑。
④抽：散发出。
⑤振其金石：发出金石之音，清越优美。

【读解】

范晔（398—445），字蔚宗，南朝宋史学家，顺阳（今河南南阳淅川南）人。官至左卫将军，太子詹事。

范晔说："我常说文章中能寄托情志的，应当是以意为主，以文辞陈述文章之意。以意为主，则文章的主旨必定显现。以文辞陈述文章之意，则文章中的字词不会流于空泛。这样文章才能散发出（思想的）芬芳，文辞方能音韵优美，读起来好像金石之音。"

文辞的优美源于思想的芬芳。语言是思维的直接现实，优秀的文章常常以优美的文辞示人，其背后却无一例外的是思想的深邃。所以，文章当以意为主。

文章之意，说起来有些玄妙，似乎无法把握。然而作为一名真正的读者或是对写作深有感触的作者，却能从语言的面貌上发现作者立意的高下。古人云：如人饮水，冷暖自知。便是指好的文章，读下去之后，其文章立意高下、水平高低，自能感知，这就是从语言面目中领悟文章立意。张爱玲在《〈红楼梦魇〉自序》中说："不同的

本子不用留神看,稍微眼生点的字自会蹦出来。"这就是在把握了《红楼梦》的精神实质之后达到的对语言的感知能力,"以意为主,以文传意"在张爱玲的阅读体验中得到生动的体现。

380

诗以意义为主,文词次之。或意深义高,虽文词平易,自是奇作①。世人见古人语句平易,仿效之而不得其意义,便入鄙野可笑②。

【宋】刘贡甫《中山诗话》

【注释】

①奇作:不同于一般的作品。

②鄙野可笑:庸俗粗野,使人发笑。

【读解】

这里讲的是诗文中"意"与"辞"的关系。作者认为:"诗应以意义为主导,文词的地位要次要一些。有的作品意义高深,即便是文词浅近易懂,也自然是不同于一般的作品。世人看到古人作品的语句简洁明了,于是就仿效,但却不知道其诗文的内在意义,于是就显得庸俗粗野,使人发笑。"

写作的学习当然是需要从模仿起步的。然而模仿什么呢?

"意"主导文章之辞,可以说"辞"是文章面容,因此,作为后学者,如果仅仅是模仿文章的言辞,定只得文章之皮毛而已,因为只是诗文表面现象的迁移;而中等的模仿则于结构、行文方式等,其可以得到诗文的气势,而最好的模仿则是模仿作者的思维方式、认识方式,也就是作者获得意义、创造意义的方式。

事实上,模仿是写作的必由之路,古今中外莫不如是。如鲁迅的《狂人日记》对果戈理的模仿,胡适的《终身大事》对易卜生的《玩偶之家》等,但是这里的"模仿"绝不是复制,不是对原著依样画葫芦地编同类故事,而是要在深入把握作品内涵、理清文章结构、体会作品线索和特点的前提下进行再创作。

模仿写作时,作文采用的结构可以与原文相似,表达生活体验运用的方法也可与原文相近,但作文所涉及的材料必须是完全来自学生自身活动和体验;而其表达的思想感情、作品主旨,则因它采用的不同的材料而呈现出与范文截然不同的色彩。否则,"仿效之而不得其意义,便入鄙野可笑",这种现象值得初学写作者引起重视。

381

古人文章,似不经意①,而未落笔之先,必经营②惨淡③。

【清】吴德旋《初月楼古文绪论》

【注释】

①经意:注意、用心。
②经营:筹划谋划。
③惨淡:辛苦的意思。

【读解】

古人写文章,看起来好像并没有经过怎样用心,其实,在没有落笔之先,是必然经过一番辛苦的筹划、思虑的。

作诗作文,或是从事其它艺术创作,要不要刻意经营,在我国古代是有大量深入思考的。元代元好问曾说:"一语天然万古新,豪华落尽见真淳。"意思是说,真正优秀的诗文经过作者苦心经营,达到了自然真淳的境界,看不出人工雕凿的痕迹。可见,达到自然境界的诗文并非是作者不经意所作,而是在艺术上达到了极为精熟的地步的成果表现。

清代郑板桥也曾说:"删繁就简三秋树,领异标新二月花。"古人对于文章的经营,一是求简,简实际上是意的鲜明,是意的集中,意在文章中忌散,散则无神;二是求新,新实际上是意的创造,脱去了文章立意的俗气,具有与一般文章不同的立意,即便是老话题,也能根据当下时代特征谈出新观点。

所以,文中讲到的经营惨淡,实际上是要在立意的"简"与"新"字上下功夫。只有在这二字上下功夫,方能达到文章"天然"、"真淳"的境界。

在写作教学中,教师最应该培养学生的也恰恰是这两个方面的能力。

382

文固要字字句句受命于主脑①,而主脑有纯驳、平陂②、高下之不同,若非慎辨而去取之,则差若毫厘,谬以千里③矣。

【清】刘熙载《艺概》

【注释】

①主脑:这里指文章的主题。
②纯驳、平陂(bēi):单纯和复杂、平坦和倾斜。
③差若毫厘,谬以千里:稍微差一点儿,就会造成极大的错误。

【读解】

刘熙载(1813—1881),清代文学家。字伯简,号融斋,晚号寤崖子,江苏兴化人。道光进士,官至左春坊左中允、广东学政。后主讲上海龙门书院多年。他是我国19世纪的一位文艺理论家和语言学家。被称为"东方黑格尔"。

本段中,刘熙载指出:"文章必然是要字字句句受到主题的指挥,听命于主题,但是主题有单纯和复杂、平坦与崎岖(这是一种比喻的说法,指文章主题并不鲜明)、高明与低下之分,如果不是慎重辨别而提取文章,则稍微差一点儿,就会造成极大的错误。"

在科举时代,尤其是明清时期,考试的作文题都是出自"四书五经"中的某一句话,要根据这句话来组织材料,加以论述,因此,审清题意极为重要,要做到立意不偏不倚。稍有不慎,立意偏离,则成为文之大忌。立意有"纯驳、平陂、高下之不同"。立意,当然有单纯与复杂的区别,在单纯中要求深,在复杂中要求明;有平与崎的区别,在平中要求奇,在崎中则要求正。

事实是,即便是在现代写作中,已经没有受到八股文之类的形式上的严格控制,写作得到极大的自由,但提炼文章的立意仍是极为重要的。文章之意并非是一个玄妙之物,它必然是以极为精准的语言表达出来的,因此,需要以审慎的态度斟酌。所以,立意的过程既是一个思想的过程,也是一个语言锤炼的过程。

383

凡作一篇文,其用意俱要可以一言蔽之①。扩之则为千万言,约之则为一言,所谓主脑者是也。……主脑皆须广大精微,尤必审乎章旨、节旨、句旨之所当重者而重之,不可硬出意见。主脑既得,则制动以静②,治繁以简③,一线到底,万变而不离其宗④。如兵非将不御,射非鹄不志也⑤。

【清】刘熙载《艺概》

【注释】

①以一言蔽之:用一句话概括。
②制动以静:用静来控制动。
③治繁以简:用简来驾驭繁。
④万变而不离其宗:尽管形式上千变万化,都离不开文章的宗旨。
⑤兵非将不御,射非鹄不志也:军队没有将帅就不能控制,射箭没有靶子就没有目标。御:统率,制约。鹄:箭靶。

【读解】

　　凡是要写作一篇文章,其文章用意应可以用一句话来概括。扩充后则可以为千万言,简缩后则成为一句话,这就是文章的主脑(即主旨)。主旨须境界广大、语言精确细致,它对于文章的每个章节、每句话都具有如同将帅对士兵一般的指挥权,因此,可谓是以静制动,以简驭繁。

　　在儿童写作能力的发展过程中,"主旨"的意识是一个逐步发展的过程,不可能一步到位,这与儿童思维能力的发展密切相关。所以,常常有儿童在写作起步时被讥为"记流水账"。

　　所以,儿童写作之初,应当先引导他写"有意思"的事情,引导他把自己感兴趣、觉得有趣味的人和事记录下来,这种趣味,就渐渐地让他感悟到文章的每一个部分原来是有内在的深刻的联系的,这就慢慢地过渡到了引导他写"有意义"的事情。实际上,文章的主旨也不是一个先在的东西,而是与具体的文章同构共建而形成的,也就是说,在形成文章的同时,也形成了文章的主旨。

　　当然,儿童表达他认为"有意思"的事情,也可以说"有意思"即是儿童的"主旨"。只是这"主旨"出自童心的单纯和天真,它有着难能可贵的自身价值,是不可以用成人的"主旨"去衡量的。

384

　　文主于意,而意多乱文;议论主于事,而事杂乱议。然亦有意多事杂之文,必有法以束之。不然,则如蒙师离塾①,叫喊跳踢,哄然②一屋矣。

【清】魏际瑞《伯子论文》

【注释】

　　①塾:私塾,旧时私人办学的地方。
　　②哄(hōng)然:乱哄哄的样子。

【读解】

　　魏际瑞(1620—1677),字善伯,年五十八岁。天资敏捷,善强记,对兵、刑、礼制、律法各科均深有研究。二十岁时所著诗文已三尺,三十岁时已成诗文八十余册,后每年删削,仅留少数,并与人云:"多作不如多改,善改不如善删。"

　　文章取决于意,但是意如果多了,则使文章显得凌乱。议论取决于文章中的事例,但是事例杂了,则使议论显得凌乱。但也有意多事杂的文章,必然要用法度以约束它。不然,就好比老师离开了私塾,里面的孩子们便叫喊跳踢,乱哄哄的一屋子了。

　　这段话用了一个新奇的比喻,把意多事杂之文章比喻为蒙师离塾。"意多事

杂"，意味着作者观察到的事物、现象是丰富多彩的，也很可能是很吸引人的，正如一屋子调皮玩耍的孩子。然而"意多事杂"也正意味着作者尚不能透过现象看到本质，还没有从纷繁的现象中提取出思想。可见，立意之难正在于"意多事杂"。

面对意多事杂的情况，作为写作者，或者是教师，应当着力于删减，力促立意之明。正如雕塑家罗丹在创作巴尔扎克时，发现两只手雕刻得过于精美，而影响了整体的效果，他就毫不犹豫地砍下了这两只手，因为他认为，一件真正的艺术品，没有任何一部分是比整体更重要的。

写作也同样如此。

385

诗最争意格①。词气富健矣，格不清高，可作而不可示人②；格调清高矣，意不精深，可示人而不可传远③。

【清】潘德舆《养一斋诗话》

【注释】

①诗最争意格：意格，主题思想的格调。诗歌创作最讲究立意上的格调。

②可作而不可示人：可以写作却不可以给别人看。

③可示人而不可传远：可以给别人看却不能传播久远。

【读解】

潘德舆(1785—1839)，字四农，山阳人。从教近四十年，课生之余，潜心力学，著有《养一斋集》，其中最早问世的是《养一斋诗话》，共十卷，阐发了自《诗经》至清诗发展的源流，品评历代诗人的艺术成就、诗歌主张以及各家的得失，内容十分广泛，基本思想是继承传统的"温柔敦厚"的诗教原则，强调文学作品的教化作用，要求诗歌内容"纯正""无邪"，在艺术上提倡由充实内容体现出来的真实美和自然美，提倡"诗贵质实"、"深厚"，反对刻意的雕琢求工。

他指出："诗歌创作最讲究立意上的格调。用词丰富、格调不高的作品，可以写作却不可以给别人看。风格清高，但文章立意不精深，可以给人看但不能传播久远。"

这里的"意格"，指立意的格调。文章的立意有高低、雅俗、新旧、文野、深浅之分。一般我们所说的锤炼文章之意，也即是要在提升文章立意的格调上下功夫。文章立意高深，方能传播久远。

而文章立意的格调，并不是一种写作的技巧，而是写作者学养的一种自然流露，依赖于平时的阅读积累和思考习惯，取决为人处世的姿态，可以称得上是一种人生之学。从这个意义上，写作教育即是育人之道。

386

　　意新、语新而又字句皆新,是谓诸美皆备,由武①而进于韶②矣。然具八斗才③者,亦不能在在④如是。以鄙见论之,意之极新,反不妨词语稍旧。尤物衣敝衣⑤,愈觉美好。且新奇未睹之语⑥,务使一目了然,不烦思绎⑦。若复追琢字句,而后出之,恐稍稍不近自然,反使玉宇琼楼坠入云雾,非胜算⑧也。如其意不能新,仍是本等情事⑨,则全以琢句炼字为工,然又须琢得句成,炼得字就,虽然极新极奇,却似词中原有之句,读来不觉生涩,有如数十年后重遇故人。

【清】李渔《窥词管见》

【注释】

①武:相传古代歌颂周武王的乐舞的名称。

②韶:相传古代歌颂虞舜的乐舞的名称。孔子以为"韶"比"武"完美。

③八斗才:比喻才学很高。谢灵运曾说:"天下才有一石,曹子建独占八斗,我得一斗,天下共分一斗。"

④在在:处处。

⑤尤物衣敝衣:美人穿旧衣。尤物:美人。前一个"衣",动词,穿衣。敝衣:旧衣。

⑥未睹之语:少见的词句。

⑦思绎:思索。

⑧胜算:能够取得胜利的计谋。

⑨本等情事:指原有的平常事情。

【读解】

　　李渔(1611—1680),初名仙侣,后改名渔,字谪凡,号笠翁。汉族,浙江金华兰溪人。明末清初文学家、戏曲家。著有《凰求凤》《玉搔头》等戏剧,《觉世名言十二楼》《连城壁》等小说,与《闲情偶寄》等书。

　　李渔指出:"作词立意新、语句新,就可以说是诸美都具备了,正如同从武乐到韶乐,称得上完美了。但是即便是才高八斗之人,也不可能处处达到这样的境界。我看到许多议论文,立意极新,即便文词稍旧些也没有关系。好像美女穿上旧衣,愈加显得新奇,平时少见的词句,务必使它一目了然,不用太多的思量。如果反复雕琢字句,恐怕稍有不近自然,则读起来如同琼楼玉宇消失于迷雾之中,这不是什么好办法。如果立意不能新,仍是平常事情,全以雕琢字句求胜,即便雕句炼字极新极奇,也依旧和词中原有之句相差无几,读起来并不觉得新奇,就好比几十年遇见老朋友。"

李渔所讲的是作词中"立意"与"炼句"的价值取舍问题。立意新奇,即使语句陈旧些,亦如美人着旧衣,别有一番风情;立意老旧,刻意在语句翻新上费尽心力,纵然是偶得了新奇语句,读起来总也脱离不了已有作品的影子,正如同见到了故友,面貌虽有所变,却是十分熟悉。

近来,语文教学界"语用"说大行其道,但切不可将"语用"理解为"炼字句"之术,语言的运用与语境、作者个性、交互对象等都有着密不可分的关系,没有一种语言的运用现象可以绝对地认定优劣。

387

用前人字句,不可并意用之①。语陈而意新,语同而意异,则前人之字句,即吾之字句也。若蹈②前人之意,虽字句稍异,仍是前人之作,嚼饭喂人,有何趣味?

【清】薛雪《一瓢诗话》

【注释】

①并意用之:字句与文章一起引用来。
②蹈:这里指抄袭。

【读解】

薛雪(1681—1770),字生白,自号一瓢,吴县(今江苏苏州)人。薛雪自幼好学,颇具才气,所著诗文甚富;工画兰,善拳勇,博学多通。精于医术,尤长于温热病。

薛雪的意思是"引用前人字句,不可字句和文章一起引用来。语言陈旧但意义新鲜,语句相同但意义不同,则前人所用字句,就是我之语句。如果袭用前人的文章立意,即便字句略有出入,仍旧是前人的作品。无非如嚼饭喂人,读起来又有何趣味呢?"

薛雪此言,意在说明写作立意为先。文章价值在于其"意",意有创新,则文章有价值,所以字词也罢、事例也罢,是为文章立意所服务,只有在文意创新的前提之下,语句创新方有价值。否则,立意上因袭前人,只做些语句翻新,正如同嚼饭喂人。

嚼饭喂人的比喻,讽刺可谓辛辣,足以令闻者戒!

388

至于文字,古人未尝不欲其工。孟子曰:"持其志,无暴其气①。"学问为立言之主,犹之志也;文章为明道之具,犹之气也。求自得于学问②,固为文之根本;求无病于文章,亦为学之发挥③。

【清】章学诚《文史通义》内篇《文理》

【注释】

①持其志,无暴其气:要坚持自己的志向,不要错乱自己的意气情感。暴:错乱。气:意气、情感。

②求自得于学问:在学问上获得独到的识见。

③亦为学之发挥:也是做学问的外在表现。

【读解】

章学诚(1738—1801),清代史学家、文学家,字实斋。汉族,会稽(今浙江绍兴)人。乾隆四十三年(1778)进士,官国子监典籍。曾主讲定州定武、保定莲池书院,并为南北方志馆主修地方志。章学诚倡"六经皆史"之论,治经治史,皆有特色。所著《文史通义》共9卷(内篇6卷,外篇3卷),是清中叶著名的学术理论著作。

章学诚在本段中说道,文字,古人也未尝不追求精巧。孟子说过:"要坚持自己的志向,但不要错乱了自己的意气情感。学问是著述之根本,犹如人的志向;文章是阐述道理的工具,犹如人的情感。在学问上获得独到的见解,本就是写文章的根本所在,而文章写得没有毛病,也是做学问的外在表现。

章学诚这段话极有见地。文章的核心在于学问思想,也就是见识。学问与见识决定了文章的境界与价值,只有深刻的思想和深邃的学问,方能使文章具有高深的立意,同时,学问与见识也内在地决定了文字的质量,也就是说文章的言辞是作者学问的外在表现、自然流露。

可见,真正决定语文教育质量的内在因素还是磨砺学生的思想认识水平,语言则是思想认识的准确表达。因此,单纯机械的所谓语言训练收效毕竟是非常有限的。这在我国语文教育的历史上是有深刻教训的。

389

神理气味者,文之精①也;格律声色者,文之粗②也。然苟舍其粗,则精者亦胡以寓③焉?学者之于古人,必始而遇其粗,中而遇其精,终则御其精者,而遗其粗者④。

【清】姚鼐《古文辞类纂序》

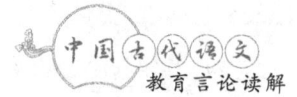

【注释】

①精:精华。指内容。

②粗:与"精"对称,指形式。

③寓:寄托。

④御其精者,而遗其粗者:掌握它的精华(内容),抛弃它的粗鄙(形式)。

【读解】

姚鼐(1731—1815),清代著名散文家,安徽桐城人,与方苞、刘大櫆并称为"桐城三祖"。字姬传,一字梦谷,室名惜抱轩(在今桐城中学内),世称惜抱先生、姚惜抱。乾隆二十八年(1763)中进士,任礼部主事、四库全书纂修官等,年才四十,辞官南归,先后主讲于扬州梅花、江南紫阳、南京钟山等地书院四十多年。著有《惜抱轩全集》等,曾编选《古文辞类纂》。

学习古人的文章,首先接触它的格律声色,然后才理解神理气味,但最后终究在于掌握其精神实质而不拘泥于它的语言形式。

这在古代格律诗的创作中,尤其鲜明。唐代是中国诗歌史上最讲究格律的时代,然而,李白也有大量模拟古乐府的诗作,这些诗作并不十分严格地遵守格律,却并不妨碍他的诗作成为伟大的作品,其之所以伟大,在于其诗作中炽热的情感、瑰丽的想象、变幻的神思,构成了其独特的精神内核。相反地,我们也见过许多死板的格律诗,生拉硬扯,可谓"文章硬似铁,读得满嘴血"(毛泽东语),毫无疑问,这些作品,即使再合格律,也不可能有多少价值。

当然,姚鼐主张应"御其精"而"遗其粗",并非只要内容神理,不要语言形式。这一点也交代得很清楚:"然苟舍其粗,则精者亦胡以寓焉。"他要人们关注的只是不要被形式所累。

390

诗文美者,命意必善①;文字者,犹人之言语也。有气以充之,则观其文也,虽百世而后,如立其人而与言于此;无气,则积字②焉而已。

【清】姚鼐《惜抱轩全集》卷六《答翁学士书》

【注释】

①命意必善:立意一定是高尚的。命意:就是立意。

②积字:文字的堆积。

【读解】

好的诗文,其立意一定是高尚的。文章如果有"气"(气势、个性)贯串在中间,那么传至百世之后,读起来还是如见其人,同他当面说话一样,十分真切;如果无"气",那只是文字的堆积罢了。

这是姚鼐的观点,这里提出"气"的概念。中国传统文化中,"气"的概念运用十分广泛。在先秦哲学观念里,"气"指某种构成生命、产生活力、体现为精神的抽象物,无形而无所不在。古人以为,在天地开辟以前,世界一片混沌元气,因而天地万物都从混沌中产生,由元气构成。而万物之灵的人,则是由元气中的精气构成的。

最早使用"气"的是曹丕,他曾说:"文以气为主。"他所说的"气"就是文气,是文章所体现的作家精神气质,其具体内容指作家天赋个性和才能,所以是独特的,不可强求,也不能传授。他以这样的"文气"为文章的特征,用为写作和批评的准则。

因此,"有气以充之"实际上是指作者将自己的才情个性充分融入写作之中,使文章具有鲜明的个性色彩与独特的情感内涵,这样的文章方能流传久远。

391

意与气相御而为辞①,然后有声音节奏高下抗坠②之度,反复进退之态,采色之华。故声色之美,因乎意与气而时变者也,是安得有定法哉?

【清】姚鼐《惜抱轩全集》卷六《答翁学士书》

【注释】

①意与气相御而为辞:意和气相互制约,并且铺陈成为辞(文章)。

②抗坠:抗:同"亢";坠:坠落。意为抑扬。

【读解】

姚鼐认为,写文章要着眼于"意"和"气",然后才有声音、状态、色彩的千变万化;但是它没有一成不变的定律。文无定法,就是这个意思。

意与气相御而为辞,"意"即作者要表达的观点,传递的价值,而"气"是作者的个性与才情,两者相遇,相互制约,然后铺陈为文辞,于是文章便有了"声音节奏高下抗坠之度,反复进退之态,采色之华",也就是有了独特的风格,有了与众不同的文字的力量。所有这些,都不是由某些定法决定的。

从上述的角度来说,同样的立意、同样的内容观点,在不同的作者笔下,会形成不同的文章面貌。所以,我们借用一句熟知的话,同样可以说:"有一百个作者,就有一百个哈姆莱特。"这就是作者的才情与个性造成的,也就是所谓的"气"。

所以,是"意"与"气"的相互作用才形成了文章的风格。

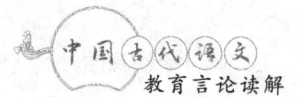

392

古人意在笔先①,故得举止闲暇②;后人意在笔后,故至手忙脚乱。

【清】刘熙载《艺概》

【注释】

①意在笔先:先构思成熟,然后下笔。
②举止闲暇:指写作时从容不迫。

【读解】

这里把"意在笔先"和"意在笔后"作了对比,步骤方法不同,效果也就相反。

中国古代类似的说法很多,如"胸有成竹"等,都表达了艺术创作之前要充分构思,站在意的高处,不可随心所欲。清代郑板桥说:"意在笔先者,定则也;趣在法外者,化机也。"也正是此意。唯意在笔先,则文章可得规矩。而要超越规矩,则需要个人才情,所谓"从心所欲而不逾矩"。

"意在笔后",实际上就是写到哪里算哪里,在没有充分考虑成熟的情况下就匆匆下笔,导致写到一半时发现无法写下去了,只能重新开始。

所以,"意"即是写作目的,为文章,须目的在先。

当然,在儿童写作教育的初始阶段,只不过是把想说的话写下来,并不会有很强烈的目的意识,需要慢慢加以引导,这与为"文"还不是一回事,不可操之过急而影响了儿童的写作兴趣。

393

黛玉道:"……若是果有了奇句①,连平仄虚实不对都使得的。……词句究竟还是末事②,第一是立意要紧。若意趣③真了,连词句不用修饰,自是好的;这叫做'不以词害意'④。"

【清】曹雪芹《红楼梦》第四十八回

【注释】

①奇句:语意新奇的句子。
②末事:小事。
③意趣:意境情趣。
④不以词害意:不因为讲究遣词造句却损害了思想内容。语出《孟子·万章上》"不以辞害志"。

【读解】

《红楼梦》第四十八回,回目为《滥情人情误思游艺 慕雅女雅集苦吟诗》,其中讲到黛玉自愿给香菱作老师教其写诗。黛玉讲作诗第一立意要紧,"不以词害意"。

黛玉认为,如果真有了奇句,不一定死板地按格律来写,即便与格律有出入,也不要紧,因为第一立意要紧,而词句是末事,切不可以词害意。

我国齐梁时期,产生了文学史上著名的"永明体"和"宫体"两诗派,其特点是有意识地讲究声律,辨别"四声",避免"八病",力求平仄协调,音韵铿锵,对仗工整,诗采华丽,对后世产生了巨大的影响。然而发展到后期,则过分强调声律,导致文风萎靡不振,为后人所诟病。为此,唐代在韩愈等人的带领下,发起了著名的"古文运动"。

可见,黛玉之言实是金玉良言。"不以词害意",即不可为了求得文字上的华丽,而影响了文章的立意。中国文字,历史悠久,博大精深,每一个字词,都有文化上的记忆,都有其独特的意义承载,可谓是"一花一世界",随意乱用所谓的"美词",则会令文意出现偏移,造成歧义,令文章立意不明,面目不清。这就带来了"以词害意"的大毛病。

394

做诗不论何题,只要善翻①古人之意。若要随人脚踪②走去,纵使字句精工,已落第二义,究竟算不得好诗。……今日林妹妹这五首,亦可谓命意新奇,别开生面了。

【清】曹雪芹《红楼梦》第六十四回

【注释】

①翻:翻新、推陈出新的意思。

②随人脚踪:这里指写诗只是跟着别人,亦步亦趋地模仿。

【读解】

这段话是薛宝钗在评价林黛玉所写的《五美吟》时所说的。书中说林黛玉这五首诗,写的是古代或有才能、或天生丽质,其终身遭遇让人感到"可欣可羡可悲可叹"的五位女子。综观这五首诗,其中"可悲可叹"的有三位,"可欣可羡"的有两位。但不管是"可悲可叹"还是"可欣可羡",都从不同角度表现了林黛玉对传统妇女观的否定和一定程度的叛逆思想。

关于诗歌的命意,宝钗这段话,说得很透。善翻古人之言,并不意味着与古人唱对台戏,而是在古人的基础上,立意有所创新。对此,林黛玉的五首诗可谓善翻古人之言,因此,得到了薛宝钗的肯定,也就是"命意新奇,别开生面"。善翻古人之言,也并不意味着只是在语言上有所创新,而须在思想认识上具有超越古人的地方,唯有如此,才称得上是真正的善翻古人之言。

395

夫立言之要①,在于有物。古人著为文章,皆本于中②之所见。初非好为炳炳烺烺③,如锦工绣女之矜夸④采色已也。富贵公子,虽醉梦中不能作寒酸求乞语;疾痛患难之人,虽置之丝竹华宴之场,不能易其呻吟而作欢笑⑤。此声之所以肖其心,而文之所以不能彼此相易,各自成家者也。今舍己之所求,而摩古人之形似,是杞梁⑥之妻,善哭其夫,而西家偕老之妇⑦,亦学其悲号;屈子自沉汨罗⑧,而同心一德之朝,其臣亦宜作楚怨也,不亦傎⑨乎!

【清】章学诚《文史通义》内篇《文理》

【注释】

①要:要领,关键。

②中:内心。

③炳炳烺烺:光耀夺目。

④矜夸:夸耀。

⑤"富贵公子……疾痛患难之人……"几句:大意是富贵人家的子弟,即使在酒醉梦呓之中,也不会说出贫穷寒酸向人讨乞的话语来。身患疾病生活困苦的人,即使在盛宴乐奏声中,也不会变唉声叹气为欢歌笑语。

⑥杞梁:人名,春秋时齐国大夫,齐庄公四年跟随庄公攻莒而亡。其妻孟姜,哭夫十天,投淄水而死。民间传说,孟姜女寻夫万喜良而哭倒长城,是后人的附会。

⑦西家偕老之妇:西边邻居与丈夫白头偕老的妇人。

⑧屈子自沉汨罗:屈原(战国楚人)投汨罗江自尽殉国。

⑨傎:颠倒错乱。

【读解】

写文章必须言之有物,发自内心。那些矫揉造作、盲目模仿、无病呻吟之类的做法,正违反了写作原则,必然要造成颠倒错乱。

言为心声,每个人的写作都是其心灵世界的独特反映,是其生存境遇的文字表达。所以,文中说道:富家子弟即便是在睡梦中也不可能发出穷苦的声音的,穷苦的人即使身处盛宴乐奏声中,也不会变唉声叹气为欢歌笑语。所以,写作不能令人强作他人之语,语言必须是从心中流出来的。

在儿童的写作教育中,须尊重儿童独特的生命体验和独特的语言表达。儿童作文的"失真"曾经广受诟病。究其原因,就在于儿童试图表现成人的认识而不是自己的认识,或者说,他被动地接受了成人的认识而失去了自己的认识。在这样的情况下,儿童作文便为了一种将成人的认识嫁接到儿童的故事之上的无聊游戏,这一种嫁接导致了儿童故事的"变形",也就是我们所说的"失真"。久之,又成为儿童作文的一种潜意识、潜规则,甚至于成为儿童作文时自觉的构思方式。可见,尊重儿童是引导儿童写好作文的前提。

396

文辞,犹舟车也;志识①,其乘者也。轮欲其固,帆欲其捷,凡用舟车,莫不然也;东西南北,存乎其乘者矣②。知此义者,可以以我用文,而不致以文役③我者矣。

【清】章学诚《文史通义》内篇《说林》

【注释】

①志识:情志和认识。
②存乎其乘者矣:在于那个驾驶的人了。
③役:使。

【读解】

章学诚是清代的史学家和文学家。他对文史问题有很多中肯的论述。过去理学家认为"工文则害道",而他指出"文可以明道,亦可以叛道,非关文之工与不工也"。也就是说,文为道所用,文为道服务。这段话就表达了他的这一认识。

文辞是舟车,志识是乘者。所以,文章立意,指向何处,是由志识决定的;然而,效果如何,则由文辞决定。立意是文章的目的,而文辞则是为达到目的而采用的工具,因此,文章要写什么,是由目的决定的,然后再考虑用什么文辞。

说到底,写文章可以以我用文,不可以文役我。

397

夫以草木之微,依情待实①;况乎文章,述志为本②。言与志反③,文岂足征④!

【南北朝】刘勰《文心雕龙·情采》

【注释】

①夫以草木之微,依情待实:像草木这样微小的东西,尚且需要真情实感。
②况乎文章,述志为本:何况文章是以抒发情志为根本任务的。
③言与志反:所写的话与自己的感情不一致。

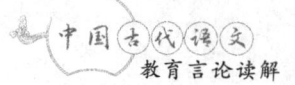

④征:信、相信的意思。

【读解】

所谓情采,情是指情理,所以说"情者文之经,辞者理之纬",也就是说情理是文章之经,文辞为纬。情理是主,文辞为次。所以刘勰主张情采结合,根据思想情感来选择体裁,确定韵律,运用辞藻,由此才能成为情采并茂的作品。

刘勰说:"那样渺小的草木,还要依靠真诚情感,凭借甘美的果实,何况文章,以言志抒情为根本,他说的话和情志相反,文章难道可信吗?"

文章以"求真"为真谛。

398

圣人之言,期以明道①,学者务求诸道而遗其辞②。

[唐]柳宗元《柳河东全集》卷三十四《报崔黯秀才论为文书》

【注释】

①期以明道:希望用它来说明道理。

②学者务求诸道而遗其辞:读书的人必须理解文章中阐发的道理,而可以不拘泥于它的字句。遗:丢掉。

【读解】

柳宗元是唐代"古文运动"的代表作家之一。他提倡文以明道,反对"贵辞而矜书,粉泽以为工,遒密以为能"(《报崔黯秀才论为文书》)的颓靡文风。他认为对社会生活作"褒贬"或"讽谕"是文章应有的功能;文学批评必须重视作品的思想价值,那些用美丽的辞藻包藏着错误内容的作品,对读者的危害是更大的。他认为真正优美的作品,不仅应该有完美的形式,而且必须有正确而充实的内容,二者不可偏废。

因此,他指出,圣人之言,是希望它来说明道理的,读书应当理解其中之道,至于其字句,可以先丢在一边。遗其辞,并不是不要学习文辞,而是指不能把眼光仅仅停留在文辞上。

399

志非言不形①,言非文不彰②。是三者③相为用,亦犹涉川者④假舟楫而后济⑤。

[唐]独孤及《毗陵集》卷十三《检校尚书吏部员外郎赵郡李公中集序》

【注释】

①形:表现、表达。作动词用。

②彰:鲜明。
③三者:指志(思想)、言(语言)、文(文采)。
④涉川者:渡江的人。
⑤济:渡。

【读解】

独孤及是唐朝文学家,以古文著称,长于议论,反对骈偶藻丽的文风。

上文说明情志、语言和文采三者的相互关系:"思想没有语言不能表现,语言没有文采就缺乏鲜明的色彩。这三者之间相互为用,好像是渡江的人凭借船桨后得以渡江。"

思想与语言、文采实际上密不可分。本文运用了一个形象的比喻,即如渡江,思想在彼岸,要到达彼岸世界,需要用舟楫,这就是语言。思想具有不可捉摸的特点,如同彼岸世界遥不可及。所以需要语言来达到它。

所以,写作中遇到的难点,也就是所谓的语言的痛苦,实际上也是思想的痛苦。同样,思想的锋芒,也就是语言的锋芒。因此,马克思说,语言是思维的直接现实。

所以,写作教育,应当是一种思想、语言、文采的一体化教育,是三者的同构共生,任何将其割裂开来的教学方式都不可能获得良好的效果。

400

故说《诗》者①不以文害辞,不以辞害志;以意逆志②,是为得之③。如以辞而已矣④,《云汉》⑤之诗曰:"周余黎民,靡有孑遗⑥。"信斯言也,是周无遗民也。

【战国】《孟子·万章上》

【注释】

①说《诗》者:即解说《诗经》的人。说:解说。
②以意逆志:以自己的心意去领会诗的内容实质和思想感情。逆:迎,引申为接受、领会。
③是为得之:这样就领会到诗的真意了。是:这,这样。为:则、就。之:代词,这里即代诗的含义。
④如以辞而已矣:意思是说,如果只凭言辞去理解表面的意思。以:凭。而已矣:复合语气词。
⑤《云汉》:《诗经·大雅》中的篇名。
⑥周余黎民,靡有孑遗:是《云汉》中的两句诗。诗意是说,遭到大难后,周的黎民没有剩余了。这是写诗的人发出的忧虑之辞,是一种夸张的说法,并非真的没有黎民了。余:遗留。黎民:民众。靡:无。孑遗:遗留下来的人们。

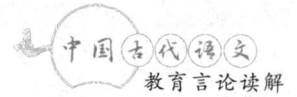

【读解】

《孟子》是战国时的思想家、政治家孟轲和他的学生万章等所作,继承和发展了孔子的学说。这一节是说,应从整篇诗的意义去体会作者的真实原意,不能拘泥于个别字句,光从字面上去理解。这段话中提出了一个极其重要的观点"以意逆志"。所谓的"以意逆志",就是要从作品的整体出发,由表及里、由浅入深地理解诗作的主旨,用自己的切身体会去推测作者的本意。这也就是说,我们在鉴赏诗歌的时候常常结合自己的生活经验,也就是把自己当作诗人,然后"将心比心"去领会、推测诗人在诗中所寄寓的情感,从而理解诗歌的内容和主旨。

401

辞以意为主①,故辞有缓有急,有轻有重,皆生乎意②也。

【宋】陈骙《文则》

【注释】

①辞以意为主:遣词造句要为立意服务。
②皆生乎意:指辞都产生于意,意决定了辞。

【读解】

文章中辞句是由意主导的,要为立意服务,所以辞句有缓有急,有轻有重,都是由内容派生出来的。

文辞构成了文章的基本面,其有缓有急,有轻有重,可谓千变万化。如同中国山水画,或是中国书法,气象万千,气韵生动,然而这看起来各具风格的作品,却取决于作者之立意,意是作品的灵魂,它内在地决定着作品的构思与实在。

所以,当前写作教育汲汲于一个句子怎么写,一个段落如何写,而缺少对儿童真实思想活动的关注,着意于儿童认识能力的培养,终究是一件本末倒置的事。写作,是人的思想情感的表达和交流,所以,写作教学不是培养文字匠,而是培养有见地的公民,为此,改革作文教育,需要有更广大的境界和更为专业的认识。

(二)谋 篇

402

增之不得,减之不能,如天成①,如铸就②,方合古人布局之法。

【清】沈宗骞《芥舟学画编》

【注释】

①天成:天然形成。

②铸就:浇铸而成。

【读解】

沈宗骞(1736—1820),清代乾嘉时人,字熙远,号芥舟,画家,又号研湾老圃,浙江乌程(今湖州)庠生。生平杰作《汉官春晓》、《万竿烟雨》二图,为赏鉴家所宝。

这里所讲的是绘画中的布局之法。所谓布局,是指在造型艺术中,为了表现作品的主题思想和美感效果,在一定的空间,安排和处理人、物的关系和位置,把个别或局部的形象组成艺术的整体。

沈宗骞此处虽是说绘画的布局之法,却与文章中的谋篇之法高度一致,足可见艺术相通。作画之时,如果没有主见,没有通盘考虑,只是随兴所画,必然是东拼西凑,所作之画必然杂乱无章,神采全无;只有在绘画之前对于整幅图画想要表现什么的问题有全面考虑,方能使整幅图画达到主题明确、浑然天成的效果。可见,布局谋篇是一种形式上的、技巧性的软实力,它以最好或最恰当的形式表现内容,而最终是要为表达主题、深化主题服务的。

本段话中"铸就"一词形象地说明了这一特点。所谓"铸就",即为文之初,心中早有全文轮廓,为文之时,无非是将材料融为一体,依心中所思形成文章,之后便浑然天成,正如文与可评东坡作画"胸有成竹"。

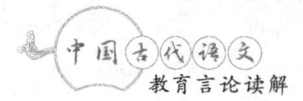

403

夫裁文匠笔,篇有小大①;离章合句,调有缓急②;随变适会,莫见定准③。

【南北朝】刘勰《文心雕龙·章句》

【注释】

①夫裁文匠笔,篇有小大:创作韵文或散文,篇幅有小有大。文、笔:有韵为文,无韵为笔。

②离章合句,调有缓急:分别章节,把句子连接起来,声调有缓有急。

③随变适会,莫见定准:跟着内容的变化,加以调配,没有死板的规矩。

【读解】

《章句》是《文心雕龙》中讲写作分章造句的,主要分两部分:一是结合内容来安排章句,二是结合情韵来安排章句。

本段话指出:创作韵文或散文,篇幅有大有小;章句或分或合,声调有缓有急,那得跟着内容加以调配,没有死板的规矩。这是论述写文章要讲究布局谋篇的技巧。前后联系,表里一致,首尾一体,有条不紊等等,都是应当重视的问题。但是,它又是没有"定准"的,运用之妙,存乎一心。

为文有法,然文无定法。文章,与内容、立意、作者才情等密切相关,完全是个性的产物,不可以陈规墨法来统一天下文章。同样,即便是同一位作者,遇到类似的题材,也要努力做到在谋篇上有不同,使自己的每一件作品都各具特点。

404

凡大体文章,类多枝派①;整派者依源,理枝者循干②。是以附辞会义,总务纲领,驱万途于同归,贞③百虑于一致,使众理虽繁,而无倒置之乖④,群言虽多。而无棼⑤丝之乱。扶阳而出条,顺阴而藏迹⑥;首尾周密,表里一体:此附会之术⑦也。

【南北朝】刘勰《文心雕龙·附会》

【注释】

①类多枝派:往往像树木多分枝,江河多支流。

②循干:遵循树木主干。

③贞:正。

④乖:错乱。

⑤棼(fén):纷乱。

⑥扶阳而出条,顺阴而藏迹:明显的像树木那样顺应阳春之气而长出枝条,含

蓄的像顺从秋冬阴气而藏身匿迹。

⑦附会之术：指"附辞会义"（文章的内容情意同文章的章句紧密配合）的方法。

【读解】

本段话出自刘勰《文心雕龙·附会》，所谓"附会"，即"附辞会义"，即内容的情意同文章的章句紧密配合，附会就是调整配合的意思。附会根据内容情理来确定纲领，根据纲领来安排章节。

所以，刘勰说："一切文章，从大体来看，往往像树木多分枝，江河多支流，整理支流要依靠源头，理清分枝要遵从主干。因此，调整语辞、安排情意，务必要抓住全篇纲领，使千万条路通向同一目的，改正百种念头达到一致，使得段落大意虽然繁多，却没有前后倒置的错乱；全篇语言虽极丰富，却不像乱丝纠结；明显的就像向着太阳而抽出枝条，含蓄的就像顺着暗处而隐藏踪迹。首尾周密，内外一致，这就是附会的方法。

可见，附会是要全面地考虑写作的布局谋篇，因此，刘勰也把附会统称为"总文理，统首尾，定与夺，合涯际"，要根据内容情理来确定纲领，根据纲领来安排章节，同时又要注意文章的修辞，即内容能贴切情意，此外首尾又能一致。

405

其始也，皆收视返听①，耽思②旁讯③，精骛④八极⑤，心游万仞⑥。其致也，情曈昽⑦而弥鲜，物昭晰⑧而互进。

【晋】陆机《文赋》

【注释】

①收视返听：意为排除外物干扰，集中精力。
②耽思：深思。
③讯：探求，问。
④骛(wù)：飞驰。
⑤八极：八方，指极远之处。
⑥万仞：指极高之处。古代八尺为一仞。
⑦曈昽(tóng lóng)：太阳初出由暗而明，比喻文情由隐而显。
⑧昭晰(zhāo zhé)：明显。

【读解】

这里讲的是作家进行艺术构思时的状态。

作家在创作开始时，必须集中全部的注意力，排除外来的干扰，深思探求。由于

注意力的高度集中,作者的心思就游走于极为高远的境界,思想可以纵横驰骋不受时空的限制。

思想只有在自由状态才能获得真正的成果。因此,在酝酿成熟之后,文章所要表达的情感会由隐而显,从原来的朦胧变得可以把握,文章描写的物体变得更加清晰。

这段话实际上描写的是作家进入创作时将全部生命力投入到写作之中的状态。写作是生命的事业,是作家全部生命力的物化,艺术构思需要全部生命力的投注才有灵感的产生。

406

意①在笔先者,定则②也;趣在法外者,化机③也。

【清】郑燮《画论》

【注释】

①意:指立意。
②定则:认定的法则。
③化机:指变化之妙。

【读解】

语出郑燮《画论》:"江馆清秋,晨起看竹,烟光日影露气,皆浮动于疏枝密叶之间,胸中勃勃,遂有画意。其实,胸中之竹,并不是眼中之竹也。因而磨墨展纸,落笔倏作变相,手中之竹又不是胸中之竹也。总之,意在笔先者,定则也;趣在法外者,化机也。独画云乎哉?"这段体会说明了文艺创作要首先立意,又要富有变化之妙,不拘泥于规矩。

意念产生在落笔之前,这是无可置疑的法则;但情趣流溢在法则之外,则全凭个人的运化之功了。这句话的意思是强调自己对绘画的运用自如,完全凭借个人的情趣意念。

难道仅仅作画是这样吗?写作也是如此。

写作受到规则的严格限制是不错的,但如果死板地照章办事,则不可能有优秀的文章。所以文章要求变化之妙。规则与变化对于每一种艺术,都是一个永恒的话题。

407

启行之辞①,逆萌②中篇之意;绝笔③之言,追媵④前句之旨;故能外文绮交⑤,内义脉注⑥,跗萼⑦相衔,首尾一体。

【南北朝】刘勰《文心雕龙·章句》

【注释】

①启行之辞:开头的语句。

②逆萌:预先萌露。

③绝笔:文章结束。

④追媵(yīng):回顾照应。媵:借为"应"。

⑤外文绮交:外面的文字像织绮的花纹那样交错。

⑥内义脉注:里面的义理像脉络那样贯通。

⑦跗萼:花房、花萼。它们是互相关联的。跗:花萼下的花房。

【读解】

这段话是刘勰对一篇文章中各段内容的要求,章句相联,混若一体:开头的话,已经含有中篇意思的萌芽;结尾的话,呼应前文的意思,所以能够做到文字像织绮的花纹那样交接,意义像脉络那样贯通,像花房和花萼那样相衔接,首尾圆合。

中国古代对文章布局谋篇极为重视,发展到八股文达到极致。即文章中每一个部分,或者每一句话都有自己的任务,必须实现某种结构上的功能。文章的每一个部分又能相互配合,相映成趣。

浑然一体、义理贯通是古人对文章结构的理想追求。因此,在我国古代,产生了大量的文体种类,每种文体种类均有其特定的要求,使我国成为一个文体大国。

408

文字最忌排行①,贵在错综其势,散能合之,合能散之②。

【明】董其昌《画禅室随笔》卷三

【注释】

①排行:依次排列,十分呆板。

②散能合之,合能散之:散是放,合是收。意思是要放得开,收得拢。

【读解】

董其昌(1555—1636),明代书画家。字玄宰,号思白、香光居士。松江华亭(今上海闵行区马桥)人,万历十七(1589)年进士,授翰林院编修,官至南京礼部尚书,卒后谥文敏。擅画山水,著有《画禅室随笔》《容台文集》等,刻有《戏鸿堂帖》。他的书法兼有"颜骨赵姿"之美。

这段话中说的是书法的章法:文字最忌讳是排列得很整齐,要错综变化才好,

一幅有气势的书法作品,往往是放得开,收得住。

中国古代书法理论中讲到章法时常用"疏可走马,密不透风",也是这个意思,即有疏有密,有放有收。在写作时,有时工笔细描,极尽描写之能事,把对象描绘得极为细致却又不觉得繁琐;有时大笔写意,寥寥几笔,或是仅有一个细节,却又能极为传神。因此,文章的章法,贵在"错综变化"。

409

乔梦符吉①博学多能,以乐府②称,尝云:"作乐府亦有法,曰凤头、猪肚、豹尾六字是也。"大概起要美丽,中要浩荡,结要响亮。尤贵在首尾贯穿,意思清新。苟能若是,斯可以言乐府矣。

【元】陶宗仪《南村辍耕录》

【注释】

①乔梦符吉:乔吉(?—1345),字梦符,元代散曲、戏曲作家。明清时,人多以他同张可久并称为元散曲两大家。

②乐府:这里指戏曲之类。

【读解】

陶宗仪(1321—约1412),字九成,号南村,浙江黄岩人,课余垦田躬耕,被誉为"立身之洁,始终弗渝,真天下节义之士"。教学之暇,与弟子谈今论古,随有所得,即录树叶,贮于瓮,埋树下,十年积数十瓮。

乔吉,是元代散曲家,他用比喻的方式提出了乐府创作中"凤头、猪肚、豹尾"的要求,此说影响很大。

这里讲的虽是作乐府,其实也适用于作文。"凤头、猪肚、豹尾",形象地说明了写文章"起要美丽,中要浩荡,结要响亮"的原则,也就是文章开头要一鸣惊人,以求吸引读者之效;中则具体,论述精当饱满,元气充沛淋漓;结尾力敌千钧,升华全文。这既是一种文章的审美方式,也是文章谋篇的一种技法。

410

元遗山①云:"文章要有曲折,不可作直头布袋;然曲折太多,则语意繁碎,整理不下,反不若直头布袋之为愈②也。"

【明】吴讷《文章辨体序说》

【注释】

①元遗山:即元好问(1190—1257),金代文学家。

②愈:胜,好。

【读解】

这段话说的是文章的布局谋篇要处理好"曲"与"直"的关系。清代的袁枚也在《随园诗话》中说过"文似看山不喜平","文须错综见薏,曲折生姿","为人贵直,而作诗文者贵曲"。可见,古人以为"文贵曲"。

所谓"曲",是指文章表达意思应当婉转,而不宜直白。文意曲折,可使文章产生别致之美,令人有曲径通幽之感,不时有阅读的发现,读者在阅读中获得更加丰富的阅读体验,因此,元好问说不可做"直头布袋",即指文意不可一泻到底。

然而,文章也不是越曲折越好。鲁迅先生也曾讲过:"小溪虽浅,但浅得澄澈。泥沼虽不见底,但未必深。"文章一味地追求曲折,最后读者都读不清楚,看不出头绪来,倒还不如"直布袋"来得直截了当,反倒"浅得澄澈",也有浅近之美。

所以,文章虽贵在曲,然也须曲得自然,否则也会因曲害文。

411

首尾开阖,繁简奇正①,各极②其度③,篇法也。抑扬顿挫,长短节奏,各极其致④,句法也。点缀关键,金石绮彩,各极其造⑤,字法也。篇有百尺之绵,句有千钧之弩,字有百炼之金。

【明】王世贞《艺苑卮言》

【注释】

①奇正:奇特与平正。
②极:穷尽。
③度:法度,方法。
④致:情致。
⑤造:造诣。

【读解】

王世贞(1526—1590),字元美,号凤洲,又号弇州山人,汉族,太仓(今江苏太仓)人,明代文学家、史学家。"后七子"领袖之一,力主诗必盛唐。有《弇山堂别集》、《嘉靖以来首辅传》、《觚不觚录》、《弇州山人四部稿》等。

这段话论述锤炼篇章字句的功夫,篇要像"百尺之锦",句要像"千钧之弩",字要像"百炼之金"。"百尺之锦"是说全篇文章首尾相应,意思一贯,境界开阔;文章中奇势与正势相生,繁笔与简笔并用,灵活运用好各种方法。"千钧之弩"是说句子要写得音韵上抑扬顿挫,节奏上长短有序,极尽句子的情致。"百炼之金"是说文章用

字要点缀在关键之处,有时有金石之气,刚健有力,有时又有绮彩之妙,绚烂多姿。这便是文章之篇法、句法与字法。

谋篇、炼句、用字,是对文章整体进行艺术构思与创造的三个基本面,此三者高度统一于作者的文章立意与布局谋篇。

412

……收百世之阙文①,采千载之遗韵②。谢③朝华④于已披⑤,启夕秀⑥于未振⑦。观古今于须臾⑧,抚⑨四海于一瞬。

【晋】陆机《文赋》

【注释】

①阙文:已经散失的文章,犹佚文。
②遗韵:指古人没有运用过的词句等。
③谢:谢绝不用。
④华:即"花"。
⑤已披:意为已经开放过了。
⑥夕秀:晚上开的花。
⑦未振:未曾开放过。
⑧须臾:片刻。
⑨抚:据有。

【读解】

精心构思文章的内在机理,往往在一瞬之间须捕捉文机,运用想象去观察古今,囊括四海,决定取舍。否则,稍纵即逝,不可得了。

陆机在这里谈的是写文章时的灵感。"观古今于一瞬,抚四海于一瞬",指的是灵感来临时的状态。当写作灵感来临之时,作者的神思可以不受时空的限制,将古今、四海融为一炉,使得作出来的文章思接千载,视通万里。

同时,陆机在这里还指出了如何使自己获得灵感状态。首先是语言要作好充分准备,对古代文章里没有运用过的词句和已经佚失的文章要收集并对之进行分析。只有下过这样严格的功夫,才会在需要写作的时候产生灵感。

此外,陆机对于灵感状态下的文章写作提出了自己的想法:"谢朝华于已披,启夕秀于未振。"意即要唯陈言之务去,积极进行语言创新,在超越古人中获得成长。

413

　　诗有三格①,一曰生思,久用精思,未契意象②,力疲智竭,放安③神思,心偶照境④,率然而生。二曰感思:寻味前言⑤,吟讽古制⑥,感而生思。三曰取思:搜求于象,心入于境,神会于物,固心而得。

【唐】王昌龄《诗格》

【注释】

　　①格:途径,方法。
　　②未契意象:契,契合,这里是说意和象还没有契合到一起。
　　③放安:这里指"放情却宽之"的意思,说的是不要过分地一味苦思。
　　④心偶照境:心意忽然间接触物象。
　　⑤寻味前言:咀嚼体会。前人的优美文辞与话语。
　　⑥古制:古人的作品。

【读解】

　　"诗有三格"提出的是诗歌创作中有关用"思"的理论。这里的"思",不仅仅是指一般的创作构思,更重要的是指构思过程中的强烈的创作动力甚至是灵感。王昌龄认为创作动力有三个来源:"生思",倾注了诗人大量的"精思"与智力,从而在构思过程中出现了灵感突发的状态;"感思",即从前人的典籍中获得启发;"取思"则是从外界自然风景中获取心灵的体会。三者之中,王昌龄最看重的是"生思",认为这是诗人努力苦思后的结果,意象契合。在"思"的过程中,他比较注重"放安神思",即不要一味苦求,而是要"张之于意",使自己的身心情意与物象妥帖结合。

　　从南朝到唐初,论诗者大都注重对偶、声律等诗歌的形式技巧,而王昌龄的诗论重新强调诗歌创作中构思的问题,给后世很大的启迪。

　　在儿童写作教育中,因为儿童并不是成熟的写作者,所以要积极引导他们感思、取思,进而生思的理想境界。要善于从儿童的心理、生活出发,从儿童阅读出发,让儿童有所思,有所感,慢慢学会写作构思、谋篇。

414

　　沙路时晴雨,渔舟日往来。村村皆画本,处处有诗材。炊黍①孤烟晚,呼牛一笛哀。终身看不厌,岸帻②兴悠哉!

【宋】陆游《舟中作》

【注释】

　　①炊黍:这里泛指做饭。

②岸帻(zé)：掀起头巾，露出前额。岸：高，这里意为掀起。帻：头巾，本来覆在额上。

【读解】

陆游(1125—1220)，字务观，自号放翁，山阴人，著有《剑南诗稿》等。他的作品主要有两方面：一方面是悲愤激昂，要为国家报仇雪耻，恢复丧失的疆土，解放沦陷的人民；一方面是闲适细腻，咀嚼出日常生活的深永的滋味，熨帖出当前景物的曲折的情状。本诗就属于后一种。

值得玩味的是"村村有画本，处处有诗材"。意指生活中处处有文艺创作的素材。自然景物可爱，无处不美，都可以入诗入画。在学生的写作教学中也是如此，写作的材料在日常生活中时时都有，处处都在。

的确，语文与文学都根植于生活。文学是帮助人们认识生活的中介，反过来说，生活也利用文学更加精彩地表达自己。真正的文学教育，应该贯通"语文学习"和"生活"。文学从生活中来，又到生活中去，在这种意义上可以说，文学教育具有把生活和语文联系在一起的"凝聚力"。《语文课程标准》强调"语文是实践性很强的课程"，"培养语文实践能力的途径也应该是语文实践"。一字之差表达的却是观念的迥异。当我们把教育教学的方方面面做了有价值的整合之后依旧能凸现文学教育的特点和本质，那么，这样的"文学教育"才是真正富有生命力的。文学本来就源于生活，高于生活，指导生活，创造生活。因此，如果能在生活中感受文学，体验文学，创造文学，那"文学教育"就会呈现天光云影共徘徊的美好景象。

415

宋濂论文有八害①，一曰"碎害完"②。完者，首尾有起讫，笋接③有法度，叙述有去取，言词有分寸，成为整篇文字，斯亦可以为完矣。若贪多务得，即为文体之累。

【清】林纾《春觉斋论文·忌繁碎》

【注释】

①八害：八种害处，这里只提到一害。
②碎害完：繁琐损害完整。
③笋接：接榫，连接处。

【读解】

林纾(1852—1924)，近代文学家、翻译家，字琴南，号畏庐，别署冷红生，福建闽县(今福州市)人。

宋濂认为文章有八种害处,其中一种是"碎害完",即"繁琐损害完整"。何谓文章的完整?即文章首尾有开始与结束语,文章连接讲究规矩与法度,文章叙述有取舍,遣词造句有分寸。然这种完整易为"繁琐"所害。所谓繁琐,即文章内容不加取舍,贪多求全,误以为文章材料越多越好,殊不知,文章材料过多,各种材料相互冲突,反使文章主题湮没于材料之中,成为文章的累赘。

艺术创造,讲究"整体大于部分之和",文章作为艺术品,并不是简单地把部分叠加起来,当各部分以合理(有序)的结构形成整体时,整体就具有全新的功能,整体的功能就会大于各个部分功能之和。而当部分以欠佳(无序)的结构形成整体时,就会损害整体功能的发挥,整体的功能就会小于各个部分功能之和。宋濂此论,正与此系统论思想暗合,足以令为文者戒。

416

六朝①中有不可学者四:不细意贴题而模棱成章者,一也;行文涣溢②而漫无结束者,二也;不本性灵,专以典故填砌,而辞旨不能融畅者,三也;对偶如夹道排衙③,无本末轻重之别,可存可削者,四也。

【清】黄子云《野鸿诗稿》

【注释】

①六朝:三国时的吴、东晋和南北朝时南朝的宋、齐、梁、陈都建都于建康(今南京市)合称"六朝"。

②涣溢:涣散而漫无边际。

③排衙:旧时官府陈设仪仗,全体官员排班而立,依次参谒长官,称"排衙"。

【读解】

黄子云(1691—1754),字士龙,号野鸿。江苏昆山人,居吴县。少有俊才,诗名甚著,与吴嘉纪、徐兰、张锡祚合称为四大布衣。有《四书质疑》、《诗经评勘》、《野鸿诗稿》、《长吟阁诗集》。其中,《野鸿诗稿》作于乾隆二年(1737)前。所论各体作法要领,见解极深,述诗史源流、古贤得失,最见特识,每有造微之论。

六朝盛行的形式主义文风,为清代学者所反对,这里指出有四个方面"不可学";今天看来,依旧可引为借鉴。

一是主题不明确,模棱两可;二是行文漫无边际,不够简洁,如"懒婆娘的裹脚布——又臭又长";三是堆砌典故,引用太多,文章主旨反不明晰;四是对偶运用不当,无本末之分。

这四种病,均与谋篇有关。文章布局谋篇,须有大局意识,若与主题无关的,即

便语言再美,也要坚决舍弃;若是有关,要看其重要性安排篇幅,做到详略得当,张驰有度。不可为炫耀才情而产生上述"四病"。

417

词要放得开,最忌步步相连;又要收得回,最忌行行愈远。必如天上人间,去来无迹①,斯为入妙②。

【清】刘熙载《艺概》

【注释】

①无迹:没有痕迹。

②入妙:到了巧妙的地步。

【读解】

作词要放得开,最忌步步相连。作为古典诗歌的一种,词在创作中应当以"思通万里,视接千载",大胆想象,上下五千年,神州九万里,皆入笔底波澜,如此方能获得大境界,如苏东坡,大胆以诗入词,开词境界豪放之风气,为后世所称道。

同时,词又要收得回,最忌行行愈远。词作虽要放开,也不是漫无边际,越扯越远,最终需服从词作的主旨和情感的发展。

而这放开、收回,又以不着痕迹为妙,不可刻意而为之。所谓不着痕迹,乃情与景的统一,情景须真实自然,感情须真挚贴切,如此方"有境界自成高格"矣。

418

一题到手,必须认定题目中精神血脉,明白了了,抉①其所重,便斩灵②而入,然后句句字字动中骨理③……作文须先闭目静坐,理会题旨。思本题中有几层意思,孰为正意可用,孰为旁意可删。一篇体段,行文之光景,具在胸中,然后下笔,则文理贯通,自成一家高手。若只逐句杜撰,文必不工。

【清】崔学古《学海津梁》

【注释】

①抉:抉择,选择。

②斩灵:意为从最灵通处切入。

③骨理:指文章精髓之理。

【读解】

这段话其实是讲写作时的心理机制和创作过程。

写作需整体谋划。审题时"认定精神血脉",即对题意有精准的把握,分析其来龙去脉,把握其精神实质,思考题中有几层意思,符合题意的可用,不符合题意的则删去。这样,整篇文章都在胸中了,然后下笔,可以使文章文理贯通。

文章,是一个整体,其内部各部分都有内在的联系,在构思时要充分考虑,协调各部分之间的关系,使各个部分各司其职,各具详略。

文中提到的"逐句杜撰",实际上是没有在整体上考虑,写一句算一句,写到哪里算哪里。这样的写作状态在儿童初学写作时也是常见的,也就是"挤牙膏"。这多半是在没有明确思想的情况下硬写,令写作成为一个十分痛苦的过程。

因此,写作教学应当把构思的教学放到十分重要的位置上。

419

大抵作文辨料识格,在于平日,及作文之日,得题即放胆,立定主意即布置间架,以平日所见,一笔扫就,却旋改可也。如此,则笔力不馁[①]。

【元】程端礼《程氏家塾读书分年日程》

【注释】

①馁:气势软弱。

【读解】

"得题须放胆",所谓"大胆布局",在拿到题目后就进行文章框架的构思与布局,在整体上把文章的结构定下来,为写作过程的顺利进行打下基础。至于具体的语句,后面可以改进。

当然,这有一个前提,也就是作者在开头所说的"辨料、识格在于平日",实际上,文章构思、谋篇都与平时的积累相关。

平时要做哪些积累工作呢?

一是要积累素材。文章是否生动、血肉丰满,取决于作者是否具有丰富的阅历和深入广泛的阅读。素材可从生活中来,上至天文,下至地理,无一不可入诗;素材可从阅读中来,经史子集,文坛掌故,无一不是题材。

二是要提升认识。写作是表达思想与情感的过程,而思想与情感并不是召之即来的东西,它也是在长期的思考、认识、体验的过程中形成的,写作时充沛的情感与深刻的思想无非是平时积累的表现而已。

因此,作者说"辨料、识格在于平日"。

420

凡学文,初要胆大,终要小心——由粗入细,由俗入雅,由繁入简,由豪荡①入纯粹。此集皆粗枝大叶之文……初学熟之,开广其胸襟,发抒其志气,但见文之易,不见文之难,必能放言高论,笔端不窘束②矣。

【宋】谢枋得《文章轨范》

【注释】

①豪荡:豪放而不受拘束。

②窘束:窘迫、拘束。

【读解】

谢枋得(1226—1289),南宋进士,江西信州弋阳人,字君直,号叠山,别号依斋,担任六部侍郎,聪明过人,文章奇绝;学通"六经",淹贯百家,带领义军在江东抗元,被俘不屈,在北京殉国,作品收录在《叠山集》。

初学写作,要胆大,不可拘束。但凡学习艺术,莫不如此,"但见文之易,不见文之难",要引导儿童写"放胆文"。

初学写作之时,给儿童的规矩太多,会令儿童视写作为畏途,从而失去写作的信心,变得谨慎怕事,不敢言真心,久之,便会放弃在写作上的努力。

所以儿童初涉写作即要放其胆,令其敢大胆为文,真实地表达其内心想法,为后续的作文教学打下扎实的基础。

《语文课程标准》将小学作文,易名为"写话"(一、二年级)与"习作"(三至六年级),就是要放低重心、减轻难度。起步作文就是"写话",你想说什么,就写什么,使孩子"但见文之易,不见文之难"。以后将"作文"改称"习作",强调了一个"习",只是练习而已;去掉了一个"文",就是要"开广其胸襟","笔端不窘束",去掉"文"章之种种约束,淡化成文之种种技巧,以"我手写我口","我手写我心"。

421

文字首尾照应之法,有明明缴应起处①者,有竟不顾者,有若无意牵动者,有反骂破②通篇大意,实是照应收拾③者。不明变化则千篇一律,而文亦易入板俗④矣。又古文接处用提法⑤,人所易知;转处用驻法⑥,人所难晓。凡文之转,易流便无力⑦。故每于字句未转时,情势先转,少驻而后下⑧,则顿挫沉郁⑨之意生。譬如骏马下阪,虽疾驱如飞,而四蹄着石处,步步有力;若驽马下峻阪,只是滑溜将去,四蹄全作主不得⑩。更有当转而不用转语,以开为转,以起为转者,转之能事尽矣。

【清】魏禧《日录论文》

【注释】

①缴应起处:照应开头。

②骂破:道破。

③收拾:结尾。

④板俗:呆板俗气。

⑤提法:明显提示的方法。

⑥驻法:暗中转折的方法。

⑦易流便无力:转得平平淡淡,柔若无刚,没有蓄势。

⑧少驻而后下:稍稍停一下,再往下写去。

⑨沉郁:深沉,郁闷。

⑩"譬如"七句:以骏马下坡比喻文章转折得坚实有力,以劣马下坡比喻文章转折得浮乏无力。阪:同"坂",斜坡。

【读解】

本段话是作者对文章结构经营的经验之谈。

关于照应,作者提出,在文章开头部分,有为照应开头,也有不照应开头的,有直接点明通篇大意的,实际都是为照应结尾。如果写文章不是这样变化,那就显得非常呆板。

关于文章转折处,也就是从一层意思的表达转到另一层意思表达的时候,用直接提示,当然可以,但也过于明显;也可以暗转,稍作"停顿",再往下写,当然,这里停顿是指闲笔;如果能做到"以开为转"、"以起为转",即直接转,没有所谓的转语,那么就达到转的极致了。

上述这些是写作时谋篇的具体经验。实际上,每个人写作都会多少有些自己的经验,这些经验如能与写作理论结合起来,则会有更高的价值。

422

若鹿门①所讲起伏之法,吾尤不以为然。六经三传②,文之祖也,果谁为之法哉!能为文,则无法如有法;不能为文,则有法如无法。霍去病③不学孙吴④,但能取胜,是既去病之有法也。房琯⑤学古车战,乃至大败,是既琯之无法也。文之为道,亦何异焉!

【清】袁枚《小仓山房文集》卷三十《书茅氏八家文选》

【注释】

①鹿门:皮锡瑞(1850—1908),字鹿门,清代经学家。

②三传：注释《春秋》的《左氏传》、《公羊传》、《穀梁传》。
③霍去病：西汉名将。
④孙吴：孙武和吴起，春秋时军事家，并称"孙吴"。
⑤房琯(guǎn)：唐肃宗至德元年(756)十月，宰相房琯率兵跟叛将安守忠战于咸阳之陈陶斜。房琯用古车战法，以二千乘和骑兵、步兵夹击。战时，安军以牛缚柴草纵火鼓噪攻击，唐军大败。杜甫作《悲陈陶》诗记此役。

【读解】

　　袁枚作为清代"性灵派"的代表性人物，在此提出了文学写作方法的一家之言。"性灵说"是我国古代文学理论、诗歌评论中的一种艺术创作主张。以晚明文学革新派——"公安派"领袖袁宏道提出"独抒性灵，不拘格套"的创作主张为标志，在晚明诗歌、散文领域，掀起了以反对前后七子倡导的"文必秦汉，诗必盛唐"的复古模拟风气为内容，强调文学创作要直接抒发人的性灵，表现真实情感，追求个性风格面目的文学革新思潮。清代袁枚在诗歌评论中继承和发展了这一艺术创作主张，在近代和现代文学史上都产生了重大影响。

　　袁枚的话，强调实际运用为文之法，而不在于空谈。他认为，能写作的人，即便是没有什么方法，也如同有法一般，不会写作的人，即便是学习了写作的方法，也如同没有方法。正如打仗一样，能打胜仗即是有法，模仿古人再有法，打了败仗，即是无法。这一看法，正是"性灵"观的反映。

423

着意①画资妙选材，也须结构匠心②裁。

【清】袁枚《随园诗话》

【注释】

①着意：用心，刻意。
②匠心：工巧的心思。

【读解】

　　本段言论选自清代袁枚(号随园)撰的《随园诗话》。全书共16卷，补卷10卷。袁枚论诗提倡性灵说，在一定程度上要求摆脱儒家"诗教"的束缚，反对泥古不化。该书也表达了这一倾向，采录和肯定了一些不满封建礼教与程朱理学的诗篇。但书中所录"非达官，即闺媛，大意在标榜风流"(清梁章钜《退庵随笔》卷二十)，且所称誉，以抒发闲情逸致之作为多。

　　这两句写的是选材和结构的问题，意谓创作要巧妙地选材，合理地布局。作文自然先要有材料,但不是所有的材料都可用,必须选择那些合乎文章主旨的。有了合适的材料还不行,还有一个材料如何组织的问题,方能形成文章的结构,这是需要作者匠心独运的。这两方面均属谋篇要务。

424

行文有伏笔①,犹行军之设覆②。顾③行军设覆,敌苟知兵者,必巧避不犯我之覆中。若行文之伏笔,则备后来之必应者也。故用伏笔,须在人不着意处。又当知此不是赘④笔才佳。

【清】林纾《春觉斋论文》

【注释】
①伏笔:对作品中行将出现的人和事先作提示或暗示,以求前后呼应。
②设覆:设置伏兵。
③顾:但,转折连词。
④赘:多余。

【读解】
此处讲的是"伏笔"之法:在读者不留意的地方用伏笔,才能出奇制胜,耐人寻味。

伏笔之法,大体有三:一是有伏必应。有伏不应是败笔,只伏不应同样也是败笔。即文中所讲"若行文之笔,则备后来之必应者也"。二是伏得巧妙,切忌刻意、显露。伏笔一般做到别人无法轻易觉察到,要做到如风行水上,自然成文。三是伏与应不宜前后紧贴。如果伏笔前后贴得过近,反而会使文章显得呆板,读起来反而显得枯燥。

关于伏笔,金圣叹评《水浒传》时所提出的"草蛇灰线",如同一条蛇从草丛穿过,不会留下脚印,但蛇有体重,还是会留下一些不明显却仍存在的痕迹。灰线即拿一条缝衣服的线,在烧柴后的炉灰里拖一下,由于线特别轻,留下的痕迹也是很恍惚的。比喻事物留下隐约可寻的线索和迹象。如景阳冈一段连写十八次"哨棒",紫石街一段连写十六次"帘子"和三十八次"笑",圣叹说这是"草蛇灰线法"。后来被很多评论家所借用。

伏笔运用之妙,于此可见一斑。

425

伏笔不必即①应,断处亦不必即续,此要诀②也。

【清】林纾《春觉斋论文》

【注释】

①即:立即,马上。

②要诀:意思指重要的诀窍。

【读解】

此处是讲伏与应不宜前后紧贴,伏笔不用马上就呼应。因为伏笔的意图不可马上令读者发觉,如果马上就呼应,一是失去了伏笔的意义,二是也让读者失去了阅读的乐趣。

实际上,这也反映出伏笔的运用以不露痕迹、出其不意为上。只有当后文呼应时,读者方才猛然醒悟,这才是伏笔真正要达到的效果。

所以伏笔与悬念有所不同。悬念讲究的是引起读者强烈的好奇心,吸引读者的目光;而伏笔起先悄无声息,不为人觉,直到后来,读者才恍然大悟。这二者都是从读者的阅读心理的角度建构的写作技法,但有着完全的区别。

426

《三国》一书,有横云断岭、横桥锁溪①之妙。文有宜于连者,有宜于断者。如五关斩将、三顾草庐、七擒孟获,此文之妙于连者也;如三气周瑜、六出祁山、九伐中原,此文之妙于断者也。盖文之短者,不连叙则不贯串;文之长者,连叙则惧其累坠②,故必叙别事以间③之,而后文势乃错综尽变。后世稗官家④鲜⑤能及此。

【清】毛宗岗《毛宗岗评本·三国演义》

【注释】

①横云断岭、横桥锁溪:横亘的浮云切断三岭,横跨的板桥连结溪涧两岸。意指有连有断。

②累坠:累赘,文字繁复。

③间:隔开。

④稗官家:小说家。

⑤鲜:少。

【读解】

毛宗岗(1632—约1709),字序始,号子庵,为一介寒儒。中国清初文学批评家。毛宗岗本《三国演义》在情节上变动很大,不仅有增删,还整顿回目,修正文辞,改换诗文。

毛宗岗也非常重视小说的艺术结构。他在《读三国志法》中说《三国演义》有"首尾大照应,中间大关锁",是说《三国演义》的前后一致,首尾连贯,结构完整。

在这段话中,毛宗岗提出了"故事短,宜用连法;故事长,宜用断法"。这里虽然讲的是小说的情节安排,但对于文章如何布局剪裁,也不无启发。

故事短小,可用连法,给人一气呵成、目不暇接之感,如五关斩将、三顾草庐、七擒孟获,极能表现出人物的个性;故事长,则要用断法,中间插入其他故事,令读者不觉得疲劳,如三气周瑜、六出祁山、九伐中原,这些故事背景宏大,人物众多,断法可使文章易读。

所以谋篇与文章的题材内容有极大的关系。

427

作诗文必须放,放之如野马,踶跳①咆嗥,不受羁绊②,久之必自厌而收束矣。此时加以衔辔③,必俯首乐从④。且弟子将脱换⑤时,其文必变而不佳,此时必不可督责⑥之;但涵养诱掖⑦,待其自化,则文境必大进。譬如蚕然,其初一卵而已,渐而有首有身,蠕蠕然动,此时胜于卵也;至于作茧而蛹又复块然,此时不如蚕也;徐俟⑧其化而为蛾则成矣。作文而不脱换终是无用材也;屡次脱换,必能成家者也。若遇钝师⑨,当其脱换而夭阏⑩之,则戚⑪矣。诸城王木舟先生(名中孚,乾隆庚辰会元)十四岁入学,文千余字;十八岁乡魁第四,文七百字;四十岁中会元,文不足六百字矣。此放极必收之验也。

【清】王筠《教童子法》

【注释】

①踶(dì)跳:踢踏蹦跳。

②羁(jī)绊:束缚。

③衔辔(pèi):马嚼和缰头。这里是名词作动词用,引申为控制。

④乐从:乐意顺从。

⑤脱换:这里是变化的意思。

⑥督责:督促责备。

⑦涵养诱掖:培育、引导和扶持。诱:引导。

⑧徐俟(sì):慢慢等待。

⑨钝师:不高明的老师。

⑩夭阏(è):亦作"夭遏",抑止、摧折。

⑪戚:可悲。

【读解】

　　王筠此处阐明的是写作教育要因势利导。

　　写作之初,要善于放,就如同野马,放久了就听话了,乐于安马嚼和辔头了。学生写作水平要发生变化时,常常处在发展的高原期,一时看不出进步来,但作为教师也不可以过分要求、责备,而是要慢慢培育、引导和扶持,等待学生自我感悟,学生的写作必然能有大进。就如同蚕,历经蜕变,方能化茧成蝶。

　　良师能等待,等待学生的自我领悟,也就是我们常说的内驱力。良师能发现,发现教育的时机,恰如其分地施教,在学生发展的要紧处点拨。良师能把握,把握学生写作能力发展的全过程。

　　写作教育一直以来是语文教育的难点。就看老师能不能等待,能不能发现,能不能把握。

428

　　作文之体①,初欲奔驰,久当撙节②,使简从严正,时或放肆③以自舒④,勿为一体,则尽善矣。

　　　　　　　　【宋】欧阳修《欧阳修全集》《书简》卷七《与渑池徐宰》

【注释】

①体:风格。
②撙(zǔn)节:节制,抑制。
③放肆:指笔势奔放。
④自舒:舒展自如。

【读解】

　　写作的风格,一开始要奔放,也就是要放胆去写,到一定的程度之后,要开始节制。这是欧阳修的风格修炼之道。

　　为文首先须大胆,就是鼓励学生放开胆量去选材、构思、立意。题材上不循规蹈矩就能活跃学生思想,让学生真切感受到生活是写作的活水源头,不限制写法,能叙能议能抒情,只要写出真情实感,就是最成功的文字。

　　有了这样的基础之后,就需对写作开始有所节制。所谓节制,就是对文章立意、谋篇、用字等进行精心打磨,使得文章更趋完美。

　　当然,文章放还是不放,并没有一个既定的标准,也须因人因事而异。不拘泥于一种方式,可以使写作水平达到尽善尽美的境地。

429

造意要超卓①,立格②要正大,题旨③要明透,笔气④要清顺。此为行文要务。

【清】崔学古《少学》

【注释】

①造意要超卓:立意要超群卓异。造意:就是立意、命意。超卓:不同于寻常,能标新立异。

②立格:格,是格调、格局。

③题旨:中心,要旨。

④笔气:笔力气势。

【读解】

崔学古在这里提出了写作的四个要领:立意要超群卓异,格局要正气宏大,中心要明确透彻,笔势要清晰通顺。

这对于文章的写作,是一个极高的要求。同时,这四者之间又有极强的内在联系,属于一个整体,表现出古人对写作各方面,尤其是"词"与"意"的并重。

崔学古的行文要务说,体现了写作时作者从构思到具体行文,再到修改反思整个写作过程中的价值标准,成为写作时的参照。

430

圣贤书辞①,总称文章,非采而何②? 夫水性虚而沦漪结③,木体实而花萼振④,文附质⑤也。虎豹无文⑥,则鞟⑦同犬羊;犀兕⑧有皮,而色资丹漆⑨,质待文也。

【南北朝】刘勰《文心雕龙·情采》

【注释】

①圣贤书辞:指古代圣贤的著作和言论。

②非采而何:不是都有文采吗? 非:不是。采:文采,泛指作品的艺术形式。

③夫水性虚而沦漪(yī)结:水性虚柔,因而能产生波纹。

④木体实而花萼(è)振:树木坚实,因而花朵能开放。萼:花瓣下部多呈绿色的小片。振:开放。

⑤文附质:文采依附于情理。文:文采。质:实质,指情理。

⑥文:同"纹",花纹。

⑦鞟(kuò):去了毛的兽皮。

⑧犀兕：犀牛一类动物，皮坚韧，可制兵甲。
⑨丹漆：红色涂料。

【读解】

情指情理，采指文采。刘勰的所谓文采，主张在精理秀气的基础上讲究对偶、声律、词藻。所以刘勰主张情采结合，根据思想感情来选择体裁，确定音律，运用辞藻，才能成为情采并茂的作品。

那么怎样才会情采并茂呢？首先要有深厚的思想感情，这是基础，文采不掩情理，如同脂粉不应掩盖本色一样，"文附质也"，文采是附在情理上的。

但这并不意味着文采不重要。刘勰指出，虎豹无文，就不成为虎豹，犀兕无皮，也就不成为犀兕，因此，刘勰又说"质待文也"，可见质地的显现，也是需要文采的。

所以，文章要处理好情理与文采上的关系。刘勰指出，水波、开花等自然现象，都不是外加上去的，而人施粉黛，则是外加上去的。总而言之，文采应与文章紧密地结合在一起。

431

凡人为文，私于自是①，不忍于割截，或失于繁多。其间妍媸②，益又自惑。必待交友有公鉴无姑息③者，讨论④而削夺⑤之，然后繁简当否，得其中矣。

【唐】白居易《与元九书》

【注释】

①私于自是：总以为自己对。
②妍媸：美丑，好坏。
③姑息：无原则的宽容。
④讨论：商讨、评论。
⑤削夺：删改。

【读解】

文章之法，妙在剪裁，但是自己的文章，却总以为每一部分都十分重要，十分精彩，于是便失之繁多。对于文章的美丑失去了自己应有的判断。

文章是作者精心经营的产物，很容易囿于己见，看不出缺陷，总以为自己写的是最好的。但如果你请他人鉴赏，人家就会绝不姑息，对文章的优势繁简作出一个公正的评价。

当然，评价文章毕竟是一个仁者见仁，智者见智的事。对文章作出一个正确的评价也不是一件易事。

(三)炼 句

432

为人性僻①耽②佳句,语不惊人死不休。

【唐】杜甫《江上值水如海势聊短述》

【注释】

①性僻:性情孤僻。

②耽(dān):喜爱。

【读解】

唐代大诗人杜甫在成都草堂写了《江上值水如海势聊短述》一诗,总结自己写诗的经验。全诗为:"为人性僻耽佳句,语不惊人死不休。老去诗篇浑漫与,春来花鸟莫深愁。新添水槛供垂钓,故著浮槎替入舟。焉得思如陶谢手,令渠述作与同游。"开头的这两句诗是说,我之为人,性格是孤僻的,很喜欢创作出优美的诗句,若是不能打动人,我是死也不肯罢休的。他这种苦心孤诣的创作态度,被传为佳话。事实上,杜甫确为后人留下许多反映当时社会历史面貌的不朽之作。诗人对诗歌语言的刻意求工,对文学创作的认真严肃态度,是他成为伟大诗人的重要条件之一,更是我们学习写作在语言运用上如何做到严肃认真、字斟句酌的榜样。

433

一言而巨细咸该①,片语而洪纤靡漏②。

【唐】刘知几《史通》

【注释】

①咸该:咸:都。该:同"赅",完备的意思。

②洪纤靡漏:大小都不遗漏。洪:大。纤:细。靡:不。漏:遗漏。

【读解】

《史通》是中国及全世界首部系统性的史学理论专著,作者是唐朝的刘知几。

《史通》既总结前史在叙事方面的好经验,又批评各史存在冗句烦词、雕饰辞藻的病例,尤其反对骈文入史的做法。

刘知几以为"国史之美者,以叙事为工,而叙事之工者,以简要为主",指出叙事是撰史的重要手法,而叙事最避忌繁芜之失。因此,刘知几主张叙事要"用晦",以为用晦"省字约文,事溢于句外",可以达到"一言而巨细咸该,片语而洪纤靡漏"的目的。

写下一句话,则大小意思都包含在内,没有什么遗漏。这是文章用句的极致要求,当然也与史家笔法有关。中国历史著作的写作常常要求用句少,而含义丰富,所以也就形成了这样的叙事价值观。

434

观古今胜语①,多非补假②,皆由直寻③。

【南北朝】钟嵘《诗品序》

【注释】

①胜语:名句,好的句子。
②补假:补补贴贴,虚虚假假。
③皆由直寻:都是靠自己直接寻找来的,也就是自己发现,有真切体会的。

【读解】

钟嵘(约468—约518)中国南朝文学批评家,字仲伟。颍川长社(今河南长葛)人。曾任参军、记室一类的小官。梁武帝天监十二年(513)以后,仿汉代"九品论人,七略裁士"的著作先例,写成诗歌评论专著《诗品》。以五言诗为主,全书将两汉至梁作家122人,分为上、中、下三品进行评论,故名为"诗品"。《隋书·经籍志》又被称为《诗评》。在《诗品》中,钟嵘提倡风力,反对玄言;主张音韵自然和谐,反对人为的"声病说";主张"直寻",反对用典,提出了一套比较系统的诗歌品评的标准。

古今一切佳作名篇成功的原因,在于直接写出自己的真情实感,而不是抄袭前人的现成语言。作者总想在作品上获得创新,然而这种创新并非是在语言上刻意求新,也并非是无度地堆积辞藻、滥用典故,而是"直寻",即直接寻找而来,这种寻找,是源于作者的生活积淀,有心的作者常常在生活中有所感,有所思,有所悟,于是就能在创作中兴致勃勃,直抒胸臆,由此就有可能产生佳作。这也应是所有写作活动的原则。

435

古人不废炼字法,然以意胜①而不以字胜,故能平字见奇,常字见险,陈字见新,朴字见色。近人挟以斗胜者②,难字而已。

【清】沈德潜《说诗晬语》

【注释】

①以意胜:靠立意取胜。

②挟以斗胜者:拿来作为争强赌胜的(字)。

【读解】

沈德潜(1673—1769),字确士,号归愚,长洲(今江苏苏州)人,清代诗人。曾任内阁学士兼礼部侍郎。为叶燮门人,论诗主格调,提倡温柔敦厚之诗教。著有《沈归愚诗文全集》。又选有《古诗源》、《唐诗别裁》、《明诗别裁》、《清诗别裁》等,流传颇广。

此处认为,古人确也讲究炼字,但其炼字以立意取胜,而非一味地以用字取胜。所以,即便是平常的字,也能见奇特,常用的字也能见险峻,陈旧的字能出新意,朴素的字能见文采。近代拿来争强斗胜的字,无非是一些艰难生涩的字而已。

炼字着眼虽在字句,然着意及着力处却在文章立意。立意为文句之魂,以意遣词,以意炼句,故字句有神采,即便平常、陈旧之字句,亦能有生气。

由此联想到不少语文教师要学生摘录美词佳句,这本来没有错,问题在于美词佳句的标准是什么?是"立意为文句之魂",还是尽挑比喻、形容、描写之类和艰难生涩的字句?看来这不是一个小问题。

436

词有三法:章法、句法、字法也。章法贵浑成①,又贵变化句。法贵精炼,又贵洒脱②。字法贵新隽③,又贵自然。

【清】沈祥龙《论词随笔》

【注释】

①浑成:浑然天成,不见雕琢的痕迹。

②洒脱:潇洒自在。

③新隽:清新隽永。

【读解】

此说论词的章法、句法与字法,极为辩证。

章法,即为谋篇布局,贵在浑然天成,一气呵成,令人觉得增之不得,减之不得,然而不能因此而一成不变,须以变化为贵。

句法,即炼句之法,贵在精当、精确、精简,但是求"精"往往使文章笔法拘谨,因此,句法同时又须洒脱自在。

字法,即用字之法,须清新隽永,有新意,然不能为新而新,须自然,否则容易因新而怪,因此,出乎意料且又在情理之中方为上。

这里,"浑成"和"变化","精炼"和"洒脱","新隽"和"自然",都是既矛盾对立而又辩证统一的。以此论"章法"、"句法"与"字法"十分精当,贵在要找到各自的"平衡点"。

这三者,为写作者须用心经营之处。

437

学文切不可学怪句,且先明白正大;务要十句百句只如一句,贯穿意脉①。说得通处,尽管说去,说得反复,竭处自然住②。所谓行乎其所当行,止乎其所不得不止③,真作文之大法也。

【宋】李耆卿《文章精义》

【注释】

①意脉:思想的脉络。

②竭处自然住:写到无话可说的地方就该停住,不再写下去。

③"所谓行乎……止乎……"两句:引用苏轼《答谢民师书》的话。意为该行时就要顺畅地继续下去;该止时,就要毫不犹豫地及时打住。

【读解】

学习文章不可学怪句,要明白正大。

有些人喜欢古怪的文章风格,令读者感觉艰涩难解,虽也是一种文章风格,但作为初学者切不可如此。

学写作,十句百句只如一句,令文意贯穿。写作通顺,则尽管说去,可使文章淋漓尽致;无话可说时,则不再往下写,也就是写不出来时不要硬写。

所以,苏轼说过"行乎其所当行,止乎其所不得不止"。

从写作心理来看,写得通达无阻,正说明作者对此有较为深入的理解,有个人的见识;而无话可说时,正是对此缺少体悟。因此,上述说法也是符合作文心理的。

438

文章不难于巧而难于拙,不难于曲而难于直,不难于细而难于粗,不难于华①而难于质②:可与智者道③,难与俗人言也。

【宋】李耆卿《文章精义》

【注释】

①华:华美。

②质:朴实。

③道:说。

【读解】

文章为什么不以巧为难,而以拙为难;不以曲为难,而以直为难?这是因为,这里所谓的"拙"、"直",实际上是自然朴实的表现,不下苦功是做不到返璞归真的。

文章写得通俗易懂,明白晓畅,平白如话,并不是没有水平,而是真正的高水平。语言是用来表达思想的,在文章中把想要表达的思想用质朴的话语表达出来,是只有思想深刻、理解精湛、大彻大悟之人才能达到的境界,这需要具有深入浅出的能力。鲁迅先生曾经说过:"一条小溪,明澈见底,即使浅吧,但是却浅得澄清。倘是烂泥塘,谁知道它到底是深是浅呢?也许还是浅点好。"

因此,绚烂之极,复归平淡,文章之难,实是文风之难。文风就在字句之中。

439

君子之所学也,言以载事,而文①以饰言,事信言文②,乃能表见于后世。……言之所载者大且文,则其传也章③;言之所载者不文而又小,则其传也不章。

【宋】欧阳修《代人上王枢密求先集序》

【注释】

①文,指文采。

②言文:有文采的言语。

③章:通"彰",明显的意思。

【读解】

言辞用以记述事情,文采用以修饰言辞。事情真实,言辞富有文采,才能流传后世。

事情真实,是指文章所写的内容要真实可信,对于历史写作,尤其如此;文学创作,尽管是虚构,也要以反映真实的生活才好。所以,"事信"是为文的要义。

言有文采,并不是用华丽的辞藻来修饰文章,而是指要让文章所描写的事物真实而生动地呈现于文字之中。

所以,"言之所载者大且文",实际上都指向于文风上的求真。

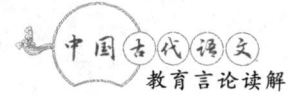

440

善喻①者,以一言明数事;不善喻者,百言不明一意。百言不明一意,则不听②也。

【三国】刘邵《人物志》

【注释】

①善喻:长于作比喻。
②不听:指人们不喜欢听。

【读解】

善于用比喻的人,可以只用一个比喻,把许多一时难以言明的事都表达清楚而且贴切;而不会用比喻的人,说了很多,却还是不能让读者明白,所以人们就不喜欢听。因此比喻要贴切,要含意深广。

比喻是非常重要的修辞手段,从某种角度来看,文学的能力与比喻的能力是密切相关的。比喻有一个明显的好处就是可以用较少的语言把一种复杂的现象表达清楚,而且令人感到形象鲜明、记忆深刻。

在小学阶段的语文教育中,对于比喻的训练是最常见的,但是常常为正确而牺牲了孩子的创造力。如何让孩子的创造天性在比喻中释放出来,会使作文教育另有风景!

441

满眼生机转化①钧②,天工人巧日争新。预支五百年新意,到了千年又觉陈。

【清】赵翼《论诗五绝》

【注释】

①化:造化,大自然。
②钧:制陶器所用的转轮。

【读解】

赵翼(1727—1814),清代文学家、史学家。字云崧,一字耘崧,号瓯北,又号裘萼,晚号三半老人,汉族,江苏阳湖(今江苏省常州市)人。乾隆二十六年(1761)进士。官至贵西兵备道。旋辞官,主讲安定书院。长于史学,考据精赅。论诗主"独创",反模拟。五、七言古诗中有些作品,嘲讽理学,隐寓对时政的不满之情,与袁枚、张问陶并称清代性灵派三大家。所著《廿二史札记》与王鸣盛《十七史商榷》、钱大昕《二十二史考异》合称清代三大史学名著。

赵翼论诗重"性灵",主创新,与袁枚接近。他反对明代前、后七子的复古倾向,也不满王士禛、沈德潜的"神韵说"与"格调说"。他说:"力欲争上游,性灵乃其要。"(《闲居读书作六首》之五)"李杜诗篇万口传,至今已觉不新鲜。江山代有才人出,各领风骚数百年。"(《论诗》)所著《瓯北诗话》,系统地评论李白、杜甫、韩愈、白居易、苏轼、陆游、元好问、高启、吴伟业、查慎行等十家诗,他重视诗家的创新,立论比较全面、允当。

此诗中说道,生气蓬勃的事物布满眼前,不断在变化、发展。大自然所造就的与人工所创造的日趋新颖。作者以此告诉我们,要随时创新,不可拾人余唾,步人后尘。即便是眼前的创新,过段时间也会变陈旧,因此,创新是诗歌创作永恒的命题。

442

一卷疏芜①一百篇,名成未敢暂忘筌②。何如海日生残夜③,一句能令万古传。

【唐】郑谷《卷末偶题三首》

【注释】

①疏芜:稀疏杂乱。

②忘筌(quán):《庄子·外物》:"筌者所以在鱼,得鱼而忘筌。"捕到了鱼就忘记了筌,比喻成功后忘了赖以成功的条件和凭据。筌:捕鱼用的竹器。

③海日出残夜:为王湾《次北固山下》诗句。

【读解】

一句好诗,能流传千古,大胜于"一卷疏芜一百篇"。一沙一世界,一树一菩提。同样,在诗歌中,有时一句诗就决定了一首诗的价值。诗歌形成一个艺术整体,其间每一句、每一字都为整体服务。字词的精彩可为全诗增色许多。从全息的观点来看,诗歌中的每一句,甚至每一字都内在地反映整首诗的内在精神,所以我们平时常常是因为某一个句子而记住了整首诗。这也就是,古人对于炼句十分重视的道理,所谓"一句能令万古传"。

443

炼句炉槌岂可无?句成未必尽缘①渠②。老夫③不是寻诗句,诗句自来寻老夫。

【宋】杨万里《晚寒题水仙花并湖山三首》(之一)

【注释】

①缘:因为。
②渠:指炼字句的功夫。
③老夫:诗人自称。

【读解】

作诗为文好比炼钢,反复锤炼字句岂能缺少?但要写出绝妙好词,未必全靠熔炼字句的功夫。这两句诗的意思是:要写出好诗,还得在捕捉诗情、提炼意境等方面下功夫。诗的下两句"老夫不是寻诗句,诗句自来寻老夫",可引以说明在文学创作过程中,熔炼字句,锤炼语言,不可或缺,但绝不能仅限于语言文字方面的努力,还得有其他方面的功夫才可以。

中国诗家历来重视综合素养的提升,陆游所说的"功夫在诗外",就是指诗人要有多方面的艺术修养。因为艺术修养全面,所以在生活中就会有丰富的感受,这种丰富的感受使得诗人获得的艺术灵感会很多,因此,也就能达到"老夫不是寻诗句,诗句自来寻老夫"的境界。

无论是写诗还是作文,都是同一个道理。我们应该并不缺乏素材,问题是我们往往缺失了发现素材的眼力。

444

莫话诗中事,诗中难更无。吟安一个字,捻①断数茎须。险觅②天应闷,狂搜海亦枯。不同文赋易,为著者之乎③。

【唐】卢延让《苦吟》

【注释】

①捻:用手指搓捏。
②觅:寻找。
③者之乎:这些是为文作赋时常用的虚词。

【读解】

吟诗时选用好一个贴切的字,总是要反复思考,连胡须也会捻断几根。写出了诗人用词造句的苦心孤诣、反复推敲。如此认真严肃的写作态度,确实是值得称道,它也是认真于写作的文人学士共有的创作态度。如同唐代的方于,在《贻钱塘县路明府》中就有"吟成五字句,用破一生心"之说,在《赠喻凫》一诗中又有"才吟五字句,又白几茎髭"一语,于此可见一斑。

诗人文士的这种创作态度,重在说明他们对待创作的严谨和意在不断出新。其实在这样的写作过程中充满了快乐,而不是痛苦。"刻苦"与"痛苦"是不同的,"刻苦"是一种态度,这是做任何事情应有的态度;而"痛苦"是一种感受。"刻苦"之中才有所得,因此是快乐的,这是苦中有乐,与"痛苦"是完全不一样的。创作的"刻苦"与当下儿童对写作文感到很痛苦完全不是一回事。后者是因为教学的不得当、不得法而造成的。

445

跃跃①诗情在眼前,聚如风雨散如烟。敢为常语②谈何易,百炼工纯③始自然。

【清】张问陶《论诗十二绝句》(之三)

【注释】

①跃跃:感到欢悦而心情激动的样子,这里指创作的冲动。
②常语:生活中常用的普通语言。
③工纯:这里指工夫纯熟。

【读解】

本首诗意为:敢于用平常的语言作诗是不容易的,只有历尽创作的艰辛,在千锤百炼之后,工夫纯熟之时,才能运用常语而达到自然天成的境界。

诗,作为一件艺术品,仿佛是由天人合作而成,就像一件根雕作品,既是钟天地之灵气,自然生成,还须凭诗人之慧心,人为创造。其区别可能仅仅在于,不同的作品,其发现和创造的比重不同,有的偏重于发现,有的偏重于创造。偏于创造的诗,其创作过程是一个"渐悟"的过程。诗中凝结着作者呕心沥血的苦吟之功,包括构思立意、取象设喻、布局谋篇和锤炼字句,所谓"两句三年得,一吟双泪流",所谓"吟安一个字,捻断数茎须"。偏于发现的诗,其创作过程是一个"顿悟"的过程。在天赋过人又训练有素的诗人那里,一首诗的完成可能非常快捷,凭着灵感和直觉,无须冥思苦想,诗思的翅膀仿佛刚刚张开,就已抵达了理想境地。

而人们期待的一种境界,是创造得好像发现,渐悟得好像顿悟,刻意得好像是率意为之。譬如"鸟宿池边树,僧敲月下门",这野趣天然的诗句,只会让人以为是妙手偶得,哪里还能见出贾岛当年月夜"推敲"之苦?又如"春风又绿江南岸",人们为之喝彩,何曾记得王安石为这一"绿"字,有过"到"、"过"、"入"、"满"等十来次的炼字之功。这就是所谓的"百炼工纯始自然"。

446

　　一字粗,即一句不雅;一字腐,则一句不新。作文知炼字,便观之如明霞散锦①矣。

【清】崔学古《学海津梁》

【注释】

　　①明霞散锦:古代锦名。《杜阳杂编》:"唐大中(847—860)中,女蛮国贡明霞锦,练水香麻以为地,光耀夺馥著人,五色相间,而美丽于中国云锦。"

【读解】

　　文章是一个艺术整体,而炼字句则是在局部上下功夫,然而虽是局部,也需有整体意识。

　　"一字粗,即一句不雅;一字腐,即一句不新。"文章作为一个艺术整体,其用字用词皆服务于整体的艺术风格,如有字词运用不当之处,则会损害文章整体之美。可见,文章中整体与局部的关系是紧密的。

　　因此,炼字虽是局部,却与整体密切相关。谢灵运所作的"池塘生春草,园柳变鸣禽",白居易所作的"野火烧不尽,春风吹又生"等名句,都极为平实,然而每一个字都很妥帖,都成为全诗意境建构中不能或缺的部分。所以,炼字并非是要找到生僻的字词,而是要找到最符合诗歌意境的那一个唯一的字词。

　　作文知炼字,便观之如明霞散锦了!

447

　　词不宜过于设色①,亦不宜过于白描②。设色则无骨,白描则无采,如粲③女试妆,不假珠翠而自然浓丽,不洗铅华④而自然淡雅,得之矣。

【清】沈祥龙《论词随笔》

【注释】

　　①设色:添加色彩。
　　②白描:中国画技之一。用墨线勾画物象,不着颜色的画法。这里借指文学创作的表现手法,用简练的笔墨,不加烘托,勾勒出形象。
　　③如粲:美女。
　　④铅华:搽脸的粉。

【读解】

　　这里借用中国古典绘画的两种方法来说明写作的风格要求。设色、无骨,是中国画技法名。不用墨线勾勒,直接以彩色绘画物象。五代后蜀黄筌画花钩勒较细,着色后几乎不见笔迹,因有"没骨花枝"之称。白描也是中国画的一种技法,指描绘人物和花卉时用墨线勾勒物象,不着颜色,称为"线描"法。在文学创作上,"白描"作为一种表现方法,是指用最简练的笔墨,不加烘托,描画出鲜明生动的形象。

沈祥龙认为"设色则无骨,白描则无采",文章总体上不宜过分设色,也不宜过分白描,两种方法都贵在自然。

这两种情况,在儿童写作中都容易产生。有的儿童习作,以为辞藻堆砌是美,常常用上一些自以为精彩的词语,觉得这就是文采,殊不知,陈词用得多,恰恰掩盖了文章的神气。也有的儿童因为积累不足,文章过于直白,近乎口语,直无文采,这对于正在学习写作的儿童来说也是一种文章病。这两种情况都源于儿童的语文修养还嫌不足,也是值得语文教师深思的。

448

"红杏枝头春意闹①",著一"闹"字,而境界②全出。"云破月来花弄影③",著一"弄"字,而境界全出矣。

【清】王国维《人间词话》

【注释】

①"红杏"句:见宋祁《玉楼春》词。
②境界:文艺作品的意境。
③"云破"句:见张先《天仙子》词。

【读解】

这是王国维在《人间词话》里说的,他举出的两句,一是"红杏枝头春意闹",出自宋祁的《玉楼春》;"云破月来花弄影"出自张先的《天仙子》。王国维主张"境界"说,也就是注重诗词对意境整体的描摹。但是这段话中则提出了"著一字而境界全出",也就是说强调一个字对于创造"境界"的作用。用"闹"和"弄"字,以拟人化手法赋予"春"和"花"以动态,使意境真实感人。可见古人对于"炼字"的重视。

宋人胡仔在评论孟浩然和杜甫时说:"诗句以一字为工,自然颖异不凡,如灵丹一粒,点石成金也。""一字为工",表现出古人对于诗歌语言质地的严格要求。这种对选词用字的精确、技巧的娴熟、创造态度的严谨,主要还是来自于他们对所写对象的细致观察与切身体验。正因为用字独特,所以,欣赏作品也需要有一般人难有的感受力与表现力。单从技法的角度来看,炼字有的属于用字的挑选,有的属于字义的活用,有的属于词性的转换,有的属于词语的搭配等等,极为灵活,需要深入体会,方能得其妙处。学生在课文阅读中对关键词句的推敲,正是对作者炼句炼字的

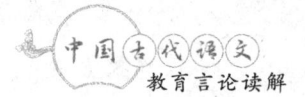

赏评和品味。教师应重视这一环节的运作,要多让学生主动来做,教师不宜全盘授予,因为这样往往会事倍功半。

449

多句之中必有一句为主,多字之中必有一字为主。炼字句者,尤须致意①于此。

【清】刘熙载《艺概》

【注释】

①致意:尽意,着力。

【读解】

刘熙载主张锤炼字、词、句时,要抓重点,不要分散笔力,面面俱到。一篇之中,必有重要的句子;一句之中,必有重要的字词。这些重要的句子和字词决定了文章的价值与风格。

那么哪些句子与字词,须不断加以锤炼呢?

如与文章中心直接相关的字句,对于刻画人物形象具有重要意义的字句,能表达出作者独特感受的字句,在文章结构中起重要作用的字句,等等。对于这样的字句,在写作中需要多加锤炼。

中国人写作,历来崇尚简约,不喜长篇大论,因此,锤炼字句也是与中国人传统的审美趣味密切相关的,把玩字句,吟赏诗篇,历来是文人雅事。因此,对于炼字,也成为了写作者的必修课。

450

文字虽以意为主,然词亦不可不修①。盖词以达意,词不修,则意不能达矣……故句之粗者,须修之而细,俗者须修之而雅,陈腐者须修之而清新,嫩弱者须修之而苍劲,音拗者须修之而谐和,句硬者须修之而顺畅。大抵句法,贵浅显,贵典雅,贵流丽,方音节谐和,有玉振金声②之韵……

【清】崔学古《学海津梁》

【注释】

①修:这里指对字词的修饰和锤炼。

②玉振金声:也称"金声玉振"。金:指钟。玉:指磬。这里指诗文之作言辞典雅流丽,音节谐和,极富蕴意、音韵之美。

【读解】

短短一段话中,包含着非常丰富的信息。

首先是词要达意,而词达意,则需修词,令词达意。因词不达意而害意是常有的事。语言是思想的载体,若是语言出了问题,必然影响到思想的表达,所以令词达意是文章的首要要求。

如何修词?粗者修细,俗者修雅,陈者修新,嫩者修老等等,这些词汇看起来都是文章风格的描述,事实上,语言具有多义性,所以很容易在理解接受时出现偏差。因此,修词的目的,就是为使词更符合意,不至于歪曲了意。

而句法贵在浅显易懂,文字典雅,语言流丽,达到这三个要求,不但可以使词达意,文字优美,更可以使文章音韵和谐,有玉振金声之韵。

451

琢句炼字,虽贵新奇,亦须新而妥①,奇而确②。妥与确总不越一"理"③字,欲望句之惊人,先求理之服众。

【清】李渔《窥词管见》

【注释】

①妥:妥帖。

②确:确切。

③理:符合客观实际的道理。

【读解】

文章以"理"为统帅,字句锤炼必须"新而妥"和"奇而确"。

字句锤炼,的确要求新奇,即以出乎读者意料的方式来运用字句,也就是用陌生化的方式给人以新奇的文学体验,引发读者丰富的联想。所以,新奇是炼句的效果期待。

语言的创新并不是天马行空,而须建立在符合语言规范的基础上,不可以自以为是,把错误的用法、读者无法理解的用法当作语言的创新。因此,出新还是要讲究妥帖,出乎意料又合乎情理。奇而确,也是同理,用字奇崛而确切。

这两个要求都与"理"相关。这个理,既是事物发展的客观道理,也是语言运用之理。

452

口头语言,俱①可入诗,用得合拍②,便成佳句。

【清】钱泳《履园谭诗》

【注释】

①俱:都。
②合拍:合乎诗词的节律。

【读解】

诗词是书面语言的艺术,达到了书面语言的极致,因此,口头语言是否可入诗?钱泳认为,口头语言,都可以入诗,只要合乎诗文的节律及内容要求,便可以成佳句。

诗歌,本起源于民间,具有鲜明的田野色彩。随着诗歌的发展与文人的参与,诗歌逐渐走向庙堂,成为文人的专利,便脱去了原有的特征,开始追求典雅高贵,使其逐步失去表情达意的功能。因此,诗歌要获得新的生命,常常需要回到诗的源头,也就是在民歌中汲取发展的营养,从口语中获得新的生命力量。

古今中外佳作,无不以自然为最高境界。"豪华落尽见真淳",诗歌的境界常常在于质朴自然,而不是过分雕琢。回到源头,不仅仅是诗歌在风格上的要求,更是诗歌自身发展的规律。

453

下字为句中之眼,古谓百炼成字,千炼成句,又谓前有浮声,后须切响①。要极新,又要极熟;要极奇,又要极稳。虚句用实字铺衬,实句用虚字点缀。务头②须下响字,勿令提挈不起。押韵处,要妥贴天成,换不得他韵。照管上下文,恐有重字③,须逐一点勘④换去。又闭口字少用,恐唱时费力。令人好奇,将剧戏标目,一一用经、史隐晦字代之。夫列标目,欲令人开卷一览,便见传中大义,亦且便翻阅,却用隐晦字样,彼庸众人何以易解!此等奇字,何不用作古文?而施之剧戏,可付一笑也。

【明】王骥德《曲律》

【注释】

①前有浮声,后须切响:沈约《宋书·谢灵运传论》:"欲使宫羽相变,低昂互节,若前有浮声,则后须切响。"浮声,相当于平声;切响,相当于仄声。
②务头:词曲中声文并美之处叫"务头"。

③重字:重复的字。
④点勘:校勘。

【读解】

王骥德,明代戏曲作家、曲论家。字伯良,一字伯骏,号方诸生,别署秦楼外史。会稽(今浙江绍兴)人。王骥德是徐渭的弟子。与沈璟也过从甚密,曾为沈璟的《南九宫十三调谱》作序。他还在声韵方面得到过孙如法的"指授",与吕天成、王澹翁等,也有密切的往来。

王骥德在这里从音韵和字义等方面对戏曲语言提出了要求。要处理好"新"与"熟"、"奇"与"稳"之间的关系。新,就是要发人之所未发,在语言表达上有创新。但创新又不是用生僻、古奥之字词,须是读者熟悉的字词,意料之外且又在情理之中。

对于戏曲而言,押韵又极为重要,须妥帖,不能随意换韵,若要转韵,也须合乎规范;尽可能不用重复的字词,若有,需换掉。

对于剧本的标题,他批评当时的一些剧作家喜欢采用经、史的隐晦字,以致一般观众不易理解,令人发笑。不过,"彼庸众人"的称谓,不免流露出封建士大夫鄙视人民大众的思想。

454

句字长短平仄,须调停①得好,令②情意婉转,音调铿锵,虽不是曲,却要美听③。

【明】王骥德《曲律·论宾白④》

【注释】

①调停:处理,安排。
②令:使得。
③美听:好听。
④宾白:古代戏曲剧本中的说白。

【读解】

这是明代戏曲理论家王骥德对戏曲说白的要求。他指出,说白的情意要委婉,音调要铿锵、好听。

戏曲是我国特有的戏剧形式,其中又有唱词和说白之分。唱词常常起抒情的功能,而说白又常起叙事的功能。但虽是说白,却与日常生活中的语言有很大区别,也需讲究音韵,使说白听起来也能情意婉转,具有诗的韵味,这样才能与戏曲表演的总体氛围相吻合,也能更使戏曲人物的个性特点得以充分表现出来。

这一观点告诉我们,文章的炼句与文体的要求是紧密相关的。每一种文体对于锤炼字句都有自己的个性。基于文体特点,也是炼字炼句必有的题中之义。

455

命意贵远①,用字贵便②,造语贵新③,炼字贵响④。

【元】陆辅之《词旨·词说》

【注释】

①远:深远。

②便:适宜。

③新:新颖。

④响:响亮。

【读解】

这里的"用字贵便",是指用字要适宜,字词本身无所谓好坏,能表达真挚情意的字词就是好词,这在历史上也是有教训的。诗歌起源于民间,然而进入庙堂之后,对于用字用词有了雅俗之分,诗歌就慢慢走入了死胡同,又要重回到诗歌的源头,从民间诗歌吸取力量。

"造语贵新",是指造句要注重创新。文学的生命在于创新,新的人物形象,新的语言风格,是文学发展的动力。因此,语言的创新成为每一个时代文学的永恒使命。

"炼字贵响",是指在文字的使用上,尤其是诗歌语言文字,要讲究音韵。格律诗是严格讲究音韵的,然而,即便是现代白话文,也须讲究音韵。张逸生把《屈原》台词"你是没有骨气的无耻的文人!"改成"你这没有骨气的无耻的文人!"被郭沫若称为"一字之师",即可见一斑。

456

欧阳公在翰林①日,与同院出游,有奔马毙犬②于道,公曰:"试书③其事。"同院曰:"有犬卧通衢④,逸马⑤蹄⑥而死之。"公曰:"使子修史,万卷未已也⑦。"曰:"内翰以为何如?"曰:"逸马杀犬于道。"

《唐宋八家丛话》

【注释】

①翰林:官名,其官署称"翰林院"。

②毙犬:使犬毙命。

③试书:试加以叙述。

④通衢:大道。

⑤逸马:奔马。

⑥蹄:此处为动词,马蹄践踏。

⑦"使子"两句:叫你写史书的话,写上万卷也写不完。

【读解】

　　欧阳修在中国文学史上有重要的地位。他大力倡导诗文革新运动,改革了唐末到宋初的形式主义文风和诗风,取得了显著成绩。由于他在政治上的地位和散文创作上的巨大成就,使他在宋代的地位有似于唐代的韩愈,"天下翕然师尊之"(苏轼《居士集叙》)。他荐拔和指导了王安石、曾巩、苏洵、苏轼、苏辙等散文家,对他们的散文创作发生过很大的影响。其中,苏轼最出色地继承和发展了他所开创的一代文风。北宋以及南宋后很多文人学者都很称赞他的散文的平易风格。他的文风,还一直影响到元、明、清各代。这则文坛轶事,说明记述同一事物,可因人而异,取不同角度,繁简不同。其实,欧阳修"逸马杀犬于道"的断语,只不过是由他的角度出发而决定行文的取舍和繁简的,并非定则,如何表述得体,还得看具体的语境而定。当然,纯粹从语言繁简的角度来看,欧阳修的写法确有过人之处,值得好好学习。

457

　　意与词相为联属①者也。意铸②矣而词不琢,将并③其意而失之。……是作文不可有意无词也。然琢词不可无法。短则欲该④,如欧阳公"环滁皆山也"⑤一句,省却许多字而意未尝不尽也。长则欲逸⑥,如昌黎公⑦"若驷马驾轻车就熟路而玉良、造父⑧为之后也",字虽多而逸致⑨动人。

【清】唐彪《读书作文谱》

【注释】

　　①联属:关联影响。

　　②意铸:意已经锻冶成功。

　　③并:连同。

　　④该:同"赅",完备的意思。

　　⑤环滁皆山也:北宋欧阳修《醉翁亭记》一文的第一句。这句话只用五个字,就十分简练地勾勒出滁州四面环山的自然景色。

　　⑥逸:飘逸,自然奔放。

　　⑦昌黎公:韩愈。

⑧王良、造(cāo)父:古代的善御者。

⑨逸致:雅致。

【读解】

唐彪认为,有"意"而"词不琢",就会连意也丧失。又指出,"琢词"之法是:"短则欲赅","长则欲逸"。

实际上,语言的内容与形式是不可分割的,语言的形式即是内容,用词用字不当,就会与作者想表达的意思产生出入,导致读者产生曲解。

文句的长短要视具体情况而定。句子短,但意思必须全面,不可因短小而使文章意思有损害。句子长,但不可意思缠绕不清,须自然流畅。

可见,文句长短只是一个表面现象,问题的本质在于是否把文意表达全面、清楚,只有在此基础上,再力求文章简洁,方才合理。

458

文以纪①实,浮文②所在必删;言贵从心③,巧言由来④当禁。

【清】洪仁玕、蒙时雍等《戒浮文巧言谕》

【注释】

①纪:同"记"。

②浮文:泛指虚浮的文辞。

③从心:表达真实思想。

④由来:从来。

【读解】

"文以纪实","言贵从心",说的都是文章里要写真话,"浮文"、"巧言"都必须反对。

孔子曾说"巧言令色,鲜矣仁!"又说:"君子讷于言而敏于行!"中国人历来把人的语言情况与人的品质联系起来。的确,言为心声,从语言中的确可以流露出一个人的内在修养。

因此,文风问题也是人品问题,浮文必删,巧言当禁,就是从文风入手来引导风气之举。中国共产党在延安时期,毛泽东就曾发表过《反对党八股》,把文风问题作为党的建设的重大问题摆上议事日程。

在语文教育中,引导孩子说真话,说自己心里想说的话,不说违心的话,对于培养孩子的人格,具有十分重要的意义;同时,这也是一种好的文风之从小培养。

459

　　立片言而居要①,乃一篇之警策②。虽众辞之有条,必待兹而效绩③。亮④功⑤多而累⑥寡,故取足⑦而不易⑧。

【晋】陆机《文赋》

【注释】

①居要:这里指文章的要处。
②警策:使马警动的鞭策,这里指文章的精辟之处。
③"虽众辞"两句:无论其他词句怎样有条理,也必须靠"警策"才能发挥作用。
④亮:通"谅",实在,果真。
⑤功:意指功用。
⑥累:累赘。
⑦取足:意为撷取能总契全文内容的东西。
⑧不易:意指铸成不可移易的文句。

【读解】

　　此处用"警策"来比喻精练扼要、含意深刻能使读者闻之惊警的妙句。这两句大意是:在关键、紧要处插一句或几句精辟的话,就会成为一篇文章的警句。

　　人们往往称一篇文章或一首诗、词中那些最能切合题意、点明主旨以及见解独到、含意深刻的语句为"文眼"、"诗眼"、"词眼"。有了几句甚至一句这样的话,就能使整篇文章生辉,这些话也大多能成为久传不衰的格言、警句,故作者称之为"警策"。这两句可供引用强调在从事文学创作时,要注意在每篇文章中安插一些不同凡响、发人深省的语句,也可引用以称赞那些含有见解精辟、引人惊警的名言佳句的作品。

460

　　意匠如神变化生①,笔端有力任纵横②。须教自我胸中出③,切忌随人脚后行。

【宋】戴复古《论诗十绝》(之三)

【注释】

①意匠如神变化生:指艺术构思时想象神妙,联想翩翩。
②纵横:指文思奔放,不受拘束。
③胸中出:意为诗文措辞都要从自己的心中出来,是个人的思想和情感的自然流露。

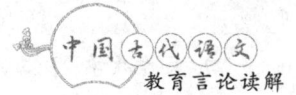

【读解】

　　宋代诗人戴复古(1167—约1248)《论诗十绝》中的一绝:"意匠如神变化生,笔端有力任纵横。须教自我胸中出,切忌随人脚后行。"意匠,指写作过程的精心构思,这构思就包括大胆的想象、精巧的虚构在内。

　　想象,一种是创造,那就是把头脑中的许多"零部件"按照自己新的构思,"装配"出一种全新的东西来。还有一种是幻想,它是指向未来的想象。谈理想,谈发明创造,谈未来的交通等等,都属于指向未来的想象。鲁迅先生在《我怎么做起小说来》中说:"所写的事迹大抵有一点见过或听到过的缘由,但决不全用这事实,只是采取一端加以改造,或生发开去,到足以几乎完全发表我的意思为止。人物的模特儿也一样,没有专用过一个人,往往嘴在浙江,脸在北京,衣服在山西,是一个拼凑起来的角色。"这段话,可以帮助我们对于想象和虚构有一个清晰的理解。"采取一端,加以改造","拼凑",十分通俗地表达了想象特别是创造想象的具体做法。鲁迅笔下的阿Q、孔乙己、祥林嫂等人物,就是发挥想象、进行虚构的产物。

　　事物是变化无穷的,不同的角度看同一个事物所看出来的形象也会各有不同。"横看成岭侧成峰,远近高低各不同"。懂得了这个道理,我们就能大胆想象,巧妙虚构,真正做到"笔端有力任纵横",写出一篇篇佳作来。

461

　　举世皆宗①李杜诗,不知李杜②更宗谁? 能探风雅③无穷意,始是乾坤绝妙辞。

【明】方孝孺《谈诗》

【注释】

　　①宗:在学术或文艺上效法。
　　②李杜:指李白、杜甫。
　　③风雅:《诗经》中的《风》、《雅》诗,这里也泛指优秀作品。

【读解】

　　方孝孺(1357—1402),浙江省宁海县大佳何镇溪上方村人,明代大臣、学者、文学家、散文家、思想家,字希直,一字希古,号逊志,曾以"逊志"名其书斋,因其故里旧属缑城里,故称"缑城先生";又因在汉中府任教授时,蜀献王赐名其读书处为"正学",亦称"正学先生",福王时追谥"文正"。后因拒绝为发动"靖难之役"的燕王朱棣草拟即位诏书,牵连其亲友学生870余人全部遇害。

　　在诗歌创作上,方孝孺主张"神会于心",师法自然,回归诗歌本源。他在这首

《谈诗》中指出,大家在诗歌创作上都在学习李白与杜甫,可是李白与杜甫又是向谁学习的呢?《诗经》中的《风》、《雅》来源于民间,来源于生活,方才是绝妙好辞。他主张诗歌应从生活源头而来,而并不是宗法于谁就为正宗。

所以文学创作既要师法前人,从前人的创作汲取创作的方法;同时更要师法自然,从生活获得创作的灵感,使作品具有浓郁的生活气息和艺术芬芳。

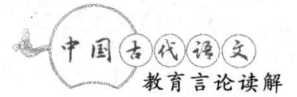

(四)勤 写

462

顷岁①,孙莘老识欧阳文忠公,尝乘间以文字问之②。云:"无他术,唯勤读书而多为之,自工③。世人患作文字少,又懒读书,每一篇出,即求过人④,如此少有至者。疵病不必待人指摘,多作自能见之。"此公以其尝试者告人,故尤有味。

【宋】苏轼(见汤云孙辑《东坡志林》卷一)

【注释】

①顷岁:近年。

②尝乘间以文字问之:乘某种机会拿一些文章的情况去问他。

③工:高明,巧妙。

④过人:超过别人。

【读解】

近年来孙莘老结识欧阳修,曾经在休息时间问他怎样才能写好文章。欧阳修回答说:"没有其他办法,只要勤奋读书而且多动笔,自然就会写好;世人的弊病在于写作太少,又懒于读书,写出一篇,就想超过别人,像这样很少有达到目的的。文章的缺点不需要别人指出,只要写多了,自己就能发现的。"孙莘老曾经用这个道理告诫别人,所以更加有意味。

这是《东坡志林》中记录的一个故事。

写作之道,贵在勤读勤写。"文章千古事,得失寸心知。"写作是一种私人性很强的活动,每一篇文章都是作者个人生命体验、个性观点的独特反映,都是长期阅读积累的体现。因此,写好文章实在是找不出什么"秘诀"的,只服从于作者的内心。唯其如此,只有勤于写作,方知文章之甘苦,方有作文之体验,方得反省自我作文之能力。

"疵病不必待人指摘,多作自能见之。"实在可为写作者之箴言。

463

族兄在廷①问公②:"学文如何?"曰:"前辈但看多、做多而已。"

【宋】苏籀《栾城先生遗言》

【注释】

①廷:朝廷。

②公:指苏辙。

【读解】

这段话表达了一个观点,学文须"看多"、"做多"。

"做多",即要多写,"看多"即是多读。

多读方能会写,古人云:"操千曲而后晓声,观千剑而后识器。"写作的观念、方法、技巧,甚至题材,都需要从阅读中来,所以多读是写作之基。

多读当然不是随心所欲,天下之书汗牛充栋,即便皓首穷经,人之所读也极其有限。为此,读书须有选择。宜读经典、包含人类文化精华的书籍。如将时间放在三流读物上,看多反不如不看。好的书看多后,"做多"就有了基础。笔耕不辍,然后方能有所成就。

当然,选择书籍是有方法的。选择书籍首先根据阅读者的兴趣,以阅读者的兴趣选择书籍,可以令阅读者在有滋有味的阅读过程中获得写作方面的教益;其次是要选择获得广泛好评的书籍,历来读者对于书籍都有一定的评价,能获得广泛的好评,说明书籍的价值得到了读者的认同,属于有价值的作品;第三是要选择对口的书。所谓对口,就是指与当前思考、研究的问题相关的书。虽然读好书都会有帮助,但不妨急用先读,学以致用,采取这样的策略还是有必要的。

464

永叔①谓文有三多:看多,做多,商量多也。

【宋】陈师道《后山诗话》

【注释】

①永叔:欧阳修的字。

【读解】

欧阳修认为,提高写作能力需要有三多:看多、做多、商量多。如果说"看多"与"做多"是主观上的努力的话,那么"商量多"则是对提高写作能力的外部环境因素的应用。关于"看多"与"做多",前文已经论及,这里单讲一下"商量多"。

所谓"商量多",指写文章要相互切磋,相互启发。古人云:"独学而无友,孤陋而

寡闻。"写作虽是个体性极强的事,但写作同时又是一项极为重视读者反响的事。作者常常需要从读者的反馈中不断修正自己的作品,提升自己的水平。

一个作品,作者自然在创作时赋予了其意义与价值。然而其真正的意义与价值却是在作品与读者交流的过程中得以实现的。只有通过交流,作者才真正完成了它的使命。当然,作者的想法在许多时候并不能完全传递到读者的心中,所谓"都云作者痴,谁解其中味?"说的就是作品接受过程中产生的作者与读者之间的"错位"现象。

因此,从当代读者理论的角度来看,作者与读者之间的交流确有助于写作。

465

学人只喜多读文章,不喜多做文章;不知多读乃籍①人之工夫,多做乃切实求己工夫,其益相去远也②。

【清】唐彪《读书作文谱》卷五《文章惟多做始能精熟》

【注释】

①籍:凭借。

②其益相去远也:这二者(指多读与多做)之间的好处相距很远。意思是"写"比"读"更重要。

【读解】

学人只喜欢多读文章,而不喜欢多写文章。(他们)不知道多读是凭借他人之功夫,多写是切合实际要求从自己身上下功夫,这两者之间带来的好处相距是很远的。

在唐彪看来,多写所带来的效益比多读要多,因为阅读他人书籍是借人之功夫,也就是让自己的大脑成为别人思想的跑马场,而多写则是切实磨砺自己的思想,因此,效益有所不同。

唐彪此论,固然有一定的道理,尤其是从写作的创造力角度来看。然而,写作能力是一种综合能力,就写作而写作,所得往往非常有限。写作所需的思想、思维能力及各类知识,无不需从阅读中来。因此,阅读与写作二者均不可偏废。

当前语文教育中,对于阅读与写作二者关系,亦常有争论。如有人持"自然生成论",认为只要书读得多了,写作能力自然能够提高;有人持"写作序列论",认为写作能力提高需要有一个科学的训练序列,改变原有的无序状态;也有人持"指向写作论",认为学生写作能力低下是由于阅读课没有从写作的角度进行教学,没有引导学生发现写作的奥秘,如此等等,莫衷一是。

无论何种观点,都必须认识到,阅读与写作是两种不同的语文行为与能力,但又始终紧密地联系在一起,相辅相成,任何一种试图消弥二者界限或者偏废其中一者的观点都是有害的。

466

谚云:"读书十篇不如做一篇。"盖常做则机关①熟,题虽甚难,为之亦易;不常做,则理路生②,题虽甚易,为之则难。沈虹野云:"文章硬涩③由于不熟,不熟由于不多做。"信哉言乎!

【清】唐彪《读书作文谱》卷五《文章惟多做始能精熟》

【注释】

①机关:要领,关键处。
②理路生:思路陌生。
③硬涩:(文章)思路不畅,文字生硬晦涩。

【读解】

这段话的大意是:谚语说:"读书十篇不如亲手写作一篇。"这是因为常写的人对于写作的要领都很熟悉了,即使题目很难,写起来也会比较容易;不常写的人,则思路陌生,即使题目简单,写起来也会很难。沈虹野说:"文章生硬晦涩是由于不熟练,不熟练是因为写得少。"的确如此啊!

这段话是从科举时代考试的角度来谈写作的,作者认为,多写之所以有益,是因为"机关熟",即对于写作的立意、构思、谋篇等诸环节皆有经验,所以写作起来就方便多了。其实写作的思维过程是一个综合性很强的过程,又很少有可以临摹的对象,可谓是甘苦自知,因此,写作者只有在写的过程中不断反思,方能积累经验。因此,多写便能开阔思路,激活思维,构思文章就能左右逢源,灵感勃发。

467

读书以熟为贵,作文亦然。昔有问欧阳公作文之法者,公曰:"吾于贤①岂有吝惜②,只是要熟耳。变化姿态,皆从熟出也。"

【清】梁章钜《退庵论文》

【注释】

①贤:对对方的尊称。
②吝惜:即"吝啬"。"岂有吝惜"指没有任何保留。

【读解】

梁章钜,字苣中、闳林,号苣邻,晚年自号退庵,福州人。曾任江苏布政使、广西

巡抚、江苏巡抚等多职。

这里记录的是宋代文豪欧阳修的一个观点,即文章写作的"变化姿态",都是从熟练中来的。

"变化姿态",可引申为文章的风格、结构。文章的风格、结构是一个人才情、学识、阅历的体现,同时,也是写作过程中不断锤炼、经验不断积淀的结果。因此,需要写得熟练。

清代郑板桥曾有名言:"冗繁削尽留清瘦,画到生时是熟时。"古人对于风格孜孜以求,所谓的风格,即是创新。艺术的创造只有当我们在一个阶段以后感觉到了"生",才能进入另一个"熟"的天地。生,其实是对当前自我的否定,由生到熟,再由熟到生,不断否定自己,不断上升,以臻完美。"生"与"熟"在艺术过程中形成了辩证关系。

"变化姿态,皆从熟出也。"信哉斯言!

468

人之不乐多做者,大抵因艰难费力之故;不知艰难费力者,由于手笔不熟也。若荒疏之后作文艰难,每日即一篇半篇亦无不可;渐演至熟,自然易矣。又不可因不佳而懈其心,懒于做也。

【清】唐彪《读书作文谱》卷五《文章惟多做始能精熟》

【读解】

这段引文指出,一般人不愿多作文章,怕艰难费力,怕写不好,其实,艰难费力正是因为少写,手笔不熟的缘故。

写作水平的提升,是一个艰苦的过程。即使勤于写作者,也常常因为写不好而失去信心,而一旦失去信心,又会懒于写作。如此循环,则写作能力提升无望。

因此,我们在讨论勤写时,不可忽视其背后的心理机制问题。写作需要定力,需要有坚强的意志。和任何一门技艺一样,在写作水平提升的过程中,往往会产生"高原现象",即在一段时间内,看不到明显的提高,令人焦虑。这时特别需要毅力,努力克服"高原现象",达到"山重水复疑无路,柳暗花明又一村"的效果。在坚强的毅力下,不断突破,不断克服"高原现象",方能使写作进入一个较高的境界。

在语文教育中,教师要充分认识写作的"高原现象",也就是写作能力的发展并不是直线上升的,在一段时间的发展过后,会进入一个平台期。在平台期中,儿童的写作能力会处于停滞不前或进步很不明显。此时,需要教师发现"突破口",帮助学生克服"高原现象"。否则,学生在觉得停滞不前时会对写作失去信心,失去兴趣。这是很可怕的。

469

大抵文字须熟乃妙,熟则利病自明。手之所至①,随意生态;常语滞义②,不遣而自去矣。

【清】姚鼐《惜抱尺牍》卷六《与陈硕士书》

【注释】

①手之所至:文笔所到的地方。
②滞义:意思不通的词语。

【读解】

写作以熟为妙,所谓熟能生巧。随意写到哪里,都能摇曳生姿;而文意不通的地方,自然消失了。

这是为什么呢?

说到底,写作能力是一种语感能力。所谓语感,就是语言的直觉感知能力。语感好的人,写作时好像并不用作多少思考,这是因为在长期的训练中,他形成了良好的语言直觉能力。

所以写作能力的发展是一个从量变到质变的过程。只有写的数量多了,达到一定的程度,才会使写作能力有一个飞跃式的提高。

"文字须熟乃妙",确是至论,因为"熟则利病自明"。而要"熟",就必须多写,勤写,"在习作中让儿童学会习作"确是很重要的经验。教师要设法激活学生的写作兴趣,就要把习作与儿童的生活全方位地联系起来,开拓可以让学生写作的平台,诱发他们多方面的写作需求,诸如日常生活的应用写作(通知、便条、书信等),信息社会的网络写作(微博、短信、QQ等),班级活动的交流写作(板报、手抄报、漂流日记等)……让写作活动生活化、常态化。

470

仆①窃②不逊③,近自托于无能之辞④,网罗天下放失旧闻,略考其行事,综其终始,稽⑤其成败兴坏之纪⑥,上计轩辕⑦,下至于兹⑧。为十表,本纪十二,书八章,世家三十,列传七十,凡⑨百三十篇。亦欲以究天人之际⑩,通古今之变,成一家之言。

【汉】司马迁《报任安书》

【注释】

①仆:作者的自我谦称。

②窃:指私下,也是谦称之辞。

③逊:谦恭。

④无能之辞:指《史记》,这是自谦之词。

⑤稽:考察。

⑥纪:道理。

⑦轩辕:黄帝,据说他生于轩辕之丘,故称轩辕氏。

⑧兹:此,指汉武帝时。

⑨凡:总共。

⑩究天人之际:意为探究天下之间的道理。

【解读】

　　这篇文章是司马迁在自己生命遭受极端摧残之后写的,表达了作者对生命与写作的认识。在信中,司马迁借任安要求其"推贤进士为务",陈述了自己不能听从的理由,由此引发了一大篇愤激之词。他写了自己所受到的冤枉,虽然没有直接表明自己是受冤的,但处处暗含着怨怼之气,表现了作者骨子里不认为有罪的倔强性格。本文写了作者自己对人生价值的探索,点明了中华仁人志士生死观的内核。

　　本文所表现出来的超越时代局限的历史穿透力令人感佩不已。作者写《史记》不是为帝王树碑立传,也不是为将相歌功颂德,而是"究天人之际,通古今之变,成一家之言",深刻地总结了写作的艰辛,并且道出了三者的内在联系:不下功夫"究天人之际",就无法通达古今的变化,而不能通古今之变,也就谈不上"成一家之言"。这看起来是一种写作观,但更是一种人生观、价值观。"人固有一死,或重于泰山,或轻于鸿毛,用之所趋异也。"这种人生观发扬了孟子"生"与"义"的精神之髓,并将其发展到了一个更高的境界。

　　在司马迁的眼里,写作与人生紧密地结合在一起,写作观即是人生观,写作观即是价值观,用当下的语言来说,也就是用生命来写作。将生命观与写作观统一起来,于是写作就获得了力量。

471

　　书不千轴①,不可以语化;文不百代,不可以知变。体无常轨,言无常宗,物无常用,景无常取。在殚②其理,覈③其微,赋物④而穷其致⑤。

　　　　　　　　　　　　　　　　　　　　　　【唐】皇甫湜(shí)《谕血》

【注释】

　　①轴:古代用绢写书,用轴卷起,一轴意为一部。

②殚:尽之意。
③覈(hé):即"核",考核,研究。
④赋物:表现事物。
⑤穷其致:穷尽其精微。

【解读】

皇甫湜(777—835),中国唐代散文家,字持正,唐睦州新安(今浙江建德淳安)人。

他说,不读千卷书,就谈不上融会贯通;不读百代文,也谈不上通晓变异。无论是文体,还是措辞,无论是叙写事物还是描述景色,都没有一成不变的僵化模式。这就要求我们必须多读多写、勤读勤写。如此下笔为文,方能把机理说透,把客观事物描述得妥帖精深。

天下文章极尽变化。变是常态,变是恒定的。不变的是写作的姿态,即写作的态度,所谓"以不变应万变",即用一种合宜的写作姿态面对复杂多变的写作任务。皇甫湜提出了"在殚其理,覈其微,赋物而穷其致",究其实质,多写还是为了锤炼写作者的思考能力、认识问题的能力,和深入细致体察事物的能力。具备了这些能力,就拥有了写作的姿态。

472

四十年来画竹枝,日间挥写夜间思。冗繁①削②尽留清瘦③,画到生时是熟时④。

【清】郑燮《题竹》

【注释】

①冗繁:繁芜、多余。
②削:指删削。
③清瘦:这里形容竹枝的疏落、清丽。
④"画到"句:指熟练复而生疏,再达到精练的这种过程。

【读解】

郑板桥画竹画了四十年,在艺术实践中也探索了四十年。到后来,他终于悟出了艺术的真谛:画竹就要画出竹子内在的精神——"清瘦"。怎么才能凸显出竹子的"清瘦"?就是要"冗繁削尽"。这正是一种"减法思维",由繁到简,反映了认识事物逐渐深入至本质的过程。

写作,即表达对这个世界的认识,需要透过纷繁的现象掌握其本质。这也是一

个冗繁削尽留清瘦的过程,然而完成这一个过程,需要的是勤于写作,不断磨砺思维。待到思想成熟之时,就能用简洁的语言表达出复杂而深刻的思想。所以,强调的还是一个"勤"字。

473

文章千古①事,得失②寸心知。作者皆殊列③,名声岂浪④垂。骚人⑤嗟不见,汉道⑥盛于斯。前辈⑦飞腾入,余波绮丽为。后贤兼旧制⑧,历代各清规⑨。

【唐】杜甫《偶题》

【注释】

①千古:泛指千年万代。
②得失:这里指作文的优劣成败。
③殊列:卓异的人物。
④浪:妄,白白地。
⑤骚人:指作有《离骚》的屈原。
⑥汉道:这里指汉代文学。
⑦前辈:指以往的优秀作家。
⑧旧制:指过去的传统。
⑨清规:指优良的文风。

【读解】

这首诗表达了杜甫晚年对诗歌创作的见解,带有总结性质。所以王嗣奭《杜臆》说:"此公一生精力用之文章,始成一部《杜诗》,而此篇乃其自序也。"其中第一联最是广为流传。

上句"千古事"是指流传久远,关系重大,如同曹丕说的"文章经国之大业,不朽之盛事"。下句"寸心知"是说对于文章,作者本人的理解感知最为明白。这两句诗虽是以议论入诗,但对仗工整,语言高度概括,而且切中肯綮,含蕴丰富,很有哲理性。

写作的酸甜苦辣,只有作者自己最为清楚。有时,为找不到写作的灵感而烦恼;有时,为找不到合适的表达而苦思。总之,写作的过程是一个艰辛的过程。然而,支持作者完成这个艰辛过程的动力源于文章的重大意义。因为文章对后世的影响很大,因此,写作者自觉的文化使命感是写作最重要的动力。写作教育,最应当培养的是写作姿态,这在信息时代网络文字泛滥的今天尤其显得重要。

474

……你岂不知雨里孤村雪里山,看时容易画时难①。早知不入时人②眼,多买胭脂③画牡丹。

【元】关汉卿《望江亭中秋切鲙》第一折

【注释】

①"雨里孤村"句:意为雨中的孤村,雪里的山,看起来都是平常无奇,但要把那种朦胧的景色画下来,可不容易。

②时人:当时人,指世俗者。

③胭脂:一种红的颜料。

【读解】

这首诗旨在借"题画"来讽刺醉心声色犬马、贪图富贵荣华、缺乏真正的审美能力的"时人"。诗人所题之画,画面清晰淡雅,山村隐约可辨,滩声仿佛可闻,没有任何晦涩之感,显然是经过艰辛的劳动才创造出来的,因此下句说"看时容易画时难"。但就是"不入时人眼",因为时人欢迎的是施以浓墨重彩的大富大贵的牡丹画。诗的后两句显然是反讽之语。

任何一个艺术门类,都会有时尚风,如同社会上的流行一般,引得大家争相模仿。而这样的东西往往是浅薄的,迎合世俗的。真正的艺术不可能如同胭脂画牡丹般取悦世俗,而是惨淡经营,寻找至真至淡的境界。

所以,"看时容易画时难",真是道出了艺术创作的真谛。在写作的学习中,需要不断提升写作的价值水平,不为时风所困,不为时尚所惑,坚守本真,反复练习,方能有所收获。

475

为人性僻①耽②佳句,语不惊人死不休。老去③诗篇浑④漫兴⑤,春来花鸟莫深愁。新添水槛⑥供垂钓,故著浮槎⑦替入舟。焉得思如陶谢⑧手,令渠⑨述作与同游。

【唐】杜甫《江上值水如海势聊短述》

【注释】

①性僻:性情乖僻,这里是自谦之说。

②耽:嗜好的意思。

③老去:指年龄渐老。

④浑:全。

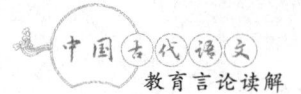

⑤漫兴：随意作写，谦词。
⑥水槛：水边的木栏。
⑦故著浮槎(chà)：著：同"着"。槎：木筏。因此驾起浮槎。
⑧陶谢：陶：指东晋诗人陶渊明。谢：指南朝宋之诗人谢灵运。
⑨渠：他，他们。

【读解】

这首诗是诗人面对如大海般汹涌的江水，抒发内心感受的叙怀之作。诗人站在江边，看到波涛滚滚的气势，生发出无限的感慨。他审视了自己的创作："为人性僻耽佳句，语不惊人死不休。"诗人自谓平生特别喜欢、刻意追求最能表情达意的诗句，然而这种追求，在别人看来简直是有些古怪，有些乖僻。但这确实就是我的态度，达不到语出惊人的地步，我是决不罢休的。这两句诗道出了杜甫诗作的特色，反映了他认真严谨的写作态度。

这两句似乎是诗人聊以自慰的心情的写照，但此时此刻却像奔泻不已的江水，他又转而想到随着岁月的消逝，自己也越来越老了，此时的心境，似乎失去了往日的激情，对着春天的花鸟，也没有了过去的苦恼与烦闷，所写的诗稿，不过是随随便便敷衍而成。

接下来两句，诗人的视线转向眼前景物：江边新装了一排木栏，可供我悠然垂钓，我又备了一只小木筏，可代替出入江河的小船了。这两句是对他老年心境的写照。其实杜甫是否真有如此的闲情雅致垂钓，并无可考，也许这只是诗人的一种无奈的自慰、自嘲。总之中间这两联，表现出杜甫对自己年华老去的感慨，其中也暗含着对自己热情的减退的自责。

但杜甫毕竟是一位有时代感、有责任心的诗人。澎湃的江水似乎又激起了他高昂的创作欲望，他追思诗坛高手陶渊明、谢灵运，并想象与他们一起浮槎漫游。这既是江海游，也是诗海游，表明杜甫仍然壮心不已，追求不止，要继续写出惊人的诗作。

写作，是一项需要志向的工作。

476

倚马①休夸速藻②佳，相如③终竟压邹枚④。物须见少方为贵，诗到能迟转是才。清角⑤声高非易奏，优昙花好不轻开⑥。须知极乐神仙境⑦，修炼多从苦处来。

【清】袁枚《箴作诗者》

【注释】

①倚马:典出"下笔千言,倚马可待",形容才思敏捷。
②速藻:文笔迅疾。
③相如:即司马相如,西汉文学家。
④邹枚:邹阳、枚乘,西汉文学家。
⑤清角:古代的一种乐曲。
⑥"优昙花"句:指美好的昙花总是难得一开。
⑦"须知"句:喻指要想达到神妙的艺术境界。

【读解】

这是清代诗人袁枚写给诗者的一段箴言,其中充满了对诗歌写作的辩证思考。

袁枚认为,写作并不是以速度取胜的,最终还是要看写作的质量,下笔千言、倚马可待固然是一种令人羡慕的写作能力,然而也需要懂得,物以稀为贵,写作不能浮躁,也不能贪多贪快,人云亦云,做小学舌鹦鹉,要静下心来,耐得住寂寞,才能锤炼出新意,写出真正属于自己、打动他人的东西。

这就是诗中所说的"诗到能迟转是才"。作者进一步引申道:"须知极乐神仙境,修炼多从苦处来。"意思是指文章的美妙境界是从一次次的写作、一次次的修改中得来的,写作、修改虽苦,却能令作者一步一步走向写作艺术的殿堂。

这篇箴言意在改变人们的"才情观"。在许多人的脑海里,有作文才能的人好像如同剧院里的表演艺术家,奋笔疾书,转瞬之间文章大功告成。非也!真正有作文才华的人,是那些默默写作,静静思考,不断修改,渐入佳境的人!

这是多么深刻的忠告!

477

二句①三年得,一吟双泪流。知音如不赏,归卧②故山秋。

【唐】贾岛《题诗后》

【注释】

①二句:指"独行潭底影,数息树边身"。
②归卧:这里的意思指到故乡去隐居,再不作诗了。

【读解】

这首五绝,是贾岛吟成"独行潭底影,数息树边身"二句后加的注诗。意思是,这两句诗苦思了三年才得以吟出,吟成不禁双泪长流。知音者应知我吟诗之苦,佳句之难得。懂得我的诗的人如不赏识,我将隐迹故山,以度残年,再不作诗了。表现了诗人艺术劳动的艰辛、刻苦,也说明好诗佳句得来不易。贾岛这种苦吟精神,对后世颇有影响,如方干:"才吟五字句,又白几茎髭"、"吟成五字句,用破一生心";卢延让:"吟安一个字,捻断数茎须",均从贾岛诗化出。由此,中国诗坛形成了特有的"苦吟派",成为了中国诗人对作品高度负责、精益求精的象征,也给后世以无穷的精神动力,更成为反复修改作品的典范。

478

六十余年①妄学诗,功夫深处独心知。夜来一笑寒灯下,始是金丹换骨②时。

【宋】陆游《夜吟》

【注释】

①六十余年:诗人十几岁时开始写诗,写这首诗已七十八岁。故有"六十余年"之说。

②金丹换骨:道家炼成金丹服用,认为可脱胎换骨成为仙人。这里比喻下功夫磨炼后终于明白了作诗的要诀。

【读解】

六十年来我妄想学诗,到如今作诗的功夫才算达到深处,这一点只有我自己知道。夜来独坐寒灯下,却有豁然通达之感,不由发出会心的一笑,整个人就像是服下金丹似的有脱胎换骨的舒适畅快的感觉。

写作是一件寂寞的事,是自己与自己的对话,尽管写作最后实现的是自己与广大读者的对话,但在写作的过程中,实际上是自己与自己的对话。所以作者说"功夫深处独心知"。

同时,写作又必须有鲜明的"读者意识",因此,写作的过程也是在与"隐含读者"对话的过程中反复修改的过程,因此,才有"夜来一笑寒灯下"。

总之,写作五味俱全,这是一种在持续写作的过程中获得的深刻的生命体验。

479

一更更尽到三更,吟破离心①句不成。数树秋风满庭月,忆君时复②下阶行。

【唐】杜荀鹤《宿栾城驿却寄常山张书记③》

【注释】

①离心:别离之心。

②时复:不断、反复。

③书记:唐藩镇掌管奏檄文书、朝觐等文书工作的文职僚佐。

【读解】

杜荀鹤(846—907),字彦之,池州石埭(今安徽石埭县)人。晚唐著名诗人。大顺二年(891)进士,入梁,授翰林学士,才华横溢,仕途坎坷,终未酬志。今存《唐风集》3卷,是诗人自编诗集,收诗300多首,均为律诗绝句。其诗作比较有名的是《春宫怨》、《小松》、《山中寡妇》、《再经胡城县》,前期作品从不同侧面揭示了晚唐乱世社会的本质。这类诗用短篇近体浓缩对现实的忧患不平和对人民苦难的深深同情,善用对比,语言清新通俗而爽健有力。

这是一首简洁明了、非常有画面感的七言诗。诗人告别位于真定的张书记,入夜宿住在栾城驿,想写几句诗来表达思念之情,却辗转反侧,直到三更时分,还没成句,于是踱出屋外,耳闻秋风拂树,眼见凉月满庭,不觉回忆起主人下阶相送的情景。"时复",脑海里像现代的电影镜头一样,连续幻化。这种表达很新颖独特,有力地表现了诗人不能自已的思念之心。

"吟破离心句不成",这是写作者常常会遇到的一种状态。心中有所感慨,却无从表达,但是作者没有放弃,在庭中反复思虑。正是这样的勤奋写作的状态,让深层的思想情感,用最恰当妥帖的语言形式表达出来。也只有在这样的过程中,方可以提升写作水平。

480

人之不乐多做(作文)者,大抵因艰难费力之故;不知艰难费力者,由于手笔不熟也。若荒疏之后作文艰难,每日即一篇半篇亦无不可;渐演①至熟,自然易矣。

【清】唐彪《读书作文谱》

【注释】

①演:演练,意指作文。

【读解】

写作难在坚持。

一开始写作,往往艰难费力,所以容易对写作失去兴趣。而之所以艰难费力,是因为手笔不熟。写作只有熟练了,才能得心应手,左右逢源。

而锤炼写作能力最好的办法是每天写作,也就是写日札。黎锦熙先生曾说"日札优于作文",因为日札相对于作文而言,比较自由,用日札的方式可以不加拘束地

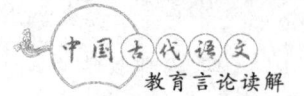

记录生活中的点滴,表达自己内心的感受。因此,通过日札的方式,突破了写作给人带来的艰难费力感,而使人逐渐对写作产生兴趣,于是就慢慢手熟了。

突破语言表达上的生涩感,是勤写的首要目的。唐彪提供的"每日即一篇半篇亦无不可"不失为一种好方法,它以渐进的方式使写作的难度得以梯度化,有利于写作者一步一步地发展。

481

学诗浑似学参禅①,竹榻蒲团②不计年③。直待自家都了得,等闲拈出便超然。

【宋】吴可《学诗诗》(之一)

【注释】

①参禅:佛教名词,意为玄思默想,探求佛家的深奥道理。

②竹榻蒲团:出家人最简单的寝具、坐具,这里喻指出家人静心思虑、苦心学佛。

③不计年:已历经许多年,长期的意思。

【读解】

吴可是宋代诗评家,他的《学诗诗》三首是中国古代诗论史上以禅论诗的典型代表,揭示了禅悟和诗歌创作的关系。这里选的是第一首。揭示了学诗和参禅的相似之处在于"了"。

"了"字在禅家看来,是修行的最终目的。"了"的过程是北禅宗所谓的"渐悟",需要坐在蒲团上参禅打坐无数年。它的了悟过程可以用青原行思的"见山"三阶段来说明。《五灯会元》卷十七《惟信》中说:"老僧三十年前未参禅时,见山是山,见水是水。及至后来,亲见知识,有个入处,见山不是山,见水不是水。而今得个休歇处,依前见山只是山,见水只是水。"第一阶段是未参禅时,见到的山水是我们平常人眼中的山水,"我"是观察的主体,山水是观察的客体;山水有着各自本身"质的规定性";我与山水之间存在着对立。第二阶段是参禅一段时间以后,悟出"色即是空"、"空即是色",所见到的山水不是事物的本来面目,只是一种虚假的幻象,达到这种境界就会以"空"的眼光看待周围的一切,这就是禅悟的"入处"。第三阶段是彻悟以后,面对山水,既不说它"空",也不说它不"空",就这样让它自然自在地存在吧,我则一念不起。这就是找到了"休歇处",这就是达到了"了"的境界。

"了"字在诗家看来,是诗悟的最高境界,是彻底明白了作诗的各方面的规律,达到了"自如"的程度。我们可以用王国维的做学问的三种境界来说明。他在《人间词话》中说:古今之成大事业、大学问者,必经过三种之境界:"昨夜西风凋碧树,独上高楼,望尽天涯路。"此第一境也。"衣带渐宽终不悔,为伊消得人憔悴。"此第二境也。"众里寻他千百度,蓦然回首,那人却在灯火阑珊处。"此第三境也。这段话的含义是:做学问首先要志存高远,为此要吃得了苦,耐得住寂寞,不断地寻觅达到成功彼岸的路径。在确定目标、选定道路以后,必须经过辛勤的劳动,殚精竭虑,孜孜以求,即使累得形容憔悴、衣带渐宽也不后悔。谈到学诗,就是要不断地学习前人的创作经验,不断地揣摩,从最基本的平仄粘对,到选材炼意,不辞辛苦地、一步一个脚印地学习、前进,最后就能达到最高境界。经过反复的追寻,千百度的揣摩,忽然之间什么都明白了。作诗也是这样,当把那些最基本的东西运用自如以后,作诗原来这么简单,原来是性情的自然流露,随手拈来,就是好诗。

禅家的"了"和诗家的"了"虽然旨趣不同,但是,"了"的过程却是惊人的相似,都是在经过苦苦的追寻之后,达到的豁然顿悟的境界。

482

……诗为六艺①之一,岂用资②狡狯③? 汝果欲学诗,功夫在诗外。

【宋】陆游《示子遹》

【注释】

①六艺:即"六经"。《史记·滑稽列传》载:"孔子曰:'六艺于治一也,《礼》以节人,《乐》以发和,《书》以道事,《诗》以达意,《易》以神化,《春秋》以道义。'"

②资:凭借。

③狡狯:游戏,引申为侥幸取胜。

【读解】

这是陆游在山阴(即今浙江绍兴),给他儿子陆遹写的一首诗。时为南宋嘉定元年(1208),他八十四岁,很快就要离开这个世界了,因此,将这首诗视作诗人的一份文学遗嘱,也无妨。

陆游认为:一个作家,所写作品的好坏高下,是其经历,其阅历,其见解,其识悟所决定的。当然,他所说的"诗外功夫",也不仅仅是这些,其才智,其学养,其操守,其精神等等,同样也是诗人想要写出好诗的"功夫"。但陆游强调作家对于客观世界的认知能力,主张从作家身体力行的实践,从格物致知的探索,从血肉交融的感应,从砥砺磨淬的历练,去获得诗外的真功夫。

其实,何止是写诗如此,任何一种艺术门类,都需要广泛涉猎,博观约取,获得深厚的"诗外功夫"。

483

人尽知文章多读不如多做,然每畏①而不为者,何哉?学无根底,识不高远,不能置身题上②,一题到手,无处非难,安得不畏?其弊在幼时无人指点,未曾多读正经书史及佳美古文耳。若曾多读,而又得父师良友指点,则书中义理,与作文法度,了然于心,握笔构思时,自有确然见解,天然议论,出于心手,何至苦难畏悍而不愿为哉!

【清】唐彪《读书作文谱》

【注释】

①畏:惧怕。

②不能置身题上:意思是不能对文题有透彻的理解,并产生出自己的思想。

【读解】

写作的畏难情绪是普遍存在的问题。许多学生都视写作为畏途。在唐彪看来,其原因在于少读经史子集,也就是经典作品。

阅读经典作品,也就是明了史上一流学者、思想家的观念与认识,了解他们的思维方式和写作时的表达方式,同时,积累更多的写作素材。这个积累的过程,为提高写作能力打下了扎实的基础。

所以,写作能力的发展并不是一个单纯的写作技能的发展过程,而是一个综合素养的提升过程。阅读的过程,即是综合素养的提升过程。因此,厚积薄发对于写作而言,是一个颠扑不破的真理。从某种角度而言,每一个作品,都是作者所有积累的特定反映,因此,唐彪的说法是相当有道理的。

他同时提到又要有父师良友指点,因为只有通过接受指点,才能更好地领会经典。阅读,是读者主动参与的二度创造行为,有了指点,可以更好建构属于自己的认识。

484

大抵作文辨料,识格①在于平日。及作文之日,得题即放胆②,立定主意便布置间架,以平日所见,一笔扫就,却旋改可也。如此,则笔力不馁③。

【元】程端礼《程氏家塾读书分年日程》

【注释】

①识格:这里指对文题、应有的布局的认识。

②放胆:指放开胆子写。

③不馁:不泄气、不害怕。

【读解】

程端礼的见解是竭力主张学生应放开胆子作文,不要有也不应有很多的拘束。"以平日所见,一笔扫就"的好处是把写作看成是一种思想情感的自然宣泄,从而感受到一种表达的快乐。当然,"一笔扫就"难免会有粗疏的地方,甚至会有错误,这不用怕,可以自己再细细修改。另外,"一笔扫就"毫不顾忌,还往往可以写出一气呵成的气势,从而抒发出自己的真情实感,不会畏首畏尾,尽显气馁之态。在当时,能从儿童的写作心态出发,大胆提出这样的写作观点是十分难得的。确实,对儿童来说,放低写作重心,鼓励他们大胆表达,"我手写我口",使作文能够回归到写作的原点:生命的表达和交流,仍然是今天改革习作教学的根本方向。

(五)善 改

485

陈舍人从易……偶得杜集①旧本,文多脱误。至《送蔡都尉诗》云:"身轻一鸟□。"其下脱一字,陈公因与数客各用一字补之:或云"疾",或云"落",或云"起",或云"下",或云"度",莫能定。其后得一善本②,乃是"身轻一鸟过"。陈公叹服,以为虽一字,诸君亦不能到也。

【宋】欧阳修《六一诗话》

【注释】

①杜集:杜甫的诗集。

②善本:古籍中在学术或艺术上比一般版本优异的刻写本。

【读解】

据宋代欧阳修的《六一诗话》记载,有个姓陈的士人偶尔得到一本杜甫诗集的旧本子,其中的文句多脱缺。在《送蔡都尉诗》中,有一句"身轻一鸟□",在"鸟"的后面缺了一个字,陈公和几个客人各用一个字给他补上,有的说是"疾",有的说用"落",有的说用"起",有的补"下",还有的说用"度",不能定下来。后来找到一个没有缺字的"善本",一查,才知道大家补的都不对,原来杜甫的原诗是"身轻一鸟过"。大家经过细细琢磨,觉得杜甫用的字好,自己补的字不好,于是对杜甫的用字功夫深表叹服,认为虽然是补一个字,大家也不能达到杜甫的水平。

杜甫此诗,题是"送蔡希曾都尉还陇右因寄高三十五书记",全诗共二十句,是赞美蔡希曾都尉的武艺高强的。其中两句是:"身轻一鸟过,枪急万人呼。"

这两句上句写蔡都尉善于纵跃的轻身功夫,下句写他善于使枪。"一鸟过"写他跳跃如飞,用"过"字写出他跳得又高、又快、又轻,在诗人眼里就像一只鸟飞过那样。"过"虽是一个平常的字,却生动地把蔡希曾都尉的高强本领表现出来了。

再看别人补的字。"一鸟疾","疾"指快,宜与别的动词结合,如"疾飞"、"疾走",光用一个"疾"字不大妥当。"一鸟落"、"一鸟起"、"一鸟下",着重在动作的开始或结束,杜甫在这句诗里显然不是讲蔡都尉纵跳的开始或结束,所以用这些字也不恰当。"一鸟度","度"字下面往往要带宾语,如"度关山",这里不用宾语,所以也不合适。

由此可见,诗文中用什么字,要根据作者表达的情意来决定,最能达意传神的字,就是用得最好的字。

486

作诗安能落笔便好?能改则瑕①可为瑜②,瓦砾③可为珠玉。子美④云"新诗改罢自长吟",子美诗圣,犹以改而后工,下此⑤可知矣。昔人谓"作诗如食胡桃、宣栗,剥三层皮方有佳味",作而不改,是食有刺栗与青皮胡桃也。"

【唐】李沂《秋星阁诗话》

【注释】
① 瑕:美玉上的斑点。
② 瑜:美玉。
③ 瓦砾:碎瓦片。
④ 子美:大诗人杜甫字子美。
⑤ 下此:比这(指杜甫)差的人。

【读解】
写作,只有通过修改,方能去瑕为瑜,变瓦砾为珠玉。杜甫作为"诗圣",尚且说"新诗改罢自长吟",何况是平常的作者。作诗要"剥三层皮方有佳味",作而不改,就好比是吃带刺的栗子和青皮胡桃。

文章初稿完成,仅仅是个半成品,其精华与糟粕同在,所以要通过修改去芜存精。

所以修改的过程不仅是区分精华与糟粕的过程,也是诗文提质趋优的过程,作者需要有自己的价值观,何为好,何为不好,何为守成,何为创新,要有清晰的判断,否则,修改仍是一句空话。

因此,修改文章并不仅仅是技法,更是认识,只有认识水平提高了,才能发现文章的妙处与不当处。所以,古人云"劳于读书,逸于作文",信哉斯言!

487

教子弟学文当屡改①,不通之时为师者当与之代思而代作,面语而口授,必令其手自书写。即子弟未敏者,历经半年,当自领会。及其稍自能文,当看其资禀②所就,意见所及,各顺其性③而委曲以成之。少有一得,则当取其一得鼓其进,必不可一于涂抹以阻其机。

【清】崔学古《学海津梁》

【注释】

①屡改:意思是不只一次地修改。

②资禀:天资与禀赋。

③各顺其性:指修改要多尊重学生的个性表达,多就少改,正面鼓励。

【读解】

这是一段令人深思的古人的作文教学法。作者认为,教孩子写作要经常改,文章没有写通时作为老师要代他思考、代他写作,当面为其口授,让孩子记录下来。这样做,即便是孩子并不十分聪明,经过半年,也会领会写作的方法。等到孩子有点会自己写作了,要看他的天赋禀性以及在文章里表达的内容,顺着其性情,多肯定、成就他。稍有表现出色的地方,就要表扬鼓励他,不可以一味地涂改以致损害了他的写作积极性。

写作教学历来是语文教育的难点。其难在于写作本身是个性极强的工作,因此,在班级教学的语境中,学生的语言个性得不到很好的支持。崔学古提出老师口授、孩子记录,这样的方法有利于培养孩子的语感,建立起写作的基本态度;后续的指导,需要更多地去顺应孩子的资质,不可一味涂抹,要多鼓励,不要求全责备。

古人尚且能如此积极地对待儿童的习作,今天的习作教学又当作何思?值得当世人深深反省。

488

治点①子弟文章,以为声价②,大弊事③也。一则不可常继,终露其情④;二则学者有凭⑤,益⑥不精励。

【南北朝】颜之推《颜氏家训·名实》

【注释】

①治点:指修改润色。

②声价:意为抬高子弟的名声。

③大弊事:一大坏事。

④终露其情:意思是时间久了定会露出马脚。

⑤有凭:产生了依赖心。

⑥益:更加。

【读解】

这里讲的是要培养学生自己修改的能力。因为,如果为了抬高学生的写作名声,代替学生修改,一是学生的能力终究没有提高,日久必现马脚;二是反令学生产生依赖心理,阻碍了学生能力的发展。

写作,既须培养学生敬畏之心,懂得下笔须谨慎,同时,又须培养学生放胆为文,大胆修改,二者看起来似乎矛盾,实际上高度统一,大胆修改恰恰是谨慎为文的具体表现。因此,老师教学生写作,与其说是教怎么写,还不如说是教怎么改。写作的过程,实质上是一个修改的过程。所以,在语文教育中,如何充分发挥学生的主观能动性,唤起学生的修改的积极性,的确是一个重要的课题。以此反思今天我们看到的一些所谓"优秀习作",为了获奖或发表,基本上是教师改出来的,已完全没有了儿童习作的本来面目,而有了很多的成人腔。此种做派危害之大,是值得我们注意的。

489

学为文章,先谋①亲友,得其评裁②,知可施行,然后出手③;慎勿师心自任④,取笑旁人也。

【南北朝】颜之推《颜氏家训·文章》

【注释】

①谋:请教的意思。
②评裁:评论判裁。
③出手:拿出去。
④师心自任:自己感觉很好,盲目自满。

【读解】

文章出手,相当于发表,须慎重,要先请学友作评议。

作者在写作中,由于视角单一,常常不能发现自己文章中存在的问题。而请他人阅读,则会从他者的视界产生评价,因此,文章在出手之前请他人提意见是很有道理的。

当然,也应当辩证地看问题。历史上有许多作家当时并不为人所看好,后来才发现其作品价值的,比比皆是。像卡夫卡生前默默无闻,孤独地奋斗,随着时间的流逝,他的价值才逐渐为人们所认识,作品引起了世界的震动,并在世界范围内形成一股"卡夫卡热",经久不衰。

所以,作文的修改,既要重视他人的意见,同时,也需保持自己的独特个性与文章风格。

490

《东皋杂录》云:"鲁直①《嘲小德》有'学语春莺啭,书窗秋雁斜'。后改曰:'学语啭春莺,涂窗行暮鸦②。'以是③知诗文不厌改也。"

【宋】胡仔《苕溪渔隐丛话》后集卷三十一

【注释】

①鲁直:黄庭坚,字鲁直,自号山谷道人。

②"学语……涂窗"句:小孩子学说话,声音像春莺一般婉转;小孩子在窗上涂抹学写字,字像暮鸦一样歪歪扭扭。

③以是:因此。

【读解】

《东皋杂录》,宋代孙仲鉴撰。其中记录了一则故事:

黄庭坚《嘲小德》(意为嘲笑小孩子)"学语春莺啭,书窗秋雁斜",第一句说小孩学语像黄莺叫,这话没问题。第二句作"书窗",好像这个小孩会在窗上写字了,并且写得像秋雁飞时成为斜排的人字形那样整齐,这就不符合真实了。因为学语的小孩不会写字,更不会写得整齐。改成"涂窗行暮鸦",用墨笔在窗上乱涂,涂成一团团黑的,像乌鸦。

写作要力求"传神",要通过文字传递"情状"。这一则故事中,将动词"行"改为"涂",传递出孩子的"稚拙"之气,孩子的淘气、幼稚跃然纸上,不像"书"字那样正襟危坐,充满成人气息;将"雁斜"改成"暮鸦"也是同理,生动地表现出孩子涂鸦的情状。语言文字运用之妙,可见一斑。

文章语言文字的生动很大程度上体现在动词的活用上。袁枚说过:"一切诗文,总须字立纸上,不可字卧纸上。人活则立,人死则卧,用笔亦然。"鲜活的动词,可使文章充满立体感,使文学形象立于纸上,本案即是一例。

491

自昔词人琢磨之苦,至有一字穷①岁月,十年成一赋者。白乐天诗词,疑皆冲口而成,及见今人所藏遗稿,涂窜②甚多。

【宋】何薳《春渚纪闻》卷七

【注释】

①穷:穷尽,用尽。

②涂窜:涂改。

【读解】

《春渚纪闻》,北宋何薳撰。此书十卷,前五卷题为"杂记"。记述仙道异事、民间奇闻等。

这段话大意是说,古代词人创作往往苦于斟酌字句,以至于有"用好一字而穷尽一年,十年方成一赋"的说法。白居易的诗词,读者都怀疑是脱口而出的,见到别人所藏的手稿,才知其中涂改很多。

文章贵在自然,"如从口出",然这种自然并非漫不经心、随意写作,而是"绚烂之极,复归平淡"。这种自然,是在经由语言文字艺术上的惨淡经营之后,达到的朴素真淳的境界。白居易的诗作,力求达到"老妪能解"的程度,以实现他"平易近人"的诗作风格追求,宋代惠洪在《冷斋夜话》卷一中写道:"白乐天每作诗,问曰解否?妪曰解,则录之;不解,则易之。"可见,平易近人的诗风并不能理解为直白如话,并不是把说的话记录下来即成诗文,也同样是多次修改的结果。

儿童并不是成熟的写作者,这种不成熟很大程度上表现在对于修改还缺少自觉的意识。因此,儿童写作的教育过程,实际表现为教会儿童学会修改自己的作品。

492

欧阳文忠公作文既毕,贴之墙壁,坐卧观之,改正尽善①,方出以示人②。

【宋】何薳《春渚纪闻》卷七

【注释】

①尽善:完全好了。

②示人:给别人看。

【读解】

欧阳修对于修改十分重视,写作完毕,就将文稿张贴于墙壁,自己坐的时候、睡的时候都可以反复玩味,深入修改。

将文章张贴于墙壁,是一种极具有意味的行为,这不仅是为了能常常看到,而且意味着欧阳修要刻意拉开与自己作品之间的距离,唯有以这样的距离,才能使自己清醒地看出文章中存在的问题。

所以修改的实质是要让作者自己从写作中抽身出来,化身为读者,以一个读者的身份与作品背后的自己展开对话,最后达成和解与共识。

当好自己的读者,或许是做好作者的秘诀。

493

  邃尝于文忠公诸孙望之外,得东坡先生数诗稿,其和欧叔弼诗云,"渊明为小邑",继圈去"为"字,改作"求"字,又连涂"小邑"二字,作"县令"字,又三改乃成今句。至"胡椒铢①两多,安用八百斛②?"初云:"胡椒亦安用,乃贮八百斛?"若如初语,未免后人疵议,又知虽大手笔,不以一时笔快为定,而惮于屡改③也。

【宋】何薳《春渚纪闻》卷七

【注释】

  ①铢(zhū):《汉书·律历志上》:"二十四铢为两,十六两为斤。"

  ②斛(hú):十斗为斛。

  ③惮于屡改:害怕多次修改。

【读解】

  苏轼写诗,先作"渊明为小邑",可以解作做小县县官,也可解作治理小县,有歧义。再作"渊明求小邑",是求个小县官做,但求官没点明;三作"渊明求县令",才点明了。这样点明,更能显示陶渊明因家境穷困求做小官的心情,含意更丰富。"胡椒亦安用,乃贮八百斛?"是说胡椒又有什么用,却贮藏到八百斛那样多?这里前一句有毛病,因为胡椒是有用的东西。改为"胡椒铢两多",二十四铢为一两,胡椒是调味品,只要铢两重已经多了,哪儿用得到八百斛?这样说就没有问题了。这是指唐代的元载大量贪污财物,后来抄家时,单就胡椒一项说就有八百斛。

  这则故事反映的是写作中如何通过修改,使文字达到准确的要求。准确是文学作品的基本要求,但也是一个极高的要求。准确意味着语言符合事物本身的情况,同时又符合语境的需要。

  可见,如苏轼这样的大家,也在为如何做到语言准确而反复修改,更何况其他人?

494

  黄鲁直于相国寺①得宋子京②唐史稿一册,归而熟观之,自是文章日进。此无他也,见其窜易句字与初造意不同,而识其用意所起故也。

【宋】朱弁《曲洧旧闻》卷四

【注释】

  ①相国寺:在河南开封市内。

②宋子京:即宋祁,北宋文学家、史学家,与欧阳修合作编纂《新唐书》。

【读解】

朱弁(?—1144),字少章,号观如居士,婺源(今属江西)人,是理学家朱熹的从父。朱弁《曲洧旧闻》是南宋一部比较重要的文言小说集,作于作者被羁金国期间,作品追忆、记录了北宋及南宋初期的朝野遗事、社会风情和士大夫轶闻,展现了作者高度的爱国热情及对北宋灭亡、南宋贫弱的理性反思,作品内容丰富,情节生动,文字雅洁,活泼风趣,具有较高的文学价值和史料价值。

这段话中记录的是黄庭坚在相国寺得到了宋祁与欧阳修合作的《新唐书》手稿一册,回来后反复阅读,写作水平得到了很大的提高。这是什么原因呢?因为黄庭坚看到了修改稿和原稿的不同,发现了其用字的用意的缘故。作家在手稿上的修改痕迹,反映出他的思考过程,更反映出他是如何字斟句酌、用心良苦的。通过比较,便窥见了写作的规律与奥秘,揣摩出写作的智慧与技巧。此案不仅说明了修改之重要,由此也可以引申出,比较是一种发展语感的有效方式,比较法常常可以让写作的秘密和盘托出,在语文教育中,比较正成为提升儿童语用能力的有效方式。

495

欧公①文亦多是修改到妙处。顷②有人买得他《醉翁亭记》稿,初说"滁州四面有山",凡数十字;末后改定,只曰"环滁皆山也"五字而已。

【宋】朱熹(见《朱子语类大全》卷一百三十九)

【注释】

①欧公:欧阳修。

②顷:近来,不久前。

【读解】

欧阳修是北宋文坛领袖,所写的《醉翁亭记》语言极有特色,格调清丽,遣词凝练,音节铿锵,臻于炉火纯青之境,既有图画美,又有音乐美。作者虽受骈文影响,但非食而不化,乃是有所创造,融化到笔底,又自然天成。不做作,不矫饰。

但欧阳修文章也是由于反复修改而达到妙处的。有人得到了他《醉翁亭记》的手稿,文章开头写道:"滁州四面有山……"大概有数十字。最后改定,只有"环滁皆山也"五个字了。

这一修改成为经典案例。其妙处有四:一是用字极简,仅有五字;二是极有文采,"环"、"皆"二字,所述内容极为丰富;三是境界开阔,似有俯瞰山川之势;四是前后呼应,后文中"日出而林霏开,云归而岩穴暝"等皆与此句照应。

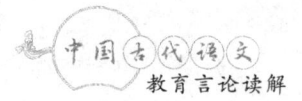

可见,文章不厌百回改,此言不虚。

496

贾岛①初赴举②,在京师一日于驴上得句云:"鸟宿池边树,僧敲月下门。"又欲"推"字,炼③之未定,于驴上吟哦,引手作推敲之势,观者讶之。时韩退之④权京兆尹⑤,车骑方出,岛不觉,行至第三节⑥,尚为手势未已。俄为左右拥至尹前,岛具对所得诗句,"推"字与"敲"字未定,神游象外⑦,不知回避。退之立马久之,谓岛曰:"'敲'字佳。"遂并辔⑧而归,共论诗道,留连累日,因与岛为布衣之交⑨。

【宋】阮阅《诗话总龟》卷十一

【注释】

①贾岛:(779—843)字阆仙,累不第,曾为僧,后任长江主簿,时称贾长江,著有《长江集》、《诗格》。

②赴举:参加科举考试。

③炼:反复思考琢磨。

④韩退之:韩愈。

⑤权京兆尹:代理京城长官。权:代理官职。

⑥第三节:指韩愈仪仗队第三节。

⑦神游象外:精神(思想)活动于眼前物象之外,就是想得出神。

⑧并辔:两人并行骑马。

⑨布衣之交:平民之交。布衣:平民。当时贾岛尚未得官,所以称布衣之交。

【读解】

这是著名的"推敲"故事。这个故事一方面表现出贾岛的苦吟精神,另一方面也体现了韩愈礼贤下士、平等待人。

贾岛初次去赴科举考试,一日,骑在驴上,忽然得句"鸟宿池边树,僧敲月下门",初拟用"推"字,又思改为"敲"字,在驴背上引手作推敲之势,不觉一头撞到京兆尹韩愈的仪仗队,随即被人押至韩愈面前。贾岛便将作诗得句下字未定的事情说了,韩愈不但没有责备他,反而立马思之良久,对贾岛说:"作'敲'字佳矣。"这样,两人竟并行骑马,共同谈论诗歌,成为了布衣之交。

这两句诗,粗看有些费解。难道诗人连夜晚宿在池边树上的鸟都能看到吗?其实,这正见出诗人构思之巧,用心之苦。正由于月光皎洁,万籁俱寂,因此僧人(或许即指作者)一阵轻微的敲门声,就惊动了宿鸟,或是引起鸟儿一阵不安的躁动,或是鸟从窝中飞出转了个圈,又栖宿巢中了。作者抓住了这一瞬即逝的现象,来刻画环境之幽静,响中寓静,有出人意料之胜。倘用"推"字,当然没有这样的艺术效果了。

"推敲"一词生动地表现了写作者修改的艰辛历程,成为了中国独特的写作文化遗产。

497

南丰①过荆襄,后山②携所作以谒③之。南丰一见爱之,因留款语④。适欲作一文字,事多,因托后山为之,且授以意。后山文思亦涩,穷日之力方成,仅数百言。明日以呈南丰。南丰云:"大略也好,只是冗字⑤多,不知可为略删动否?"后山因请改窜。但见南丰就坐,取笔抹数处。每抹处,连一两行,便以授后山,凡削去一二百字。后山读之,则其意尤完,因叹服,遂以为法。所以后山文字简洁如此。

【宋】朱熹(见《朱子语类辑略》卷八)

【注释】

①南丰:曾巩。
②后山:陈师道。北宋诗人,爱苦吟。
③谒:拜见。
④款语:亲切谈话。
⑤冗字:多余的字。

【读解】

曾巩(1019—1083),北宋政治家、散文家,南宋理宗时追谥为"文定",世称"南丰先生"。建昌南丰(今属江西)人,后居临川(今江西抚州市西)。"唐宋八大家"之一,为"南丰七曾"之一。在学术思想和文学事业上贡献卓越。

陈师道(1053—1102),北宋官员、诗人。字履常,一字无己,号后山居士,汉族,彭城(今江苏徐州)人。一生安贫乐道,闭门苦吟,有"闭门觅句陈无己"之称。陈师道为苏门六君子之一,江西诗派重要作家。著有《后山先生集》,词有《后山词》。

本文记叙了曾巩为陈师道修改文章的故事。曾巩经过湖北,陈师道知道后,就带了自己所写的文章去见他。曾巩一看很喜欢,便和他亲切谈话。恰巧曾巩要一篇文章,但因为事多,就让陈师道写,并且把写作意图告诉了陈师道。陈师道文思阻塞,花了一整天功夫才写成,只有数百字而已。第二天给曾巩看,曾巩说:"文章大体是好的,只是有些多余的字,要不我来删改一下吧?"只见曾巩坐下来后,取笔涂抹数处,每处都删去一两行,并讲解给陈师道听,共删去一两百字。陈师道读后,觉得意思更加完整了,由此叹服,就反复揣摩学习此法。所以后来陈师道的文字也变得很简洁了。

学习文章之法,从某种意义上来讲,实在是学习修改文章之道。文章总体上应当求简,这则故事中便反映了这一点。当然,文章修改还更有增、改、调等不同的方法,需要在修改文章中不断学习,方能掌握。陈师道正是在曾巩的修改中获得了写作的简约之道,可见,习作教学中,教师为学生习作进行面批、评点,对于学生写作能力的提升具有很重要的作用。

498

作文有三病:意到而辞不达,如讼者①抱直理,口讷②莫伸,一病;辞达而调不工,如委巷相尔汝③,俚鄙厌闻,二病;调工而体不健④,如堂堂衣冠美丈夫而无精神,三病。

【宋】孙奕《示儿编》卷八

【注释】

①讼者:向衙门诉讼的人。

②口讷:讲话结结巴巴。

③委巷相尔汝:在曲折的小弄堂里相互呼叫。

④调工而体不健:音调精巧,但思想精神不健康。

【读解】

作文易犯三种毛病。第一种"意到而辞不达",是不善于表达,如同去衙门诉讼,如果告状的人虽有道理,但却结结巴巴说不清楚,有理也难申;第二种"辞达而调不工",是音调不协,如同在弄堂里相互呼叫,声音会难听;第三种"调工而体不健",是音调虽好,思想精神却不健全,如同衣冠虽然很美,然而人却无精打采。

这三个比喻浅近易懂,又有内在联系,可以视为写作修改中的三个层次:一是求"辞达",首先要把着眼点放在是否已经把事情说清楚了;二是求"调工",也就是音韵和谐,如果从现代的角度来看,就是要看文章是否通畅;三是求"健康",也就是在文章内容要立意高远,思想精深。

修改文章,需要建立起文章的优劣观,也就是究竟什么样的文章是好文章,这个"三病说"可视为文章的优劣观。

写作的修改,类似于医生诊断病症。大凡诊病,须知病根之所在,如"意到辞不达",病根在辞,则要在辞上作修改。可见,找准病根,是诊断的第一步;针对发现的情况,又须对症下药。文章之病,与文章整体密切相关,修改之难,往往在于牵一发而动全身,所以修改需要谨慎。所谓"大胆落墨,小心收拾"。

修改的教学,一方面要令学生发现文章之病,另一方面又要教给学生修改的方法与路径,两者不可偏废。

499

范文正公①守桐庐②,始于钓台③建严先生祠堂,自为记……其歌词曰:"云山苍苍,江水泱泱。先生之德,山高水长。"既成,以示南丰李泰伯④。泰伯读之三叹,味不已,起而言曰:"公之文一出,必将名世。某妄意辄易一字,以成盛美。"公瞿然⑤,握手扣⑥之。答曰:"云山江水之语,于义甚大,于词甚溥⑦,而'德'字承之,乃似趑趄⑧。拟换作'风'字如何?"公凝坐颔首⑨,殆欲⑩下拜。

【宋】洪迈《容斋随笔》卷五《严先生祠堂记》

【注释】

①范文正公:范仲淹(989—1052),北宋人。

②守桐庐:任桐庐县令。

③钓台:东汉初,严光(字子陵)曾与刘秀同学。刘秀即帝位后,他改名隐居浙江富春江滨富阳山,相传有钓鱼台。范仲淹建严祠于钓台之下。

④李泰伯:李觏,字泰伯,北宋人。

⑤瞿然:惊视的样子。

⑥扣:询问。

⑦溥(pú):广大。

⑧趑趄(lù sù):一作"趑趄",局促。

⑨颔(hàn)首:点头。

⑩殆欲:差点要。

【读解】

"先生之风,山高水长",此语应用甚广。然而这也是修改而成,故事中的李觏可谓是范仲淹的"一字之师"。

范仲淹任桐庐县令时,在严子陵钓台修建严子陵祠,亲自为祠作记。其中写道:"云山苍苍,江水泱泱。先生之德,山高水长。"写完之后,请李觏阅读。李觏读后,反复赞叹,回味不已,起身说道:"先生此文,必将名于后世。不过我私下觉得可以改一个字,文章就完美了。"范仲淹握住他的手,急切地想知道。李觏说道:"云山江水这些话,意义宏大,境界广大。但用"德"字承接,好像局促了一些,不如改成'风'字如

何?"范仲淹凝神静思,不断点头,几乎要向李觏下拜。

范仲淹为严子陵祠作记,其中四句原已非凡,然而李泰伯改"德"为"风",化实为虚,不仅有此寓意,而且与"山"、与"水"相和谐,含蓄有余味。中国文字讲究"虚实相生",云水为自然实景,喻之以"风",虚之,得语言之真趣。更值得一提的是,范仲淹对于他人的修改意见极为重视,为一字之改,"殆欲下拜",此等作文之风,不亦是山高水长么?

500

王荆公①绝句②云:"京口③瓜洲④一水间,钟山只隔数重山。春风又绿江南岸,明月何时照我还?"吴中士人家藏其草⑤,初云"又到江南岸",圈去"到"字,注曰"不好",改为"过",复圈去而改为"入";旋改为"满";凡如是⑥十许字,始定为"绿"。

【宋】洪迈《容斋随笔》卷八《诗词改字》

【注释】

①王荆公:北宋王安石(1021—1086)。

②绝句:这首绝句题为"泊船瓜洲"。

③京口:江苏镇江。

④瓜洲:江苏扬州市南部大运河入长江处,与京口隔江相对。

⑤草:草稿。

⑥凡如是:凡:总共。如是:像这样(改写了十多个字)。

【读解】

这是《容斋随笔》中记录的一则广为人知的故事。作者洪迈(1123—1202),南宋饶州乐平(今江西省乐平市)人,字景卢,号容斋,官至翰林院学士、资政大夫、端明殿学士、副丞相、封魏郡开国公、光禄大夫。卒年八十,谥"文敏",南宋著名文学家。《容斋随笔》是关于历史、文学、哲学、艺术等方面的笔记,以考证、议论、记事为中心内容,共分"五笔",既有宋代的典章制度,更有三代以来的一些历史事实、政治风云和文坛趣话,有资料丰富、格调高雅、议论精彩、考证确切等特点,卓然超越众多的同类著作之上,被《四库全书总目提要》推为南宋笔记小说之冠。

"绿"字一改,境界全出,令《泊船瓜洲》千古流芳。王安石起先用的是"到"字,此字给人感觉太实,缺少春风应有的轻盈之感,音韵上也不够和谐;改"过"字则太虚,春回大地,万物复苏,春风过处,生命勃发,"过"字给人感觉过于虚弱,缺少生命活力;"入"为进去的意思,用在此处,则给人僵化的感觉;"满"字指一个逐渐积累到达极限的过程,用于春风又不妥当;直至改为"绿"字,则令人眼前一亮。其妙在三:一是以"绿"为动词,用法极新,超凡脱俗;二是极言春风过处,大地染绿,用一字,写出千百言之内容;三是音韵和美轻巧,读之令人浮想联翩。

501

稼轩①……既而又作一《永遇乐》,序②北府事。……特置酒召数客……必使摘其疵③。……乃味改其语,日数十易,累月犹未竟④,其刻意如此。

【宋】岳珂《桯史》卷三《稼轩论词》

【注释】

①稼轩:辛弃疾(1140—1207),南宋著名词人。稼轩是他的号。
②序:记。
③疵(cī):缺点,毛病。
④竟:完成。

【读解】

为了写一首词作,辛弃疾特地置办酒席,邀请好友,但是参加酒席有条件,就是必须指出其词作中的缺点。

辛弃疾这一做法颇有魏晋遗韵。

文非他人不能改也。作者在写作中通常都是按自己认为最好的写作方式来写的,所以很多人都认为自己的写作是非常好的,在这种特定的写作心理机制下,修改自己的作品便成为一件难事。

所以,辛弃疾如此兴师动众,表面看起来是为一首词,某种程度上更是为了自己的写作水平和修改水平的提高。

502

张文潜①云:"世以乐天诗为得于容易,而来②尝于洛中③一士人家,见白公诗草数纸,点窜涂抹,及其成篇,殆与初作不侔④。"

【宋】魏庆之《诗人玉屑》卷八《乐天》

【注释】

①张文潜:即张耒,字文潜,北宋诗人,为"苏门四学士"之一。
②而来:亦作"尔来"、"迩来",近来。
③洛中:洛阳城。
④侔(móu):相同。

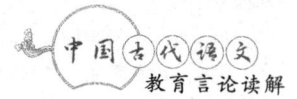

【读解】

魏庆之,约公元1240年前后在世,字醇甫,号菊庄,建安人。富有文才,不屑科第,惟种菊千丛,日与诗人逸士觞咏于其间。著有《诗人玉屑》20卷。

张耒提到的白居易诗作表面看起来写得明白易懂,以为写作很容易。的确如此,许多人都以为好文章肯定是用了许多华丽辞藻的,殊不知,明白易懂方是真本领。从白居易的诗作草稿上看,涂改得很多,等到定稿时,往往已改得面目全非,与初稿相去甚远。

所以,从白居易的写作实践来看,写作实际上是一个修改的过程,即便是构思之时,也有一个反复修正的过程。

当然,写作习惯也有很大的个性差异,有考虑极为成熟方才下笔的,这样看起来写后的修改就会少一些,无非是把写后修改的功夫下在了作前的反复考虑上了。

503

"桃花细逐杨花落,黄鸟时兼白鸟飞。"李商老云:"尝见徐师川说,一士大夫家,有老杜墨迹①,其初云'桃花欲共杨花语',自以淡墨改三字,乃知古人字不厌改也。不然,何以有'日锻月炼'②之语?"

【宋】魏庆之《诗人玉屑》卷八

【注释】

①老杜墨迹:杜甫手迹。

②日锻月炼:意思是经常地锤炼。

【读解】

杜甫把稿上的"桃花欲共杨花语"改成"桃花细逐杨花落",赋予桃花和杨花更为强烈的人格化。"欲共语"和"细逐落"都是表现桃花和杨花纷纷落下时的情形,但是在进行拟人后却产生了不同的语言效果。"欲共语"表现的是两厢情愿,有着共同的语言,给人情意绵绵的感觉;而"细逐落"则是指花朵凋零,繁华落尽。

那么,为何要这样修改呢?

这首诗写于乾元元年(758)春,是杜甫在长安居住的最后阶段的作品。一年前,杜甫只身投奔李亨,得职左拾遗。因为宰相房琯罢职一事而上书鸣不平,激怒肃宗,遭到审讯,以后,他的职位有名无实,未见重用。诗人微官缚身,空怀报国之心,却无所作为,虚空寥落之际,将失望与忧愤寄托于花鸟清樽。因此,如果用"欲共语",则与全诗格调格格不入。

诗言志,诗人情意如此,因而作如此修改。可见,修改须合作者的情感。

对儿童写作,帮助修改是教师的天职。然而要防止以成人的思维代替儿童的思维,以成人的情感代替儿童的情感,将儿童作文改得面目全非,全成了成人腔调,会伤害儿童对写作的喜爱。

504

欧公每为文既成,必自窜易①,至有不留本初一字者。其为文章,则书而傅②之屋壁,出入观省③之。至于尺牍单简亦必立稿,其精审④如此。每一篇出,士大夫皆传写讽诵,惟睹其浑然天成,莫究斧凿之痕也。

【元】王构《修辞鉴衡》引《吕氏家塾记》

【注释】

①窜易:修改。
②傅,通"附",即粘贴。
③观省:观看、审度。
④精审:仔细地推究、考虑。

【读解】

这讲的是欧阳修的文章修改法。一是有时会修改到把原稿全部改毕,不留原稿一个字;二是文章写完后,张贴于墙壁,进出时观看、审度;三是即便是简单的书信之类也先打草稿。所以欧阳修的文章"浑然天成,莫究斧凿之痕"。

"浑然天成"是文章修改的最高境界。所谓"浑然天成",意指文章看不出刻意修改的痕迹,自然妥帖,又神采奕奕,好像是天然形成,看不出人刻意为之的痕迹。

文章语言达到这样的品质并不是一朝一夕之事,而是反复锤炼的结果。

当然,儿童学习写作,一方面要不断锤炼,学会修改的技法;另一方面也要反复阅读,提升文学修养,提高写作审美能力,建立起好文章的评判标准。只有两方面的努力,才能有效地提高写作水平。

505

尝日窜定平生所为文,用思甚苦,其夫人(胥氏)止之曰:"何自苦如此?当①畏先生嗔②耶!"公笑曰:"不畏先生嗔,却怕后生笑。"

【明】顾元庆《夷白斋书话》

【注释】

①当:难道。
②嗔(chēn):生气。

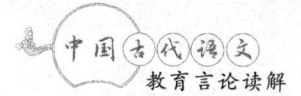

【读解】

顾元庆,明代藏书家、刻书家、茶学家。字大有,号大石山人。长洲(今江苏苏州)人。工书法。

这里记录的是欧阳修的一则故事,欧阳修晚年,整理修订自己的文章,殚精竭虑。他夫人与他开玩笑说:"你何苦呢,难不成怕先生批评?"欧阳修却说:"不怕先生批评,却怕后人笑啊!"

却怕后生笑,这是一种多么可贵的写作态度。立言,在古人看来,是一件极其神圣而要极为慎重的事,古人把文章看作千古之事,认为立言是一件难事。立言其中一难在于怕后人笑。

文章流传,不仅仅是交流信息,更具有教化的功能。所以写文章要对年轻人负责,即是对文章教化的负责。

在自媒体时代,写作发表已经成为一个即时的事,让年轻人为写作负责正在成为这个时代越来越严肃而重要的命题。

506

语欲妥贴,故字必推敲。盖一字之瑕①,足以为玷②;片语之颣,并弃其余,此刘生③所谓"改章难于造篇,易字艰于代句"者也。

【明】皇甫汸《百泉子绪论》《解颐新语》

【注释】

①瑕:玉上的斑点,比喻缺点。

②玷(diàn):白玉上的斑点。

③刘生:刘勰。

【读解】

皇甫汸认为修改一字一语并非易事,甚至比成篇更难。

中国历来有"一字之师"的说法。20世纪40年代,历史剧《屈原》中的渔翁的扮演者张逸生,建议郭沫若将"你是没有骨气的文人"改为"你这没有骨气的文人",郭沫若仔细品味后,不仅欣然应允,而且写文章称张逸生为"一字之师"。这样的故事常常令人玩味不已,传为美谈。

修改一字一句,为何难?难在一字一句处,常常极难发现,需要有极强的语感,或是对作品内容有深刻的体验与把握,也需要极强的耐心与细心,正如同沙里淘金,考验的是人的综合修养。发现后,要改动一字,又是很难的事,因为一字之改,空间很小,对修改者的文字功夫要求高。因此,皇甫汸的观点有一定的道理。为此,文学创作中极重细节描写,认为精彩的细节描写可令人物在短短一两句话中形象鲜明,呼之欲出。

写作教育中,语文教师若能教授这些"一字之师"的典故,并与学生一起都来作这样的"一字之师",或在课文阅读时品赏字词,或在习作演练中提炼字眼,都会十分有助于提升学生语文学习的兴趣和修养。

507

武叔卿曰:"文章有一笔写成不加点缀而自工者,此神到之文,尚矣。其次须精思细改,如文章草创已定,便从头至尾一一检点。气有不顺处,须疏之使顺;机有不圆处,须炼之使圆;血脉有不贯处,须融之使贯;音节有不叶①处,须调之使叶:如此仔细推敲,自然疵病稀少。倘一时潦草,便尔苟安②,微疵不去,终为美玉之玷③矣。"

【清】唐彪《读书作文谱》卷五《文章全藉改窜》

【注释】

①叶(xié):协,协韵。

②便尔苟安:随随便便,这样就算了。

③玷:白玉上面的污点。

【读解】

唐彪认为文章有两种类型:一是一气呵成,不必再改;二是写后还须精思细琢,精心修饰。唐彪在这里指出了修改可以从"气"(气势)、"机"(转折)、"血脉"(线索)、"音节"四方面着手,务去瑕疵。

这很有道理。"气"的问题主要是不顺畅,就要修改后使之顺畅;"机"的问题主要是前后不衔接,要使之"圆合";"血脉"的问题主要是不连贯,要使之融会贯通,还有"音节"的问题读来不太上口,要使之音韵谐和,琅琅可读。这也从一个侧面告诉我们文章如何修改的问题。

一气呵成,毕竟是极少出现的写作佳境,绝大部分文章需要不断打磨,方可成就。唐彪提出的四个方面,其中有三个方面是着眼于文章结构,如"气"、"机"、"血脉",从用词来看,好的文章是一个生命体,其各部分之间逻辑严密,内部神气贯通,浑然一体,同时又曲折有致,如入胜境,移步换景,美不胜收,修改者当以这样的标准来要求自己。此外,又要在音韵上不断修改,以求金声玉振之效,的确,好文章读起来具有音乐美,如"大珠小珠入玉盘",令人陶醉。

这四方面,为修改文章提供了框架,可作为修改的方法。也为语文教育中组织

学生学习修改提供了参考。

508

文章初脱稿时,弊病多不自觉,过数月后,始能改窜。其故何也?凡人作文,心思一时多不能遍到,过数月后,遗漏之义始能见及,故易改也。又当其时执着①此意,即不能转改他意;异时心意虚平②,无所执着,前日所作有未是处,俱能辨之,所以易改。

【清】唐彪《读书作文谱》

【注释】

①执着:佛教语,指专注于某事物而不能解脱。此处指固执己见的意思。

②心意虚平:这里指心意平和,不再固执己见,就会想得开。

【读解】

修改文章是一种自我反思,是跳出自己看自己,也是彼时的我与此时的我的一种对话。

众所周知,反思、对话,需要有距离,需要有视界上的差异。因此,唐彪忠告对文章中的毛病应"过数月后,始能改窜",因为那时头脑冷静,看问题更为全面,这是有道理的。

这种修改方法被称为"冷处理"法。在习作教学实践中,对于这种修改方式运用得太少,常常受到写作管理体制的束缚,认为学生写作就是按计划一篇一篇写过去,一篇写完了就马上修改,修改完成后即进入下一篇,从此对上一篇不再过问。这样的修改方式缺少了一个"冷处理"的过程,对学生作为写作主体的修改意愿的唤醒力度不足。所以,学生的实际修改能力也就提升得相当有限。

"冷处理"法,值得尝试!

509

古人虽云文章多做则疵病不待人指摘而自能知之,然当其甫①做就时,疵病亦不能自见,惟过数月始能知之。若使当时即知,则亦不下笔矣。故当时确见当改则改之,不然且置之,俟②迟数月,取出一观,妍丑③了然于心,改之自易,亦惟斯时改之始确耳。

【清】唐彪《读书作文谱》卷五《文章全藉改窜》

【注释】

①甫:刚刚,才。

②俟:等待。

③妍丑:美和丑。

【读解】

修改文章为何需要过一段时间?这个时间距离对于修改究竟具有怎样的意义?

在写作过程中,作者都会有一种自我欣赏的倾向。因为,只有在内心认同的,才会表现在作品中。所以,许多作者刚写完作品时都比较难以发现自己作品中存在的问题。如这时去修改,是徒劳无功的。须过一段时间后,才会对自己作品中的问题有所发现。

所以对于写作教育而言,给予写作更长的周期,让孩子有更长的时间跨度来面对自己的写作,是值得探讨的。尤其是教师指导学生修改以后,再过一段时间,让学生再回过头自己看看,会引起学生更多的思考,有益于学生认识水平的提高。

写作的教育,从某种角度而言,是教学生如何修改。修改的姿态,决定了写作的高度。

510

百工①治器②,必几经转换而后器成。我辈作文,亦必几经删润而后文成,其理一也。

【清】梁章钜《退庵论文》

【注释】

①百工:古代对各种手工业工人的总称。

②治器:这里指制作器具。

【读解】

修改文章的道理与百工治器的道理是一样的。

如杜甫在《观公孙大娘舞剑器行》曾经写道,"草圣"张旭因为见到公孙大娘舞剑而书艺大进。可见,艺术之理是相通的。

写作者与百工一样,都要有鲜明的作品意识,意识到这是我创作的作品,作品是具有艺术生命的,是倾注了作者全部积累而创造的独一无二的生命体。从这样的角度来看,精益求精是写作者必须有的姿态。所以百工制作器具,总是会细致施工,精益求精,作者著文也一样会去精细琢磨,力求好上加好。

511

近闻吾乡朱梅崖先生每一文成,必粘稿于壁,逐日熟视,辄去①十余字,旬日以后,至万无可去,而后脱稿示人②。

【清】梁章钜《退庵论文》

【注释】

①辄去:就删除。
②示人:给别人看。

【读解】

清代郑板桥有诗云:"删繁就简三秋树,领异标新二月花。"中国艺术,讲究以简驭繁,以少胜多。文字亦然,以简为美,所谓"增之一分则太长,减之一分则太短"。

朱梅崖作文,成后,就将稿子粘于壁上,每日阅读,每次减去十多字,十天半月,达到一个字都不能减的程度,然后才脱稿给人看。

朱梅崖此法,可谓得文章之法。文章繁简,须小心斟酌。若行文繁琐,则害文章之意,但倘若过于简要,则其意不清,也不足取。所以,写文章亦须"大胆落笔,小心收拾"。朱梅崖此法,正是"小心收拾"。修改用时,远超写作用时,十数日的反复琢磨,此精神足资所有写作者效仿。

512

文字有难于自信者,必资①良友删削。昔曹子建②之言曰:"世人著述,不能无病。仆尝好人讥弹其文,有不善者,应时改也。"白乐天之言曰:"凡人之为文,私于自是,不忍于割截,或失于繁多。其间妍媸,抑③又自惑。必待交友有公鉴无姑息者讨论而削夺之,然后繁简当否,得其中矣。"二公皆雄于文④者,而其言如此,学者可不深长思乎?

【清】梁章钜《退庵论文》

【注释】

①资:凭借,依赖。
②曹子建:曹植。
③抑:或者。
④雄于文:擅长于写诗文。

【读解】

自己的文章难改!这恐怕是许多人的体会。

曹植说:"世人写的文章,肯定都会有毛病,我曾经偏好于让别人来挑毛病,文章中有不好的地方,我就马上改!"白居易也说:"一般情况下人们写文章,总觉得自己写得不错,不忍心裁剪,所以文章往往显得繁琐。文章中用了一些华丽的辞藻,又自我得意。所以一定要与敢于直言没有保留的诤友来讨论。"

写作者容易自我欣赏,所以修改自己的文章难,难在不容易发现存在的问题,有时还误把缺点当作长处而沾沾自喜,需要有诤友加以探讨、批评、指点。

可见,修改文章可以是一个以文会友的过程,在这个过程中,朋友之间坦诚相见,毫无保留,把自己对文章的看法和盘托出,碰撞思维,达成对文章的共识,共同提升写作水平。这是一个多么令人神往的境界!

请诤友来修改自己的文章,不仅使文章改好了,更使自己的认识提高了,修养加深了。

513

齐己①《早梅》诗:"前村深雪里,昨夜数枝开。"郑谷②曰:"数枝,非早也,未若'一枝'。"

【清】宋长白《柳亭诗话》卷三

【注释】

①齐己:唐僧人,善作诗。

②郑谷:唐诗人。

【读解】

《早梅》是一首咏物诗。诗人以清丽的语言,含蕴的笔触,刻画了梅花傲寒的品性,素艳的风韵,坚强地盛开,并以此寄托自己的意志。其状物清润素雅,抒情含蓄隽永。

第二联"前村深雪里,昨夜一枝开",用字虽然平淡无奇,却很耐咀嚼。诗人以山村野外一片皑皑深雪,作为孤梅独放的背景,描摹出十分奇特的景象。雪掩孤村,苔枝缀玉,那景象能给人以丰富的美的享受。"昨夜"二字,又透露出诗人因突然发现这奇丽景象而产生的惊喜之情;肯定地说"昨夜"开,明示昨日日间犹未见到,又暗点诗人的每日关心,给读者以强烈的感染力。

"一枝开"是诗的画龙点睛之笔:梅花开于百花之前,是谓"早";而这"一枝"又先于众梅,悄然"早"开,更显出此梅不同寻常。据《唐才子传》记载,齐己曾以这首诗求教于郑谷,诗的第二联原为:"前村深雪里,昨夜数枝开。"郑谷读后说:"'数枝'非'早'也,未若'一枝'佳。"齐己深为佩服,便将"数枝"改为"一枝",并称郑谷为"一字师"。这虽属传说,但仍可说明"一枝"两字是极为精彩的一笔。

简简单单一个字的改动,令诗境全出。可见,修改文章须从语境着眼,而并不是孤立地更改辞藻。在小学语文教育中,很容易把儿童作文的修改当作是用所谓的好词好句来代替常用字句,则大谬矣!何谓"好"?"一"是最普通不过的字了,但将"数枝开"改成"一枝开",这里的"一"却成了画龙点睛之笔。

514

文章不能一做便佳,须频改①之方入妙耳②。此意学人必不可不知也。

【清】唐彪《读书作文谱》卷五《文章惟多做始能精熟》

【注释】

①频改:多次修改。

②耳:表语气的虚词。

【读解】

修改文章,应当成为学人的自觉意识。

修改文章,首先得益的是当下写的这篇文章,因为可以使其尽可能地完美。如果从长远的角度来看,它的第二个好处是可以提高作者的写作能力,使作者获得更加丰富的写作经验。许多人的写作经验都是从修改的过程中获得的。

从这个意义上说,修改文章,不仅仅是一个写作的必要环节,更是一种良好的写作姿态,还是一种提高写作能力的重要途径。它意味着知不足,向更高处迈进;它意味着对写作艺术的执着,为发挥自己的艺术个性而不懈努力。

可见,"频改"是个很有意义的命题。

515

一字一句,或烦旬日,非可定拟为之①,此岂可以岁月速成②者乎!

【清】姚莹《东溟文外集》卷一《与童石塘论汪南北史书》

【注释】

①非可定拟为之:不可照预先打算达到的。

②以岁月速成:从时间上求得速成。

【读解】

佳作的产生,佳句的获得,要一字一句地修改,历时可能是几天、十几天,不能速成,也无法计划。

写作是一个厚积薄发的过程,不能期望突然灵感降临,因此,修改能力的发展过程从某种角度来说就是不断积累写作经验的过程,也是不断提升语言修养的过程。

一句话,修改的过程是发展语感的过程。

为何一字一句都并非易事?因为,写作的语感其中很重要的方面就是语境感,语境感也就是根据语境选择字词的运用,所谓的"著一字,则境界全出",就是指一字一句运用得当,可以使文章的意境更为深远。

修改之功,锤炼无穷!

516

杜甫《曲江对雨》:"林花著雨胭脂湿,水荇牵风翠带长。"王彦辅曰:"此诗题于院壁,'湿'字为蜗涎所蚀。苏长公、黄山谷、秦少游偕僧佛印①,因见缺字,各拈一字补之;苏云'润',黄云'老';秦云'嫩',佛印云'落'。觅集验之,乃'湿'字也,出于自然。而四人遂分生老病苦之说②。诗言志,信矣。"

【清】仇兆鳌《杜少陵集详注》卷八《曲江对雨》注引

【注释】

①佛印:僧名,与苏轼、黄庭坚、秦观等相交游。

②而四人遂分生老病苦之说:而四个人就产生了"生老病死"的说法。"生老病苦"是"润老嫩落"四字的谐音变成。

【读解】

曲江是杜甫长安诗作的一个重要题材。安史之乱前,他以"曲江游宴"为题,讽刺诸杨的豪奢放荡。陷居时期,他潜行曲江,抒发深重的今昔兴亡之感。而平乱之后,则大多寓凄寂之境于浓丽之句,表达深沉的悲感与愤慨。《曲江对雨》就是这样的一首作品。

这一则轶事,写苏轼、黄庭坚、秦观、佛印四人各为杜诗试补一字,然而都难以符合原意。可见为诗作文,作者从自己的感受出发反映社会生活,抒发个人见解,旁人不可替代。

写作是个人生命体验的独特表达,语言文字的运用极具个人色彩,并没有统一的规定。在语文教育中,我们常常强调"语用",许多语文教师会在课堂上分析课文为什么要这样写。这当然没有错。但是为什么要这样写却是一件没有定论的事情,每个作者笔下都会呈现出不同的面貌。这样,分析"语用"问题就需要多一点辩证法,少一点绝对化。本案即是一例。

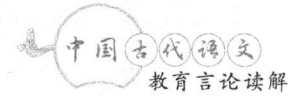

517

披阅①十载,增删五次。

【清】曹雪芹《红楼梦》第一回

【注释】

①披阅:意思是翻看(书籍),展卷阅读。

【读解】

曹雪芹(约1715—约1763),名沾,字梦阮,号雪芹,又号芹溪、芹圃,清代著名小说家。曹雪芹素性放达,爱好广泛,对金石、诗书、绘画、园林、中医、织补、工艺、饮食等均有研究,能以坚忍不拔的毅力,历经多年艰辛,创作出极具思想性、艺术性的伟大作品《红楼梦》,该书成为中国古代四大名著之首。《红楼梦》原名《脂砚斋重评石头记》,又名《情僧录》《风月宝鉴》《金陵十二钗》《还泪记》《金玉缘》等,梦觉主人序本正式题为《红楼梦》。本书前80回由曹雪芹所著,后40回由无名氏续,程伟元、高鹗整理。《红楼梦》是一部具有高度思想性和艺术性的伟大作品,由于传世版本极多,加之欣赏角度与动机的不同,因此学者们对于涉及红楼梦的各个方面,均有许多不同的看法,大致可分为文学批评派、索隐派、自传派等数派,形成"红学"。

曹雪芹在艰苦的生活环境中创作不朽的巨著《红楼梦》,曾辛苦经营十年,增删五次。这种坚强的创作毅力,确实令后人敬佩。也从一个方面说明作文著书之不易。

518

先生于弟子之文,改亦不佳者,宁置之①……盖不可改而强改,徒费精神,终不能亲切条畅②,学生阅之,反增隔膜之见③。惟可改之处,宜细心笔削④,令有点铁化金⑤之妙,斯善矣⑥。善学者于改就之文细心推究,我之非处何在,先生之妙处何在。逾数月,又玩索⑦之。玩索再四,则通塞⑧是非之故⑨明,而学识进矣。

【清】唐彪《父师善诱法》

【注释】

①宁置之:宁可把它(文章)放着不改。置:搁置。

②亲切条畅:切合原意,贯通畅达。

③隔膜之见:同原作的意思不相通的感觉,意思是觉得有些格格不入。

④笔削:修改、删削。

⑤点铁化金:使铁块变成金子。这里比喻差的变成好的。

⑥斯善矣:如此才是高明的。

⑦玩索:欣赏、体味。

⑧通塞:通与不通。

⑨故:缘故,原因。

【读解】

唐彪在此处讲了一项颇可令人玩味的作文教学方法。

学生写的作文,假如改了之后仍不能令人满意,宁可先放在一边。无法改的文章强求去改,白白浪费了精力,却又不能切合题意,贯通畅达。学生看了,反而对写作的认识更加糊涂。只有在可以修改之处,细心修改,点铁成金,这才是好的教学方法。那么会学习的学生根据老师的修改细心体味,发现自己写作中存在的问题,老师是为何这样修改的。再过一段时间,再引导学生欣赏、体味,则学生对于文章的写作方法会有更加深入的体会,学识会有进步。

文章要么不改,改则务必让学生体会修改的妙处。这是对教师的一种挑战,因为教师须有提升学生文稿的水平;同时也是一种方法,一种尊重儿童的写作教育方法。"点铁成金",是语文教师引导学生修改作文的价值尺度。

(六) 文　风

519

政贵有恒,辞尚体要①,不惟好异②。

【战国】《尚书·周书》

【注释】

①辞尚体要:语言注重切实而概括。
②不惟好异:不能光追求新奇。

【读解】

文风历来受到人们的重视。我国唐宋时期曾在文学界发起著名的"古文运动",其主导思想就是旗帜鲜明地反对过分讲究对偶、声律、辞藻等形式的"骈文",继承先秦两汉的散文传统。这场"古文运动"就是从文风的角度恢复儒学传统,使文风改革与复兴儒学相统一。因此,文风问题从本质上讲关系到思想的自由与活跃。

《尚书》是中国最古老的皇室文集,是中国第一部上古历史文献和部分追述古代事迹著作的汇编,尚通"上","书"即文字、文字记录、文档、文书;"尚书"即上古的文献档案。《尚书》在作为历史典籍的同时,向来被文史学家称为中国最早的散文总集,是和《诗经》并列的一个文体类别。但这散文之中,用今天的标准来看,绝大部分应属于当时官府处理国家大事的公务文书,准确地讲,它应是一部体例比较完备的公文总集。

辞尚体要,即从语言的角度来讲,要切实而简要。语言要忠实地反映事实,此所谓"切实";同时,简洁明了地表述,便于读者一目了然地把握文章所述,此所谓简要。不惟好异,即不要一味地追求新奇。《尚书》是一部公文总集,这的确是公文应达到的要求。然而,即便是文学创作,也应自觉地"不惟好异"。

习作教学,务求平实。

520

只眼①须凭自主张②,纷纷艺苑③说雌黄④。矮人看戏何曾见,都是随人说短长。

【清】赵翼《论诗》(之一)

【注释】

①只眼:言有独到见解。

②自主张:个人的独立认识。

③艺苑:指文坛。

④雌黄:矿物名,与雄黄皆为砷的硫化物。古人写字用黄纸,有误则涂以雌黄。这里引申为评论事物。

【读解】

评论的繁荣可以促进文学创作的快速发展,形成相应的文风。所以文学评论是一个十分重要的领域。然而文学评论也有许多问题。本诗的本意是讥讽文艺评论中随声附和、信口雌黄的不良倾向。

文学评论确是仁者见仁,智者见智的,应当有多种声音的存在,但问题在于有些评论固守自己的价值,根本没有深入阅读分析作品,如同矮子看戏,随人说短论长而已。

文学评论是从具体作品出发的,而不是从教条出发的。在文学史上,许多优秀的作品由于超出了同时代人的认识水平,而受到了不公正的待遇,随着岁月流逝而为人所认识,上演了多少文学史上的悲喜剧。

对作品负责,对历史负责,是评论应有的文风。

521

……我手写我口,古岂能拘牵!即今流俗语,我若登简编①;五千年后人,惊为古斓斑②。

【清】黄遵宪《杂感五首》(之一)

【注释】

①简编:指作品。

②斓斑:指古代斑斓的文辞。

【读解】

本诗原意为提倡尊今贱古,反对用古人语言作诗。这是清末"诗界革命"的重要论点之一。现在"我手写我口"被引申为反对作文"为他人立言",惯于说假话、套话,

不注重表达自己的真实思想和情感。

中国历史上长期以来压制人的个性与创造,"述而不作"、"代圣人立言"、"为往圣继绝学"等等,都是把写作者定位为圣人的代言者,都把写作者当作圣人思想的发扬者,所以,中国人的创造力被严重地扼杀。

我手写我口,即我手写我心,真实地表达自我,不再把圣人言论作为绝对正确的教条加以接受,这就突破了人为制造的"圣人"对人们丰富思想的钳制。

黄遵宪不无讽刺地写道:"即今流俗语,我若登简编;五千年后人,惊为古斓斑。"即便是现在的流俗之语,写在竹简上,待到五千年之后,也会被后人惊为"古斑斓"了。这是对泥古不化者辛辣的嘲讽!

522

空同子①刻意古范②,铸形宿模,而独守尺寸。仆③则欲富于材积,领会神情,临景结构④,不仿形迹⑤。

【明】何景明《与李空同论诗书》

【注释】

①空同子:李梦阳,号空同子。他与何景明均为明代文学复古运动的前七子之一。

②古范:这里意指以古人作品为规范。

③仆:作者对自己的谦称。

④临景结构:意思是根据当时当地的具体情况来确定文章的内容和结构。

⑤不仿形迹:这里指不死板地模仿古人的文章。

【读解】

文章中提到空同子就是明代文学家李梦阳(1473—1530),字献吉,号空同,汉族,祖籍河南扶沟。他善工书法,得颜真卿笔法,精于古文词,是明代中期文学家,复古派前七子的领袖人物。他提倡"文必秦汉,诗必盛唐",强调复古,《自书诗》师法颜真卿,结体方整严谨,不拘泥规矩法度,学卷气浓厚。李梦阳所倡导的文坛"复古"运动盛行了一个世纪,后为袁宗道、袁宏道、袁中道三兄弟为代表的"公安派"所替代。

而何景明在此处强调写诗作文的关键在于积累丰富的素材,领会其间深刻的社会意义,针对现实去谋篇布局,组织成文,而不可僵化地模仿他人之作。古人作品虽是经典,但对于当下现实,还需从实际出发,"临景结构"。

一个时代有一个时代的文学,李梦阳和何景明两人的不同观点实际上反映的就是文学的继承与发展的问题,这将是文学的永恒课题。

523

且事以简为上,言以简为当。言以载事,文以著言,则文其简也。事简而理周,斯①得其简也;读之疑有阙②焉,非简也,疏也。

【宋】陈骙《文则》

【注释】

①斯:这。

②阙:缺陷。

【读解】

陈骙(1128—1203),字叔进,台州临海人。绍兴二十四年(1154)进士。他对中国修辞学的贡献既多且广,是一位承先启后的重要人物,撰成了一部中国最早的修辞学专著,就是《文则》,为中国修辞学史树立了一座重要的里程碑。

事以简为上,言以简为当。这里的事,是指文章的内容,言是指文章的语言。简,即是简洁明了。中国古典文论对"简"的强调达到了无以复加的地步。

真理往往是简单的。在事物纷繁芜杂的外表下,有一个简明扼要的内核。写文章也是如此,如果语言不能简明,只能说明对事物还没有全面深入的把握。作者指出"读之疑有阙(同"缺")焉,非简也,疏也",说明文章的"简"不同于"阙","简"是全面而高度凝练的,而"阙"则是由于粗疏造成的,两者有本质的区别。

524

晚爱肥仙①诗自然,何曾绣绘更琱镌②。春花秋月冬冰雪,不听陈言③只听天④。

【宋】杨万里《读张文潜诗》(之一)

【注释】

①肥仙:张文潜体胖,故称。

②琱镌:雕琢。

③陈言:指前人、古书中多次用过或说过的陈词滥调。

④听天:听任自然。

【读解】

好一个"不听陈言只听天"!

"人法地,地法天,天法道,道法自然。"中国崇尚艺术要师法自然,反映在诗文中,即是平淡自然的诗风和文风。

唯陈言之务去,这是写作者耳熟能详的警言。之所以有陈言,是由于作者没有

独特的认识与体悟,所以只能承袭前人陈言。唯有作者情感积淀到一定程度,达到不得不发的境地,于是便直抒胸臆,不事雕琢,"一语天然万古新"!

在语文教育中,教师应尊重儿童作文的原创精神,以读者的姿态细心解读儿童作文,不以个人好恶、写作教条来束缚儿童,解放儿童的天性,由此,方可得到富有童心童趣的天然佳作。这才是真正地天籁之音。若一味雕琢,则与作文教学的主旨相去远矣!

525

陶谷文翰①为一时冠,人或荐之。太祖②笑曰:"颇闻翰林③草制④,皆检前人旧本,改换词语,此俗所谓依样画葫芦耳。"谷乃作诗曰:"官职须由生处有⑤,才能不管用时无。堪笑翰林陶学士,年年依样画葫芦。"

【宋】魏泰《东轩笔录》

【注释】

①文翰:即指文笔。翰:长而硬的羽毛,古人曾以之为笔。

②太祖:宋太祖赵匡胤。

③翰林:官职名,也称翰林学士,皇帝的秘书官。

④草制:草拟文件。

⑤生处有:生来就有。

【读解】

陶谷(903—970),字秀实,邠州新平(今陕西彬县)人。本姓唐,避后晋高祖石敬瑭讳而改姓陶。历任慈、绛、澧三州刺史,有诗名,自号鹿门先生。

陶谷与宋太祖赵匡胤同为后周旧臣,入宋后在翰林院负责起草文书多年,本想通过这层关系谋得高位,没想到被宋太祖讥为"依样画葫芦"。太祖说:"我听说翰林学士起草文稿,都是从前人的旧本上,换一些新词语,这大概就是依样画葫芦吧!"

陶谷听说后,作诗书于玉堂之壁云:"官职须从生处有,才能不管用时无。堪笑翰林陶学士,年年依样画葫芦。"可见其牢骚满腹,后宋太祖就不再重用于他。

"依样画葫芦"就这样成为讽刺抄袭文风的俗语。

文章是作者心性、才情的独特反映,不容模仿,更不许抄袭。一旦有抄袭行为,必为人所轻视,文风与人品是高度统一的。

526

言近①而指远②者,善言③也。

【战国】《孟子·尽心下》

【注释】

①言近:言语浅近。
②指远:意义深远。指:同"旨",意义。
③善言:美好的语言。这里的"言"泛指口头语言和书面语言。

【读解】

语言很浅近,但是意义很深远,这才称得上是美好的语言。这是一种文风的价值观。鲁迅也曾说过:"一条小溪,明澈见底,即使浅吧,但是却浅得澄清。倘是烂泥塘,谁知道它到底是深是浅呢?也许还是浅点好。"可见,鲁迅先生对于那些没有人懂的所谓的深刻是敬而远之的,把它比作"烂泥塘",反而宁可浅得清澈一些。

意义深远,当然是写作者向往的境界,然而要以浅近的语言表达出来,却绝非易事。需要作者对所表达的观点具有深入清晰的理解,需将前人对该问题的论述有自己的判断和独立的见解,融会古今,卓然而有自家见识。在此基础上,又能寻找浅近的语言,妥帖地表达,即所谓的"深入浅出",方是为文之道。若是"深入深出",或是"浅入浅出",甚至于"浅入深出",皆是为文之忌。

527

言,心声也;书,心画①也。

【汉】扬雄《法言·问神》

【注释】

①心画:思想的外在表现形式。

【读解】

这来源于汉扬雄的《法言·问神》:"言,心声也;书,心画也。声画形,君子小人见矣。"意思是:一个人的语言,反映其内心境界;一个人的字迹,反映其德行品性。按这两点,就可以判断此人是君子还是小人。

这话说得比较绝对,并不一定符合现实。例如,历史上宋代蔡京的字也写得不错,他却是一个奸臣。但是作者的个性与文章的风格具有一定的相关性却是不争的事实。

所以中国历来有"知人论诗"的传统,即了解作者的生平境遇对于理解诗歌、把握诗歌的风格具有重要的参考价值。因为诗歌风格是诗人在长期的创作实践中逐

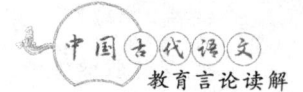

渐形成的艺术个性,是诗人的个人气质、世界观、美学观等在作品中的凝结,具有恒定性和独特性。如知李白陆游的诗、苏轼辛弃疾的词大都是感情积极向上,语言奔泻激荡,意境恢弘阔远,形象博大新奇,那就有助于诗歌鉴赏。

"言为心声",从写作的角度而言,是指写作要从内心出发,流露自己的真实心声,不矫揉造作,不故弄玄虚。

语文教育中,儿童作文的"失真"现象一直广为诟病。儿童作文之所以产生失真现象,就在于儿童试图表现成人的"认识"而不是自己的认识,或者说,他被动地接受了成人的认识而失去了自己的认识。在这样的情况下,儿童作文变为了一种将成人的认识嫁接到儿童的故事之上的无聊游戏,这一种嫁接导致了儿童故事的"变形",也就是我们所说的"失真"。

528

文露①而旨直②,辞妍③而情实④。

【汉】王充《论衡·对作》

【注释】

①文露:文笔浅显。
②旨直:意思直截了当地表达出来。
③辞妍:语言华丽。
④情实:感情朴实。

【读解】

这是王充对文章优劣的一个评判标准,他认为,作文要文笔浅显而意义直接突出,语言要华丽而感情朴实。

在写作学中,华丽与朴实表达的是两种风格,或曰两种境界,而不是非此即彼的矛盾概念,也不存在优劣高下之分。如谢榛《四溟诗话》就认为:"作诗虽贵古淡,而富丽不可无。譬如松篁之于桃李,布帛之于锦绣也。"

由于没有对语言的华丽与朴实进行明确的界定,更没有提出语言华丽与朴实的评判标准,一些反对华丽提倡朴实的人,误把"华丽"当成了"无病呻吟""乱用词语""堆砌辞藻"的代名词;而另一些反对朴实提倡华丽的人,则误把"朴实"当成"粗糙""粗制滥造""词语贫乏"的代名词。

事实上,语言的积累,不只是华丽的专利,同样也是朴实的必经之途。要帮助学生自觉地将朴实的语言与华丽的语言融会贯通,恰当运用。毕竟朴素的语言风格能够给人以简洁、明净、晓畅、率真的审美感受,能够以其内涵的丰厚和思想的深邃打动人们的心灵,具有不容忽视的审美价值,而华丽的语言能给人优雅浪漫、情思丰富之感,能够以其和谐优美的声韵、绚烂艳丽的辞藻、变幻多彩的形象打动人。朴实与华丽并非水火不容,势难两立,而是朴实之中显奇崛,绚丽之极见质朴。两者有机统一,互为补充,才是写作之道。

在儿童语文能力的发展过程中,对于语言的华丽与朴实,往往会有一个交替发展的过程。作为语文教师,应当作科学有效的引导,不应偏执一隅,否则会使学生失去作文的兴趣与信心,僵化了学习语言的性情。

529

函①绵邈②于尺素③,吐滂沛④乎寸心。

【晋】陆机《文赋》

【注释】

①函:包含,包涵。

②绵邈:遥远。

③尺素:古代用绢帛写字,通常长一尺,所以称写文章所用的短笺为"尺素"。

④滂沛:气势盛大的样子。

【读解】

陆机(261—303),字士衡,吴郡吴县人,西晋文学家、书法家,孙吴丞相陆逊之孙,与其弟陆云合称"二陆"。孙吴灭亡后出仕晋朝司马氏政权,曾历任平原内史等职,世称"陆平原"。他"少有奇才,文章冠世"(《晋书·陆机传》),与弟陆云俱为中国西晋时期著名文学家,被誉为"太康之英"。陆机还是一位杰出的书法家,他的《平复帖》是中古代存世最早的名人书法真迹。

陆机说:"(写文章)是在尺素中包含深远的意旨,以寸心倾吐盛大的气势。"这是对写作的一种辩证的认识。写作虽在方寸之中,然而作者却要胸怀天地,思接千载,阅尽人世沧桑,参透兴衰成败,如此,方能以笔底波澜,直揭深远的意旨;写作虽是个人行为,然而作者却要超越个人情感,以更加悲悯的情怀,写出更多人的命运,由此,文章方能达到更加广大的境界。如杜甫在《茅屋为秋风所破歌》中,就超越了个人情感,以悲天悯人的情怀,发出了"安得广厦千万间,大庇天下寒士俱欢颜"的呼声,确乎是"函绵邈于尺素,吐滂沛乎寸心"。

近来,有学者提出"公民写作",意在通过写作教育,培养公民意识;而学生正是在公民写作的过程中,获得更加理性的认识,更加博大的胸怀,更加丰沛的情感。

530

文以辨洁①为能,不以繁缛②为巧,事以明核③为美,不以深隐④为奇。

【南北朝】刘勰《文心雕龙·议对》

【注释】

①辨洁:条理清楚,语言简洁。辨:指条理。洁:指语言简洁。
②繁缛:繁复驳杂。
③明核:明白确凿。核:确实。
④深隐:艰深隐晦。

【读解】

语出《文心雕龙·议对》,议是议论政事,对是对答皇帝的提问。意思是说文辞以明辨简洁为确当,不以繁多辞藻为巧妙;叙事以明白核实为美好,不以曲折隐晦为奇特。

此说是针对"议对"一类的文体而言,此类文体是实用类公文,文体的独特功用要求其条理清楚,语言简洁,明白确凿,不可以曲折复杂,艰深隐晦。这当然与文学类文体的要求有所区别。然而,对于语文教育而言,作文教学必须从辨洁明核的角度来引领,这是写作的基本要求。

可见,文风与文体的要求也是密切相关的。

中国是文章大国,也是文体大国。《文心雕龙》也是按文体来编著的。不同的文体对于文章的风格有着不同的规定。

531

思赡者善敷①,才核者善删②。善删者字去而意留,善敷者辞殊而意显③。字删而意阙④,则短乏⑤而非核;辞敷而言重⑥,则芜秽而非赡。

【南北朝】刘勰《文心雕龙·熔裁》

【注释】

①思赡(shàn)者善敷:思想感情丰富的人善于铺叙。赡:充裕,丰富。敷:铺陈。
②才核者善删:才华充实的人善于删繁从简。核:翔实正确,充实丰富。
③辞殊而意显:语词不同而意义明显。
④阙:同"缺"。
⑤短乏:才气短缺,语言贫乏,所以下文讲"非核"(才华不丰富、不充实)。
⑥言重(chóng):语言重复累赘。

【读解】

此段出自《文心雕龙·熔裁》,熔是冶金,指内容的提炼,即炼意。裁是裁衣,指文辞的修改,即炼辞。

怎样进行熔裁?一是根据内容确定体裁,二是选择事例使内容具体化,三是选择文辞来显出要义。然后进行文字加工,把多余的删去。

而这个过程中,不同的个性就会有不同的文风。"思想感情丰富的人善于铺叙,才华充实的人善于删繁从简,善于简化的减少了文字,没有减少意思,善于扩充的增加了文辞,用意更明显。要是简化了而意思残缺不全,那是短缺而不是核要;要是扩充了而语言重复,那是芜杂而不是丰富。"

可见,《熔裁》只是主张删去多余的文字,并不主张文章一定要写得简短。文章的繁简,随各人的爱好而定,更是由作品的内容决定的。所以好的繁简处理取决于取材。"善敷"就是多取材,"善删"就是少取材。不过一般来说,作品往往有繁芜的毛病,所以在刘勰看来,还是偏重于删繁去滥。

小学语文教育中,儿童刚开始写作时,往往苦于无话可说,所以要鼓励儿童放胆为文,及其能自述其意之后,再求简洁。如一开始教作文就一味求简,则会导致儿童不敢下笔。

532

辞约①而旨丰,事近而喻远②。

【南北朝】刘勰《文心雕龙·宗经》

【注释】

①辞约:语言简要、精练。
②事近喻远:叙事浅近,喻意深远。

【读解】

《原道》说:"圣因文以明道。"圣人是通过经书来明道的,所以要"宗经"。"宗经"就是"宗法经书",写作以儒家经典作为标准,效法五经来写文章。

所以,刘勰认为,经书中的文章"语言简练而意义丰富,叙事浅近而喻意深远"。虽然是宗法经书,但并非是为复古,实际上是一种革新,即借古以革新。他希望通过革新,使文章达到简洁、情深、文丽、意真的效果。

我国历来重视文风问题。从古文运动到明代"公安派"主张"性灵",都是从文风入手来解放文学创作,促进了文学的繁荣与健康发展。及至延安时期,毛泽东也提出了"反对党八股"的主张,即从文风入手整顿党的作风,可见对文风问题的高度重视。

在语文教育中,培养良好的文风是语文教师的天职。在学生作文的过程中,引导学生说真话,表达内心真实的想法,从而培养具有独立人格与操守的新人,具有重要的当代意义。

533

深文隐蔚①,余味曲包②。

【南北朝】刘勰《文心雕龙·隐秀》

【注释】

①深文隐蔚:文辞深沉,隐含华采。

②余味曲包:余味无穷,包含于内。

【读解】

这句话出自《文心雕龙·隐秀》。隐就是含蓄,有余味,耐咀嚼。秀就是突出,像鹤立鸡群,为一篇文章中的警句。隐秀就是修辞学中的婉曲格和精警格。

"深文隐蔚,余味曲包"是指深刻的文辞含蓄而多采,言外的余味曲折地包含着。含蓄多采,即有言外之意,义生文外,所以经得起反复咀嚼。但并不是故作深奥,意义晦涩,不是用难懂的话为难读者。"蔚"同秀,因为文章有言外之意,弦外之音,所以就会特别有光彩,可谓是"木秀于林"。

中国人讲究含蓄,在写作方面也是如此,讲究含不尽之意于言外,认为这样的作品才经得起人反复的咀嚼与品味。所以余味曲包也是中国审美习惯在文学中的独特反映。

534

义欲婉而正①,辞欲隐而显②。

【南北朝】刘勰《文心雕龙·谐隐》

【注释】

①义欲婉而正:思想内容要委婉而正大。

②辞欲隐而显:语言文字要含蓄而畅达。

【读解】

所谓"谐隐","谐"指诙谐嘲笑的文章,"隐"指隐语。嘲笑是指使人发笑后,又感到有深刻含义;"隐"应是一种修辞格,或用比喻等手法,或是用一个简单故事来说明一个道理。

可见,《文心雕龙》里对"谐隐"的要求,重在箴诫,注重其讽谏的功能。

而箴诫,必然要求在语言文字上能委婉,运用委婉格,可以使文章更加容易令人接受,在文辞上注重含蓄,把自己的真实意图通过比较隐晦的方式表达出来。而事实上,即便不是因为这样的要求,文章也是写得委婉、真实意图隐晦一些的为好,所以,这一思想实际上也可以为许多文体所用,并不局限于箴诫。而在教学中让学生体会"谐隐",不是要教师对什么是"谐隐"去作正面的定义和解析,主要是让他们在阅读文本的过程中,在具体的文辞语境里去感受。

535

沈隐侯①曰:文章当从三易:易见事,一也;易识字,二也;易诵读,三也。

【南北朝】颜之推《颜氏家训·文章》

【注释】

①沈隐侯:南朝梁代沈约(441—513)的谥号为"隐"。

【读解】

沈约主张写文章要做到"三易",易见事,指内容明白;易识字,指文字通俗;易诵读,指朗朗上口。

这实际上是一种平易近人的文风主张,纯粹是从读者接受的角度来阐释的。

文章或者文学作品具有极强的社会交际属性,所以说文章是"经国之大业"。正因为如此,好的文章作者具有极强的读者意识,在写作之初,即考虑读者的接受程度。

文学作品是为读者阅读而创作的,它的社会意义和美学价值,只有在阅读过程中才能表现出来。一部文学作品的生命力,没有读者的参与,是不可想象的,文学作品不仅是为读者创作的,而且它也需要读者,这样才能成为一部真正的作品。接受美学把文学视为创作过程和接受过程,这便是文学作品的生命力所在。读者创造作家,影响作家的创作,是推动文学创作,促进文学发展的一个决定性因素。

所以,考虑到读者的阅读接受应当成为文风问题的一个重要方面,"三易"说深刻地体现了这一要求,易于诵读,易于理解,易于接受,读者方能自如地参与到文学接受中,与作者一道创造作品的价值。

536

跃跃①诗情在眼前,聚如风雨散如烟。敢为常语②谈何易,百炼功纯始自然③。

【清】张问陶《论诗十二绝句》(之三)

【注释】

①跃跃:感到欢悦而心情激动的样子。这里形容创作冲动。
②常语:指生活中常用的普通语言。
③"百炼"句:意为千锤百炼、功夫纯熟之后,才能运用常语入诗而达到自然天成的境界。

【读解】

诗情、诗意,常常被人误解为是一种玄奥莫测、高雅超绝的东西,因其无法捉摸,也只能是凌虚蹈空地去揣摩一番。其实,这是十分错误的。诗情无疑来自真实生活的感受。生活中的景、物、人、事感动了我们,便有了想表达、想宣泄的强烈欲望。当然,这种冲动有时并不很清晰,而且似乎来去无踪,"聚如风雨",骤然而至,"散如轻烟",踪迹难觅,这是很正常的,因为这是一个思索的过程。一旦想清楚了,你甚至可以用生活中常用的普通语言来准确地表达。当然,这种功夫的纯熟,须经过千锤百炼,才能以常语来描述,而达到自然天成的境界。

张问陶(1764—1814)是清朝的一位诗人,字仲冶,号船山,四川遂宁人。乾隆进士,授检讨,官莱州知府。他主张诗歌应抒写性情,反对模拟,曾为袁枚所赞扬。作品多表现日常生活,著有《船山诗草》。

537

吾虽少①为文不能自雕斫②,引笔行墨,快意累累③,意尽便止,亦何所师法④,立言状物,未尝求过人。

【唐】柳宗元《复杜温夫书》

【注释】

①少:年轻时期。
②斫:这里借为"琢"。
③快意累累:快意:心意畅快。累累:连续不断。
④师法:学习和模仿他人。

【读解】

这是柳宗元致友人信中说的创作经验。他年轻时著文就不喜欢沿袭别人,只是写时"意尽便止",不矫揉造作,不无病呻吟,不死守别人的成法。

文章是表达内心的真实想法,所以写文章不可强写。写不出就去模仿别人,这不好。应当"有话则长,无话则短,意尽便止",如此可以使自己形成良好的写作习惯,令文章言简意赅。

写文章不必刻意模仿他人。因为写作不同于书法、绘画,虽有师法,却不同于书法等须严格模仿,写作从一开始就须有作者自己的见识与思想。因此,文章中说"立言状物,未尝求过人"。

当然,模仿是一个内涵丰富的概念。学习不可能完全离开了模仿,这是对的。但不同的课程,学习模仿的程度是不一样的。书法与作文即是一例。书法的临帖是模仿得越像越好;但作文的模仿,太像了就近乎抄袭,就很不好了。再说,"读书破万卷,下笔如有神"也隐含着模仿的因素,但这是经化解后的创新。"依样画葫芦"也是一种模仿,但这是照搬照抄的模仿,令人反感。

538

始吾幼且少,为①文章,以辞为工。及长②,乃知文者以明道,是固不苟③为炳炳烺烺④,务采色,夸声音⑤,而以为能也。

【唐】柳宗元《与韦中立论师道书》

【注释】

①为:写。

②及长:到了年纪大起来。

③苟:苟且、随便。

④炳炳烺烺:见"立意"部分。这里指文章辞藻华丽。

⑤夸声音:过分追求音律。

【读解】

这是柳宗元对自己写作观念发展过程的反思。年少时,总以辞美为能事,所谓"炳炳烺烺,务采色,夸声音",到了年长之时,才明白写作是为明道,非专为辞美。

"庾信文章老始成",一个人的写作认识发展是有过程的。所谓"少年听雨歌楼上","壮年听雨客舟中","暮年听雨僧庐下",面对同样的世界,不同的写作年龄,主观感受大不一样。由此,呈现的写作面目也大不一样。因此,为文与人生阅历、见解密切相关,文风的养成与这些方面自然有着密不可分的联系。

538

且事以简为上,言以简为当。言以载事,文以著言,则文其简也。事简而理周,斯①得其简也;读之疑有阙②焉,非简也,疏也。

【宋】陈骙《文则》

【注释】

①斯:这。

②阙:缺陷。

【读解】

文章内容,遣词造句都要以简练为上。事要简,言也要简。这是陈骙的文风主张。

陈骙的文风主张也是辩证的。这里,解析得很清楚:"事"指的是文章记述的内容;"言"是叙述文章记事的话语;"文"是由话语转换过来的文辞。因为古代的"言"(口头语言)与"文"(书面语言)是不一致的,所以就有了"言以载事"与"文以著言"的不同,事、言、文都要以简为上,但表达的"理"却要周密。如果人家读起来觉得有"阙"(不周全),这并不是主张"简"的缘故,而是因为作者说理时就存在着粗疏不周的关系。

540

初学作诗,宁失之野①,不可失之靡丽;失之野,不害气质;失之靡丽,不可复整顿②。

【宋】魏庆之《诗人玉屑·初学蹊径》

【注释】

①失之野:粗俗。

②整顿:整理,改进。

【读解】

在中国古代的艺术观念中,历来有"质胜文则野,文胜质则史"的说法。文学创作中,应文采与质朴并重,过于质朴,则粗野,文采过分,则虚浮。然初学写作,首先要追求质朴,也就是内容充实,不可先求文采,宁可粗野一些。粗野对文章立意没有什么影响,如果一味追求辞藻华丽、文采靡丽,则文章无法修改提升。无独有偶,中国书法史上也有"宁拙毋巧"的要求,与"宁失之野"道理相通。学习书法,为获得笔法、章法之正宗,宁可稚拙一些,不可求巧,否则容易油滑,最终进入歧途。

在小学的"写话"、"习作"教学中,牢记这一传统经验尤其重要。儿童的起步写作一定要真实地把自己最想说的话写出来,抒发真情实感。当然,这样写出来的东西,不一定好,有时甚至不一定对,这都没有大关系。写得不太好,可以在写作过程中慢慢提高;写得不对也不要紧,写出来总要比捂起来好。因为有错误表达出来就会得到同学、老师、家长的帮助,这是成长过程中的好事。

541

白乐天①作诗,必令老妪听之,问曰:"解否?"曰"解"则录之;"不解"即易②。作剧戏,亦须令老妪解得,方入众耳,此即本色③之说也。

【明】王骥德《曲律》

【注释】

①白乐天:唐代诗人白居易的字是乐天。
②易:改换。
③本色:语言质朴,接近生活。

【读解】

这一则在讨论诗文及戏曲语言时,指出剧作家也要向白居易学习,广泛征求意见,吸取民间语言,做到通俗易懂,质朴自然。

中国文学,有一个有趣的现象:某种文学样式往往起源于民间,《诗》三百、乐府诗等,大多从民间来,而后进入文人创作,即所谓"庙堂"。经过文人加工,艺术性得以大幅提升,但质朴之美渐渐消失,而后又须复归民间寻求发展所需的营养,辞、词、曲等文学样式莫不如此。

白居易作为一位有自觉意识的作家,主动在创作中征求百姓中老妇的意见,使诗作达到"老妪能解"的程度,不仅仅是文风上的一种自觉追求,更体现了其文学观念上的回归与超越。

542

文章最要节奏,譬之管弦繁奏中,必有希声①窈渺②处。

【清】刘大櫆《论文偶记》

【注释】

①希声:与繁奏相对的稀疏之声。
②窈(yáo)渺:美好。

【读解】

刘大櫆指出,文章要有节奏,好像音乐演奏的繁音中伴随稀疏之声,繁疏相间,和谐得体。

节奏是自然、社会和人的活动中一种与韵律结伴而行的有规律的突变。节奏常见于音乐之中,但实际上节奏存在于一切艺术之中,书法绘画等等莫不如此。

写作实际上是作者和读者心灵对话的过程。文章的节奏是作者情感起伏的节拍,表现在文中,就是指文章的语言、内容、结构安排等的起伏,尤其在小说、剧本等文体中,叙事的节奏表现得更加明显。

本节此说,就把文章与音乐相类比,指出文章的结构如同音乐,要繁疏相间,这样才能带给读者美好的阅读享受,把文章写得平铺直叙,不作裁剪,终究为人所弃。

其实,在大千世界里节奏无处不在。春夏秋冬是四季的节奏,阴晴雨雪是天气的节奏,作息张弛是生活的节奏,动静开合是课堂的节奏……如此看来,文章自然也需要有节奏了。

543

文章繁简,非因字句多寡,篇幅短长。若庸絮懈蔓①,一句亦谓之烦。切到精详②,连篇亦谓之简。

【清】魏际瑞《伯子论文》

【注释】

①庸絮懈蔓:平庸繁琐,松懈纠缠。

②切到精详:切实恰当,精确详尽。

【读解】

这是魏际瑞的"繁简观"。繁简并非是一个机械的"量"的概念。它不能以字数的多少、篇幅的长短而论。如果文章写得平庸繁琐,即便是一句也令人烦。文章写得切实恰当,精确详尽,即便是连篇累牍也是简明。

可见,文章的繁简是由文章的内容决定的,当然也是由时代的文艺观所决定的。《三国演义》全书百万字,虽然看起来篇幅很大,但它描写了从东汉末年到西晋初年之间近100年的历史风云,人物众多,关系复杂,所以不可谓不简。可见,文章繁简不以字数论。

所以,文章的繁简关键在于看文章内容与篇幅之间是否匹配。

544

凡文笔老①则简,意真②则简,辞切③则简,理当④则简,味淡则简,气蕴⑤则简,品贵则简,神远而含藏不尽则简,故简为文章之尽境⑥。

【清】刘大櫆《论文偶记》

【注释】

①老:老练。

②真:真诚。

③切:确切。

④当:恰当。

⑤气蕴:文气含蓄。

⑥"故简"句:所以简明是文章的最高境界。

【读解】

何为"尽境"?即"至境",也就是文章达到尽善尽美之境,所谓最高境界。作者认为"简"是文章的最高境界。

作者认为"文笔老"、"意真"、"辞切"、"理当"、"味淡"、"气蕴"、"品贵"等等文章的优秀品质,其外在的表现都是简,所以简是文章的最高境界。

到底"简"是不是文章的最高境界,这也并不是三言两语可以说清的问题。在文学史上,有以繁取胜的作品,也有以简取胜的作品。但是总体上来说,许多人都倾向于文章要简,道理很简单,可以用简单的话语说清的问题,没有必要用繁琐的话语来表达。

在语文教育中,我们常常为学生写不出表达具体的文章而烦恼,所以在儿童写作初期,教师常会要求其写繁。实际上,儿童写不具体与文风的"简"不是一回事。写不具体是没有写清楚,是因为儿童对于写作内容缺少丰富的感受。因此,在作文教育中的"写不具体"与文风的"简"须有正确的区别与认识。

545

今考据作文字,率①喜繁征博引,以长篇炫人,然气不足以举之,每令阅者不终篇而倦。其意自谓源于史汉②,然史公③文字精彩,虽长不厌;《汉书》则冗沓处实多,马班④之高下,即在于此。《史记》亦长短不一律,如《项羽本纪》长八千百余字,《赵世家》长一万一千一百余字,而《颜渊列传》仅二百四十字,《仲弓列传》仅六十三字,何尝必以长为贵乎?

【清】梁章钜《退庵随笔》

【注释】

①率:大都。

②史汉:《史记》、《汉书》。

③史公:太史公司马迁。

④马班:司马迁、班固。

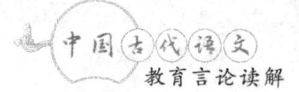

【读解】

　　文章不在于长短,而在于是否文字精彩,有感染力。这里,梁章钜将《史记》与《汉书》作了比较。司马迁文字精彩,即使篇幅较长读起来也不生厌,而班固的文笔冗杳之处就多了。同时,《史记》篇章的长短也并不划一,而是根据内容的多少来决定文章的篇幅。

　　《史记》作为史家之绝唱,在叙事艺术上确有自己的艺术魅力。这一方面基于司马迁的艺术功力,同是也基于司马迁为写作《史记》所付出的极大的劳动,如阅读文献、考证事实、反复修改等等。

　　海明威曾提出写作的冰山原则,意即文章只是表现出来的一部分,没有表现出来的占到的分量更多。这实在是值得写作者深思的。

546

　　少年作文,以英发畅满①为贵,不宜即求高简古淡②。昔欧阳公答徐秘书云:"所寄近著甚佳,议论正宜如此。然著撰苟③多,他日更自精择④,少⑤去其繁,则峻洁⑥矣。此时且不必勉强。简节之则不流畅⑦,须待自然而至也。"

【清】梁章钜《退庵随笔》

【注释】

　　①英发畅满:生气勃勃,流畅丰满。
　　②高简古淡:高深简洁,古雅淡泊。
　　③苟:若,假使。
　　④精择:精当地抉择。
　　⑤少:稍。
　　⑥峻洁:清峻简洁。
　　⑦简节之则不流畅:简单地删节就不流畅了。

【读解】

　　文章当然是以风格境界之高下而分的,如写作者总是要求高简古淡。但这也是与人的生命阶段相关的。

　　少年时期,是一个人生命中蓬勃向上的阶段,可谓是英气勃发,心胸中有表达不完的激情,充满了诗一般的浪漫与冲动,所以这一阶段的写作,以英发畅满为贵。如果也以高简古淡要求少年,则与少年时代的生命状态相悖了。

　　写作是一种生命的表达,写作时刻与生命状态联系在一起。所以文章的风格也与人的生命阶段紧密地联系在一起。

儿童作为人的生命初期,又有其特殊性。它天真烂漫,充满幼稚之趣,因此,儿童时期的写作又有其独特的面目。对于儿童写作,最重要的是呵护天性,爱惜作文中的天真之气,不可以成人标准的所谓理数章法去要求他们。许多方面,在成人看来儿童写作的幼稚,其实正是人间难得的天籁之音。

547

义理①、书卷②、经济③者,行文之实④。若⑤行文自另是一事。譬如大匠操斤⑥,无土木材料,纵有成风尽垩手段⑦,何处设施⑧?然即土木材料,而不善设施者甚多,终不可为大匠。故文人者,大匠也;……义理、书卷、经济者,匠人之材料也。

【清】刘大櫆《论文偶记》

【注释】

①义理:指旧时讲求封建礼教的经义,探究名理的学文。
②书卷:书籍,泛指书本所提供的知识。
③经济:经世济民、治理国家的方法。
④行文之实:是写文章表达思想的实际内容。实:指内容实质。
⑤若:而,转折连词。
⑥操斤:拿斧子。
⑦纵有成风尽垩(è)手段:即使有运斤成风除去泥痕的手段。"成风尽垩"是《庄子·徐无鬼》中的一个寓言:一个工匠名叫石的,手艺高超。郢(yíng)人鼻尖上涂了白粉,薄如苍蝇的翅膀,工匠挥动斧子,呼呼成风,削去白粉,不伤鼻子。垩:白粉。纵:即使。
⑧设施:行事,引申为操作。

【读解】

刘大櫆认为"人不穷理读书,则出词鄙倍(背)空疏;人无经济,则言虽累牍,不适于用",所以他提出"义理、书卷、经济者,行文之实"。但是就行文而言,它本身自有相对的独立性,所以说"行文自另是一事"。他认为即使有材料,还要善于设施。这是桐城派古文家的基本主张,也是他对文道的看法。

文章是一种经营之道。首先是经营思想,在众多的思想观点中,在古与今之间,雅与俗之间建立起自己独特的观点。其次是要经营材料,尤其是用上别人没有见到过的材料,以新颖的材料表达观点,可以使文章更加具有感染力。

刘大櫆提出的即使有材料,也还要善于设施,这就是用材料的问题,用好材料,

令材料为中心服务,不可为材料所累。

548

繁文①之人,人之杰②也。有根株于下,有荣叶③于上,有实核④于内,有皮壳于外。文墨辞说⑤,士⑥之荣叶皮壳也。实诚在胸臆⑦,文墨著竹帛⑧,外内表里,自相副称⑨,意奋而笔纵,故文见而实露也。

【汉】王充《论衡·超奇》

【注释】

①繁文:擅长写作。

②杰:杰出者。

③荣叶:荣,草类的花;叶,叶子。

④实核:果实的核。

⑤文墨辞说:文章和词语。

⑥士:指有知识的人。

⑦实诚在胸臆:思想感情蕴蓄在胸中。实,果实,借指思想内容。

⑧竹帛:竹简和白绢,古人用来书写。

⑨自相副称:各自相称。

【读解】

王充是东汉著名唯物主义思想家,所著《论衡》三十卷,不仅是一部唯物主义哲学论著,其中还提出了一些进步的文学理论观点。他强调文章应为社会政治服务,"劝善惩恶"。有补于教化,反对"调墨弄笔,为美丽之观",但也承认"情见于辞",认为,"文辞美恶,足以观才"(《佚文》)。这段言论以植物的花叶和果实的皮壳比喻语言文字,以植物的根和果实的核比喻思想感情,说明内容决定形式的关系。

人们看到花草,只注意到其外形,而忘记了其下庞大的根系,这根系便是作者的思想情感,其根系发达,才会开出鲜艳的花朵。

这一个比喻生动地说明了写作内容的重要性。写作教育,从某种角度而言,也应该更多做根系上的功夫。在我国小学作文教学的改革历史上,也曾经强调过"作文要从内容入手"。这确实非常重要,因为作文之崇尚形式、铺陈章法、讲究技巧,带来了多以空话、大话、套话、假话作组装的痼疾。即使在当下,此病也远远没有得到根治。

549

且自谓文者,务为有补于世而已矣①。所谓辞者,犹器之有刻镂绘画也②。诚使巧且华,不必适用;诚使适用,亦不必巧且华③。要之以适用为本,以刻镂绘画为之容④而已。不适用,非所以为器也;不为之容,其亦若是乎? 否也⑤,然容亦未可已也,勿先之,其可也⑥。

【宋】王安石《王临川全集》卷七十七《上人书》

【注释】

①且自谓……而已矣:这句话的意思是说,所谓文章,必须对社会有益。务为:必须是。补:补益。矣:语气助词。

②所谓……也:这句话的意思是说,所谓辞藻,好像器具外面的雕刻、绘画。

③诚使……;诚使……:这两句的意思是:(器具外面的雕刻、绘画)确实精巧华丽的,不一定适合实用;确实适合实用的,也不一定精巧华丽。诚:真的,确实的。

④容:装饰,此作动词用。

⑤不适用……否也:这两个分句的意思是说:不适用,就不成其为器物了;适用而不加装饰,是否也像这样不成其为器物了呢? 其……乎:表示测度、商量的语气。若是:如此。否也:不是的。

⑥然……可也:这三句话是说,然而外貌的装饰也不是可以不要,只是不要首先去考虑它就行了。已:停止。

【读解】

王安石是北宋政治家、文学家。引语中把文和辞分开,文指文章,辞指修辞。他强调文章的社会效果,一定要"有补于世",辞藻不必"巧且华"。但也并非不要辞章之美,只要求"勿先之"而已。

辞,如同器物上的绘画,有当然是好,也是适用就好,不必过于求巧。

这个比喻生动地说明了,文章的修辞是外加到文章上的,作为装饰,具有一定的美化作用,可以使文章更加具有神采。但如果外加的东西太多,或者外加的东西与器物不配,则会成为器物的累赘。对于文章也是如此。

这同样是一个关乎内容与形式之关系的命题。指导小学生习作"要从内容入手",表达真情实感最重要。《语文课程标准》强调儿童作文要说真话、实话、心里话,不要过分讲形式,去追求虚妄的华丽和高雅。

550

文之用①,辞令褒贬②导扬讽谕③而已。虽其言鄙野④,足以备于用⑤,然而阙⑥其文采,固⑦不足以竦动时听⑧,夸示后学⑨,立言而朽⑩,君子不由⑪也。……辞令褒贬,本乎著述者也;导扬讽谕,本乎比兴者也⑫。

【唐】柳宗元《柳河东全集》卷二十一《扬评事文集后序》

【注释】

①文之用:文章的用处。

②辞令褒贬:辞令:言辞。褒贬:赞扬与贬斥。

③导扬讽谕:启发诱导,讽刺劝勉。

④鄙野:粗野。

⑤用:用处。

⑥阙:缺。

⑦固:必。

⑧竦动时听:引起当时人们的注意和强烈的反响。

⑨夸示后学:向后人夸耀。

⑩立言而朽:虽著书立说,但不久而废。旧时谓立德、立功、立言为"三不朽"。

⑪不由:不行、不干。

⑫"辞令褒贬"句:用语言文字来表述自己对某种事物的赞扬与贬斥,其源出于著述家;表述自己对后人的启发诱导、讽刺、劝勉,其源出于比兴手法。著述者也;是柳宗元意指孔子修《春秋》这件事。因为孔子修《春秋》每下一个褒贬的词,都寄托着自己对事物的是非观点和爱憎感情。比兴:《诗经》的两种表现方法。

【读解】

柳宗元是唐朝著名文学家,与韩愈一起倡导古文运动。他的古文理论与韩愈大致相同,主张"文以明道",不以语言的"炳炳烺烺、务采色、夸声音而以为能"。为贯彻这个主张,他认为必须发扬先秦《春秋》及其"三传"(即《左传》、《穀梁传》、《公羊传》)、《孟子》、《荀子》、《庄子》、《老子》、《国语》、《国策》、《离骚》以及《史记》等具有不同特色的作品的优良传统。

先秦和汉朝的散文,特点是质朴自由,以散行单句为主,不受格式拘束,有利于反映现实生活、表达思想。所谓"骈文",是指六朝以来讲究排偶、辞藻、音律、典故的文体。自南北朝以来,文坛上盛行骈文,是始于汉朝,盛行于南北朝的文体。骈文中虽有优秀作品,但大量的是形式僵化、内容空虚的文章。流于对偶、声律、典故、辞藻等形式,华而不实,不适于用。骈文作为一种文体,成了文学发展的障碍。韩愈等人举起"复古"的旗帜,提倡学古文,习古道,以此宣传自己的政治主张和儒家思想。这主张得到了柳宗元等人的大力支持和社会上的广泛反响,逐渐形成了群众性的斗争浪潮,压倒了骈文,形成一次影响深远的"运动"。他们倡导古文是为了推行古道,复兴儒学。在文学上是利用复古的旗帜从事文学革新,推动文学前进。古文运动的实质还是为了破除形式主义对文学的束缚,使文学创作获得思想的自由。

551

"谢朝华于已披,启夕秀于未振"①,学诗者尤当领此②。陈腐之语,固不必涉笔③;然只求去陈腐而翻④为怪怪奇奇不可致诘⑤之语以欺人,不独欺人而且自欺,诚学者之大病⑥也。

【宋】陈骙《文则》

【注释】

①"谢朝华于已披,启夕秀于未振":这句的意思是说放弃早晨已经开过的花朵,要使晚间未开的花朵开放。谢:辞谢不用。已披:已经开了的。夕秀:晚上开的花。未振:未开。语出于晋代陆机《文赋》。

②领此:领会这种道理。

③涉笔:动笔写上去。

④翻:反。

⑤不可致诘:经不起提问。

⑥大病:极大的弊病。

【读解】

陆机确在《文赋》中写过:"谢朝华于已披,启夕秀于未振。"意思是说学诗的人务必在语言上有所创新。但是问题在于语言的创新不是求怪,不是只为吸引人的眼球。

华而不实,奇奇怪怪,都是不良风气。初学写作者如果染上这样的习气,会给写能力的发展带来很大影响。

因此,在学习写作的过程中,我们固然需要提出对文采的要求,但文采是内容的特定表现,如果没有充实的写作内容,文采是无本之木,不可能产生。首要的是引领学习写作者平平实实地写,老老实实地写。这表面上看起来是文风的问题,其实也是写作姿态的问题。

(七)吐 纳

552

读书如销铜①,聚铜入炉,大鞴②扇之,不销不止,极用费力。作文如铸器,铜既销矣,随③模④铸器,一冶⑤即成,只要识模,全不费力。所谓劳于读书,逸⑥于作文者,此也。

【元】程端礼《程氏家塾读书分年日程》

【注释】

①销铜:使铜熔化。
②鞴:用皮革制成的鼓风用具。
③随:按照。
④模:铸铜器的模具。
⑤冶:熔炼金属。
⑥逸:轻快逸乐。

【解读】

"吐"为输出,"纳"为吸收,"吐纳"即为吸收和输出之意,放在写作中理解,即为阅读和写作。程端礼在文中就写到了阅读与写作之间的关系。大意是说写作和铸器差不多,写作文就像是把已经熔化的铜放入模子里,使之成形,一样简单、不费力气。而阅读却犹如熔铜,要用鼓风工具一直扇动,铜不熔化不停止,是极其费力的。这就是阅读辛苦,写作容易的道理。程端礼用极其生动简单的事例诠释了阅读与写作之间的关系。

读书读得多了,阅读经历丰富了,在阅读过程中,在有意无意之间见识了多种写作方法,领略了他人的写作特点和技巧,积累了各种写作素材,丰富了思想见识,那么,当自己要写作时,以自己的思想为核心,就能将他人的或是在阅读中积累的各种方法、经验、技巧等等加以"借鉴",如同随模铸器,轻松之至。

因此,在程端礼看来,要想写好作文,阅读是写作文之前必须做的功课,只有阅读丰厚了,读到位了,写作才能随手拈来,轻松万分。正如古人之所云:"读书破万卷,下笔如有神。"

553

"黄鹄一举①兮,见山川之纡曲②;再③举兮,睹④天地之方圆。"作文作诗,必置身高处,放开眼界,源流升降之故,瞭然⑤于中,自无随波逐浪之弊⑥。

【清】沈德潜⑦《说诗晬语》

【注释】

①举:飞。
②纡曲:弯曲。
③再:再一次。
④睹:看。
⑤瞭然:明白、清楚。
⑥弊:缺点、不足。
⑦沈德潜:(1673—1769),是清代诗人,字确士,号归愚。江苏长洲(今江苏苏州)人。《说诗晬语》是他的诗歌理论著作。

【读解】

黄鹄只有飞得高,才能见到山川的弯曲逶迤,再高飞,才能看得清楚天地究竟是什么样子的。居身越高,所睹越远。沈德潜用黄鹄高飞来作例子,告诉我们写作与黄鹄高飞具有异曲同工之意——作诗作文,立意高了,才能放开眼界;想要放开眼界,放手去写,只有站得足够高,取意够新够高才行。

要想立意高,放得开眼界,首先自己得熟谙书理,精通古今论著亦或对当今写作现状了然于心,才能从广泛涉猎中获取信息。只有阅读才能让自己博古通今,让自己有所积淀,在平凡的素材中或是自己平常的生活经历中,找到不同的、新颖的切入点进行写作;才能让自己的写作独树一帜,不同凡响;也才不会出现人云亦云或泛泛而谈的低俗之文。

554

读经①可浚来源,读史②可广③识见,然后参④以今世之阅历⑤,而求其会通,如此为文,则有根柢而不迂固。

【清】林纾《文微》

【注释】

①经:泛指《诗经》、《礼记》等古代著作。
②史:泛指《史记》、《汉书》等用刚正不阿的精神对最高统治者加以记叙的作品。
③广:扩大,增加。
④参:融合、参照。
⑤阅历:自己各方面的经历、经验、收获等。

【读解】

写作文时免不了要引经据典,以佐证自己的观点、丰富自己的文章内容或是给予自己的作文以些许内涵。但常有想要引经却不知道该引什么,想要据典却不知道典故的由来,引不全或是引错了地方的情况。这得归结于著文者的知识储备不够,自身的阅读修养不深。

林纾指出读《诗经》等经典著作,可以让我们学到各种知识,了解多种经典、事故等的由来;读《史记》等书又能增长自己的见识。之后再结合自己的生活、学习等各方面的经历、经验,融会贯通,这样写出来的文章才有理有据,底气十足,才不会显得肤浅、单调,平淡又平庸。在林纾的这段话里,他是想清楚明白地告诉我们,阅读之于写作是极其重要的,是相辅相成的。要想写出好文章,广泛的阅读——读经典、读历史、读古今之美文是写作必要的前提。只有当自己满腹经纶,用阅读的力量充实自己时,才能使自己的写作如长江之水滔滔不绝,扬扬洒洒,落句有声,成句有形。

看来,我们平时常说的"读好书,写好文"是一件需要实实在在去做的事情。

555

珍裘①以众腋成温,广厦②以群材合构。自古探穴藏山之士,怀③铅④握椠⑤之客,何尝不征求异说⑥,采摭⑦群言,然后能成一家,传诸不朽。

【唐】刘知几《史通·采撰》

【注释】

①珍裘(qiú):珍贵的皮衣。
②广厦:高大的建筑。
③怀:带着。
④铅:铅粉笔。
⑤握(wò)椠(qiàn):古代以木削成用作书写的版片。古人常带书写工具,以备写作的需要。

⑥异说:不同的观点、不一样的说法。

⑦采摭:选取、掇拾。

【读解】

在这段话中,可以归结出一个中心的论点——阅读以博众之长而成一家之言。

作者以珍贵的皮衣、高楼大厦为喻,告诉我们任何成就都得依靠各方面的基础,拥有各种材料,通过多方面的各种努力而成。如造楼之前,得收集筑楼的各种材料、拥有筑楼的过硬技能。高楼由泥沙、砖石木材等材料配合工匠的精心设计和施工才得以惊艳亮相。在这里,高楼之于材料、技术,相当于写作之于阅读。在写作之前,你得搜集到各种写作的材料(即素材)。而这材料从何而来,自然源于阅读。通过阅读去博众之长,把各家各派的精华吸收过来,藏于心中,记于脑中。这过程就如同筑楼之前去寻找各种筑楼的材料囤于家里,以便筑楼时取用。

自然,取材还得有道,即有法。不是所有的材料都可以拿来为我筑楼所用,还得筛选、取舍。阅读之于写作也是一样,不是所有的书都适合我读、我用,在阅读过了之后,也得在脑子中进行筛选、取舍。选择对我有用的,对写作有帮助的,加以精心挑选。这一过程是非常重要的。古人都常常怀铅握椠,听取各家的说法、不同的观点加以选取,然后再加上自己的观点,加以创新、独成一家之言。对于我们,自然也是如此。要在阅读之后加以取舍,融自己所长、所想,才能写出不同于他人、超乎前人的作品。

写作重在阅读,贵在取舍,难在创新。但先读以博众之长必是写作的先决要素。只有广泛的阅读,你才能有建筑作文这所大厦的基础和材料。

556

盖昔贤平日读书考道,胸中蓄①理至多,及②临③事临文举而书之,若泉之达④,火之然⑤,江河之决,沛然无所不注。所以义愈明,思愈密,而其文层见迭出而不可穷,使待题之至而后索⑥之,乌有此妙哉!

【清】方东树《复罗月川太守书》

【注释】

①蓄:积蓄。

②及:等到。

③临:临时。

④达:到达。

⑤然:燃烧。

⑥索:收集、索要。

【读解】

昔贤写文轻松自在,思路清晰,构思严谨,精彩不断。因为他平时读书多,积攒了无数的知识和阅读营养,所以,无论他在什么时候写文,都是那么拿捏自如,如引泉而至,绵绵不断;如火之燃烧,熊熊不灭;又如江河决堤,滔滔不绝。

方东树无非是想以此为例,告诉我们行文写诗前,必先得胸中蓄有诗文考道,得胸中有文,脑中有法。法即是写作的技巧、方法。阅读不仅仅要看里面的经文大概、内容典故,更要学习里面的写作方法和技巧。不断地学习、吸取,然后经自己的消化、吸收,才能借他人之故,写自己之文,不可穷尽。

写作方法、技巧等的学习和掌握并不是一朝一夕的事情,需要不断地、长期地作准备、不断地从阅读中吸收、消化。因此,需要我们在写作之前早早打算、早早准备。等阅读积累吸收了多种写作方法和技巧,能选取自如时,加上阅读到的其他知识储备,就能使写作如行云流水般轻松惬意,滔滔不绝,精彩不断。如果是临时抱个佛脚,去学个写作技巧或方法,即使写出来了也是僵硬的、呆板的、生疏的,又怎么能收到如昔贤那样如泉之达、如火之然的状态呢?

557

万卷山积,一篇吟成。诗之与书,有情无情①。钟鼓并乐,舍之何鸣?易牙②善烹,先羞百牲。不从糟粕③,安得精英④?曰"不关学",终非正声。

【清】袁枚《续诗品·博习》

【注释】

①有情无情:既有关联,又相互独立。

②易牙:雍人,名巫,亦称雍巫,牙乃字。春秋时齐桓公的宠臣。齐桓公非常爱吃易牙的调味,故言"易牙善烹"。

③糟粕:指造酒剩下的渣滓。比喻废弃无用的东西。

④精英:即精华,(事物)最重要、最好的部分。

【读解】

这段话是袁枚对"博习"(即博学)的论述。借诗与书、钟与鼓之间的关系来论述阅读与写作之间的关系。

诗之与书,有情无情。钟鼓并乐,舍之何鸣?此两句不可分离,讲的是诗(言志)与书(学问、知识)的关系。"有情无情"其实就是"既有关联,又相互独立"。"钟鼓并乐,舍之何鸣?"的意思就是说没有学问而言志,与堆砌辞藻、言之无物都是不可取的,只有思想与学问相结合,所作的诗才是有"品"的。因此,要想写出有"品"的诗作,必得先有阅读的功底和积蓄。

"易牙善烹,先羞百牲。不从糟粕,安得精英?"这两句其实就是通过打比方的方式,告诉我们就好像神农尝百草,爱迪生说的"失败乃成功之母"的意思一样。网撒的时候要广,口收的时候要紧。去粗取精,见善者而从之,见不善则自省其身。如此才能学问精深,诗也才会有"品"。即阅读要广泛,才能知何为精华,才能去其糟粕,取其精华,才能训练自己欣赏、取舍的能力,为将来的写作奠定基础。因为写作也需要不断地通过学习在优劣中进行筛选、取舍。

558

词①曲②虽小道③哉,然非多读书,以博其见闻,发其旨趣,终非大雅④。须自《国风》⑤、《离骚》⑥、古乐府⑦及汉、魏、六朝三唐诸诗,下迨⑧《花间》、《草堂》⑨诸词,金、元杂剧诸曲,又至古今诸部类书,俱博蒐⑩精采,蓄之胸中,于抽毫⑪时,掇取其神情标韵,写之吕律,令声乐从肥肠满脑中流出,自然纵横该洽,与剿袭⑫口耳者不同。

【明】王骥德《曲律》

【注释】

①词:词是一种配乐歌唱的诗体。词最早起源于民间,后来,文人依照乐谱声律节拍而写新词,叫作"填词"或"依声"。从此,词与音乐分离,形成一种句子长短不齐的格律诗。五、七言诗句匀称对偶,表现出整齐美;而词以长短句为主,呈现出参差美。

②曲:合乎韵律的诗歌。

③小道:礼乐政教以外的学说,泛指技艺。

④大雅:高尚雅正。

⑤国风:《国风》是《诗经》中的精华,大部分作品是劳动人民的集体创作,是我国古代文艺宝库中璀璨的明珠。

⑥离骚:战国著名诗人屈原的诗作。《离骚》是《楚辞》的代表作,共373句,是中国最早的长篇抒情诗。表现了诗人坚持"美政"理想,抨击黑暗现实,不与邪恶势力同流合污的斗争精神和至死不渝的爱国热情。

⑦古乐府:指汉、魏、晋、南北朝的乐府诗。后代模仿其体制的作品,有时也称古乐府。

⑧迨(dài):至。

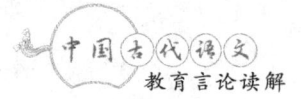

⑨草堂:《草堂》是宋代诗人叶茵的作品之一。
⑩蒐(sōu):同"搜"。
⑪抽毫:抽笔出套。
⑫剿袭(chāo xí):"剿"同"抄",即抄袭。

【读解】

王骥德是明代戏曲家。字伯良、伯骏,号方诸生,绍兴人。出身戏曲世家,早年受学徐渭,矢志词曲,并为此浪迹四方。所撰戏曲论著《方诸馆曲律》4卷,详尽论述了南北曲的源流、宫调、作曲和唱曲的方法及剧本结构、情节、宾白、科诨等,对杂剧、传奇、散曲等作品也有评述。一生写了不少戏曲作品,有传奇《题红记》《离魂记》、《救友记》《招魂记》等4种。又有杂剧《男王后》等5种及散曲数卷。他还曾校注过《西厢记》《琵琶记》等作品。

在这里,王骥德以写词曲为切入点,讲其虽为小技艺,但也需要多读书、多学艺、多博习,才能使自己的技艺进入优雅高尚的殿堂。阅读和写作也是如此,需要追根溯源,从古代到近代,再到现代,广学博习,让自己拥有足够的知识储备,写起作文来才能水到渠成,也才能使自己的文章步入优雅高尚之堂。

559

文章之道①,非可一蹴②而至者,苟好之,则必聚求天下之书而读之,必求天下之师而讲之,必聚一生之力而为之。

【清】黄宗羲《戴西洮诗文题辞》

【注释】

①道:道在中国哲学中,是一个重要的概念,表示"终极真理"。这里泛指规律、原理。

②蹴(cù):踏。

【读解】

黄宗羲(1610—1695),明末清初经学家、史学家、思想家、地理学家、天文历算学家、教育家,"东林七君子"之一的黄尊素长子。汉族,浙江绍兴府余姚县人。字太冲,一字德冰,号南雷,别号梨洲老人、梨洲山人、蓝水渔人、鱼澄洞主、双瀑院长、古藏室史臣等,学者称梨洲先生。黄宗羲学问极博,思想深邃,著作宏富,与顾炎武、王夫之并称"明末清初三大思想家"(或清初三大儒);与弟黄宗炎、黄宗会号称"浙东三黄";与顾炎武、方以智、王夫之、朱舜水并称为"明末清初五大家",亦有"中国思想启蒙之父"之誉。

黄宗羲在他的《戴西洮诗文题辞》中道出了写文章的真理:写文章不是一蹴而就的事情,不是一朝一夕就能学好写好的。作者必须读天下之书、学天下之师、花众多精力才能学好、写好。告诉我们写文章不能心急,要慢慢来。慢不是干等,等着思路、技巧、写作内容材料自动送上门来。慢是指写作之前要先做功课——不断地学习他人的经验、方法;不断地阅读他人的著作;不断地对自己的写作思路、题材、内容、方法等进行取舍;不断地对自己写的文章进行修改、雕琢,斟字酌句,力求精益求精,才能写出被人称颂的好文章。

这说明成文时的倾吐,必须有成文前的广纳。

560

昔①桓谭②学赋③于扬雄④,雄令⑤读千首赋。盖所以广其资⑥,亦得以参⑦其变也。

【明】徐祯卿《谈艺录》

【注释】

①昔:以前,从前。

②桓谭(前23—50),东汉哲学家、经学家、琴家。字君山,沛国相(今安徽濉溪县西北)人。爱好音律,善鼓琴,博学多通,遍习五经。

③赋:中国古典文学的一种文体。它外形似散文,内部又有诗的韵律,是一种介于诗歌和散文之间的文体。

④扬雄:中国西汉时代的文学家。

⑤令:让,使。

⑥资:智慧能力。

⑦参:领悟;琢磨。

【读解】

从前,桓谭向扬雄去学写赋时,扬雄先让桓谭认真阅读一大堆的赋。扬雄的目的是要让桓谭在阅读的基础上,扩大他的视野、丰厚他的见识、储备他的知识,然后才能领悟赋的特点,琢磨写赋的方法和技巧。扬雄的这一方法看上去简单甚至有些单调,但细细想来,这与著名画家达·芬奇画鸡蛋是一个理。其时,老师让达·芬奇不断地画鸡蛋,告诉他在一千个鸡蛋当中,没有哪两个是完全相同的。每个鸡蛋从不同的角度去看,形状也不一样。老师让他不断地画鸡蛋,就是要训练他的眼力和绘画的基本功,使达·芬奇能观察得准确,画得熟练。达·芬奇的老师和扬雄都是在告诉徒弟,要懂得如何去观察,去领悟,去琢磨,在不断的实践中去学习,那才能感受

至深、收获丰硕。

写作文也是一样,要在不断的阅读中懂得去观察、去比较、去感悟、去琢磨,这样才能有所收获。而不能仅仅是为了阅读而阅读,阅读要深入,阅读要有所思,有所想,有所悟。在阅读中才能丰富思想和识见,找到写作的灵感、发现写作的技艺、学到写作的方法,使之真真正正成为自己的东西。阅读才能对写作起到实实在在的作用。

561

凡①诗文事与禅家②相似③,须④由悟入,非语言所能传⑤。然悟之后,则反观昔人所论文章之事,极是明了⑥也。

【清】姚鼐(书信,转引姚永璞《文学研究法》)

【注释】

①凡:所有。

②禅家:修持禅定者。亦泛指佛家。

③相似:差不多。

④须:必须。

⑤传:言传,表达。

⑥明了:清楚、明白。

【读解】

清代著名散文家姚鼐拿写文章与学佛作类比,觉得写文章与学佛都重在一个"参"字,即悟。佛法精深、佛理微妙,是不能用言语来解释表达的。在姚鼐看来,写文章也是一样,怎么写,要用到什么方法,选择什么样的文体来写,更细些开头写什么,中间写什么,结尾写什么等都是无法用语言进行解释的。因为每个人的经历不同、写作的角度不同、心情不同、表达的指向不同。这些因素决定了每一篇文章没有一定的模式可套用,不能都依照老师讲说的去写。

写文章贵在自己琢磨,领悟。你要写什么,得问自己,只有自己知道什么才是心中最深刻的、最想表达的、最有欲望想告诉别人的。你要怎么写:开头写什么,中间写什么,结尾写什么,这得根据自己的思路而定。这正如姚鼐说的,佛法参透了,自然能解世间凡事,看透尘世。那么写文章的精髓参透了,自然能看透写文章的诸多问题。当你参透佛法,再回过头去看以前想不明白的事情时,却发现心中早已明明白白。当你掌握了写文章的技巧、懂得了写文章的奥妙,那么再回过头去看文章该怎么写、写什么等问题,会发现自己心中也早已明了。

562

要使古今体式①,无不备于胸中,始不为大题目所压倒。……余②尝③见小儿搏泥为铳④,击⑤之石上,铿然⑥有声,泥多者音宏⑦。若以一丸⑧为之,总使能响,其声几何？此古人所以读万卷书也。

【清】黄宗羲《论文管见》

【注释】

①体式:体裁格式。

②余:指我。

③尝:曾经。

④铳:金属制的,填上火药,可以发声,效果如爆竹。

⑤击:敲打。

⑥铿然:形容发出的响亮声音。

⑦宏:声音响亮。

⑧丸:小而圆的东西。

【读解】

写文章其实就是一个积累的过程,在不断的阅读中进行积累。积累的量大,写作时自能左右逢源,得心应手。如孩童玩的"泥铳"(用烂泥捏成碗形,倒扣击于地,可以发出响声,如放炮一般)。如用的泥多,发出的声音就响,用的泥少,发出的声音就小。如只是用一泥丸做泥铳,虽然也能发出声音,那声音又能是什么样呢？

写文章也是这样。如果你腹中空空,想要写出有血有肉的文章,那是不可能的。即便写出来了,那样的文章也是经不起推敲,读之无味,枯燥空洞至极的。"熟读唐诗三百首,不会作诗也会吟。"古人一向将精读博览视为提高写作能力的重要途径。指出,多读书,才能"养胸",开阔心胸,才能"识见日益高,力量日益厚,学问日益富"。这样写出来的文章才经得起推敲,读起来才有血有肉、有情有理。

563

窃所谓①所读之时文②,贵于极约③。不约,则不能熟;不熟,则作文之时,神气机调皆不为我所用也。阅者必博④,经史与古文、时文,不多阅,则学识浅狭⑤,胸中不富⑥,作文无所取材,文必不能过人⑦。由此推之,科举之学,读者当约,阅者宜博,博约又可分两件也……

【清】唐彪《父师善诱法》

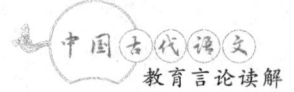

【注释】

①所谓:所说的,用于复说、引证等。

②时文:指流行于一个时期、一个时代的文体。在唐代主要指当时通常使用的骈文和科举考试采用的律赋。北宋前期,杨亿、刘筠等的骈俪文体风行一时,也称时文。

③约:这里的意思是要有重点,简要。

④博:广泛。

⑤浅狭:肤浅,没有什么内涵、深度。

⑥富:丰富。

⑦过人:超过他人。

【读解】

经常能见到这样的例子:读了很多书,但却仍然不会写,也就是说,很多人认为阅读与写作之间并没有多少关系。读得很多,写起来仍然很费力,读得多并不等于就写得好。其实,对于这一问题,唐彪作出了精彩的论述。

书读得多,看得多,是件好事,但在读与看的同时,还得将其中有用的、精彩的、对自己有所帮助的部分或篇章背下来。背下来了,记于脑中,那才是真正成为自己的东西了,要写的时候,随时都能拿出来用。即所谓"读者当约,阅者宜博",让"约"与"博"相辅相成。如果不背,不记,要写时,最多只能说出个大概,有的甚至连大概都说不上来,那这样的阅读又怎么能对写作起到帮助呢?

所以唐彪极力主张读书、看书要有重点,对少量重要的书多读多背。看的范围要广,但也要有重点地去记诵,背的内容多了,记于脑中的写作素材自然广泛。同时,唐彪还提出,在背诵他人的文章内容时,大脑也会自动地作出反应,会有所筛选、取舍、琢磨、领悟,从而在不断地阅读背诵基础之上,才会达到个人境界的提升,才能有所创新,超越他人。正所谓"读书百遍,其义自现。"这"义"是自己对所读内容的理解、参透,是对在他人作品之上的个人提升和创新。这对于自己的写作,自然是帮助很大的。

564

文字有意①以立句,句有数而连章②,章有体③而成篇,篇则章句之大者也。

【汉】王充《论衡·正说》

【注释】

①意:情感、立意。

②章:段落。

③体:文章整体的样式、风格。

【读解】

王充(27—约97),字仲任,东汉会稽上虞人(今属浙江)。他主张生死自然,力倡薄葬,以及反叛神化儒学等方面彰显了道家的特质。他以事实验证言论,弥补了道家空说无着的缺陷,是汉代道家思想的重要传承者与发展者。

我们常说"千里之行,始于足下",也常说"日日行,不怕千万里;常常做,不怕千万事",古人也说过"不积跬步,无以至千里;不积细流,无以成江海"。说的都是同一个道理:要善于积累。大由小始,洪由纤起。

王充在《论衡·正说篇》中也说了这个道理:一大篇文章是由一字一句一章积累而成的。首先,需要的是立意。写文章前得想好立意,有了立意,写下的字才能成为句子,这句子才能有意思,知道在说什么,即写句而明志。然后一句一句地不断积累便成了段。让自己写出来的段落有一定的风格、样式,才能成为一篇文章。因此,王充除了告诉我们要关于积累以外,还在告诉我们,写文章要想好立意,确定好文章的风格。这样的文章才是一体的,是有特色的,可以拿得出手的。

在中国语文教学的历史上,我们通常把字、词、句、篇称为"基础知识",听、说、读、写称为"基本能力",并且十分强调这"双基"(基础知识、基本能力)一定要落实。这虽然未免窄了一点,但还是有一定道理。也许这正是传统语文教学所十分看重的,才称这八个字(字、词、句、篇、听、说、读、写)为"八字宪法"。以此对照王充的这段言论,还是可以让我们想到许多。

565

诸生无不为文,亦知文之所由来乎?夫集段成篇,集句成段,集字成句,集画成字,然则篇章虽云繁富①,未有不始于集画成字者也。诸生轩然而成大篇之文,曾未尝稍究心于字画之间,又何怪篇无善句②,句无善字也哉?

【清】章学诚《清漳书院留别条训》

【注释】

①繁富:繁多,丰富。

②善句:优美、经典的句子。

【读解】

　　文章是由字、词、章聚集而成的,然而即使写成了文章,汉语的基本还在汉字(即"未有不始于集画成字者也")。所以文字的教学是语文教学的基础,文字的功夫是作文的根本。文章中的细节,即字词选用,句子调配问题。章学诚在这里强调了文章要有可经得起阅读的段落,句子要有经得起推敲的字词。无论哪一篇文章,要想成为名篇或让人叹服,必须得在字词上下功夫,方能让文章中有出彩的词语,有让人耳目一新的文字。告诉我们,写文章要从细处着手,对所用的字词进行推敲斟酌。如果不在选取的字词上加以斟酌,又怎么能写得出好的句子?如果没有在写句子的时候细细思考,又怎么能写得出好的段落呢?

566

　　夫人之立言,因字而生句,积句而成章,积章而成篇。篇之彪炳①,章无疵②也;章之明靡③,句无玷④也;句之清英⑤,字不妄⑥也;振本⑦而末⑧从⑨,知一而万毕矣。

【南北朝】刘勰《文心雕龙》

【注释】

　　①彪炳:文采焕发。

　　②疵:毛病。

　　③明靡:鲜明华丽。

　　④玷:白玉上面的斑点,这里指文句之病,亦喻人的缺点、过失。

　　⑤清英:清新秀美。

　　⑥妄:胡乱,荒诞不合理。

　　⑦本:事物的根源,与"末"相对。

　　⑧末:不是根本的、重要的事物,跟"本"相对。

　　⑨从:随行、跟随。

【读解】

　　一篇文章是由字词构成句子,然后由句子构成段落,最后由一个个的段落组合成一篇文章。如果一篇文章文采焕发,那么它的语段定是没有什么毛病的。如果它的段落鲜明华丽,那么它的句子一定是没有什么缺点的。如果它的句子清新秀美,那么它的字词必定不会胡乱而用,荒诞不合理的。

　　这段话的意思是说,写好一篇文章要从细部着手,从字词的斟酌美化句子,从句子的选取让段落精彩,从段落的优美让整篇文章出众。写好一篇文章也可以从宏观的角度出发,定好立意,便知段落该如何写,确定语言、体裁风格便能写好句子,直至驱遣合适的字词。故而读书与写作,双双必须有正确的态度和方法,既要"一心两眼"专心致志,痛下功夫熟读深思,又要遵循一定系统,并将精读与博览结合起来。这样才写得出好文章。

567

学者多以作文、看书分为二项。故二者胥①失之。不知二者虽有操觚②之辨,揔③之去皮,见骨、见髓,要以得解为止,非有二也。

【清】崔学古《学海津梁》

【注释】
①胥:全。
②操觚:原指执简写字,后即指写文章。觚,古代作书写用的木简。
③揔:古同"总"。

【读解】
常人有将阅读与写作区分开来,认为阅读与写作这两件事情是独立无关的。其实,阅读与写作是相辅相成的,阅读能帮助写作,给予写作更广阔的空间、视野,给写作储备充足的材料,提升写作的品位、境界;反过来,写作也能帮助我们更好地阅读,更深入地去理解和感受。唯有将阅读与写作紧密结合起来,才能写得出好文章,让自己的阅读、写作水平更进一步。

568

读书一两年,即教以属对①;初②两字,三四月后三字,渐③而加至四字,再至五字,便成一句诗矣。……

凡每日属对,必相其本日所读,有可对者,而后出之,可以验其敏钝;即或忘之,亦教责之而无词也。

【清】王筠《教童子法》

【注释】
①属对:对对子。
②初:一开始。
③渐:逐渐。

【读解】
王筠(1783—1854),安丘人,清代文字学家。他所撰写的《教童子法》是一本专

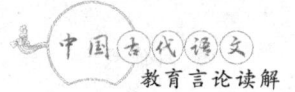

门论述蒙学教育的书,书中通过对蒙学语文课程基本训练的系统总结,阐明了小学教育的一般原理。

蒙学作文是从属对开始的。王筠对属对训练极为重视,他主张"凡每日属对,必相其本日所读,有可对者,而后出之,可以验其敏钝,即或忘之,亦教责之而无词也"。即提倡天天都要训练孩子们对对子,从对对子可以看出孩子们的思维敏锐或是迟钝。可见,属对已成为语言、词汇、语法,以至修辞、逻辑的综合训练,它不但是作文的开端,亦是作诗的根基。因此,平时的写作训练从对对子入手也不失为一种方法,多让孩子们对对子,既可以使他们在对对子的过程中感受到游戏的乐趣,同时,也在对对子游戏时进行了了词汇、语法、修辞、逻辑等的综合训练。

569

片言①可以明百意,坐驰②可以役万象,工于诗者能之;风雅③体变而兴同,古今殊调而理冥④,达于诗者能之。

【唐】刘禹锡《董氏武陵记》

【注释】

①"片言"句:意为诗文的言简意赅。

②坐驰:身不动而心奔驰。

③风雅:《诗经》中的《风》、《雅》诗,泛指优秀作品。

④冥:暗合,默契。

【读解】

诗作言简而意丰,作者在驰骋想象中能把万事万物纳入笔底,这只有善于写诗的人才能做到;优秀作品形式变化各有不同,古与今的作品调例各别但精神默契,这只有能达到诗境的人才能这样。

作诗写文,要言简意赅,用字精辟,选词精当,才能使写出来的文章字字耐酌,句句耐看。也才能起到用尽量少的语言表达尽量丰富的内容,这样就达到了比较高的写作层次。要想做到这些,首先得去学习他人的精炼、言简意赅。在阅读时,多关注文章中的字词,多想一想为什么作者要选择这个字而不用其他,感受作者用词的精当和合理。只有看得懂了,才能会写;也只有理解了,才能会用。

570

仲尼①曰:"《志》②有之:'言③以足④志,文⑤以足言。'不言,谁知其志?言之无文,行⑥而不远。……"

【春秋】《左传·襄公二十五年》

【注释】

①仲尼:孔子字。
②《志》:一种古籍。
③言:言辞。
④足:充分、完善地表现。
⑤文:文采。
⑥行:流传。

【解读】

言辞须有文采,否则难以流传久远。后用以说明说话、作文要讲究语言艺术。

语言艺术,是人类情感交集的抒发模式,是人类释放悲喜的表达方式。如何淋漓尽致、唯美完善地运用语言,是一种深内涵、高层次的学问。古往今来,各人有各人的语言艺术,李白倾向于豪放,李清照倾向于婉约,鲁迅笔调犀利,林语堂文章让人感受到悠闲之气,余秋雨的话让人领略到唯美……这都是各人的语言风格。无论是哪一种,都有它的独到之处,也都有一个共通点——语言不粗俗、不肤浅、不平淡、不雷同。因此,对于我们而言,写文章也需要学习、运用语言的艺术,要让文章"言之有文"。多去阅读他人的著作,从中去学习、去领悟、去借鉴,方能提升自己的语言运用水平。

571

今日学文能如此①看②,则他日作文能如此作,亦自然如此改矣。

【元】程端礼《程氏家塾读书分年日程》

【注释】

①如此:这样。
②看:这里指阅读。

【读解】

根据元代程端礼《读书分年日程》所述,宋元时儿童在十五岁之前是以背诵理解课本为主,而习字、作文则次之。等孩子大一些了,则在儒家经典的基础上扩大阅读面,如后世经典作品韩柳之文等,对这些作品除了要阅读背诵,还要进行更为细致的研读分析。那么如何阅读吸收这些经典呢?在"百遍成诵"基础上的"理解"含义甚广,不仅是对字词的含义及整篇文章宗旨的把握,还包括对文章篇章结构、起承转合、叙事修辞及整体风格的剖析,从宏观到微观,篇法、章法、句法、字法,无不明彻于心,就把作者的整个思路都分析得清清楚楚。他认为只要把前人的范文研究透彻,剖析明白,自然就学得了作文之法,即文中提到的"看他文皆当如此看,久之自会得法。今日学文能如此看,则他日作文能如此作,亦自能如此改矣"。